地球編年史
THE EARTH CHRONICLES
5

WHEN TIME BEGAN

·當時間開始·

撒迦利亞·西琴
ZECHARIA SITCHIN

宋易
譯

在本書中，西琴超越了自己。他緊緊抓住一個令人吃驚的天文單位，再將其濃縮在書中，讓我們在極小的篇幅中穿越古今。

——《銳評》（*Critical Review*）

本書揭示了外星眾神刻寫在石頭上的字跡。

——《阿斯塔拉之聲》（*Voice of Astara*）

這位飽學之士冷靜、艱苦的工作，又一次造成了狂熱的轟動效果。他對古代文獻的解讀真誠而令人信服，具有深厚的意涵，確實是一項顯著的成果。

——《伍斯特晚報》（*Worcester Evening News*）

前言

自太初之始，地球人就開始放眼頭頂上的天空。他們是如此敬畏和著迷，也認識到通往天國的道路：群星的位置、日月的更替，以及傾斜地球的旋轉。但是，這一切都是怎麼開始的？又將如何結束呢？在這兩者之間，究竟還會發生什麼呢？

天國與大地在地平線交會。千年來，地球人在這個交會點，看見夜晚的群星在朝陽的光芒下讓路給白晝，於是地平線被認為是分割晝夜的所在，亦即晝夜平分日點。正是從這一點開始，人類在曆法的幫助下，計算著地球的時間。

為了識別布滿繁星的浩瀚天空，它被人為地分割成十二個部分，也就是黃道十二宮。然而，千年之後，這些「恆星」似乎不是恆定不動的。而且，在春分和秋分那一天，以及新年那一天，它們似乎會從一個黃道宮移至另一個黃道宮；於是，「天體時間」被加進「地球時間」裡，這代表了一個新紀元或新時代（New Age）的開始。

當我們站在一個新時代的門檻上，當春分日的日出占據著水瓶宮，而非過去兩千年的雙魚宮時，這種改變是否預示著許多難以逆料的世間境況：善或惡，一個開始或一個結束，還是根本就沒有任何改變？

溫故才能知新，自從人類開始計算「地球時間」的那一天，就已經同時在體驗「天體時間」了——人類早已經迎來了新時代的降臨。對目前關於「時間」的科學來說，這個新時代的前後發生了什麼事，具有許多重大課題。

1．時間之輪

據說早期基督教會最偉大的思想家，羅馬的迦太基主教——希波的奧古斯丁（Augustine of Hippo, 354-430）是融合《新約》和柏拉圖的希臘哲學巨擘，曾被問過這個問題：「時間是什麼？」他的回答是：「如果沒有人問我，我知道它是什麼；如果要向詢問者解釋它是什麼的話，我就不知道了。」

時間對地球及其上的萬物而言是必要的，對每個人而言也是獨特的：我們透過自己的經驗和觀察得知，從出生到死亡之間，就是我們每一個人的「時間」。

雖然我們不知道時間究竟是什麼，卻懂得如何測量時間。我們用「年」來計算生命的長短，而「年」只是用來稱呼「軌道」的另一個詞彙，因為地球上的「年」的意思是：地球圍繞太陽走一圈完整軌道的時間。我們不知道時間是什麼，但對它的測量方法讓我們開始思考：我們能活得更長嗎？我們的生命週期能變得與眾不同嗎？我們能活在另一個擁有更長的一「年」的行星上嗎？我們能在一顆「數百萬年為一年的行星」上成為「不朽」嗎？埃及法老們會相信他們可以擁有一個永恆的來生，是否因為他們在「數百萬年為一年的行星」上加入眾神的行列？

「在外面某處」是否有其他行星存在？而且我們所知的生命能夠在其上進化發展？或者只有我們的行星系統是獨特的，地球上的生命是獨特的。而我們地球人只有永世孤獨？或者，法老們很清楚他們在《金字塔經文》（*The Pyramid Texts*）中所提到的事？

「你向天觀看，數算眾星。」（《創世記》15：5）。在達成約定之後，耶和華對亞伯蘭（Abram，即亞伯拉罕）這麼說。從遠古時代開始，人類就仰望著天空，想像著是否有像自己一樣的其他人在別的大地上。從邏輯和數學上講，的確有這樣的可能性；但直到一九九一年，天文學家們才首次發現在宇宙的其他地方的確有著環繞恆星的行星。

但這個發生在一九九一年七月的首次發現，結果被證明並非完全正確。這是由一個英國天文學團隊所公布的，他們基於五年的觀測，指出有一顆被標識為「脈衝星1829-10」的快速旋轉恆星，是地球十倍大小的「類行星體」。脈衝星被認為是恆星因各種原因塌縮後密度極大的核心，它們會發瘋似地旋轉，在每秒多次的規律爆裂中發出放射性能量脈衝。這樣的脈衝可以被電波望遠鏡監測到；透過這樣的週期性波動，天文學家們猜測，是因為有一顆行星每六個月圍繞「脈衝星1829-10」運行一圈，才會製造出這樣的波動。

結果，這些英國天文學家們在幾個月之後承認他們的推測是不準確的，因此無法證明「遠在三萬光年外的這顆脈衝星，擁有一顆行星伴隨」的結論是正確的。然而，在那個時候，有另一個美國團隊在另一顆較近的脈衝星附近發現了相似的現象，這顆脈衝星被標識為「PSR 1257＋12」，是一顆離我們只有一千三百光年的塌縮後的「太陽」（恆星）。天文學家們估算，它的爆炸發生在十億年之前；而且非常確定它擁有兩顆或三顆行星。確定的兩顆行星繞著它們的「太陽」運行的距離，如同水星與我們的太陽之間的距離；而可能存在的第三顆行星，有著與地球相似的繞日軌道。

「這個發現證明了行星系統可以在不同的條件和環境下存在。」約翰・諾伯・威福（John Noble Wilford）在一九九二年一月九日的《紐約時報》（*New York Times*）上寫道：「科學家們說，要讓環繞脈衝星的行星孕育生命，是最不可能的。然而，這樣的發現卻鼓舞著天文學家，他們要開啟的是在宇宙中對外星高智慧生命的信號進行系統性的調查。」

那麼，法老們是正確的嗎？

地球的誕生

在法老和那些《金字塔經文》出現之前的久遠年代，一個古代文明——人類已知的最早文明——擁有一套先進的宇宙進化論。六千年前，古代蘇美人已經知道了一九九〇年代天文學家們將發現的事物；不僅有著我們太陽系的真實構成（包括最遠的行星）和屬性，同時還提到宇宙中有其他太陽系，它們的恆星（太陽）會塌縮和爆炸，它們的行星會被甩掉——而生命會透過這種方式從一個星系被帶到另一個星系。這是一個被記錄下來的詳細宇宙論。

有一部很長的文獻被記載在七塊碑刻上，叫做《創世史詩》（*Epic of Creation*），以其開頭文字「伊奴瑪．伊立什」（*Enuma elish*）而聞名。它曾在新年慶典中被公開朗誦。這個慶典從尼散月（Nissan）的第一天展開，而這一天與春天的第一天恰好吻合。

文獻描繪出我們這個太陽系的形成過程，其中描寫了太陽（阿普蘇，Apsu）和它的信使水星（穆牧，Mummu）是最早從一顆古行星提亞瑪特（Tiamat）加入的；而太陽和提亞瑪特之間誕生了金星（拉哈姆，Lahamu）和火星（拉赫姆，Lahmu）這一對的，接著又誕生了體積超越提亞瑪特的木星（基莎，Kishar）和土星（安莎，Anshar），還有天王星（阿努，Anu）和海王星（努迪穆德，Nudimmud）。後兩者直到一七八一年和一八四六年才分別被現代天文學家發現，但它們在數千年前就被蘇美人知道並描述了出來。當這些新出現的「天神」聚在一起互相推擠的時候，其中一些有了衛星。提亞瑪特位於這個不穩定的行星系統的中部，產生了十一顆衛星，其中的「金古」（Kingu）不斷變大，最終變成一顆具有「天神」條件的行星。現代天文學家對一顆行星能擁有如此多衛星的可能性一無所知，直到伽利略（Galileo）在一六〇九年透過天文望遠鏡發現了木星的四顆最大衛星；但蘇美人卻在數千年之前就意識到這樣的現象。

根據有著數千年歷史的《創世史詩》的說法，在這個不穩定的太陽系中，出現了一顆來自外太空的入侵者——另一顆行星；它不是因阿普蘇而生的，而是屬於其他的星系，被甩開後漫遊於太空。在現代天文學家得知脈衝星和塌縮星的幾千年前，蘇美的宇宙論就已經提到了其他恆星的塌縮和爆炸，以及被甩開的行星。因此，《伊奴瑪．伊立什》中提到，一顆像這樣被拋開的行星，到達太陽系的外圍，並開始向中心前進（見圖1）。

當它經過較外層的行星時，導致了許多至今仍困擾著現代天文學家的改變，例如，為什麼天王星會向一側傾斜，為什麼海王星的最大衛星「特里同」（Triton，是海衛一）是以逆行軌道運行，以及什麼力量導致冥王星從原本的衛星位置移動到一個奇怪的軌道上而成為行星。這顆入侵的行星越接近太陽系的中心，就越朝著撞向提亞瑪特的軌道上前進一步，結果造成了一次天體碰撞。

在一連串的撞擊中，這顆入侵者的衛星多次撞進了提亞瑪特的體內，這顆古行

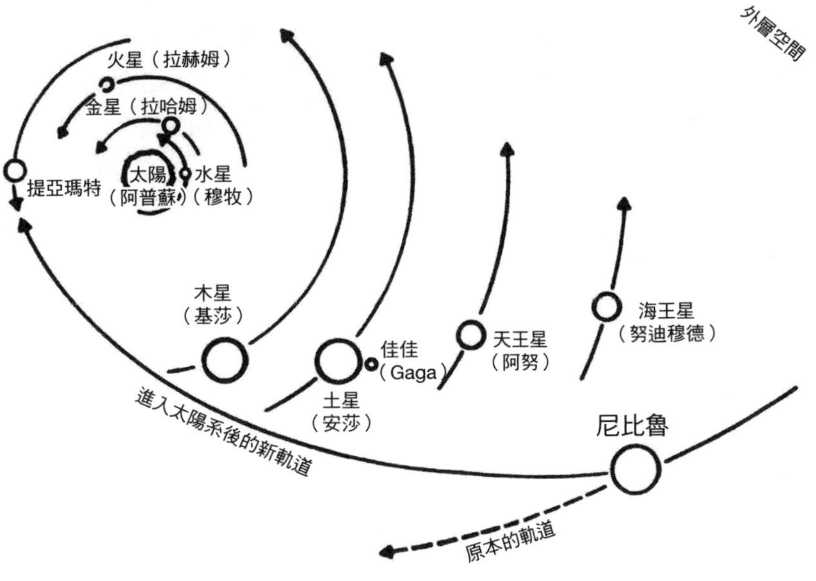

圖1：從其他星系進入太陽系的尼比魯星

星裂成兩半。其中一半被撞得粉碎，成為火星和木星之間的小行星帶及彗星；另一半雖然傷痕累累，但至少是完整的，它被拋進一個新的軌道，成為一顆行星。後來這顆行星被人類稱為「地球」（蘇美語中稱其為「KI」）。與它一起變換軌道的，還有提亞瑪特最大的衛星，也就是月球。而這顆入侵的行星也擁有了恆定的繞日軌道，成為太陽星系的第十二個天體（太陽、月亮、九大行星和它）。蘇美人稱它為尼比魯（Nibiru），意思是「十字行星」。巴比倫人為了弘揚自己的神，而將它取了與神同樣的名字：「馬杜克」（Marduk）。古代史詩聲稱，在這次的天體碰撞中，尼比魯將從其他地方帶來的「生命種子」傳播到地球上。

地球的時間從何時開始？

哲學家和科學家審視著這個宇宙，並提供了各種現代宇宙觀，最後都無可避免地展開了對「時間」這一概念的探討。時間本身就是一種尺度嗎？它會是宇宙內唯一真實的尺度嗎？時間只能向前嗎？還是可以倒退？現在，是過去的結束，還是未來的開始？如果真的是這樣，那麼它是否有一個盡頭？如果宇宙一直就這麼存在著，沒有開端，也沒有結局，那麼時間也是沒有開頭，沒有結尾的嗎？或者宇宙確實有著某種開始，也許就是許多天文物理學家所推測的大爆炸，那麼是在那個時候出現了「時間」嗎？

蘇美人擁有十分準確的宇宙觀，同樣相信有這麼一個開始（由此推出，也有一個不可改變的結局）。很清楚的是，他們認為「時間」是一種測量，是用自己的腳步來丈量這個宇宙的史詩。因為古代的《創世史詩》的開頭語，第一個單字，伊奴瑪（Enuma），意思是「當……的時候」（When）：

Enuma elish fa nabu shamamu
當在高處的時候，天國還沒有被命名
Shaplitu ammatum shuma fa zakrat
在其之下，堅實的大地（地球）還沒有被命名

要設想出一個太初階段，需要大量的科學理念，當「只存在著虛無，除了太初的阿普蘇（Apsu），他們的創造者；以及穆牧和提亞瑪特」——那時地球還沒有形成；同時也指出創造地球的「大爆炸」並不是創造宇宙的那一個，甚至不是太陽系誕生時的某一次，而是天體碰撞。在那之後，地球的時間才開始——那一刻，提亞瑪特的一半成為小行星帶，地球被甩到屬於自己的新軌道上，並開始了對時間的年復一年的測量。

這個科學觀點，是古代宇宙觀、宗教和數學的重點，除了《創世史詩》之外，它還在很多其他蘇美文獻中出現過。被學者們當成「恩基（Enki）和世界秩序」的「神話」文獻，實際上是恩基的自傳。這位蘇美的科學之神，描述了地球時鐘的第一個滴答聲：

在往昔的白晝，當天國與地球分離之時，
在往昔的夜晚，當天國與地球分離之時……

另一部文獻的內容經常出現在蘇美泥版上，它透過列出許多在此重大事件之前尚未出現的進化和文明狀態，來傳達「開端」這個觀念。而在那之前，文獻上說，「人類這個名字還沒被叫過」，「那些有用的東西還沒有被造出來」。所有這些事情都是在「天國從地球上被移走之後，

在地球和天國分離之後」。

我們不必因為在埃及信仰中找到相同的時間起源觀念而感到驚訝。我們能在《金字塔經文》(編號1466)中,讀到對萬物之始的描述:

當時天國還不存在,
當時人類還不存在,
當時眾神還未出生,
當時死亡還不存在……

這個在古代世界得到廣泛認同的知識,起源於蘇美宇宙觀。希伯來《聖經・創世記》的開頭語,也有著相似的說法:

起初,神創造天地。地是空虛混沌,淵面黑暗,神的靈運行在水面上。(《創世記》1:1—2)

現在可以肯定的是,《聖經》中的創世神話是源自《伊奴瑪・伊立什》這類的美索不達米亞故事,Tehom代表「提亞瑪特」,「風」(wind)在蘇美語中代表「衛星」,而「天國」被形容為「被錘打而成的手鐲」,就是小行星帶。然而,《聖經》對於地球開始時刻的說明更清楚;《聖經》是從「地球從沙瑪伊姆(Shama'im,被錘打的手鐲)分裂出來」的這一點,開始提取美索不達米亞的宇宙起源論,並將之當作提亞瑪特分裂的結果。

對地球來講,時間就開始於天體碰撞。

神聖時間的單位：sar

美索不達米亞的創世故事，開始於太陽系的形成，以及行星軌道還沒有穩定下來，尼比魯（馬杜克）出現的時候。最後，則將太陽系的當前形態歸功給尼比魯（馬杜克），它使每顆行星（天神）獲得其分配的位置（地點）、軌道（命運）和自轉，甚至包括衛星。確實，當一顆巨行星的軌道圍繞著其他所有行星，它「橫穿天空並審視這些區域」，這被認為是太陽系變得穩定的原因：

> 他建立了尼比魯的地點，以確定它們的天國之帶，沒有誰會越界或落後……
> 他為行星建立它們的神聖天域，讓它們維持在各自的道路上，確定其路線。

由此，《伊奴瑪．伊立什》（第五碑刻，第六十五行）陳述道，「他創造了天國和地球」——與《創世記》中所用的文字非常相似。

天體碰撞將提亞瑪特從古太陽系中除名了，並將其中一半拋到新軌道上成為地球，也將月球保留下來，成為新太陽系重要的一員；將冥王星拉出來，放入一個獨立軌道；尼比魯也加入太陽系，成為新天體秩序中的第十二位成員。對地球和其上的居民而言，這些就是確定時間的事件。

直到今天，曾在蘇美科學和日常生活中扮演著關鍵角色的數字「十二」（與太陽系有十二個成員符合），過了數千年仍然伴隨著我們。他們將「天」（從日落到日落）分割為十二個「雙小時」（double-hours），這在現今的一天二十四小時和十二小時制的時鐘中被保留了下來。一年十二個月至今還被我們使用著，就像我們仍然使用著黃道帶的十二個星宮一樣。這個天體數字還有其他多種表示，例如以色列的十二支派和耶穌的十二門徒。

蘇美的數學系統是六十進位的，「基於六十」而不是公制中的一百（後者中，一公尺等於一百公分）。六十進位的優點之一，是它能等分為十二份。六十進位系統靠「六」和「十」的不斷相乘來繼續：由六開始，用六乘十（6×10＝60），再乘六，就得到三百六十——這個蘇美人用來表示圓形的數字，至今都還在幾何學和天文學中被使用著。然後，將這個數字再乘十，就得到了一個sar（意思是「統治者，主」，在《第12個天體》〔*The 12th Planet*〕中是SHAR），也就是三千六百，它用一個大圓來表述，以此類推。

Sar是三千六百個地球年，正是尼比魯繞日軌道的週期；尼比魯上的任何事物，都只使用尼比魯時間。按照蘇美人的說法，在尼比魯上還有其他高智慧生物，比地球上的原始人進化程度更高。蘇美人稱他們為「阿努納奇」（Anunnaki），字面上的意思就是「那些從天國來到地球的人」。蘇美文獻不斷提到，阿努納奇是在很古老的時代從尼比魯來到地球的；而當他們到達時，不是按照地球的時間計算，而是基於尼比魯的軌道來計算的。這種神聖時間的單位，神的年份，叫做sar。

在蘇美國王列表文獻中，描述了阿努納奇在地球上的第一批殖民地，還列出了在大洪水之前，一個sar（即三千六百個地球年）的前十位阿努納奇領袖。根據這些文獻，從首次登陸到大洪水來臨，一共經歷了一百二十個sar：也就是尼比魯繞行太陽一百二十次，等同於四十三萬二千個地球年。在尼比魯的第一百二十次繞行中，它的引力拖動了地球南極的冰層，使其滑進南部海域，導致巨大的潮汐波，淹沒了整個地球。這就是上古的大洪水事件，蘇美文獻中的記載比《聖經》的更早，而且詳細得多。

數字「四十三萬二千」所代表的意義

傳說和古代記載給了「四十三萬二千」這個數字一種循環的意義，在《哈姆雷特的石磨》（*Hamlet's Mill*）一書中，喬治・德・桑提拉納（Giorgio de Santillana）和赫塔・馮・戴程德（Hertha von Dechend）尋找著「神話與科學交會的一點」，得出「四十三萬二千是來自古代的一個具有重大意義的數字」。他們所舉的例子是有關瓦爾哈拉（Valhalla）英靈殿堂的日爾曼神話和挪威神話。這個殿堂是神話中陣亡戰士所居住的地方，在審判日那一天，他們將從殿堂的大門出來，站在神奧丁（Odin，或稱沃登〔Woden〕）的這一邊，與巨人們作戰。他們將從殿堂的五百四十道門出現；每道門都會出來八百名戰士。桑提拉納和戴程德指出，這些戰士英雄的總數是四十三萬二千。他們繼續說道：「這個數字肯定有一個非常古老的含義，因為它是《梨俱吠陀》（*Rigveda*）的音節的數量」。《梨俱吠陀》是梵文的「讚歌集」，記載了印歐民族的眾神和英雄的故事。兩位作者寫道，這四十三萬二千「可以回歸到《梨俱吠陀》最原初的一萬零八百節數，每一節有四十個音節（10,800×40＝432,000）」。

在印度傳統中，很明確地將「四十三萬二千」這個數字與地球和人類所經歷的宇迦（yugas，或稱小紀，又譯由旬）或年代，連結起來。每一個大宇迦（caturyuga）被分為四個宇迦或年代，他們遞減的長度都是對「四十三萬二千」的某種表示：第一個四倍時代（Fourfold Age）為四乘四十三萬二千，共一百七十二萬八千年，是黃金時代；然後是屬於知識的三倍時代（Threefold Age），三乘四十三萬二千，共一百二十九萬六千年；接下來的是屬於獻祭的二倍時代（Double or Twofold Age），二乘四十三萬二千，共八十六萬四千年；最後是我們現在的年代，紛爭時代（Age of Discord），這個時代只會持續四十三萬二千年。總的來說，這些印度傳統包含了十個時代，對應著大洪水之前的十位蘇美統治者，但它將總時間的跨度擴大到四百三十二萬年。

擴大來說，這類基於「四十三萬二千」的天文數字，在印度宗教和傳統中被認為是一「劫」（kalpa），表達主神梵天（Brahma）的「天」（Day）。它被精確地確定為一個包含一千兩百萬個「神聖年」（devas）的年代。每一個神聖年等同於三百六十個地球年。因此，「主神梵天的一天」等同於「四十三億兩千萬個地球年」——這個數字跨度與現代對太陽系年齡的估算極為近似——用三百六十乘一千兩百萬，就可以得到這個數字。

然而，「四十三億兩千萬」是一個千倍的大宇迦。十一世紀的阿拉伯數學家阿布·雷漢·比魯尼（Abu Rayhan al-Biruni）指出，一劫包含了一千個週期的大宇迦。人們可以用「在主神梵天的眼中，一千個循環只是一天」，來解釋印度天文曆法的計算方式。這句話讓我們想起《詩篇》是如何用令人驚訝的語句來敘述上帝的神聖日：

> 在你看來，千年如已過的昨日，又如夜間的一更。（90：4）

這個陳述在傳統上被視為上帝的永恆象徵。但有鑑於《詩篇》中大量的蘇美痕跡（如同希伯來《聖經》中的其他章節一樣），我們認為這很可能是一個精準的數學公式；這個公式同樣存在於印度傳統中。

實際上，印度傳統是由來自裏海岸邊的「雅利安」（Aryan）移民，傳到印度次大陸的。他們是小亞細亞（Anatolia，又音譯為安納托利亞，現今的土耳其）的西臺人和幼發拉底河的胡里人（Hurrians）的近親，蘇美文明和傳統也是透過這些人，才得以傳到印歐民族。雅利安移民被認為是發生在西元前第二個千年，而《吠陀經》（*Vedas*）也顯示，它不是「源於人類」，而由極早年代的眾神所組成的。

到現在，各種《吠陀經》版本，以及由它們（梵咒、梵書）延伸出的各種文學作品，被非「吠陀梵語」的《往世書》（*Puranas*，古文作品）和兩部偉大的史詩故事《摩訶婆羅多》（*Mahabharata*）和《羅摩衍那》（*Ramayana*）所擴大了。在其中，由三千六百年而延伸出來的年代週期仍占有主導地位；由此，按照《毗濕奴往世書》（*Vishnu Purana*）的說法：「奎師那（Krishna）從大地分離的那一天，是迦梨（Kali）時代的第一天；它將持續三十六萬個凡世之年。」這是一種對迦梨宇迦（Kaliyuga，當代）概念的參考，迦梨宇迦包含一百個神聖年的「黎明」或「暮光」，等同於三萬六千個地球年或「凡世」年。迦梨時代本身（一千個神聖年，即三十六萬個地球年），加上一個由最後一百個神聖年的「黃昏」（三萬六千個凡世年），一共是一千兩百個神聖年，也就是四十三萬二千個地球年。

這種深信每四十三萬二千年（也就是尼比魯繞太陽運行一百二十圈，每一圈等於三千六百個地球年）為一個神聖循環的普遍信仰，讓人們好奇他們是僅使用數學計算得知，還是以某種方法得到了阿努納奇在古代就認識的一種基本自然或天文現象。我們在《地球編年史》系列的第一部《第12個天體》提過，大洪水是一場全球性的災難，而它被阿努納奇所預見。它是尼比魯接近地球時的強大引力作用，導致南極冰層脫落所引發的。這個事件大約在一萬三千年前導致最後一個冰河時期突然結束，並被記錄為地球週期中的大型地質和氣候劇變。

這樣的變化（保留最久的是地質時期），已經透過學者對地球表面和海洋沉積物的研究得到了驗證。這最後的地質時期被稱為「更新世」，開始於兩百五十萬年前並結束於大洪水；在這段時間內，原始人進化，阿努納奇來到地球，然後人類（智人）出現了。更新世是一次大約四十三萬年的週期，這在海洋沉澱物中得到了證明。由辛辛那提大學的瑪德琳．布里斯金（Madeleine Briskin）帶領的地理學家團隊進行的一系列研究顯示，海平面的改變和深海氣候的紀錄，顯示出一個「四十三萬年的準週期循環」。這樣的循環週期，符合了由傾斜（地球的傾斜度）、歲差

（於軌道上運行的輕微延遲）和偏心率（橢圓形軌道）所構成的氣候變化之天文理論。在一九二〇年代勾勒出這個理論之輪廓的米盧廷・米蘭科維奇（Milutin Milankovitch）指出，這個週期是四十一萬三千年。他的理論，以及之後提出的布里斯金循環，都與四十三萬二千年為週期的蘇美循環極為一致，而蘇美循環是源於尼比魯的影響：軌道交會、干擾和氣候循環。

由此來說，神聖年代的「神話」似乎是基於科學事實的。

古代文獻，包括蘇美文獻和《聖經》中，都有著時間元素的特徵，提到了「何時」開始的這個點。創世的過程立刻就被連接到時間的度量，而這種度量反過來又被連結到可確定的天體運動上。根據美索不達米亞版本的說法，提亞瑪特的毀滅，以及接下來的小行星帶和地球的創造，需要天體之主（Celestial Lord，也就是尼比魯／馬杜克）的兩次返程軌道。在《聖經》版本中，這項工作的完成花費了主兩個神聖「天」的時間。而令人欣喜的是，就算是信奉基本教義派的人，現在也同意了它們並不是我們所知道的由白晝和黑夜組成的一天，而是在地球存在之前的兩「天」（此外，在《詩篇》中，對主之日的陳述，等同於一千年左右）。美索不達米亞版本很明確地使用尼比魯的經過來測算創世時間或神聖時間，而尼比魯的運行軌道一圈等同於三千六百個地球年。

在古代的創世故事轉變為新生的地球和發生在其上的進化之前，它是一個講述恆星、行星和軌道的故事；而用於計算的時間是神聖時間（Divine Time）。然而，一旦故事焦點變為地球和最終出現的人類之後，時間的計算方式也改變了——成為地球時間（Earthly Time）——它不僅適用於地球這顆行星本身，還能讓人類使用和計算：日（天）、月、年。

地球、月球和太陽之間的運行軌道

當我們考慮這些地球時間的相似元素時，應該認識到它們三者（日、月、年）都是對天體運動（週期運行）的認識，由地球、月球和太陽之間的複合關係所導致的。我們現在知道，被稱為「日／天」（二十四小時）的光明與黑暗的每日更替，是因為地球自轉造成的；地球只有一邊能被太陽的光芒照射到，而另一邊則是黑暗的。我們現在還知道，月亮總是在那個地方，就算在我們看不見的時候，而月虧和月圓並不是因為它會消失，而是基於地球－月球－太陽的位置（見圖2）。我們會看到月球完全被太陽的光芒照射到，也會發現它被地球的陰影完全遮住了，或是介於兩者之間。正是這種三方關係，將月球的實際繞地軌道週期從二十七．三天（恆星月，編注：以恆星為基準，測量月球圍繞地球運行一圈的時間），改為大約二十九．五三天的觀測週期（朔望月），而月亮的重現（即新月）帶有曆法和宗教上的意義。而「一年」或陽曆年，是地球環繞恆星太陽完成一圈軌道的時間。

然而，我們對地球時間（日、月、年）的正確認識，並不是自發的，而是需要先進的科學知識。在兩千年來的大部分時間裡，人們都認為晝夜週期是太陽繞地球旋轉的結果；從亞歷山大的托勒密

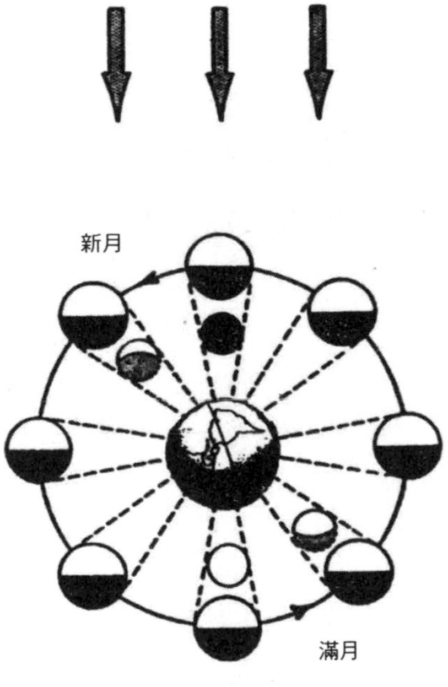

圖2：地球、月球和太陽之間的位置關係

（Ptolemy of Alexandria，西元二世紀）開始，直到西元一五四三年「哥白尼說革命」為止，人們一直認為太陽、月亮和所有看得到的行星，都是繞著地球運行的，地球是宇宙的中心。尼古拉·哥白尼（Nicolaus Copernicus）提出太陽是宇宙的中心，地球只是環繞它的一顆普通星體，與其他星體並無區別。這個觀點在當時是具有爆炸性意義的，而且大大推翻了教會的觀點，以至於他不得不延後完成驚人的天文著作《天體運行論》（*De revoLutionibus coeLestium*）。而他的朋友一直等到哥白尼在一五四三年三月二十四日去世之後，才印刷出版了這本書。

然而，有證據可以證明，在早期蘇美知識中，就包含了近似的「地球－月球－太陽」的關係。《伊奴瑪·伊立什》中描述了四種月相，而且清楚地解釋了它們的成因是月亮在環繞地球的同時，與太陽之間的位置關係：一個月份中間的滿月，是因為它「仍然站在太陽的對面」，而後在月底逐漸減弱，是因為它「背對太陽」（參見圖2）。這些運動都要歸功於天體之主（尼比魯）給予地球和它的衛星月亮的「命運」（軌道），是天體碰撞的結果之一：

> 他讓月亮發光，把夜晚交託給它；把它放在夜裡，當作每天的信號，他指著它說：「每月一次，永不終止，形成冠冕的設計。在一個月的最開始，從大地升起，你要有發光的角來表示六天，在第七天成為新月。在月中仍然站在太陽的對面；它要在地平線追到你。接著，減少你的冠冕並削弱光芒，在那一刻接近太陽；然後在第三十天，你要背對太陽。我為你指出了一條命運；跟著這條路。

「由此」，這篇古代文獻指出，是天體之主「指出了每一日，並建立了黑夜和白晝的區域」。

值得注意的是，在《聖經》和猶太教傳統中，長達二十四小時的一天，是開始於夜晚之前的日落——「它是夜晚和清晨，是一天」——這在美索不達米亞文獻中也有所表述。在《伊奴瑪·

伊立什》裡，月亮被「放在夜裡，當作每天的信號。」）

甚至在美索不達米亞文獻的濃縮版本《聖經》中，同樣也陳述了地球、月球和太陽的三方關係，並把它們應用到日、月、年的循環中：

> **神說，天上要有光體，可以分晝夜，作記號，定節令、日子、年歲。（《創世記》1：14）**

希伯來詞彙**Mo'edim**，在這裡是「月份」的意思，表示在新月夜晚要進行的儀式集會，從一開始就將月球的軌道週期和相位確定為美索不達米亞－希伯來曆法的組成部分。這個古代曆法透過列出這兩個發光天體（**太陽和月亮**）來分辨出日、月、年，展現複雜的月球－太陽關係本質。經過人類上千年來以制定曆法來測量時間的努力，一些人（**如現今的穆斯林**）至今仍然只遵循月球的循環；而其他一些人（**如古代埃及人和西方所使用的西元紀年**）則是採用陽曆年，也直接將其分成數個「月」。

大約在五千八百年前由尼普爾（**Nippur，蘇美的宗教中心**）制定出的曆法，至今仍然被猶太人遵循著，保留了《聖經》所提及的計時複雜性，而這個計時方式是依據地球和兩個發光天體之間的軌道關係。因此，描述地球圍繞太陽的詞彙，代表「年」的**shanah**，是由蘇美詞彙**shatu**發展而來的，**shatu**是一個天文學詞彙，意思是「按照航向，按照軌道」，全稱是**Tekufath ha-Shanah**——形容一整年週期的「環繞或年度循環」。

猶太學者的天文學成就

學者們一直被《光輝之書》（*Zo' har*）困擾著，這是一本亞拉姆－希伯來語（Aramaic-

Hebrew）的經書，是猶太神祕主義文獻的核心部分，而這種神祕主義被稱為「卡巴拉」（Kabbalah）。在西元十三世紀，這本書就正確地解釋了「白晝變為夜晚，是因為地球的自轉造成的」。這比哥白尼提出晝夜更替不是因為太陽圍繞地球轉而是地球自轉，早了兩百五十年左右。《光輝之書》陳述道：「整個大地旋轉著，如球體一般。當一部分向下，則另一部分向上。當一部分是光明的時候，另一部分則是黑暗。當這裡是白晝的時候，那裡就是夜晚。」而《光輝之書》的源頭，是西元三世紀的拉比哈姆努那（Hamnuna）！（編注：拉比是猶太人中的老師、學者、智者階層。）

雖然人們對哈姆努那沒有太多的認識，但這位猶太學者在中世紀將天文知識傳遞到基督教歐洲這件事，至今都被保存在天文學文獻中，這些資料是用希伯來文記錄的，而且搭配了清楚的插圖（這是十二世紀在西班牙出版的書籍，見圖3）。的確，托勒密的作品在西方世界以*Almagest*之名為人所知，最初它在西元八世紀被埃及的阿拉伯征服者保存著，然後經由猶太學者，才傳播到歐洲人手中；值得注意的是，其中一些翻譯版本中的評論，都對早於哥白尼幾個世紀的托勒密之地球中心理論的準確性，提出了質疑。

其他有關天文學的阿拉伯和希臘文獻的譯文，還有一些獨立的著作，都是中古世紀的歐洲人學習天文學的主要管道。在西元九世紀和十世紀，猶太天文學家整理了月亮和其他行星的運行，並估算了它們繞太陽的軌跡和星座的位置。事實上，無論是對歐洲的國王們還是穆斯林的哈里發（caliphs）來說，對這些天文表的編訂整理，都是猶太皇家天文學者的專長。

如此先進的知識，對當時來講似乎是太過超前了，唯一合理的解釋它來自那個影響了《聖經》和整個古代蘇美的更早期尖端知識的繼承。的確，「卡巴拉」字面上的意思就是「被保存的（事物）」，是一代傳一代的早期祕密知識。中世紀的猶太學者的知識，能夠直接溯源到在猶大（Judea）和巴比倫（Babylonia）的學院，它們評論並保存著聖經資料。猶太法典《塔木德》

（*Talmud*），記錄了從大約西元前三百年到西元五百年的這類資料和評論，其中充滿了天文學方面的資訊摘錄；包括了拉比撒母耳（Samuel）的陳述：「知道天國的軌跡」，就像他說的是自己鎮上的街道一樣，還有拉比約書亞（Joshua ben-Zakai）的「每七十年出現的一顆星，它會擾亂水手們」——這與哈雷彗星非常相似，它出現的週期是每七十五年一次，在十八世紀艾德蒙·哈雷（Edmond Halley）發現哈雷慧星之前，它一直都被認為不被人們所知。拉比賈布奈的加馬列

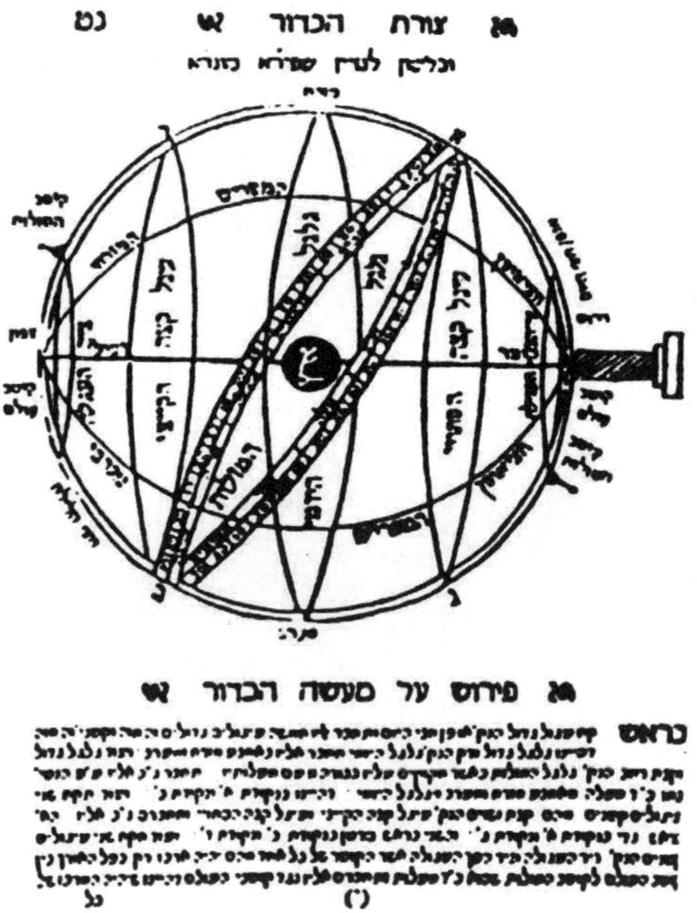

圖3：以希伯來文記錄的天文學知識

（Gamliel of Jabneh）擁有一個管形光學儀器，而他用這個東西來觀測恆星和行星——這比望遠鏡的「正式」發明早了十五個世紀。

猶太的陰陽合曆

由於猶太曆法（尼普爾曆法）的陰陽合曆（lunar-solar calendar）性質，陰曆年比陽曆年少了十天二十一小時六分鐘又大約四十五．五秒，必須插入閏月來進行複雜的調整，因此他們需要得知天體的祕密。由於兩者之間相差十九分之七個朔望月，解決辦法就是在每十九個陽曆年裡加入七個朔望月，這樣陰曆年就可以與陽曆年校準了。現今的天文學書籍中讚揚雅典的天文學家默冬（Meton，大約西元前四三〇年），認為是他發現了這個十九年的週期；然而，這個知識可以回溯到千年以前的古代美索不達米亞。

學者們一直都很困惑，在蘇美－美索不達米亞神話中，沙馬氏（Shamash，太陽神）被描述為「月神」辛（Sin）的兒子，並成為次等的神，而不是我們一般認為的次序。這也許可以在曆法的起源中找到解釋，因為月球週期的表示法早於對太陽週期的測量。亞歷山大．馬斯哈克（Alexander Marshack）在《文明之源》（*The Roots of Civilization*）中提出，尼安德塔人（Neanderthal）時代的骨頭和石器上的刻字不是裝飾，而是原始的陰曆。

在純正的陰曆中，如同現今的穆斯林年曆，節慶日每三年都會往前移動大約一個月。尼普爾年曆中的節慶週期，被設定為與季節相關，就不會有這樣不斷移動的情況發生：例如，新年必須是春季的第一天。然而，這樣的設定需要蘇美文明在一開始就擁有關於地球和月球運行的精確知識，以及它們與太陽的相互關係，才能知道設置閏日或閏月的祕密。這也需要明白季節是怎麼產生的。

如今，我們知道太陽從北到南再回來的年度運行，導致了季節的變化，這源自地球的軸心相對於繞日軌道的平面而言是傾斜的；這種「傾斜」目前呈二十三．五度。在太陽往北和往南到達最遠的點時，太陽似乎在那裡躊躇不動，然後又回來，這樣的日子被稱為至日點（solstice，字面上的意思是太陽停頓），這發生在六月二十一日和十二月二十二日。發現至日點一事，同樣被歸功於默冬和他的同事優克泰蒙（Euctemon）。事實上，這樣的知識可以追溯到更早之前。《塔木德》中豐富的天文學術語，已經使用到Neti'yah這個詞（由動詞Natoh演變而來，意思是傾斜、偏倒、斜著），意思相當於現代詞彙「傾斜」（obliquity）。早在千年之前，《聖經》就認識到地軸的存在，將晝夜更替歸功於一條穿越地球的「線」（它的量帶通遍天下，它的言語傳到地極。《詩篇》19：4）；還有《約伯記》，提到了地球的構成以及它的奧祕，講到天體之主為地球創造了一根傾斜的線，也就是我們所說的傾斜的地軸。《約伯記》在講述地球的傾斜軸線和北極時提到：

神將北極鋪在空中，將大地懸在虛空。（26：7）

《詩篇》不僅正確認識到地球、月球和太陽的相互關係，以及地球繞著自己的傾斜軸轉動而導致日夜和季節，還認識到最遠的那一點，太陽季節性運行的「限制」，也就是至日點：

白晝屬你，黑夜也屬你。亮光和日頭，是你所預備的。地的一切疆界，是你所立的。夏天和冬天，是你所定的。（74：16—17）

如果在兩個至日的日出點和日落點之間連上線，最後這兩條線將在觀測者的頭部上方交會，形成一個將地球及其上的天空劃分為四個部分的巨大X。在古代，人們就認識到這樣的劃分，《聖經》中也有提到：「大地的四個角」和「天域的四個角」。將地球的圓形和天空劃分成四個部分後，每個部分看起來就像一個底部是圓弧形的三角形，也就引發了古代人對「翅膀」的聯想。《聖經》中也由此提到「大地的四隻翅膀」和「天空的四隻翅膀」。

一幅來自西元前第一個千年的巴比倫的地球地圖，透過描繪附著在圓形地球上的四隻「翅膀」，來說明四個「地球角落」的概念（見圖4）。

太陽明顯地從北到南並回歸的運行，不僅導致了夏季和冬季這兩個明顯對立的季節，同時還有春秋這兩個過渡季節。後者與平分日點（春分和秋分）有關，發生在太陽經過地球赤道（一去一回）晝夜平分的時候。在古代美索不達米亞，新年開始於春分日——第一個月（尼散月〔Nisannu-Month〕，意思是「信號被給予的時候」）的第一天。甚至在以色列人出埃及的時期，《利未記》（第二十三章）頒布新年要在秋分日慶祝，這個月——提斯利月（Tishrei）——被稱為「第七個月」，因為尼散月是第一個月。在各個例子中，平分日點的知識透過新年節慶來標記，這很明顯可以回溯到蘇美時代。

陽曆年的四分法（兩個至日點，兩個平分日點）在古代與月球的運行整合在一起，創造出已知的第一部正式曆法，也就是尼普爾的陰陽合曆。它被阿卡德人（Akkadians）、巴比倫人、亞述人（Assyrians）和繼承他們的其他民族，所使用並保留至今，成為現今的猶太曆法。

對人類而言，地球時間開始於西元前三七六〇年；我們之所以知道這個具體的時間，是因為西元

圖4：來自巴比倫的地球地圖

一九九二年等同於猶太曆的五七五二年。

天體時間

在地球時間和神聖時間之間，還有一個天體時間。

自從挪亞走出方舟的那一刻，人類為了確定這樣的洪水末日不會很快地再次發生，開始與一種揮之不去的觀點（抑或是回憶）共同生活著。此觀點是關於地球的週期性毀滅和重生。因此，他們開始仰望天體中關於好事或壞事即將到來的預兆。

希伯來語從美索不達米亞語中得到了Mazal這個詞彙，意思是「命運，運氣」，可能是好的，也可能是壞的。很少人明白到這是一個天文詞彙，它的意思是「黃道十二宮」，而且可以追溯到天文學和占星術屬於同一門學科的時代，祭司站在神廟塔頂一整晚，跟隨著天神的運動，看看它們是在哪一個星宮；在阿卡德語中，稱星宮為Manzalu。

其實，並不是人類將這些數量龐大的星星編組成星座，也不是人類為這些分布在黃道帶上的天體命名和精確定位，並將它們分為十二宮。這些都是阿努納奇為了自身的需要而做的；而人類採用這個體系，當作從地球生命的死亡中升上天國的一種連結方式。

來自有著超長軌道「年」的尼比魯的某人，來到一顆快速繞完軌道一圈的行星（地球，阿努納奇曾稱它為「第七個天體」）上，這顆行星的一年只是他們一年的三千六百分之一，時間記錄成了一個大問題。蘇美國王列表和其他講述阿努納奇事蹟（當然是大洪水之前）的文獻可以證明，尼比魯長達三千六百個地球年的一年，是神聖時間的單位。但是，除了一比三千六百的關係之外，他們要如何在神聖時間和地球時間之間創造某種合理的關係呢？

這個解決方案是由歲差現象提供的。地球因為晃動的關係，繞行太陽一圈的時間每年都會稍微變慢；這種延遲每七十二年會達到一度。

阿努納奇將黃道帶（行星繞行太陽之軌道的平面）劃分為十二等份，以符合組成太陽系的十二名成員的數量，因此發明了黃道十二宮這個概念。每個黃道宮被分配到三十度，由於每一宮的延遲總共是兩千一百六十年（72×30＝2,160），全部加總起來的歲差週期（或稱大年）是兩萬五千九百二〇年（2,160×12＝25,920）。我們曾在《再談創世記》（*Genesis Revisited*）中提到，阿努納奇透過設定黃金比例是六比十，以及更重要的是，以六乘十、再乘六、再乘十等以此類推方式所組成的六十進位數學體系，將兩千一百六十與三千六百對應起來。

神學家約瑟夫・坎伯（Joseph Campbell）在一九六二年出版的《神的面具：東方神話》（*The Masks of God: Oriental Mythology*）中寫道：「透過我所發現的無人能解的奇蹟，算術在早在西元前三千兩百年左右就在蘇美發展出來，無論是出於巧合或直覺的引導，它相當符合天體秩序，彷彿這是它本身所要顯露的。」這個「奇蹟」，正如我們之前所說的，是阿努納奇所給予的先進知識。

現代天文學，如現代其他科學一樣，從蘇美的「第一次」裡引用了許多觀念。其中，對我們頭上的天空，以及其他所有圓形的劃分，都是三百六十度，這是最基本的。雨果・溫克勒（Hugo Winckler）和其他少數人，認識到了數字「七十二」是非常基本且必要的，他在《古代東方研究》（*Altorientalische Forschungen*）中提到，「七十二」就像是「天國、曆法和神話」之間的紐帶。他寫道，正是透過哈米休圖（Hameshtu，即五或五倍），將天體數字「七十二」（偏移一度的年數）乘以地球人的手指數字「五」，得出了基礎數字「三百六十」。但他的觀點受限於身處的年代，沒有將他引領到對阿努納奇這個角色的認識；阿努納奇需要了解地球減速的科學。

在美索不達米亞發現的數千個數字泥版，有很多現成的數表劃分都是由天文學數字「一千兩百九十六萬」開始，結束於「六十」，它是「一千兩百九十六萬」的第二十一萬六千部分。希爾普雷奇特（H.Y. Hilprecht）在《賓夕法尼亞大學的巴比倫探險考察》（*The Babylonian Expedition of the University of Pennsylvania*）中，研究了在尼尼微（Nineveh）的亞述國王亞述巴尼帕（Ashurbanipal）圖書館裡的上千個數表，他指出「一千兩百九十六萬」這個數字是天文學的，由神祕的五百大年的大週期衍生而來，而這個週期正是一個完整的歲差切換（500×25,920 = 12,960,000）。他和其他人絲毫不懷疑，這個可能是由希臘的喜帕恰斯（Hipparchus）在西元前二世紀首先注意到的歲差現象，在蘇美時代就已經被認識到了。這個數字去掉一個十倍就是「一百二十九萬六千」，是印度傳統中「知識時代」的長度（是四十三萬二千這個週期的三倍）。這個週期中的週期，有六與十二（每七十二年在黃道帶上移動一度）、六與十（兩千一百六十與三千六百的比例），還有四十三萬二千到一千二百九十六萬等相互作用，所反映的可能是小的和大的宇宙及天文週期。這些祕密還沒有被揭開，蘇美的數字只是提供了對它們的其中一瞥。

選擇以春分日（或是與之相反的秋分日）為新年開始的決定，並不是偶然的，因為地球傾斜的關係，太陽只有在這兩天才會在赤道與黃道圈的交會點升起。另外，歲差現象（完整名稱是「平分日點歲差」）使得這個交會點所在的黃道宮位置持續往後移，每七十二年在黃道帶上移動一度。雖然這個點至今仍然被認為是白羊宮的第一個點，但實際上大約從西元前六十年開始，我們就處於雙魚宮時代，而且雖然緩慢但確定的是，我們即將要進入水瓶宮時代（見圖5）。這樣的轉移（即逐漸遠離一個黃道宮時代，進入另一個黃道宮的時代改變），是一個新時代的開始。

當地球上的人類帶著期盼等待這樣的改變時，很多人都好奇著與這樣的改變一同到來的會是什麼——它會成為什麼命運（Mazal）的預兆？是幸福或劇變？是結束或新開始？是地球上舊秩序的終結，還是新秩序的開始，也許是天國的王權重回地球的預言？

時間是否只能向前？或是它也可以倒流嗎？哲學家們曾思考過這個問題。實際上，時間的確會向後倒退，因為這就是歲差現象的精髓：由於地球繞日軌道的延遲，導致每相隔兩千一百六十年，春分日的日出不是在下一個黃道宮，而是在前一個……天體時間，就如我們所指出的，它不是按照地球（以及所有行星）時間的方向，以逆時針前進的；相反的，它以反方向移動，是按照尼比魯的軌道方向，以順時針運行。

天體時間是倒流的，關係到遙遠地球上的我們；因此，在黃道帶上，**過去即未來**。

讓我們好好看看過去。

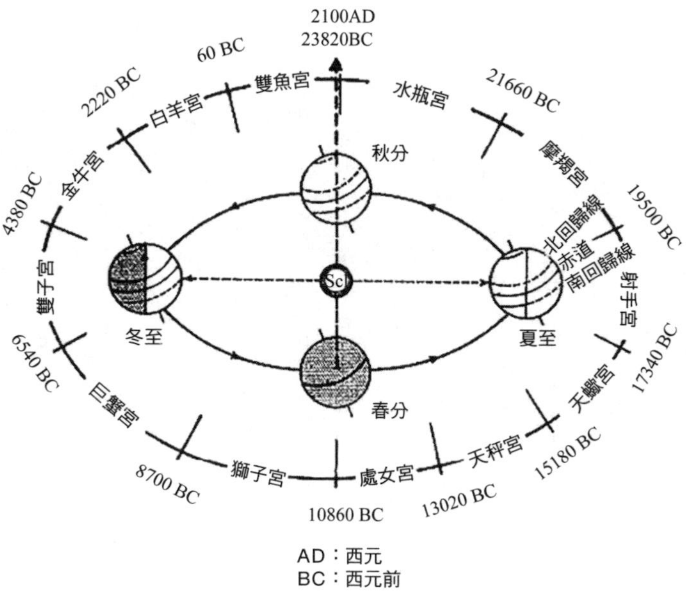

圖5：平分日點歲差現象

2．石製電腦

關於影響地球和人類的週期性時代的概念或回憶，並不局限於舊大陸。當埃爾南．科爾特斯（Hernando Cortes）被阿茲特克國王蒙特蘇馬（Moctezuma）當作返回的神而前來歡迎時，這位國王帶著一個巨大黃金圓盤。圓盤上刻的是阿茲特克人及其墨西哥祖先所相信的週期性時代的符號。這個珍貴的工藝品已經永遠消失了，因為西班牙人將其熔化了。不過，但它的石製複製品已經被發現（見圖6）。上面有表示「太陽」的週期，或是第五個時代的象形符號。之前的四個時代全都毀於自然災難——水、風、地震、風暴及野生動物。第一個時代是白髮巨人時代；第二個是黃金時代。第三個時代是紅髮人時代（根據傳說，他們是最先乘船抵達美洲的人們）。第四個時代是黑頭人時代，那是至高的墨西哥神——羽蛇神魁札爾科亞特爾（Quetzalcoatl）到來的時代。

一路向南，在哥倫布時代之前的祕魯，安地斯人同樣認為有著五個「太陽」或時代。第一個時代是維拉科查斯（Viracochas）時代，他們是蓄

圖6：黃金圓盤的石製複製品

鬍的白種神；第二個是巨人時代，接下來的是原始人時代。第四個是英雄時代；然後才是第五個時代，也就是當代，這是國王時代，印加國王依順序排列下來。這些時代的持續時間是用千年來計算，而不是數萬年或數十萬年。馬雅人留下的紀念碑和陵墓上，都裝飾的「天空之帶」，上面的字形已經被發現是代表黃道帶上的天空劃分；在馬雅遺址和印加都城庫斯科（Cuzco）中出土的工藝品，也被識別為是黃道曆法。

根據斯坦斯伯里．哈格爾（Stansbury Hagar）在第十四屆國際美洲文化學者會議上提出的，庫斯科這座城市本身，似乎是對南美人熟知黃道十二宮的「石頭上的見證」。這不可避免地指出，新大陸上，幾千年前的人們就透過某種方法掌握了黃道帶的劃分知識，而他們是以天體時間的兩千一百六十個地球年為單位來測量時代。

使用石頭來製作曆法這件事，也許對我們來說是很難理解的，但在古代卻十分符合邏輯。有一部這樣的曆法帶給人們很多困惑，它被稱為「巨石陣」（Stonehenge），現今安靜地佇立在英格蘭的一片多風的平原上，由巨大的石柱組成。它位於索爾茲伯里（Salisbury）的北部，倫敦西南方大約八十英里外的地方。這個遺蹟所留下的神祕氣息，勾起了一代又一代人的好奇心與想像力，向歷史學家、地理學家和天文學家們提出了挑戰。這些巨石所述說的祕密，早已消失在古老時代的迷霧中；而我們相信，「時間」是解開它的鑰匙。

英國的史前巨石陣

巨石陣被稱為「整個不列顛最重要的史前奇蹟」，得到了數個世紀以來，尤其是近代的關注。理查．阿特金森（Richard J. C. Atkinson）在《巨石陣及其周邊古蹟》（*Stonehenge and Neighbouring Monuments*）中，形容它是獨一無二的，因為「在世界上的其他地方，沒有像它一樣的」。這也許可以解釋為什麼在十八世紀手稿的西歐古蹟目錄中，在巨石陣上列出了六百多幅作品。巨石陣確實是不列顛群島上九百多個由古岩石、木頭和泥土圈所組成的古蹟中，最大、最精美的一個，也是歐洲最大、最複雜的。

然而，在我們看來，這並不是讓巨石陣如此獨特的原因，而是它與其他地方某些古蹟的相似之處。它被建造的時間和目的，組成了我們的《地球編年史》的一部分。它是在一個更廣闊的架構中完成的，而這個架構可以為它的奧祕提供解答。

就算是沒有造訪過巨石陣的人，也一定曾在印刷品和電視螢幕上看過這個史前建築極具衝擊性的特徵：一對對垂直的巨石塊，每一個差不多都有十三英尺高，每一對的頂部由一塊同樣巨大的石塊橫梁連接，形成獨立的三石牌坊（Trilithon）；它們圍成半圓形，並且由同樣有石塊橫梁連接頂部的類似巨石塊包圍著。這些石塊橫梁都被精心雕刻成弧形，以使成對的立柱能排列成環形。

雖然有一些撒森岩（sarsen，編注：一種砂岩）三石牌坊和撒森岩圈（Sarsen Circle，取自該種岩石的名稱）消失或倒塌了，但是它們創造了可讓人聯想到畫面的「巨石陣」（Stonehenge）此一名詞（見圖7）。

在這個巨石環中，有其他較小的青石（bluestone）組成青石圈，圍繞著半圓形的三石牌坊，而三石牌坊中間是一個青石半圓（或被稱為「青石馬蹄鐵」〔Bluestone Horseshoe〕）。就跟撒森岩

圖7：英國巨石陣

一樣，並不是所有組成青石圈和半圓（馬蹄鐵）的青石都還在原本的地方。有一些已經完全消失了；有一些如同倒下的巨人般躺在地上。為這個遺址增添神祕氛圍的，還有其他巨石，它們的暱稱（源頭尚不可考）都充滿了神祕感。它們包括了聖壇石（Altar Stone），這是一個經過切刻的十六英尺長的藍灰色砂岩，現在還有一半埋在其中一組三石牌坊的下方。儘管這裡曾進行大量的修復工作，但該建築過去的許多榮光都已經蕩然無存。不過，考古學家仍然透過所有可用的證據，來重建這座非凡的石頭遺蹟最初的樣子。

他們指出，最外層、有著彎曲橫梁連接頂部，曾有過三十個直立石柱的那一圈，現在只有十七個保存下來。在這個撒森岩圈裡面，有較小的青石圈（現在尚保存了二十九個）。在第二個圈裡面的，是五對三石牌坊，即十個撒森岩石塊所組成的撒森馬蹄鐵（Sarsen Horseshoe）；它們在圖示上通常被編號為51到60（至於橫梁石塊的編號，是將其跨過的直立石柱編號上加100而得出，因此，在51至52號上的橫梁石塊，就是152號）。

十九個青石（61至72號）組成了最裡面的半圓形，也就是青石馬蹄鐵；在這個最內圈組合的內側，有一個聖壇石正好佇立在整座巨石陣結構的軸線上，圖8a描繪出這個石圈套石圈的想像配置圖。

這些石圈依序排在一個更大的圓形框架中，似乎是要強調這些明顯存在的圓圈的重要性。這個圓形框架是一個又深又寬的溝渠，那些挖出的泥土被用來築堤岸；它形成一個環繞整座巨石陣的完美圓形，直徑有三百英尺。這個溝渠的大半部分，在早前曾被挖掘過，有一部分被重新填平；其他部分和升起的堤岸，則在千年之中被大自然侵蝕和人類挖掘過。

這些石圈套石圈也曾以其他方式重現過。離溝渠內堤幾英尺遠的地方，有一個由五、六個坑洞組成的圓圈，它們形狀完美且深深挖進地底下，並以十七世紀的發現者約翰·奧布里（John Aubrey）為名，被稱為「奧布里洞」（Aubrey Holes）。考古學家們曾經挖掘這些坑洞，想要尋找有關這個遺址的祕密及其建造者的線索和殘骸，並在之後用白水泥圓盤塞住這些坑洞，使得這些坑洞所組成的完美圓圈被凸顯出來，尤其是從空中往下看的時候。此外，還有在某個未知時間挖掘的較粗糙且不規則的坑洞，形成兩個圓圈，環繞在撒森岩圈和青石圈之外，現在被稱為Y洞和Z洞。

有兩個不同於其他的石頭，被發現在溝渠內側堤岸的相對兩側；而在奧布里洞線的下方（但明顯不是奧布里洞的一部分），與這兩個石頭等距的地方，有兩座圓形土堆，其中也被發現有坑洞。研究者們相信，在這些坑洞中也有類似於前兩個的石頭，而這四個「基石」（Station Stones，編號為91至94）有著截然不同的目的，特別是當人們用線將它們串連起來之後，這四個

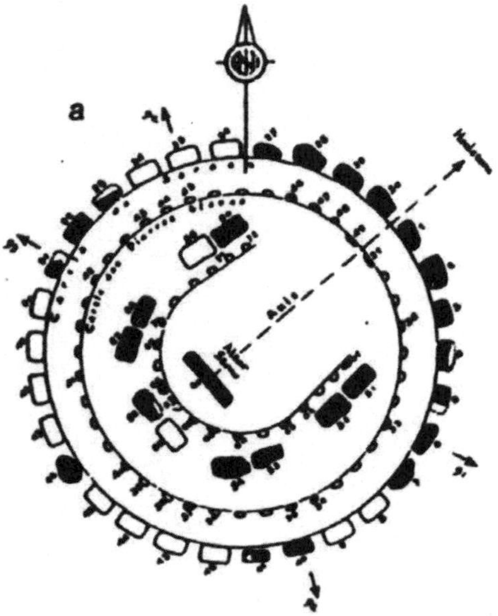

圖 8a：巨石陣的想像配置圖

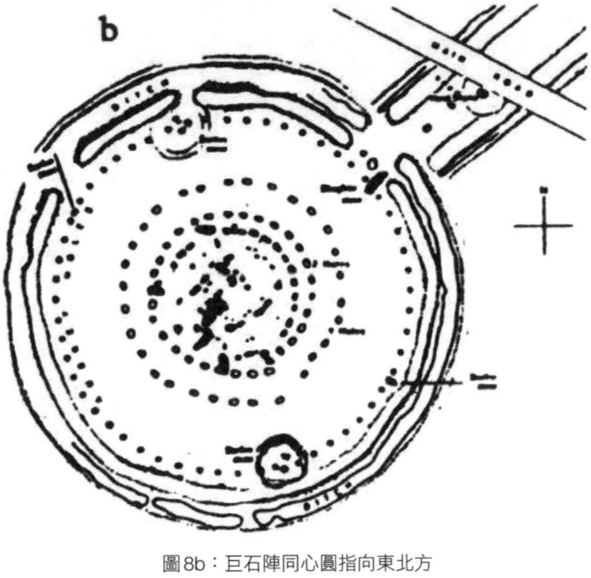

圖 8b：巨石陣同心圓指向東北方

石頭勾勒出一個可能具有天文學意義的完美矩形。然而，另一塊被戲稱為「屠殺石」（Slaughter Stone）的巨石，它所躺臥的地方是在溝渠的一個寬大開口上；這個開口明顯是用來當作這個由石頭、坑洞和土方工程所組成的同心圓的進出口。然而，屠殺石所躺臥的地方，很可能不是它原本佇立之處，而且就如地上的坑洞所顯示，它可能並非單獨佇立在此。

溝渠的開口相當精確地指向東北方，它指向的（或迎接的）是一條堤道，被稱為「大道」（Avenue）。兩條平行的帶堤溝渠位在大道兩旁，中間留出了三十英尺寬的道路。它向前延伸了三分之一英里的路程，然後往北分出了一條朝向名為「克爾蘇斯」（Cursus，譯注，此為拉丁文，意思是「工程」或「線路」）的巨大延伸土方工程的分支。克爾蘇斯的方位與大道形成特定的角度；而大道的其他分支都朝向雅芳河（River Avon）。

帶有大道的巨石陣同心圓指向東北邊（見圖8b），提供了關於建造巨石陣的目的的重大線索。大道的方向——非常精確地指向東北方——並不是巧合，因為在畫出一條穿過大道中央的線時，這條線還可以直線延伸穿過巨石圈和那些坑洞的中央，形成整個結構群的軸線（見圖8a）。我們會看出這條軸線是刻意定向的，是因為有一連串的坑洞呈現出曾經有一些標記石是順著軸線放置的。其中一個名為「席爾石」（Heel Stone），至今仍默默執行著建造者所賦予它的使命，而這個使命無疑是與天文學有關的。

巨石陣與希臘文化的關聯

關於巨石陣是一座經精心規畫後而建造的天文觀測臺，而不是一個異教崇拜或神祕遺址（例如，那塊名為「屠殺石」的躺臥石頭，被認為是用作活人獻祭的地方）的說法，是不太容易被接受的。事實上，隨著我們對該遺址進行更多研究，難度是逐漸增加而非減少，而且它的建造時間不斷被往回推。

十二世紀，蒙茅斯的傑佛瑞（Geoffrey of Monmouth）在《不列顛列王史》（*Historia regum Britanniae*）上說：「巨人的指環」是「一個當時沒有任何人能夠立起的石陣，它使用巨人們從非洲帶回來的巨石，最先被建在愛爾蘭」。之後，在巫師梅林（Merlin，他的亞瑟王傳奇也與聖杯有關）的建議下，沃帝根（Vortigen）的國王移動了這些巨石並「圍繞一座墳墓，將它們重新立起，呈現一個圓圈，與它們過去在吉拉勞斯山（Killaraus）上的擺放方式一模一樣」。（這個中世紀傳說有一個核心部分已經被現代發現所證實，也就是那些源自威爾斯西南部普里塞利〔Prescelly〕山脈的青石，被運用某種方式，經由陸路和水路運送了兩百五十英里左右的距離，先被運到離巨石陣大約十二英里的西北方，它們可能在那裡被立成一個早期的圓圈，然後才被運到巨石陣現在的位置。）

在十七世紀和十八世紀，這個石廟被認為是羅馬人、希臘人、腓尼基人（Phoenicians）或德魯伊人（Druids）建造的。這些推論的共同點是，它們都將巨石陣的建造時間從中世紀往前推移到西元之初或更早，因此增加了這個遺址的古老性。在所有理論中，與德魯伊人有關的那一個在當時是最受歡迎的，其中的原因之一是威廉·史塔克利（William Stukeley）的研究和著作，尤其是一七四〇年出版的《巨石陣，獻給不列顛德魯伊人的神廟》（*Stonehenge, A Temple Restor'd To The British Druids*）。德魯伊人是古代凱爾特人（Celts）的神職人員。尤利烏斯·凱撒（Julius Caesar）是德魯伊人資訊的主要來源，按照他的說法，他們每年都會在聖地聚集一次，以舉行祕密儀式；他們提供活人獻祭；在他們的工作中，還有教導凱爾特貴族「眾神的力量」、自然科學和天文學。但是在這個遺址中，考古學家沒有發現任何與西元前的德魯伊人有關的東西。在那個時候，凱爾特人的確來到這個地方，但沒有留下任何證據，也就是說德魯伊人並沒有在這個「太陽神廟」（Sun Temple）集會，甚至他們與這個建築的更早期建造者，也沒有絲毫關係。

雖然羅馬軍團就駐紮在離此地不遠的地方，但也沒有任何證據顯示，這個巨石陣與羅馬人有關。然而，一條關於希臘和腓尼基的線索，反而更有希望。希臘史學家西西里的迪奧多羅斯（Diodorus Siculus，西元前一世紀）是與尤利烏斯．凱撒同時代的人，他曾經到埃及，寫下了多本有關這個古代世界的歷史書籍。在第一冊中，他講述的是埃及人、亞述人、衣索比亞人和希臘人的史前歷史，也就是所謂的「神話時代」。他引用了更早期的史學家作品，像是阿布德拉的赫卡塔埃烏斯（Hecataeus of Abdera）在西元前三百年左右的一本書（現在已經遺失）的內容，該書提及，在一個居住著極北樂土之民（Hyperboreans）的島上，「有一片宏偉壯麗的阿波羅（Apollo）神聖區域，和一座著名的球形神廟」。Hyperboreans這個希臘詞彙，意思是說住在吹來北風（Boreas）的遙遠北方的人。他們是希臘（和之後的羅馬）的神阿波羅之崇拜者，而且關於極北樂土之民的傳說也加入到阿波羅及其孿生姊妹——女神阿提米絲（Artemis，又譯阿耳忒門伊）的神話中。在勒托（Leto）懷下宙斯（Zeus）的孩子（也就是阿波羅和阿提米絲）後，她在地球表面尋找一個能夠躲開宙斯的正式妻子——狂怒中的赫拉（Hera），可以平安生下孩子的地方；因此，阿波羅便與「極北」這個概念被連結起來。希臘人和羅馬人認為，他是預言和占卜之神；他坐著戰車在黃道帶上繞行。

雖然這些與希臘人有關的神話或傳說，沒有提供任何科學方面的價值，不過，考古學家在充滿史前土方工程、建築與墳墓的巨石陣區域內，透過考古發掘而發現這樣的關聯。這個人造的古代遺蹟，包括了奧布里圈（Avebury Circle），它展現出類似現代鐘錶構造的圖示（見圖9a，如威廉．史塔克利所描繪的），或甚至是古代馬雅曆法的嚙合齒輪（見圖9b）。它們還包括了名為「克爾蘇斯」的數公里長溝渠、被稱為「巨木陣」（Woodhenge）的木造而非石造的圓圈；以及非常突出的西爾布利山（Silbury Hill），它是一座人造的圓錐形山丘，呈現精確的圓形，直徑為五百二十英尺，是歐洲同類中最大的。（有些人認為它距離巨石陣正好六「巨石英里」〔megalithic miles〕一事具有重要的意義。）

在考古學上，最重要的發現出現在這個地區的墳墓中，它們分散在巨石陣區域各處。考古學家在其中找到了青銅短劍、斧頭、狼牙棒、金質的飾品、有裝飾的陶器和打磨過的石頭。這類的發現加強了一個考古學觀點，也就是巨石陣的石頭被打磨平整和仔細造形的方式，受到了克里特（Crete，地中海上的一個島嶼）文化和邁錫尼（Mycenaean，位於希臘大陸）文化的影響。也有人指出，在巨石陣中用來連接石塊的釘入插口接合部位，類似於在邁錫尼城石頭門道所使用的接合部位。這些現象讓許多考古學家都認為它與古代希臘有關聯。

這個流派的領銜代表是雅克塔．霍克斯（Jacquetta Hawkes），她在關於希臘文明的克里特和邁錫尼起源的著作《眾神的黎明》（*Dawn of the Gods*）中，於「陵墓與王國」一章中花了大量篇幅講述巨石陣。

邁錫尼位於希臘大陸的西南部，現在被稱為「伯羅奔尼撒」（Peloponnesus，如今它與希臘大陸之間，因人造的柯林斯〔Corinth〕運河而被分隔開）。當時邁錫尼被當作克里特島上較早期的邁諾安（Minoan）文明，與後來的古典希臘文明之間的橋梁。它在西元前十六世紀就已經盛

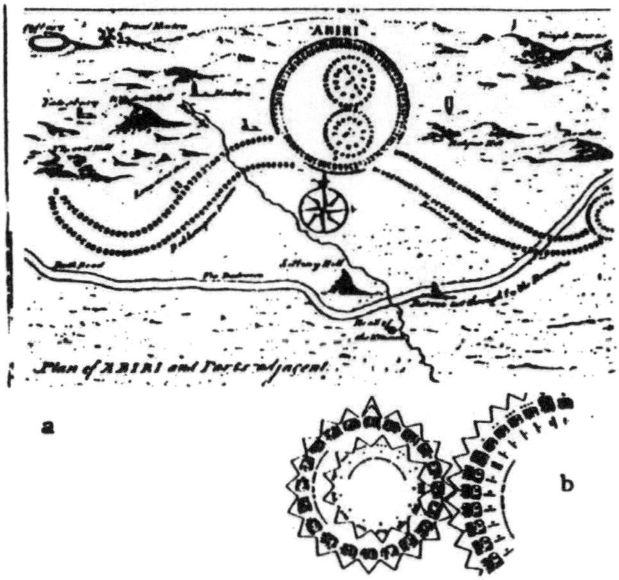

圖 9a：奧布里圈類似現代鐘錶的構造
圖 9b：古代馬雅曆法的嚙合齒輪

開了文明之花，而且從其國王陵墓中出土的財寶，向人們顯露出當地與外界的往來，其中就包含了不列顛。雅克塔．霍克斯寫道：「就在邁錫尼國王崛起而擁有新的財富和權力之時，一個雖然較小，但差不多先進的文明，出現在英格蘭南部。那裡也有統治著農夫和牧人的戰士貴族，他展開貿易，而且繁榮到自己在奢侈品的包圍下埋葬。在這些被埋葬的財產中，有幾件物品證明這些貿易者必然與邁錫尼世界有過往來。」她補充說，這些東西並不是多麼偉大的奇蹟，只可能是貿易或模仿的結果，而不是「那獨一無二的，由撒森岩圈和三石牌坊組成的巨石陣結構群」的一部分。

建造巨石陣的年代

然而，並非所有的考古發現都顯示出來自早期希臘文化的「影響」。巨石陣周圍的陵墓中，包含著有裝飾的珠子和鍍金的琥珀盤，它們是在埃及發展出來的物品，而不是希臘。這樣的發現提出了一種可能性，也就是所有這些工藝品都是透過某種方式被運到英格蘭，運輸者不是希臘人或埃及人，而可能是來自地中海東部的交易者。可能的人選明顯是腓尼基人，他們是古代聲名顯赫的水手兼貿易者。

有記錄顯示，腓尼基人從地中海的港口出發，到達位於英格蘭南部角落的康瓦耳（Cornwall），這裡離巨石陣非常近，他們來這裡尋找錫（它能與軟銅結合製成堅硬的青銅）。但這樣的貿易連結是否在西元前一千五百年到西元前五百年的時候就很興旺，而能支持巨石陣的規畫及建造呢？抑或他們只是巨石陣的造訪者？當然，要得出這個不太完整的答案，還是得先知道巨石陣是在什麼時候開始規畫並建造的，或是由其他的哪些人建造了它。

在缺乏文字記錄，也沒有關於地中海眾神壁畫或刻字（這類作品在克里特、邁錫尼和腓尼基遺址中都有過發現）的情況下，沒有人能夠肯定地回答這個問題。但是，當考古學家在巨石陣那裡挖掘出各種有機物殘骸（例如有雕刻的鹿角）時，這個問題本身就變得沒有意義了。根據放射性碳定法的檢測結果，這些在溝渠中挖掘出來的古物，年代應該是在西元前兩千九百年到兩千六百年之間，比來自地中海的水手到達此處的時間早了一千多年以上。在奧布里洞中找到的碳片，經測定後發現是西元前兩千兩百年的遺物；在三石牌坊附近發現的鹿角碎片，則是西元前二二八〇年至西元前二〇六〇年之間的產物。而在大道上發現的物品，則可以追溯到西元前二二四五年至西元前二〇八五年之間。

在如此早期的時代，是誰計畫並建造了這座令人震撼的巨石陣結構群？學者們一致認為，直到西元前三千年，這個區域都只居住了少數的農夫和牧人，而他們所使用的工具是石頭做成的。直到西元前兩千五百年以後的某個時候，才有來自歐洲大陸的新族群抵達這個區域；他們帶來了金屬（銅和黃金）的知識，使用泥製器皿，並將死者埋葬於圓形土堆中；他們因為所使用的飲水器具形狀，而被戲稱為「燒杯人」（Beaker People，亦稱「貝爾陶器人」）。在大約西元前兩千年時，青銅才出現在這個地區，而一個更富足、人口更多的民族——威塞克斯人（Wessex People）才開始從事畜牧、金屬工藝，以及與中歐、西歐和地中海的貿易活動。到了西元前一千五百年，這片原本興旺繁榮的土地遭受到一次突然的衰落，持續了整整一千年；而這次衰退肯定也影響到巨石陣。

那些新石器時代的農夫和牧人、燒杯人，或甚至是早期青銅時代的威塞克斯人，是否有能力創建這樣的巨石陣？或者他們只是為這個工程提供勞動力，在其他某些人的先進科技帶領下，用石頭來建造一個複雜的結構？

就算是懷有鮮明觀點，支持邁錫尼說的雅克塔．霍克斯，也不得不承認，「這個聖地，這些經過仔細造形的巨大石塊，使得邁錫尼的巨石構造看起來就像是小孩的玩具磚一樣，整個史前的歐洲沒有能與之相比的。」為了將邁錫尼人與早期英格蘭人連結在一起，她提出論點表示，「一些控制著索爾茲伯里平原牧場的本地領主，比如奧德修斯（Odysseus），有著十二群牲畜，可能就有財力和權力，可以將一個源自石器時代的普通聖地，擴建為一個高貴而無與倫比的巨石建築作品。人們似乎都認為，巨石陣必定是某個人基於野心驕傲或宗教情感，著手建造了它，但由於整個設計和建造方法對於那個島上來說是那麼的先進，應該採納了一些更文明地區的想法。」

那麼，支持建造這個傲視整個史前歐洲的空前巨物的「更文明地區」是什麼呢？這個答案必須基於巨石陣的精確建造時間才能回答；如果就如科學檢測所得出的，它比邁錫尼人和腓尼基人早了一千年甚至兩千多年的話，那麼必然有一個位於歷史源頭的「文明地區」。如果巨石陣是西元前第三個千年的產物，那麼唯一的建築工人就是蘇美人和埃及人。當巨石陣尚在孕育階段時，蘇美文明的城市、高聳觀測塔、文學和科學，都已經有千年的歷史，而王權也已經在埃及傳承數個世紀了。

為了得到一個更好的答案，我們必須將截至目前為止從巨石陣相關研究所得知的一切，全部匯整在一起。

分期建造而成的巨石陣

巨石陣在建造之初，幾乎沒有用到石頭。所有人都認同的一點是，它在一開始是溝渠及其堤岸的構造，這是一個底部周長為一千零五十英尺的圓形。它大概有十二英尺寬、六英尺深，因此會需要挖出數量可觀的泥土（白堊土），並用它們來堆砌兩側高起的堤岸。在這個外環裡面，有由五十六個奧布里洞組成的圓環。

這個土環的東北部分並沒有挖掘，以做為進入圓圈中心的入口。曾經有兩個「門道石」位在入口兩側，如今已經消失不見。這兩個門道石也曾是佇立在延伸軸線上的席爾石的聚焦輔助石。席爾石這座巨大的天然岩石，總共高二十英尺，其中四英尺插入地下，外露的十六英尺指向天空；它以二十四度角傾斜佇立著。在入口空隙處的一連串坑洞，可能是用來容納可移動的木製標記物，所以被稱為「柱孔」（Post Holes）。最後，四個圓形基石組成完美的矩形；這個已完工的巨石陣「一期」，包括了土環、奧布里洞、一條入口軸線、七個大石頭和一些木製工具。

這個時期的有機物（如之前提到的鹿角）殘骸和石製工具，讓學者們相信巨石陣一期是在西元前兩千九百年至西元前兩千六百年之間的某個時侯建造的；英國官方將年份選定在西元前兩千八百年。

無論是誰出於什麼原因建造了巨石陣一期，它在幾個世紀以來都令人滿意。在燒杯人占領這個區域時，並不需要改變或改善這些土方和石頭的布局。然後，大約在西元前兩千一百年，剛好在威塞克斯人到來之前（或是同時發生），突然出現了一系列不尋常的活動。最主要的一個事件是，青石被放入巨石陣的組成中，出現了「巨石陣二期」。這是巨石陣中第一次出現石陣。

不過，要運輸這些青石並非易事。它們每一塊至少有四噸重，而且漂洋過海，再經過陸地和河流的總路程，一共大約兩百五十英里。直到今天，我們還是不知道為什麼他們非要選擇這些輝綠岩石頭，並花費如此大的心力，直接或是在臨時中途站短暫停留後，將它們運送到這個地方。無論這條確切的路線到底為何，大家都相信最後它們的確被運送到這個地點附近的雅芳河上方。這也解釋了為什麼大道在這個階段會延伸出兩英里，連接了巨石陣和這條河。

至少有八十個（有些人認為是八十二個）青石被運到那裡。現在可以相信的是，其中的七十六個是為了那些組成同心圓Q和R的坑洞而準備的，每個圓圈有三十八個坑洞；而且似乎在西邊部分曾有過開口。

在同一時期，有一個單獨大石塊，也就是所謂的聖壇石，被安置在圓圈裡，而且剛好在巨石陣的軸線上，面朝東北方向的席爾石。然而，當研究人員考察由它們所連接成的直線和其他外層石柱的位置時，他們驚訝地發現，席爾石在二期階段稍微向東邊移了一點（從石陣中心看過去的右邊）；同時在席爾石的前面豎起兩根石柱，以強調這條新視線。為了配合這些變化，當時的建築者填補了部分溝渠，讓通往圍場的入口向右（東邊）放寬了，大道也在相應的部位加寬了。

意外的是，研究人員發現，巨石陣二期工程最大的革新，並不是加入了青石材料，**而是加入了一條新軸線**，它比之前的那條軸線稍微偏東了一點。

不像巨石陣一期之後停工了大約七個世紀，巨石陣三期工程緊接在巨石陣二期之後的十年內就動工了。當時的負責人決定賜予這個結構群巨大的影響力和永久性。之後，這些每塊重達四十至五十噸的巨大撒森岩柱，從萬寶路丘陵（Marlboro Downs）被運到巨石陣所在的位置，兩地之間的距離大概有二十多英里。一般人認為，這時期一共運來了七十七個巨石塊。

與運送這些上千噸的巨石一樣困難，甚至更令人畏懼的是，要將它們搭建起來。這些石塊被小心翼翼地切刻成預設的形狀。橫梁被賦予精確的彎曲度，以及一些像釘子突出的部位，這些部位能嵌入另一塊石頭上切刻好的凹口，以便接合在一起。接著進行的，就是將這些準備好的石塊，豎立在一圈精確的圓周線上，或是成對安置好，並將橫梁抬起來，放到石柱的頂部。這項工程的難度，因為此地本身的坡度又加大了不少，至於這件事到底是如何完成的，至今還沒有人真正知道。

這時，這條修正後的軸線，透過新豎立的兩塊巨大門道石（Gateway Stones）而具有永久性，取代了先前的軸線。一般相信，倒下的屠殺石就是那兩個新門道石的其中之一。

為了給撒森岩圈和三石牌坊馬蹄鐵（或橢圓）騰出空間，二期工程的兩個青石圈必須被拆除。其中有十九個被用作內層的青石馬蹄鐵（現在被認為是一個開放的橢圓）的材料；一般認為，其他的五十九個被安排在Y洞群和Z洞群，做成另外兩個新圓圈，用來環繞撒森岩圈。Y圈被認為可以容納三十個石頭，而Z圈可以容納二十九個。最初的八十二個石頭中，有一些石頭可能被用作橫梁，或是如約翰．伍德（John E. Wood）在《太陽、月亮和立石》（*Sun, Moon and Standing Stones*）中所說的，用來組成這個橢圓。然而，Y圈和Z圈從來沒被完成過；那些青石反而被用來環繞成一個更大的圓，也就是青石圈，而所用青石的數量還無法確定（有些人相信是六十個）。同樣不能確定的是這個石圈被立起的時間，是緊接在後，還是在一、兩個世紀之後？有些人相信，那次額外的工程主要集中在大道上，完成於大約西元前一千一百年。

無論出於任何目的和動機，我們所看見的巨石陣是在西元前兩千一百年開始規畫建造的，並在接下來的百年著手實施，最終在西元前一千九百年左右完工。現代科學檢測技術證實了埃及學家弗林德斯．皮特里（Flinders Petrie）爵士在一八八〇年所提出的震驚當時的發現——他認為巨石陣應該要追溯至西元前兩千年（沿用至今的石塊編號系統，正是由皮特里創設的）。

巨石陣的天文觀測功能

對於古代遺址的常見科學研究順序，考古學家是最早上前線的，然後才是其他學者，如人類學家、冶金學家、歷史學家、語言學家，以及其他領域的專家學者。在巨石陣這個案例中，開路人卻是天文學家。這倒不是因為這個遺址就位在地球表面上，不需要誰來挖掘，最重要的是，它似乎從最一開始就自己證明了，這條從中心出發朝向席爾石，穿過大道的軸線，是指向「東北方，當太陽從那裡升起時，那一天的白晝是最長的」（引用威廉．史塔克利的話，一七四〇年）。也就是說，它指向太陽在夏至日升起的天域（六月二十一日左右）。巨石陣是測量時間流逝的工具！

在長達兩個半世紀的科學研究之後，這樣的結論仍然屹立不搖。所有人都同意巨石陣並不是誰的住宅，當然也不是一個埋葬地點。它既不是宮殿，也不是陵墓，本質上應該是一座帶有觀測功能的神廟，就像美索不達米亞和古代美洲的廟塔（ziggurats，階梯金字塔）。因為它指向的是在夏至日升起的太陽，可以被稱為「太陽神廟」。

有了這樣無可置疑的事實根據後，當然會由天文學家繼續帶領對於巨石陣的研究了。其中十分傑出的是諾曼．洛克耶（Norman Lockyer），他在一九〇一年帶領了一次針對巨石陣的廣泛勘察，並在巨著《巨石陣和其他不列顛石頭遺蹟》（*Stonehenge and Other British Stone Monuments*）中提到了夏至日的朝向。由於這條軸線單獨指出這個方向，後來的學者立刻開始猜測巨石陣的其他工程——各種圓圈、橢圓、矩形、標記物——是否也能觀測到除了夏至日的日出以外，其他與時間週期有關的天文現象。

在早期關於巨石陣的專題論述中，就曾提過這些可能性。然而，直到一九六三年，塞西爾．紐漢（Cecil A. Newham）發現，透過巨石陣的排列也可以發現甚至預測平分日點，這些猜想才得到科學證明。

然而，他最轟動的提議（先是在文章上，然後出現在他於一九六四年的書《巨石陣之謎》（*The Enigma of Stonehenge*）中）是，巨石陣也是一座觀月臺。他的結論是基於對四個基石及其組成的矩形（見圖10）的考察上；他還認為，無論是誰試圖賦予巨石陣這個功能，那個人都知道該在什麼地方豎立它們，因為這個矩形必須被安置在巨石陣所在的地點。

這一切在最初都受到了極大的懷疑和鄙視，因為觀月臺比觀日臺更複雜。月球運動（圍繞地球運行，以及跟隨地球的繞日運行）並不是每年重複的。首先排開其他原因，光是月球繞行地球的軌道，就會受到地球繞日軌道的輕微影響。完整的週期大約十九年重複一次，其中包括了天文學家所說的「月球停變期」（Moon Standstill, Lunar standstill）的八個點，有四次大角度，四次小角度（編注：月球跟太陽一樣，所在的赤緯（即緯度）會不斷變化，而且是每個月變化，此外，月球可以到達的最大赤緯和最小赤緯也會改變，到達最大赤緯的週期是十八．六年）。這個認為「巨石陣一期（它已具有塞西爾．紐漢所強調的排列）是建造來觀測月亮，甚至預測這八個點」的觀點，似乎非常荒謬，因為人們相信那時的不列顛居民才剛剛脫離石器時代。這顯然是一個有效的論點；而那些在巨石陣發現天文奇觀的人，還沒有為石器時代的人們為何擁有複雜的觀月臺的悖論，提供答案。

在這些人之中，有一位來自波士頓大學的傑出天文學家吉羅德．霍金斯（Gerald S. Hawkins），證實了巨石陣的確擁有這項令人震驚的功能。在一九六三年到一九六五年的權威科學雜誌上，都有他的文章，他將研究命名為「巨石陣解碼」、「巨石陣：新石器時代的電腦」和「太陽、月亮、人類與巨石」來發表深刻的理論，並在之後出版了《巨石陣解碼》（*Stonehenge Decoded*）和《超越巨石》（*Beyond Stonehenge*）。他借助大學裡的電腦工作組，分析了巨石陣中數百條視線，並將它們分別對應到太陽、月亮和一些主要恆星在古代的位置，並總結出這些視線朝向不可能只是巧合。

他為這四塊基石及其組成的完美矩形，賦予了重要的意義，並向人們呈現出：這些連接到對面石柱（91對94，92對93）的線條，如何指向月亮升起和降落的大靜止點，它們的對角線又是如

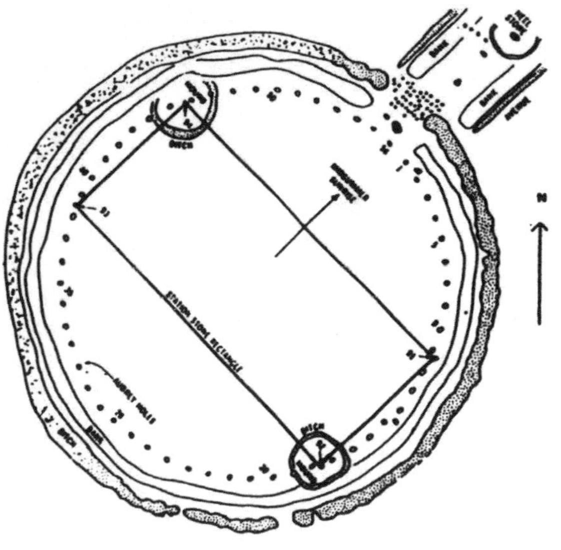

圖10：由四個基石組成的矩形

何指向小靜止點。根據霍金斯的說法，將它們與太陽運動的四個點連結起來，巨石陣可以觀測並預測所有可標記太陽運動和月亮運動的十二個點。他最感興趣的是，由各個圈的石柱和坑洞所表現出的數字「十九」：巨石陣二期的兩個青石圈，每個由三十八塊青石組成，「可以被認為是兩個半圓，每個十九塊青石」（出自《巨石陣解碼》），還有巨石陣三期的橢圓「馬蹄鐵」，剛好由十九塊組成。這無疑是在表示它與月球的關係，因為十九是設置閏月的月球週期。

霍金斯博士甚至看得更深遠：他指出，在各個圓圈中，由石柱和坑洞所表示出的數字，可以預測日食和月食。因為月球的繞地軌道，與地球的繞日軌道，並不在完全相同的平面上（前者比後者傾斜了五度），每年，這兩條軌道會在兩個點相交。這兩個交點（nodes）在天文圖表中普遍被標注為N和N'；這就是日月食發生的地方。然而，因為地球繞日軌道的形狀和速度並不規則，這些相交點不會年復一年精確地重複發生在相同的天位；它們每十八．六一年才會完全重合一次。霍金斯假設這個週期的運轉規則為每十九年「週期末／週期始」，並將那五十六個奧布里洞的目的，解釋為在奧布里圈中每次移動三個標記物，來進行一次調整，因為十八又三分之二乘三等於五十六。霍金斯表示，如此一來就可以預測日食和月食，而且這是當時設計並建造巨石陣的主要目的。他認為，**巨石陣相當於一部用石頭製作的偉大天文電腦**。

這個「巨石陣不但是『太陽神廟』，也是觀月臺」的主張，在一開始受到了強烈的反對。反對者之一是卡迪夫（Cardiff）學院的理查．阿特金森，他多次帶領針對這個遺址的廣泛挖掘。他認為有很多指向月球的線條只是巧合。他對巨石陣的考古證據，就是他反對這個「觀測臺－對準月球－新石器時代電腦」理論的最大理由。他堅定地相信，新石器時代的不列顛居民，不可能有這樣的成就。他的反對（甚至嘲笑）展露於發表在《古物》（*Antiquity*）的文章標題，例如〈巨石陣上有月光〉，還有他的書《巨石陣》（*Stonehenge*）上。後來，由於亞歷山大．索恩（Alexander Thom）針對巨石陣所做的研究結果：《巨石的月球觀測》（*Megalithic Lunar*

Observations），理查·阿特金森的這些反對才轉變為不情願的支持。索恩是牛津大學的工程學教授，他指出了巨石陣中最精確的測量，還指出撒森岩「馬蹄鐵」實際上是在表現一個橢圓形（見圖11），一個比正圓更能精確表現行星軌道的橢圓形狀。他同意紐漢的說法，認為巨石陣一期主要是觀月臺，而不僅是觀日用的。他還證明了為什麼巨石陣要建在這個地方，因為只有在那裡，才能沿著連接四個基石的矩形所形成的線，精確地進行八次月亮觀測。

這場激烈的爭論，占據著權威科學雜誌和科學會議。紐漢在《巨石陣之謎的補遺及其天文和幾何意義》（*Supplement to the Enigma of Stonehenge and its Astronomical and Geometric Significance*）中總結道：「除了那五座三石牌坊之外，其他特徵幾乎都與月亮有關。」他也同意「五十六個奧布里洞與月亮升降的那八個最主要的點有關」的說法。之後，關於巨石陣的目的與功能，就連阿特金森都承認自己「完全被說服了，應該對傳統的考古學思想進行大幅的修正」。

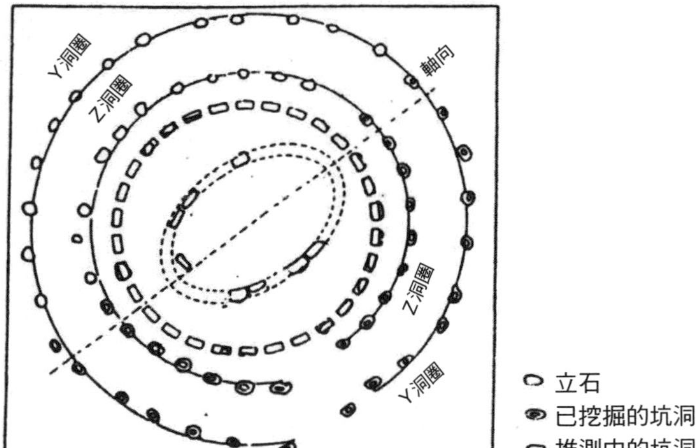

圖11：撒森岩圈

在一九六〇年代末到一九七〇年代時，還有一位值得注意的科學家涉足了這個領域，他是弗雷德·霍伊爾（Fred Hoyle）爵士，為天文學家和數學家。他認為霍金斯所列出的巨石陣中有多條對應各恆星及星座的直線，是隨機的，而非刻意的。但他完全認同巨石陣一期是觀月臺的看法，特別是有關五十六個奧布里洞和由基石組成的矩形的那一段（詳見《自然》雜誌和《巨石陣》（*On Stonehenge*）中的〈巨石陣：天食預言家〉）。

但是，霍伊爾在相信奧布里圈是一部能用來預測日食和月食的「電腦」的同時（他認為是透過移動四個標記物來完成），還引發了另一個議題。無論是誰設計了這個計算器——霍伊爾稱它是「電腦」——那個人肯定知道陽曆年的精確長度、月球軌道週期，以及每十八．六一年一次的循環；而最明顯的是，新石器時代的不列顛居民肯定沒有這些概念。

霍金斯為了解釋這些先進的天文和數學知識怎麼來到新石器時代的不列顛，查閱了古代地中海人的文獻。除了涉及迪奧多羅斯／赫卡塔埃烏斯的文獻，他還注意到了普魯塔克（Plutarch）引述自西元前四世紀的小亞細亞天文－數學家歐多克索斯（Eudoxus of Cnidus）的話。歐多克索斯將「天食之魔神」與數字「五十六」連結在一起。

由於缺少來自人類的回答，他便將眼光放在超人身上嗎？

霍伊爾堅信，巨石陣不只是一座看天空中發生了什麼事的觀測臺。他稱它為「預報器」，一個預測天體事件的工具，以及在預測的日期進行記錄的設施。他同意「如此高智慧的成就，超過了當地新石器時代農夫和牧人的能力」；他也感覺到，基石矩形以及它所暗示的一切，都在證明，「巨石陣一期的建造者可能從外界來到不列顛群島，他們的目的就是要尋找這個矩形排列」（在北半球巨石陣所在的地方，這樣的排列是可能的），「正如現代天文學家經常在遠離家鄉之處，尋找建造天文望遠鏡的地方一樣。」

「一個類似牛頓或愛因斯坦的人，肯定曾為了巨石陣而工作。」霍伊爾沉思著；但即使如此，他也無法想通這個人是在哪裡學習數學和天文學的，那些傳承知識的文獻在哪裡？光是巨石陣二期就需要一整個世紀的時間，一位天才要如何規畫、執行和監督建設這樣的天體預報器？「那裡只有兩百代人的歷史，卻有一萬代人的史前時代。」霍伊爾這麼說。難道說這是「眾神之蝕」的計畫嗎？他猜測，那是一個人們崇拜著真正的太陽神和月神的時代，轉變到現在，「就成了《以賽亞書》裡看不見的神嗎？」

霍伊爾沒有詳細地吐露他的思考，而是透過引述來提供答案。他引用了一整章赫卡塔埃烏斯講述極北樂土之民的文字，從頭至尾都在講述希臘人和極北樂土之民在「最最古老的年代」的交流：

> 其中說道，在那個島上看月亮，似乎離地球很近，可以看見其上的突起物，就像和地球上的一樣，是肉眼可以觀測到的。記錄中還提到，神每隔十九年要造訪這座島，這與天空中星體回到原位的週期是一致的；出於這個原因，希臘人稱十九年的週期為「默冬年」（year of Meton）。

這內容不僅是與月球的十九年週期相符合，同時還有「突起物，就像和地球上的一樣」——如山脈和平原之類的地標特徵——無疑是令人震驚的。

希臘歷史學家將極北樂土中的圓形結構，歸因於月球週期，這首先是由雅典的默冬描述出來的。而默冬也拋出一個問題：是誰為古代近東建造了巨石陣？這正是天文學家們所思考的。

其實在兩個世紀以前，威廉．史塔克利就已經在這個方向（古代近東）給出一些答案。他就自己所知，在巨石陣草圖上，加上了曾在地中海東部看見的古代硬幣（見圖12 a）上的圖案：一座建在高臺上的神廟。更具體的描繪出現在另一個古代硬幣上，它出土於同一地區的比布魯斯城（Byblos），我們曾經在《地球編年史》的第一部書中展示這個圖案。它顯示這個古代神廟有一個圍場，裡面有一架火箭立於發射臺上（見圖12 b）。我們已經確認這是蘇美傳說中的登陸區，也就是蘇美國王吉爾伽美什（Gilgamesh）目睹火箭船升起的地方。這個地方至今還存在著；它現在是黎巴嫩山脈中的巨型平臺，位於巴勒貝克（Baalbek），如今仍佇立著宏偉的羅馬神廟。支撐著這個巨大平臺的，是自古就被稱為「三石牌坊」（Trilithon）的三根巨石柱。

因此，關於巨石陣之謎的答案，出現在一個離它相當遙遠的地方，但從時間上來說又非常接近。我們相信，是「何時」（When）拿著鑰匙，這把鑰匙不僅能解開巨石陣一期的建築者是誰，還能解開巨石陣的二期和三期為何而建。

正如我們所看到的，巨石陣在西元前兩千一百到西元前兩千年慌忙地重建，與一個新到來的時代有關——人類的第一次有歷史記錄的新時代。

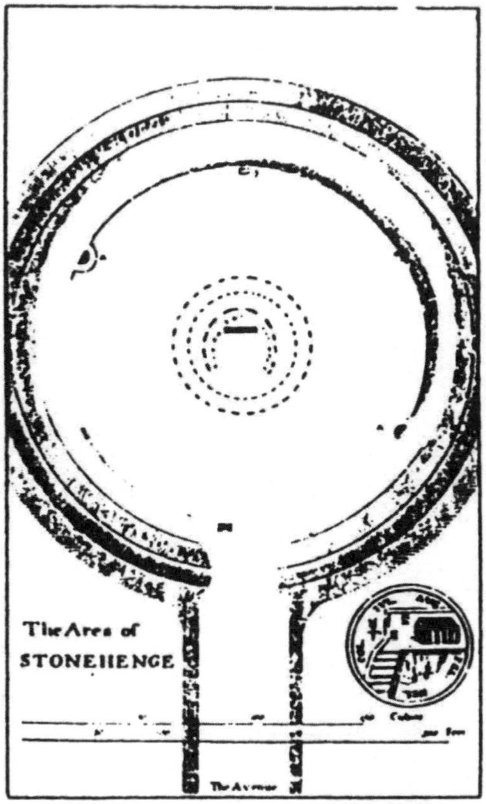

a

b

圖12a：威廉．史塔克利的巨石陣草圖，與地中海東部的古代硬幣
圖12b：出土於比布魯斯城的古代硬幣

3．面向天國的神廟

在現代科學的幫助下，我們對巨石陣有了更深入的瞭解，這也讓巨石陣變得更不可思議。這倒不是由於巨石和土方工程的可見證據，因為它就像許多古代遺蹟一樣，在經過時間和大自然的變幻無常，或是人類造成的破壞後，以某種方式消失了。真正的原因是，它在石器時代的不列顛，竟然是一個用於測量時間、預測日月食，並確定日月運行週期的石頭設施。這整個故事本身就如同一則神話。

巨石陣的年代，隨著現代科學的介入，變得越來越古老，這也是困擾著大多數科學家的問題；而且，巨石陣一期、二期和三期的建造時間，讓考古學家們開始尋找地中海的來客，而且知名學者都提到了古代眾神，似乎這才是唯一可能的答案。

在這一連串的問題中，「它是什麼時候建造的」相較於「是誰為了什麼而建造它」，已經有了較令人滿意的回答。考古學和物理學（如放射性碳定年法等現代測年方法）都被考古學家們用於檢測它們的年代：巨石陣一期是西元前兩千九百年／兩千八百年；巨石陣二期和三期是西元前兩千一百年／兩千年。

古代人們對地平線的觀測

考古天文學之父，無疑就是諾曼·洛克耶（他比較喜歡更能展現其想法的稱呼：天文—考古學）。他在一八九四年出版了《天文學的黎明》（*The Dawn of Astronomy*），之後整整過了一個世紀才被接受；而這個時間反映了一個成熟的學科要接受創新，需要多長的時間。

他在一八九〇年訪問黎凡特（Levant）之後，發現在印度和中國的早期文明中，很少有歷史古蹟，但有許多書面記錄顯示了它們的年代，埃及和巴比倫則相反：它們是「兩個不明古代的文明」，有很多古蹟，但是它們的年份尚未確定（在洛克耶撰寫之時）。

這給了他當頭一棒，他寫道，值得注意的是，在巴比倫，「從最一開始，神的標誌就是一顆星星」，就像在埃及的象形文字中，是用三顆星表示「眾神」。他指出，在泥版和燒製泥磚上的巴比倫紀錄，似乎是在講述「極為精確的月球週期軌道和行星位置」。行星、恆星，以及黃道十二宮，出現在埃及陵墓的牆上和莎草紙上。他觀察到，在印度神話中，有著對太陽和黎明的崇拜：主神因陀羅（Indra），其名字的意思是「太陽帶來的白晝」，而女神烏莎斯（Ushas），其名字的意思是「黎明」。

天文學會對埃及研究家有幫助嗎？他猜測著：它能測定出埃及和巴比倫的古老程度嗎？

當人們從天文學角度來看待印度教的《梨俱吠陀》和埃及的文獻時，洛克耶寫道，「他將對這兩方面的事實感到震驚，早期崇拜和所有早期的觀測，都與地平線有關……對象不僅是太陽，他們還正確地觀測了鑲在廣闊天空中的其他恆星。」他指出，地平線是「我們看到的地表與天空似乎連結在一起的圓圈」。這個圓圈，換句話說，就是天國和大地接觸並會面的地方。古代觀測者就在那裡尋找徵象和預兆。由於在地平線上能觀測到的最尋常現象，是太陽在一天中的日出和日落，所以這自然而然成為古代天文觀測的基礎，並且將其他現象（例如行星和恆星的出現或運行）與太陽的升降連結在一起。在大地的短暫黎明時分，這些星星在東方地平線上短暫出現；那時太陽開始升起，但天空仍足夠黑暗而得以看見這些恆星。

一位古代觀測者可以輕易確定太陽總是東升西落；若是他身在蘇美，還能注意太陽在夏季時升起的弧度似乎比冬季時更高，而且夏季的白晝也更長。對於這種現象，現代天文學的解釋是，因為地球的軸線並非與繞日軌道的平面（黃道）垂直，而是呈現二十三．五度的傾斜角度。因此，地球上有了季節，以及太陽在天空中升降運動的四個點：兩個至日點（夏至、冬至），兩個平分日點（春分、秋分）。

洛克耶在研究過古老和較不古老的神廟之朝向後，將這些他稱為「太陽神廟」的廟宇分為兩類：朝向至日點的，和朝向平分日點的。雖然太陽總是東升西落，但只有在平分日點，無論在地球上的任何一個地方，太陽才會是從正東方升起，正西方落下，因此洛克耶認為這些「平分日點」神廟，比軸線朝向至日點的神廟更「國際化」；因為南、北至日點（對於北半球的觀測者而言，分別是冬、夏）形成的角度，與觀測者所在地的緯度有關。因此，「至日點」神廟較具獨特性，會依觀測者所在的地理位置（包括海拔）而有所不同。

洛克耶以巴勒貝克的宙斯神廟、耶路撒冷的所羅門聖殿，以及梵蒂岡的聖彼得大教堂（見圖13）為例子，

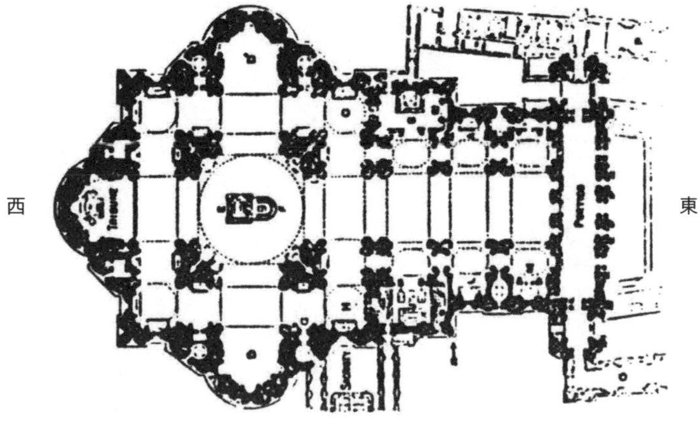

圖13：聖彼得大教堂的平面圖

它們都有一條精確的東西向軸線。對於聖彼得大教堂，他引用教堂建築學的研究，形容了古聖彼得教堂（西元四世紀，在羅馬君士坦丁〔Constantine〕大帝的指揮下建造，毀於西元十六世紀）在春分日那天，「日出時，方形廳門廊的大門打開了，還有教堂的東側門也是；隨著太陽升起，它的光線穿過外側門，再穿過內側門，並直接穿過教堂中殿，照亮了高壇。」洛克耶補充說，「現在的教堂仍保留了這樣的情況。」洛克耶也提到，北京的「天壇」是「至日點」太陽神廟的一個例子，這裡是「中國最重要的典禮舉行地，獻祭儀式則是在露天的天壇南祭壇上進行」，這些祭祀在每個冬至日，也就是十二月二十一日舉行。巨石陣的結構，則是朝向夏至日。

然而，所有這些都只是為洛克耶在埃及的最主要研究拉開序幕。

紐塞拉法老的太陽神廟

洛克耶在研究過埃及古神廟的朝向之後，指出相對古老的神廟是「平分日點」神廟，較晚期的是「至日點」神廟。他很驚訝地發現，竟然是較古老的神廟包含更高深的天文學知識，因為它們不僅觀測太陽的升降，還包括了其他的恆星。除此之外，最早的聖壇向人們顯示出從混合的日月崇拜轉變為以平分日點（如太陽）為焦點的轉變。他寫道，這個平分日點聖壇，是位於赫利奧波利斯（Heliopolis，希臘文，意思是太陽城）的神廟；赫利奧波利斯的埃及名字是「阿努」（Annu），在《聖經》中被稱為「安城」（On）。洛克耶推算，對太陽的觀測、亮星天狼星的週期，以及尼羅河的年度氾濫，這三方的結合是埃及曆法的基礎，這指出埃及時間的零點，大約是在西元前三千兩百年。

透過埃及文獻，我們知道阿努聖壇有本本石（Ben-Ben，尖塔鳥〔Pyramidion-Bird〕），據說它原本是「天船」（Celestial Barge）的圓錐形上部；神拉（Ra）曾經乘坐天船從「百萬年之星」（Planet of Millions of Years）來到地球。這個物品通常被放在神廟的內室裡，每年只公開展示一次，而且人們來到這座聖壇朝聖，觀看和禮拜這個聖物的習俗，一直持續到王朝時代。這個物品本身被崇拜了超過千年；然而，人們發現了它的一個石器仿製品，上面的圖案顯示這位大神正穿過這個太空艙的門道或艙口（見圖14）。關於長生鳥（Phoenix，死亡一段時間後復活的神話鳥）的傳說，同樣可以追溯到這個聖壇和對它的崇拜上。

在法老皮安希（Pi-Ankhi，大約西元前七五〇年）的年代，本本石還存在，因為在被發現的文獻中，有關於皮安希前往該聖壇拜訪的描述。為了進入這個至聖所並目睹這個天國之物，皮安希在日出前於神廟的前院進行獻祭，展開了這個程序。接著，他進入神廟，向大神鞠躬。祭司們為這位國王的安全念了一段禱文，如此他才能毫髮無損地進入並離開這個至聖所。隨後舉行的儀式包括國王的淨身、用香塗抹身體，這是讓他進入名為「星室」的圍場所做的準備工作。然後，國王會拿到稀有花束或植物的枝條，他必須將它們放置在本本石的前方以獻給神。之後，他走上階梯抵達「大神龕」並拿起聖物。他到達階梯頂部時，推開門閂，打開了通往至聖所的門；「看見先祖拉在本本石的房間中」。接著，他往後退，關上後方的門，並在上面放了一個有他的標記的泥章。

圖14：大神正穿過這個太空艙的門道

數千年來，這個聖壇沒有被保存下來，但另一個可能是模仿赫利奧波利斯神廟的較晚期聖壇，被考古學家們發現了。它就是第五王朝（西元前二四九四年至西元前二三四五年）的紐塞拉（Ne-user-Ra）法老的太陽神廟（Solar Temple）。它被建造在現今的阿布西爾（Abusir），就在吉薩及其大金字塔群的南方，主要包含了一個大型的上升臺階，在上面的圍場中，有一個短的方尖塔物體佇立在巨大平臺上（見圖15）。

一條有遮蓋的坡道走廊，透過天花板上均勻分布的窗口被照亮，從下方河谷的宏偉門廊連接到神廟的精美入口。這個方尖塔物體的斜面基座，比神廟庭院的平面高出了大約六十五英尺；而這個可能被鍍金銅包裹的方尖塔，又比基座高出一百二十英尺。

這座神廟的圍牆內側，包含了各式各樣的房間和隔間，形成一個長寬分別為兩百六十英尺和三百六十英尺的完美矩形。它有一條相當明顯的東西軸線（見圖16），也就是朝向平分日點的軸

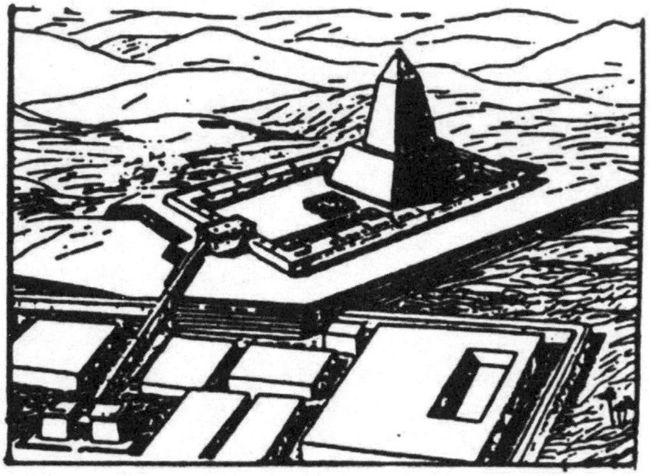

圖15：紐塞拉法老的太陽神廟

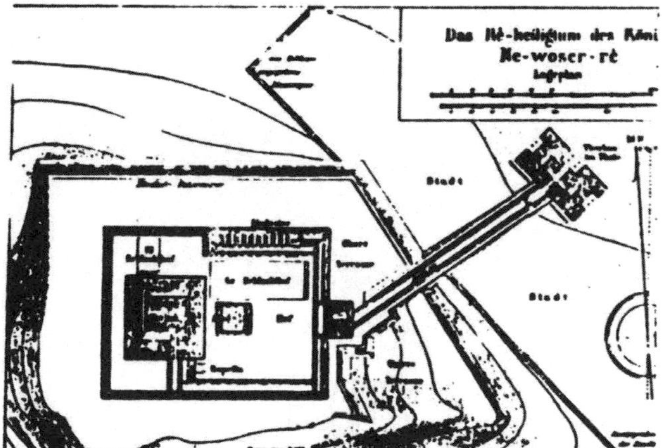

圖16：太陽神廟的朝向

線；但是這條走廊卻明顯偏離了東西軸線，轉而朝向東北方。這是「一個早期赫利奧波利斯聖壇（位在東西軸線上）的複製品，刻意重新定向」的事實，透過裝飾在走廊上的精美浮雕和銘文而變得清楚了。他們為了慶祝法老政權的第三十週年，建造了這條走廊。這個慶典是在賽德節（Sed festival，名稱涵義尚不清楚）這個神祕儀式之後舉行的，賽德節代表著某種「週年紀念」，它總是在埃及曆法的第一天舉行，也就是名為「圖特（Thoth）之月」的第一個月第一天。換句話說，賽德節就像某種新年節慶，不過它不是一年一度，而是數年一度。

至日點和平分日點朝向都存在於這座神廟中，顯示出在西元前三千年時，人們就對四個角的概念相當熟悉。在神廟走廊上發現的圖畫和銘文，描繪著國王的「神聖之舞」。它們被路德維希・波爾哈特（Ludwig Borchardt）、吉斯（H. Kees）和弗里德里希・馮・比辛（Friedrich von Bissing）複製、翻譯，並放在《法老的神聖區域》（*Das Re-Heiligtum des Königs Ne-Woser-Re*）中。他們指出，這種「舞蹈」表現了「地球四個角的神聖循環」。

這座神廟的平分日點朝向，與走廊的至日點朝向，展現了太陽的運動，使得埃及古物學家將這個結構稱為「太陽神廟」。當他們發現「太陽船」（一部分是用岩石雕刻而成，一部分使用乾燥的上色磚塊建造而成）就埋藏在神廟圍場南部的沙地裡時，這個名稱又獲得了強化。講述時間測量和古埃及曆法的象形文字文獻認為，星體就是坐在這樣的船裡穿過天際的。眾神，甚至是被奉為神明的法老（他們將在死後加入眾神的行列）被描繪在這樣的船中，並航行在由四個角點撐起的天空蒼穹之上（見圖17）。

圖17：眾神乘船航行天空

下一個大神廟很清楚地模仿了紐塞拉「太陽神廟」的平臺–方尖塔概念（見圖18）。然而，它從一開始就完全朝向至日點，沿著西北–東南軸線設計及動工。它建造於上埃及（Upper Egypt）的尼羅河西邊（靠近現今的代爾巴哈里〔Deir-el-Bahari〕），是底比斯（Thebes）的一部分，大約在西元前兩千一百年時由法老門圖荷太普一世（Mentuhotep I）所建。六個世紀之後，第十八王朝的圖特摩斯三世（Tuthmosis III）和哈特謝普蘇特（Hatshepsut）女王，在那裡增建了自己的神廟：它們的朝向相近但不完全相同（見圖19）。諾曼・洛克耶是在底比斯（卡納克〔Karnak〕）做出了他最重要的發現並奠定了考古天文學的基礎。

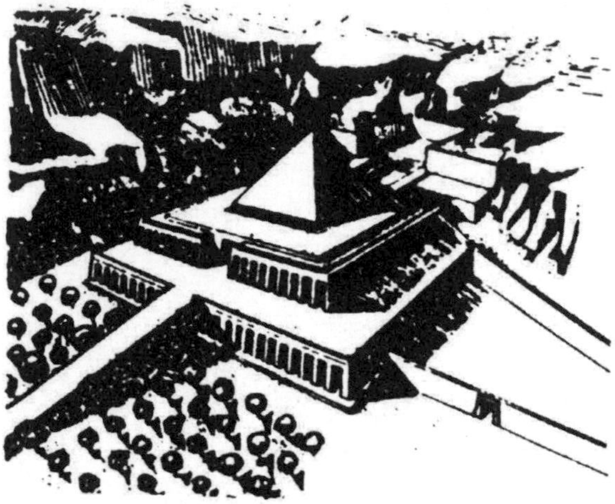

圖18：朝向至日點的底比斯神廟

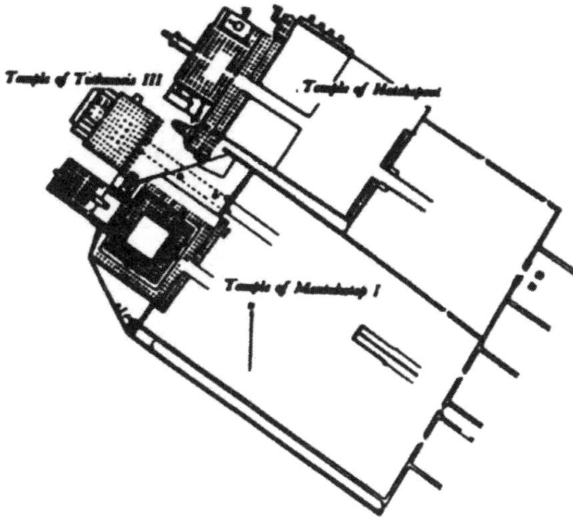

圖19：底比斯神廟裡的多個朝向

諾曼・洛克耶的神廟朝向研究

《天文學的黎明》這本書中的章節、事實和論點的順序，顯示了諾曼・洛克耶是透過歐洲的證據，串連到卡納克和埃及的神廟。其中有位於羅馬的古聖彼得教堂的朝向，和春分日日出時照射進來的光束資訊；還有聖彼得廣場（洛克耶所附的木版畫，見圖20）與巨石陣驚人地相似……

他凝視著雅典的帕德嫩（Parthenon）神廟，這是希臘的主要聖壇（見圖21），發現「有一個舊帕德嫩神廟，它可能在特洛伊（Trojan）戰爭之時就聳立在此，而新帕德嫩神廟的外庭院非常

圖20：聖彼得廣場

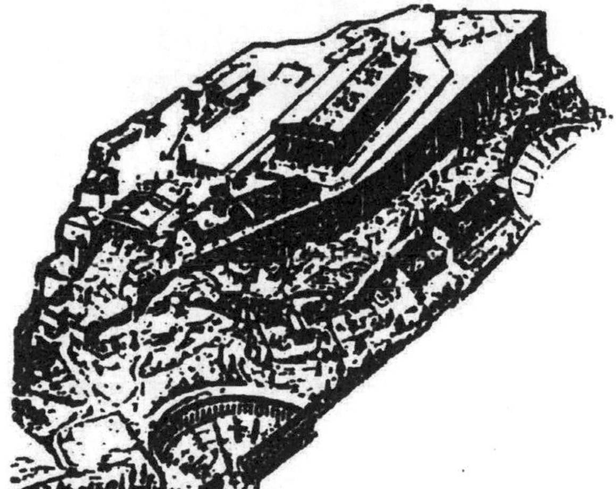

圖21：帕德嫩神廟

像埃及神廟，但它的聖殿更靠近建築的中部。因為這兩座雅典神廟的方向不同，我的注意力才被拉到這個課題上。」

他研究各種埃及神廟的格局圖，發現它們的方位似乎從早期到後來的建築都有所變化，並且明顯受到一座神廟的影響，它是兩座背靠背的神廟組合，就在離底比斯不遠處，一個名叫梅迪涅特哈布（Medinet-Habu）的地方（見圖22）。他還指出了埃及和希臘的神廟在「朝向差異」上的相似之處，從純建築學方面來說，它們應該是平行的相同方向的軸線。

這些朝向的細微更動，是不是因為地球傾角的變化所引起的太陽或恆星的振幅（天空中的位置）變化而導致的？他這麼猜想著，而且感覺答案應該是肯定的。

我們現在都知道，至日點是由於地球軸線與地球的繞日軌道平面呈傾斜角度，而太陽的「靜止」（standstill）點與地球的傾斜角度相符。然而，天文學家早就指出，這個傾斜角度並不是永恆不變的。地球的晃動就像一艘搖晃中的船，從一邊搖到另一邊——這也許是它曾經歷的一次大碰撞所帶來的結果（可能是最初讓地球擁有現今軌道的碰撞，或是六千五百萬年前使恐龍滅絕的

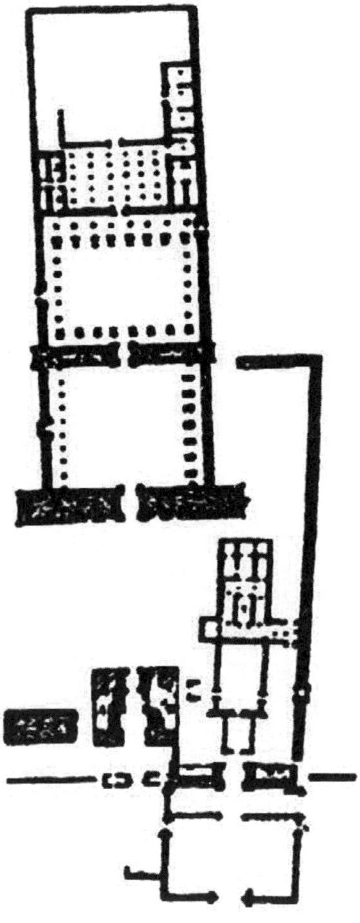

圖22：梅迪涅特哈布神廟

巨大碰撞）。現在的傾斜角度大約是二十三．五度，而它可能會增加到超過二十四度，又可能減少到只有二十一度。這件事沒有人能夠肯定地說，因為就算是一度的差距都會花上數千年的時間（按照洛克耶的說法是七千年）。這樣的變動導致了太陽靜止點的改變（見圖23a）。這代表著，一座在特定時間內建造的，朝向至日點的神廟，在幾百、幾千年之後的朝向，就不會再對準至日點了。

洛克耶所提出的大師級變革是：透過一座神廟的朝向和它所在的經度，就可能推算出在建築進造時的地球傾斜度；然後，透過確定傾斜度在千年內的改變，就可能確定地指出這座神廟是在什麼時候建造的。

這個傾斜度表，在上個世紀進行了必要的調整，被製作得更精確了，它顯示了每五百年的地球傾斜角度變化，一直到現在的二十三．二七度（大約為二十三．五度）：

西元前五百年：大約二十三．七五度

西元前一千年：大約二十三．八一度

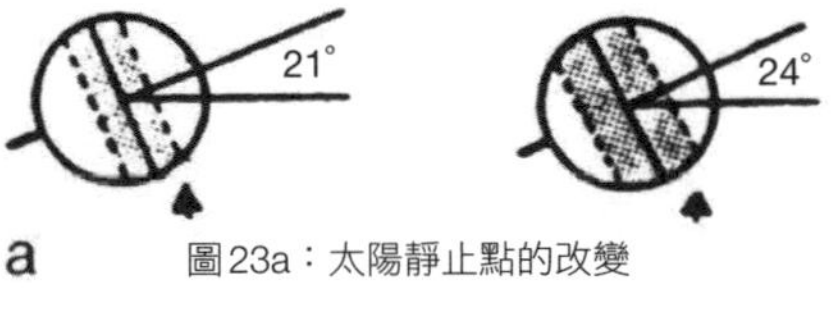

圖23a：太陽靜止點的改變

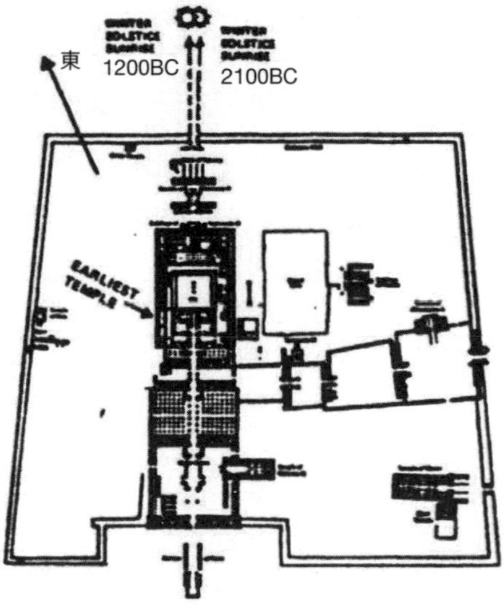

圖23b：兩座背靠背神廟的軸線

西元前一千五百年：大約二十三．八七度
西元前兩千年：大約二十三．九二度
西元前兩千五百年：大約二十三．九七度
西元前三千年：大約二十四．〇二度
西元前三千五百年：大約二十四．〇七度
西元前四千年：大約二十四．一一度

洛克耶將自己的發現，主要運用在對位於卡納克的阿蒙－拉（Amon-ra）大神廟的測量上。這座神廟曾經被多位法老擴建，包括了兩個按照東南－西北軸線，背對背建造的主要矩形建築，這表示它是朝向至日點的。洛克耶指出，這座神廟的朝向及布局的目的，是為了讓兩個至日點的陽光能夠穿過整個長廊，從兩個方尖塔之間經過，直到神廟最裡面的聖所，帶著一束神聖之光照射到至聖所。洛克耶注意到，這兩座背靠背神廟的軸線並不是完全相同的：較新軸線所指向的傾斜角度，比舊軸線更小（見圖23 b）。由洛克耶確定的這兩個傾斜度，顯示出舊神廟大約是在西元前兩千一百年時建造的，較新的那一座大約是在西元前一千兩百年時建造的。

雖然更新的調查，尤其是由吉羅德．霍金斯所做的，認為太陽光束在冬至日時，會在一座被霍金斯命名為「太陽高室」（High Room of the Sun）的神廟一部分被看到，而不是一束會穿過軸線的聖光。不過，這個修訂無法推翻由洛克耶所提出的至日點朝向結論。的確，在卡納克進行的更深入的考古發現，證實了洛克耶的主要思想：神廟的朝向會在一定時間內進行調整，以符合地球傾斜度的改變。因此，朝向可以當作一座神廟的建造時間的線索。最新的考古學發現顯示，最古老部分的建築是在第十一王朝統治下的中王國時代初始開始建造的，那時大約是西元前兩千一百年。然後，修復、破壞與重建就在接下來的數個世紀中，在後世王朝的法老手中持續發生著。那兩座方尖塔是第十八王朝的法老們建造的。它最後的外形是在第十九王朝的法老瑟提二世（Seti II）手中完成，其執政時間是西元前一二一六年至西元前一二一〇年——這些都正如洛克耶所推算的一樣。

考古天文學，或如諾曼・洛克耶所稱的「星象－考古學」，在這裡證明了自己的價值。

誰是巨石陣的建造者？

在上世紀初，諾曼・洛克耶將他的視線放在巨石陣上，確信他發現的現象主導著古代世界其他地區的神廟朝向，例如雅典的帕德嫩神廟。

在巨石陣中，從中心穿過撒森岩圈的軸線，很明顯是指向夏至日點的，而洛克耶也進行了相關的測量。他指出，席爾石是地平線上的標誌物，預測中的日出將在那裡發生；而這顆石頭的明顯位移（隨著大道的拓寬和調整）顯示出，隨著數個世紀經過，地球的傾斜角度持續使日出點有所位移，就算不是很明顯，負責巨石陣的人還是不斷校正著視線。

一九〇六年，洛克耶將結論發表在《巨石陣和其他不列顛石頭遺蹟》一書中，並用一幅圖畫進行總結（見圖24）。這能推測出一條始於聖壇石

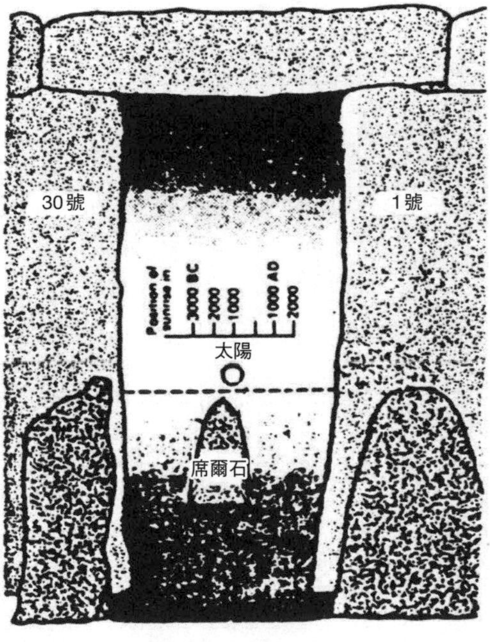

圖24：巨石陣指向夏至日點的軸線示意圖

的軸線，從撒森岩石柱1號和30號之間穿過，順著大道，指向席爾石這個焦點。這樣的軸線所指示的地球傾斜度，讓他相信巨石陣是在西元前一六八〇年建造的。不必說，這麼早的年代推測，在當時是非常轟動的，因為在一個世紀之前，學者們還認為巨石陣是亞瑟王時代的產物。

在地球傾斜角度研究方面的進步，讓我們現在得以糾正以前的一些誤差，但在對巨石陣各期歷史進行確認時，也不能除去洛克耶的基礎觀點。雖然巨石陣三期，如我們現在所看到的，可以追溯至大約西元前兩千年時，但仍然可以確定聖壇石在大約西元前兩千一百年擴建雙青石圈（巨石陣二期）時被移走。而且它的重新矗立，是在青石圈被再度排好，Y洞和Z洞挖好之後進行的。這個階段被稱為巨石陣三b期，年代還沒有被確定，但大約是在西元前兩千年（巨石陣三a期）和西元前一五五〇年（巨石陣三c期）之間進行的，而且很可能就是洛克耶所推算的西元前一六八〇年。如圖畫所顯示的，他並沒有排除之前的巨石陣工程是在更早期的年代進行；這也與巨石陣一期的時間：西元前兩千九百／兩千八百年相吻合。

因此，考古天文學與考古發現、放射性碳定年法結合在一起，得出了一致的巨石陣各個時期的建造年代，而且這三種獨立的方法互相佐證。

有了如此令人信服的巨石陣建造年代之後，讓「建造者是誰」成了最棘手的問題。到底是誰，在大約西元前兩千九百／兩千八百年時，運用天文學知識（更別說工程和建築方面）建造了這樣的曆法「電腦」，而且在大約西元前兩千一百／兩千年時，重新安排各個部分以完成新的調整？他們為何需要或希望進行這樣的調整？

人類從歷時數十萬年的舊石器時代過渡到中石器時代，是在古代近東突然發生的。在那裡，大約是西元前一萬一千年時（依照我們的編年史，就在大洪水結束後），刻意發展的農業和動物的馴化，突然開始變得繁盛。

考古學和其他證據（多數來自最近的語言學研究成果）顯示，中石器時代的農業從近東傳到歐洲，是擁有此類知識的移民所帶來的結果。它在西元前四千五百年至西元前四千年左右傳到伊比利亞半島，並在西元前三千五百年至西元前三千年左右傳到現在的法國和低地，不列顛群島則是在西元前三千年至西元前兩千五百年左右得到這些知識。之後不久，知道如何製作泥製器皿的「燒杯人」，出現在巨石陣的舞臺上。

然而，在那個時期，古代近東早已度過新石器時代（**對當地而言，該時代在大約西元前七千四百年時開始**），他們的特徵是從石器演變到泥器，再到金屬，接著就是城市據點的出現。不列顛群島的發展到達這個階段，是在「威塞克斯人」時代，已經是西元前兩千年以後的事情了。那時的近東，偉大的蘇美文明已經有將近兩千年的歷史，而埃及文明也有一千多年了。

如果正如所有學者都同意的，巨石陣的建造計畫、選址、朝向和整個流程所需的先進知識，是從外界傳入不列顛群島的話，那麼在當時只有近東的文明才有能力辦到這一切。

那麼，埃及的太陽神廟群是不是巨石陣的藍本呢？我們已經知道巨石陣各時期的建造年代，而在那些年代之前，埃及就已經擁有同類型的具天文學意義之朝向的建築了。位於赫利奧波利斯，朝向平分日點的太陽神廟，在西元前三千一百年左右建造的，那時王權才剛剛在埃及展開（**除非它的歷史比我們已知的更長**）——這比巨石陣一期工程要早上幾個世紀。在卡納克，獻給阿蒙－拉的，朝向至日點的神廟，是在西元前大約兩千一百年時動工，這與巨石陣的擴建時間相符合（**這或許不是巧合**）。

由此，我們能從理論上證明，有可能是地中海的居民——埃及人或是擁有「埃及知識」的人——透過某種方式指導了巨石陣一至三期的建造，因為該時期的當地人還沒有能力做到這件事。

從時間的角度來看，埃及是具有所需知識的文明，但我們也得認識到，埃及神廟和巨石陣之間有一個極為重要的差別：無論這些埃及神廟是朝向至日點，還是朝向平分日點，沒有一座在各個階段呈現圓形。各種金字塔都是正方形基座；方尖塔和小金字塔的墩座也是正方形的；大量的神廟則是矩形的。在埃及境內所有已發現的神廟中，有採用石頭做為建材的，但沒有一座被建造成巨石圈。

埃及王朝時代的展開，與埃及獨特文明的出現連結在一起。埃及法老們雇用建築師、石匠、祭司和學者，規畫並建造了古埃及的非凡石頭建築。然而，他們之中沒有人曾經打算要設計建造一座圓形神廟。

那麼，最優秀的航海家腓尼基人呢？他們到達不列顛群島（主要是為了尋找錫）的時間，不僅來不及建造巨石陣一期，連二期、三期工程都趕不上，他們的神廟建築也沒有一座有著巨石陣這樣的圓形特點。我們可以在一枚比布魯斯硬幣上看見一座腓尼基神廟（參見56頁圖12 b），它絕對是矩形的。在黎巴嫩山脈的巴勒貝克的矩形石頭平臺上，各個征服者甚至居民都在遺址上建造神廟，而且精確地按照之前神廟的格局來建造新神廟。這些神廟，如同現存的一座來自羅馬時代的神廟（見圖25）遺址，所呈現的是一個矩形神廟（黑色區塊），帶有一個正方形的前院（鑽石形狀的入口很明顯是羅馬風格）。這座神廟有一條朝向東西的明顯軸線，它直指東邊的太陽日出點，是一座平分日點神廟。無須對此感到驚訝的是，在古代，這個遺址同樣被稱為「太陽之城」——希臘人稱之為「赫利奧波利斯」，《聖經》中稱其為「伯示

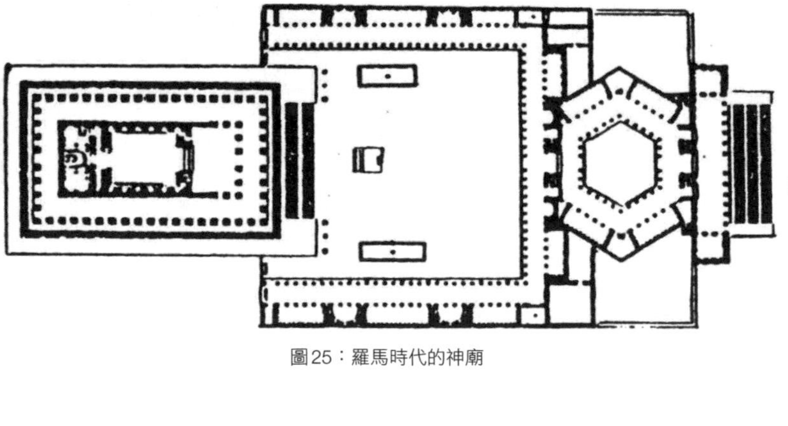

圖25：羅馬時代的神廟

麥」（Beth-Shemesh，意思是太陽之屋），它屬於所羅門王（King Solomon）的時代。

這種矩形和東西軸線，在腓尼基並非風靡一時的時尚，這可以由所羅門聖殿來證明，它是耶路撒冷的第一座聖殿，是在推羅（Tyre，又譯泰爾）國王阿希雷姆（Ahiram）提供的腓尼基建築師幫助下建造的。它是一座擁有東西軸線的矩形建築，面朝東方（見圖26），建在一個巨大的人造平臺上。莎巴提諾·摩斯卡提（Sabatino Moscati）在《腓尼基人的世界》（*The World of the Phoenicians*）中提到，「就算腓尼基神廟沒有留下足夠的遺蹟」可以做為證明，但「在《舊約》也詳細描述了由腓尼基工人建造的，位在耶路撒冷的所羅門聖殿，而所有腓尼基神廟的外觀一定都很類似」。而沒有一座腓尼基神廟是圓形的。

不過，圓形出現在其他來自地中海的「嫌疑人」身上——邁錫尼人，古希臘第一個文明的居民。一開始，考古學家將它們稱為「墓圈」，那是由一圈石頭環繞著的埋葬坑（見圖27），演變成隱藏在圓錐形土丘下的圓形墳墓群。但是它們的年代大約在西元前一千五百年，其中最大的那座墳墓，因為屍

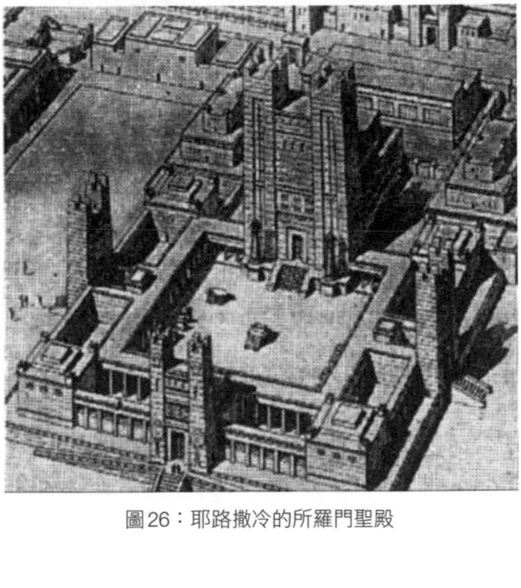
圖26：耶路撒冷的所羅門聖殿

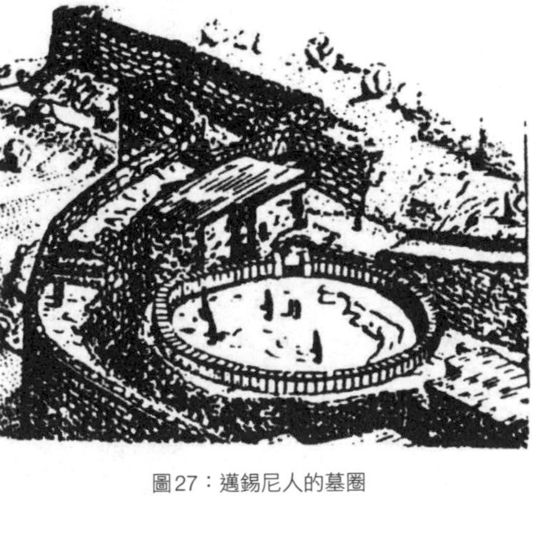
圖27：邁錫尼人的墓圈

體旁環繞著大量黃金工藝品而被稱為「阿特雷斯寶庫」（Treasury of Atreus，見圖28），也只能追溯到西元前一千三百年左右。

支持邁錫尼論的考古學家，將這種地中海東部的墳堆，與巨石陣地區的西爾布利山，或是位於愛爾蘭博因河山谷（Boyne Valley）的紐格萊奇墓（Newgrange）進行比較。然而，透過放射性碳定年法檢測發現，西爾布利山最晚建於西元前兩千兩百年，而紐格萊奇墓也大約是在同一個時期建造的，比阿特雷斯寶庫和其他地中海建築早了將近一千年；而且，邁錫尼墳堆與巨石陣一期的年代相距更遠。事實上，不列顛群島的墳堆，在結構和時間上，比較像地中海西部的墳堆，而非東部，如同西班牙南部的洛斯米拉雷斯（Los Millares）一樣（見圖29）。

不過，巨石陣從未被用作墓地。因此，在尋找它的藍本（一個具有天文目的圓形構造）時，應該跳出地中海東部這個範圍。

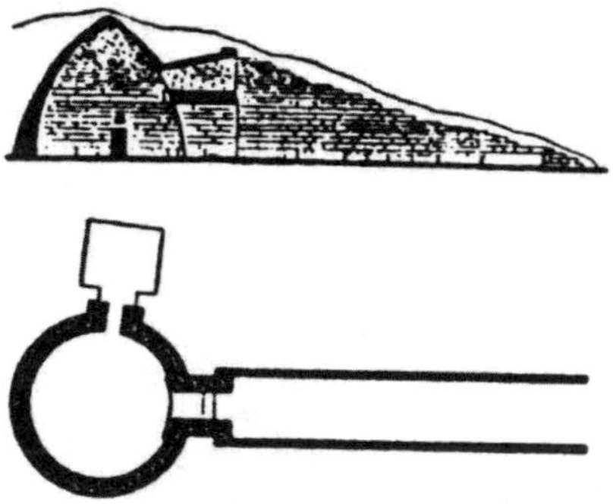

圖28：阿特雷斯寶庫

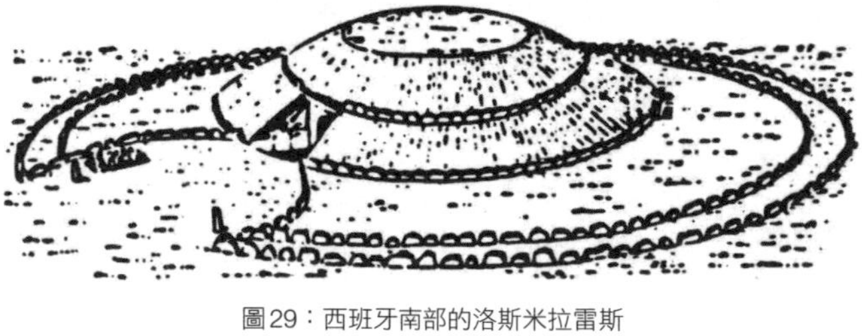

圖29：西班牙南部的洛斯米拉雷斯

蘇美人建造了巨石陣？

比埃及文明更早，而且有著更先進的科學知識的文明，只有蘇美文明。從理論上講，它是唯一有可能為巨石陣的建造奠定基礎的文明。在所有驚人的蘇美成果中，有大型城市，有可書寫的語言，有文學、學校、國王、法院、律法、審判、商人、工匠、詩人、舞者等。科學在神廟中發展繁盛，因為神廟是保存及傳授這些數學和天文學的「數字和天國之祕密」的地方。一代又一代在封閉的神聖建築群裡執行職責的祭司，保留、教導並傳承著這些知識。這樣的建築群通常包括了向各種神祇獻祭的聖壇、住宅、祭司們工作和學習的場所、儲物室，以及其他行政大樓，還有最重要、最主要的，全城中具有最顯著特徵的神聖區域——一座廟塔（見圖30），一層層（通常是七層）高聳入雲的金字塔建築。最頂層是一個多室建築，它的用途在字面上是大神的住所；這位大神的崇拜中心（cult center）就在這座城市。

有一份帶有廟塔的神聖區域布局的完善插圖，是基於尼普爾（蘇美語為NI.IBRU）神聖區域的重建圖，它是神恩利爾（Enlil）最早期的「指揮部」（見圖31）；它顯示了在矩形建築群裡的一座有正方形基座的廟塔。能

圖30：蘇美的廟塔

圖31：尼普爾神聖區域重建圖

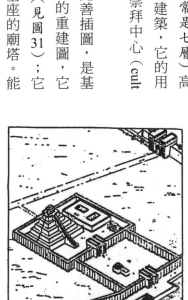

完美重現它過去的模樣是很幸運的，而同樣幸運的是，考古學家們還找到一塊繪有尼普爾地圖的古代泥版（見圖32）；上面清楚地顯示出這個矩形神聖區域裡有著具正方形基座的廟塔，楔形文字的標題是它的名字「伊庫爾」（E.KUR，意思是像山一樣的房子）。這座廟塔和其他神廟的朝向，是結構的轉角指向羅盤的四個基點，因此每個面分別朝向東北、西南、西北和東南。

要在沒有羅盤的情況下，讓廟塔的每個角都朝向四個基點，不是一件容易的事情。但這樣的朝向讓人可以從多個方向和角度觀測天空。廟塔的每一層都提供了一個更高的觀測點，因此有一個不同的地平線，也調整了地理位置；東點角和西點角的連線提供了平分日點朝向；每一面能分別進行至日點的日出或日落觀測，包含夏至和冬至。現代天文學家在很多著名的巴比倫廟塔上，都發現了這樣的觀測朝向（見圖33），刻有它們的精確尺寸和建築草圖的泥版都被發現了。

帶有精確直角的正方形或矩形建築，是美索不達米亞廟塔和神廟的傳統外觀，無論是亞伯拉罕（Abraham）時代的烏爾（Ur）神聖區域（見圖34）——大約建於西元前兩千一百年，與巨石陣二期工程同時期；還是建在高臺上的最早期神廟，如建於西元前三千一百年，位在埃利都

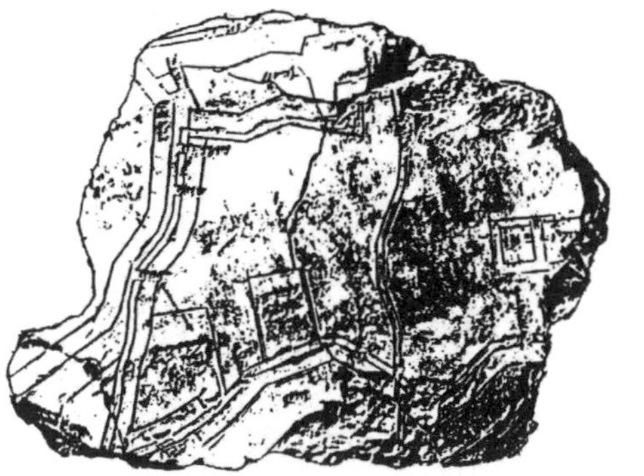

圖32：繪有尼普爾地圖的古代泥版

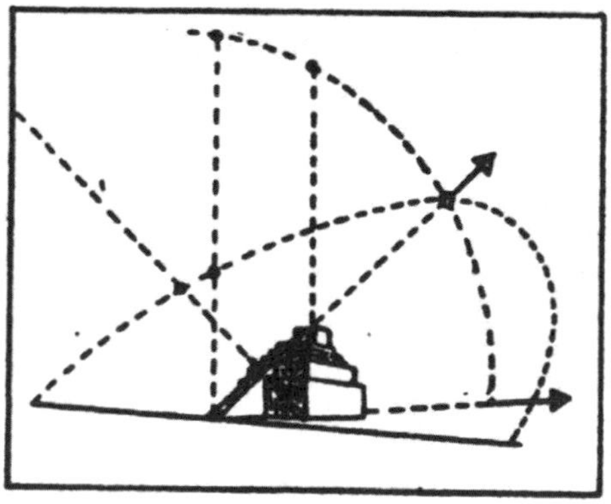

圖33：巴比倫廟塔的觀測朝向

（Eridu）的白廟（White Temple，見圖35a和圖35b），時間比巨石陣一期早了二至三個世紀左右。

在所有時代，美索不達米亞的神廟都是被刻意地賦予了矩形外觀及特殊朝向，這一點透過將巴比倫城市中無規則的建築和街巷網絡，與有著直線及幾何造型的完美神聖區域格局，以及具有正方形基座的廟塔進行對比，就能輕易地推斷出來（見圖36）。

因此，美索不達米亞的神廟是長方形，而廟塔則是以正方形為基礎。也許有人會猜測，蘇美人及其繼承者不太熟悉圓形，或是不能建造這樣的建築，但是，他們所使用的六十進位制數表就是透過圓形來表示的；在講述幾何學和陸地測量的文獻中，有關於對稱及不對稱圖形測量的介紹，其中就包括了圓形。當時也已經有圓形的輪子了（見圖37），這是另一個屬於蘇美人的「第一次」。很明顯的是，圓形的住房曾在

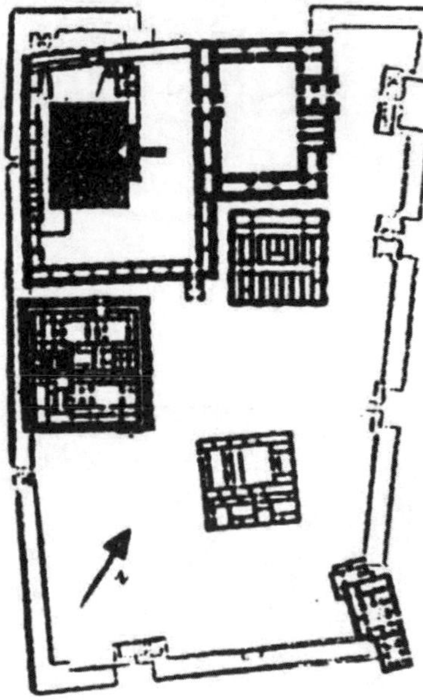

圖34：亞伯拉罕時代的烏爾神聖區域

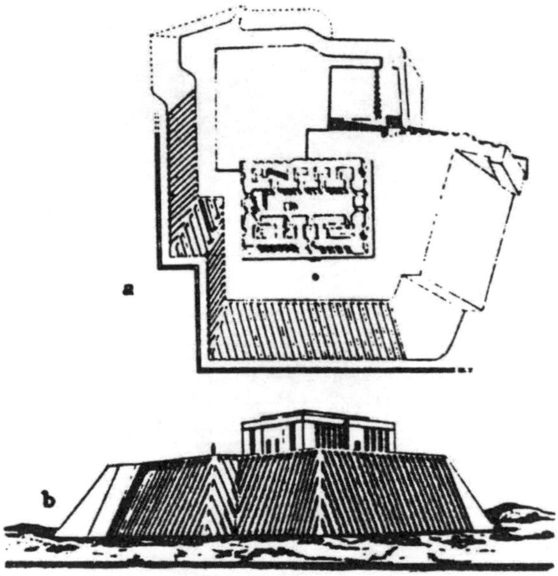

圖35a：埃利都的白廟平面圖
圖35b：埃利都的白廟側面圖

早期城市遺址中被發現（見圖38）；有時，一個神聖區域（例如「卡法耶」（Khafajeh）遺址，見圖39）是被橢圓形的牆圍住的。因此，可以清楚地看出，他們避免用普遍已知的圓形來建造神廟，是刻意而為的。

為什麼在蘇美神廟和巨石陣之間，有著基礎設計、工程和朝向上的不同？能夠解釋這個問題的答案是，蘇美人不是石匠（在幼發拉底河和底格里斯河之間的沖積平原，沒有採石場）。蘇美人不是規畫並建造巨石陣的人；唯一可以被視為例外的實例和蘇美神廟，都強化了這個結論。

那麼，如果不是埃及人、腓尼基人，也不是早期希臘人，更不是蘇美人或他們在美索不達米亞的繼承者，那麼是誰來到索爾

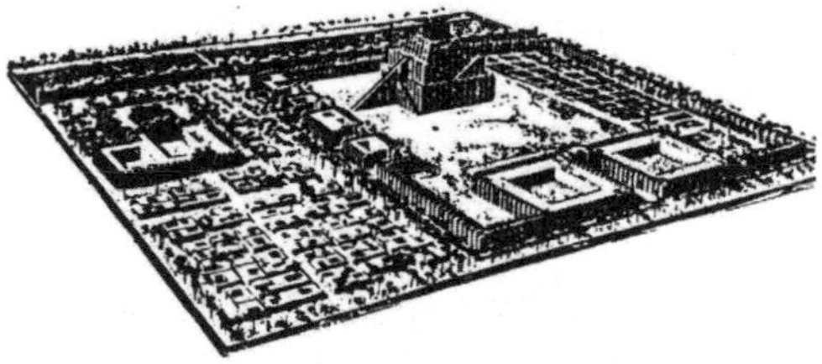

圖36：有著直線及幾何造型的完美神聖區域格局

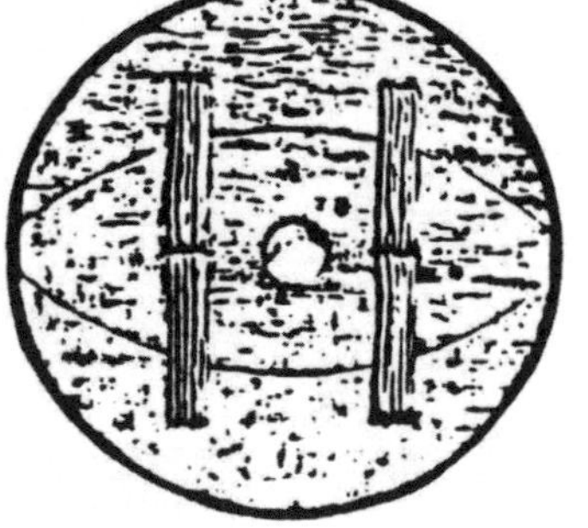

圖37：蘇美的圓形輪子

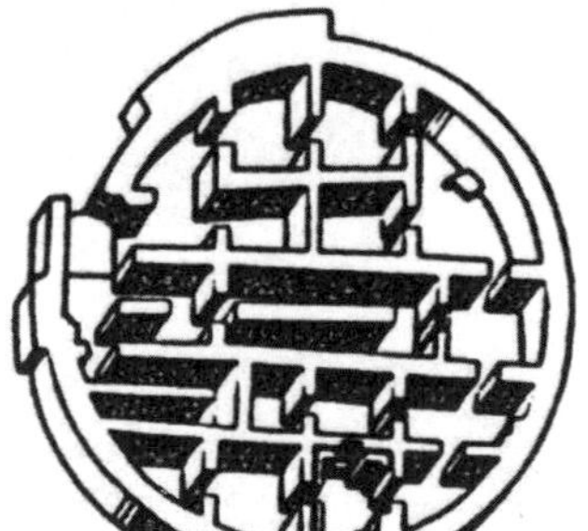

圖38：城市遺址中的圓形住房

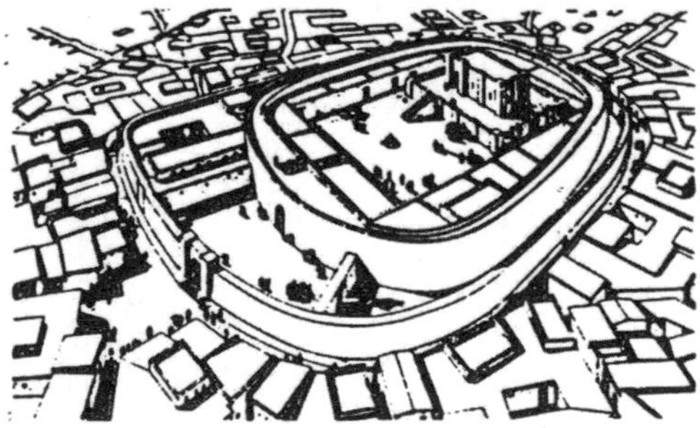

圖39：卡法耶遺址的神聖區域

茲伯里平原，規畫並建造了這個高聳的巨石陣呢？

當人們閱讀有關紐格萊奇墓的傳說時，一個有趣的線索出現了。麥可．歐克利（Michael J. O'Kelly）是帶領探索這個遺址的建築師和探索者，著有《紐格萊奇：考古學、藝術和傳說》（*Newgrange: Archaeology, Art and Legend*），依據他的看法，在所有早期愛爾蘭的口頭傳說中，都將這個地方命名為「布魯格恩古薩」（Brug Oengusa），意思是「恩古薩之屋」，恩古薩是凱爾特人時期之前的眾神中的主神兒子，他從「異世界」來到愛爾蘭。這位主神被稱為「安達哥達」（An Dagda），意思是「安，是好神」……

在這些不同地方都能發現古代世界主神的名字，的確令人驚訝——在蘇美和他在烏魯克（Uruk）的伊安納（E.ANNA）廟塔；在埃及的赫利奧波利斯，他的真名叫做「阿努」；而在遙遠的愛爾蘭……

這很可能是一個重要的線索，而不只是一次具有象徵意義的巧合，這是我們在檢查這位「主神」之子的名字「恩古薩」時發現的。大約在西元前二九〇年，巴比倫祭司貝羅蘇斯（Berossus）根據蘇美人和巴比倫人的紀錄，撰寫了美索不達米亞和人類的歷史及史前史。他（或是引用其研究成果的希臘學者）曾經將恩基（Enki）的名字寫成「Oannes」。恩基是第一批來到地球波斯灣的阿努納奇團隊的領導者，也是阿努納奇的大科學家，曾經將所有的知識都刻在神祕物體——門伊（ME）上面；在現代人的眼中，它差不多類似於電腦的記憶體。他的確是阿努之子；那麼他會在凱爾特時代之前的神話中變身為「恩古薩，安達哥達之子」嗎？

「我們所知的，皆為眾神所賜。」這是蘇美人反覆強調的。

那麼，建造巨石陣的，會不會不是古代**人們**，而是古代**眾神**呢？

4・杜爾安基——「天地紐帶」

從最早的那些日子開始，人類就放眼天空，尋找神聖的指引，來鼓舞族人，解決疑難。從最開始時，甚至是在地球剛從「天國」分離被創造的時候，天國和大地就在地平線持續著永恆的會面。在那裡，當人類於日出或日落時抬頭凝望，就會看見他們在天上的主人。

天國和大地在地平線交會，而基於觀測天空和由此產生的天體運動知識，被稱為天文學。

從最早的那些日子開始，人類就知道自己的創造者來自天國——他們被稱為阿努納奇，字面上的意思就是「那些從天國來到地球的人」。他們真正的家園在天國，人類自始至終都知道：「我們在天上的父。」（《主禱文》）人類還知道，這些從天而來的阿努納奇，可以在神廟中被禮拜。

在神廟中，人類和眾神相會了，由此所產生的知識、儀式和信仰，被稱為宗教。

最重要的「崇拜中心」，「地球之臍」，是在蘇美的恩利爾之城。這是重要的宗教和哲學中心；而且實際上，這座名叫「尼普爾」的城市，是地面任務指揮中心：而其中存放著命運碑刻（Tablets of Destinies）的至聖所，被叫做杜爾安基（DUR.AN.KI，又譯杜蘭基），意思是「天地紐帶」（Bond Heaven-Earth，又譯天地連接）。

從那時到現在，所有時代、所有地點的所有宗教，被稱為神廟的禮拜場所，雖然它們、人類及其宗教經歷了種種變化，但始終記得有這麼一個「天地紐帶」。

在古老的年代，天文學和宗教是緊密關聯的：祭司就是天文學家，天文學家也是祭司。當耶和華與亞伯拉罕訂立契約的時候，他要亞伯拉罕走到外面，凝望天空，並試著數天上的星星。這可不是閒來無事之舉，因為亞伯拉罕的父親他拉（Terah），是尼普爾和烏爾的聖人級祭司，他們應該懂得天文學。

在那些日子裡，每一位大阿努納奇都有一個天體對應物，由於太陽系有著十二名成員，穿越千年直至希臘時代的「奧林匹亞眾神圈」（Olympic Circle），始終由十二位神組成。天體運行由此與人類對眾神的禮拜產生關聯，而《聖經》中所說的，禁止對「日頭，或月亮，天象」的崇拜（《申命記》17：3），實際上就是在說不能崇拜耶和華外的所有神。

這些儀式、節慶、齋戒日，以及其他表現對眾神禮拜的儀式，都被連結到相對應的天體運行上。禮拜需要曆法，神廟就是觀測臺，祭司就是天文學者。廟塔是「時間之殿」（Temples of Time），是將時間計算加入天文學中，以正式禮拜眾神之地。

> 亞當又與妻子同房，他就生了一個兒子，起名叫塞特，意思說，神另給我立了一個兒子代替亞伯，因為該隱殺了他。塞特也生了一個兒子，起名叫以挪士。那時候人才求告耶和華的名。（《創世記》4：25－26）

由此，按照《聖經》的說法，亞當的兒子們開始了對他們的主的崇拜。這種對主的名字的呼喚是怎麼做的？禮拜是怎麼進行的？需要怎樣的儀式？我們並沒有被告知。《聖經》講得很清楚，這是在大洪水之前的遠古時代發生的。蘇美文獻在這個課題上點亮了光芒。它們不僅堅持宣稱（不斷重複並強調），在大洪水之前的美索不達米亞就有著眾神的城市群，而且當大洪水發生時，那裡就有了半神（「人類的女兒」和男性阿努納奇「眾神」的後代），還提到在聖地

（我們統稱為「神廟」）進行的禮拜。我們在最早的文獻中就能看出，它們在那時就已經是時間之殿了。

大洪水前的時間之殿

一部講述此類事件直到大洪水時代的美索不達米亞版本文獻，因它的開頭語而被稱為「當眾神和人類一樣」，在其中，大洪水時代的英雄人物名叫「阿特拉－哈西斯」（Atra-Hasis，又譯阿特拉－雜湊斯，意思是他是有極高智慧之人）。故事講述了尼比魯的統治者阿努，在造訪地球，為兒子們劃分好領地和權力之後，回到了他的行星。他的兩位兒子是同父異母的兄弟恩利爾（意思是指揮之主）和恩基（Enki，意思是大地之主）。他讓恩基負責位於非洲的金礦作業。

這部史詩文獻描述了在礦井工作的阿努納奇們的艱辛，他們的叛變，以及因此而被恩基和寧呼爾薩格（Ninharsag，恩基的同父異母的姊妹）透過基因技術創造出的「原始人工人」之後，陳述了人類如何開始繁衍和擴張。最後，人類過分的「結合」開始打擾到恩利爾，特別是人類與阿努納奇的「結合」（在《聖經》中的大洪水故事中，也反映了這種狀況）；然後恩利爾就在大會議上說服大阿努納奇們，要借用這場已被他們預測到的大洪水災難來毀掉散布在地表的人類。

雖然恩基也發誓不將洪水的祕密告訴人類，但他對這樣的決定並不滿意，想辦法要破壞這個決定，於是他打算告訴阿特拉－哈西斯（恩基與一個人類女子的兒子）。文獻到了這裡轉變成阿特拉－哈西斯的自述，他說：「我是阿特拉－哈西斯；我住在主人恩基的神廟裡。」這個陳述至少清楚地證實了一點，在大洪水之前的時代的確存在至少一座神廟。

文獻描述了不斷惡化的氣候條件，以及恩利爾在大洪水發生之前對人類採取的嚴厲措施，還引用了恩基透過阿特拉－哈西斯，告訴人們如何抗議恩利爾的法令：停止對眾神的禮拜！

「恩基張開嘴巴對僕人說」，文獻寫道：

長者聚集在議會之屋，讓使者們在整個大地大聲宣告命令：不要敬畏你們的眾神，不要向你們的女神祈禱。

隨著狀況逐漸惡化以及災難日的臨近，阿特拉－哈西斯持續向他的神恩基說情。「在他的神的神廟……他駐足停留……每一天他都哭泣，在清晨帶來祭品。」他希望恩基能夠阻止人類的滅絕。「他呼喚著他的神的名字」——原文在《聖經》中幾乎全部被引用。最後，恩基打算破壞在大阿努納奇會議中所做出的決定。他召喚阿特拉－哈西斯來到神廟，並在隔板後方對阿特拉－哈西斯說這件事。這個事件被記錄在一塊蘇美的圓筒印章上，顯示出恩基（蛇形神）將大洪水的祕密透露給阿特拉－哈西斯（見圖40）。恩基在將如何建造一艘具潛水艇功能的船（這樣才能在波濤洶湧中存活下來）的藍圖給阿特拉－哈西斯之後，建議他不要耽誤任何時間，因為離災難到來只有七天的時間。為了確保阿特拉－哈西斯不浪費任何時間，恩基啟動一個類似鐘錶的裝置：

他打開水鐘，填滿了它；為他做好將在第七個夜晚到來的大洪水的標記。

圖40：恩基將大洪水的祕密透露給阿特拉－哈西斯

這種鮮為人知的點點滴滴顯示，時間一直留在神廟裡，而計算時間最早可以追溯到大洪水之前的時代。人們假定，這幅古代圖畫描繪了恩基在蘆葦隔板後面，對大洪水的英雄講話；這個英雄就是《聖經》中的挪亞（Noah）。然而，也許我們看見的並不是蘆葦隔板，而是對於史前水鐘（由類似祭司的僕人拿著）的描繪。

恩基是阿努納奇的大科學家；難怪，在他的神廟中，在他的「崇拜中心」埃利都，人類的第一批科學家（智者）是他的祭司。在最早的一批人中，有一個名叫「阿達帕」（Adapa，又譯亞達帕）。雖然原始的蘇美阿達帕文獻還沒有被找到，但刻在泥版上的阿卡德（Akkadian）和亞述版本的故事已經被發現，證明了這個故事的意義性。這些文獻告訴我們，在最開始的時候，阿達帕對智慧的運用幾乎跟恩基一樣好，文獻繼續談到，恩基「完善了他的廣泛理解力，公開了地球的所有設計；將智慧給予了他」。這一切都是在神廟中完成的；我們被告知，阿達帕「每天都進入埃利都的聖殿」。

根據早期蘇美的編年史，恩基在埃利都的神廟裡，似乎是在守護所有科學知識的祕密，保存著「門伊」——刻有科學資料的平板物品。有一部蘇美文獻詳細地記載了女神伊南娜（Inanna，後來被稱為伊師塔〔Ishtar〕），想要提升她的「崇拜中心」烏魯克（Uruk，《聖經》中的以力〔Erech〕）的地位，便引誘恩基給她這些神聖公式。我們發現，阿達帕同樣被暱稱為「努那門伊」（NUN.ME），意思是「能破解門伊的人」。甚至在千年之後的亞述人時代，都有一句諺語：「像阿達帕一樣有智慧。」這是形容一個人極為聰明和博學。在美索不達米亞文獻中，提到「科學研究」時，常說「Shunnat apkali Adapa」，意思是說「重做偉大先祖阿達帕的（事務）」。一封亞述王亞述巴尼帕所寫的信中提到，他的祖父西拿基立（Sennacherib）國王，在一個阿達帕現身的夢境中獲得了偉大的知識。由恩基傳授給阿達帕的「偉大知識」，包括了書寫、醫藥，以及按照天文碑刻系列「烏德薩爾阿努幕恩利拉」（UD.SAR.ANUM.ENLILLA，意思是阿努和恩利爾的偉大時代）的說法，還有天文學和占星學的知識。

雖然阿達帕每天都會去恩基的聖所，但蘇美文獻中提到的第一位正式祭司（一種父傳子的職務），似乎是恩麥杜蘭基（EN.ME.DUR.AN.KI），意思是「杜爾安基的門伊之祭司」。文獻提到，眾神「教導他如何觀察油和水，這是阿努、恩利爾和恩基的祕密。他們將神聖碑刻（Divine Tablet）給了他，上面刻有天地的奧祕。他們教導他用數字進行計算的知識」，也就是數學和天文學的知識，以及測量的藝術，甚至是測量時間。

蘇美的伊塔那傳說

許多講述數學、天文學和曆法的美索不達米亞文獻，都有著令人震驚的精確度。這些科學的核心是一個被稱為「六十進位」的數學系統，它有著先進的屬性，其中包括了天體面向，這些都在以前的章節和書中探討過了。在最早的時代，就存在如此複雜的算術銘文（見圖41），上面使用的是六十進位系統，並保存數字紀錄。

同樣的，出現在最早時代的泥製物品上的設計（見圖42），一樣讓我們肯定地相信，在那個時代，大概六千多年前，他們就已經擁有高水準的幾何知識。一定有人會猜測，這些設計或至少其中一些，到底是一種純粹的裝飾，還是在表現關於地球的四個「角」或天文相關結構形狀的知識。這些設計還顯示出上一章提到的要點：圓形

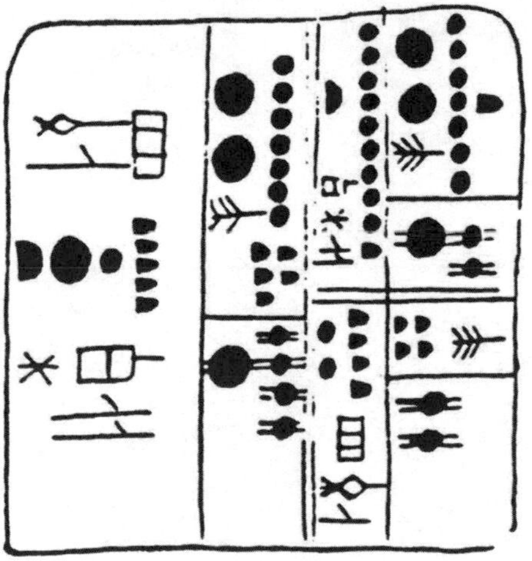

圖41：算術銘文

在古代美索不達米亞中是眾所周知的，可以被精確地描繪出來。

我們能夠從伊塔那（Etana，最早的蘇美統治者之一）的故事中，整理出可證明這些科學知識之古老性的一些額外資訊。一開始，伊塔那被認為是神話人物，但現在已經證明他是一個歷史人物了。根據蘇美國王列表，當王權（一個有組織的文明）在大洪水之後「再次從天國下降至地球」時，「王權首先是在基什（Kish）」；這座城市的遺蹟已經被考古學家發現了，而且也證明了它的確是那麼古老。

蘇美的第十三位統治者是伊塔那。在蘇美國王列表中，幾乎只是按照順序列出這些國王的名字及其執政時間，但提到伊塔那時，卻破例在他的名字後面加上這樣的標注：「一位牧人（Shepherd，亦可稱指導者），他升上天國，統一了所有的大地。」在蘇美國王列表中，伊塔那的統治時期大約始於西元前三千一百年；人們在對基什進行挖掘後，出土了一些紀念性建築和一座廟塔（階梯神廟）的遺蹟，它們也被測定出同樣的年代。

圖42：泥製物品上的圖案設計

在大洪水之後，位於底格里斯河和幼發拉底河之間的平原，慢慢乾燥到可以定居的程度時，眾神的城市群在原址進行重建。按照「舊計畫」，基什是人類的第一座城市，是全新的，它的位置和布局必須被確定。我們在《伊塔那傳說》（*Tale of Etana*）中讀到，這些決定是由眾神做出的。他們將幾何學知識應用到布局上，又將天文知識應用到朝向上：

眾神畫出了一座城市的草圖；七位神設下了它的基礎。他們勾勒出基什城的輪廓，七位神在那裡設下基礎。他們建造了一座城市，一個居住地；而他們還保留了一位牧人。

早於伊塔那的十二位基什統治者，並沒有被給予蘇美皇家祭司級的稱號「恩西」（EN.SI）——「威嚴的牧人」或「正直的牧人」。在這座城市中，似乎只有被眾神選定為適合建造廟塔（階梯神廟）的人選，並成為國王祭司的人，才能得到「恩西」的頭銜。誰將成為「它們的建造者，建造伊呼爾薩格卡拉瑪（E.HURSAG.KALAMMA）」，眾神問道——建造那座即將成為「所有大地上的山峰」的「房屋」（廟塔）？

要為「所有大地尋找一位國王」的工作是與伊南娜（伊師塔）有關的。她找到並推薦了伊塔那——一位人類的牧人……恩利爾（那位賜予王權的）需要做實際的任命。我們讀到「恩利爾審視了伊塔那，這位伊師塔推薦的候選人。『她尋找到了！』他喊道，『王權將在地上建立；讓基什之心充滿喜悅吧！』」

現在，「神話」部分開始了。蘇美國王列表中講述伊塔那升上天國的部分，是從編年史中分支出來的，被學者們稱為伊塔那「傳奇」。其中敘述了伊塔那如何在得到了負責太空站的神鳥圖／沙馬氏（Utu/Shamash）的同意之後，被一隻「鷹」帶走升空了。他飛得越高，地球看起來就越小。在飛行過第一個貝魯（beru）之後，大地「變成一座小丘」；飛行過第二個貝魯之後，大地似乎就像是田裡的犁溝一樣；到了第三個貝魯，大地則變成了花園中的溝渠；接著又過了一個貝魯，地球完全消失了。「當我環顧四周，」後來伊塔那報告說：「大地消失了，而在海上，我的雙眼無法睜開。」

蘇美中的「貝魯」是一種測量單位，對長度和時間（一個「雙小時」，他們將一天分為十二個部分，而我們現在將一天分為二十四個部分）。當它代表天空之圈的第十二個部分時，是一種天文學上的單位。《伊塔那傳說》文獻中，並沒有清楚說明它是距離、時間或弧度的單位，也許都有。文獻講清楚的是，在那個遙遠的時代，當第一位真正的牧人國王在第一座人類的城市登基時，距離、時間和天體都已經可以被測量了。

所羅門聖殿的建造與格局

基什是第一個皇城——在「寧錄」（Nimrod）的資助下——這件事在《創世記》第十章也有提到。《聖經》中記載的這類事件的其他面向，應該也值得探索，但以下這件事最值得，因為《伊塔那傳說》提到了一個令人費解的地方：有七位神參與了這座城市及其廟塔的規畫，因此也決定了它的朝向。

由於古代美索不達米亞所有的主要神，在太陽系的十二名成員中都有對應的天體，在黃道十二宮和十二個月份上也有所對應，有人肯定會猜測，由這「七位神」所確定的基什及其廟塔的朝向，是不是想表達這七位神所對應的「天體」？阿努納奇是否在等待七個行星的正確對準，以做為基什及其廟塔的正確時間和正確朝向？

我們相信可以回溯時空到大約西元前一千年的猶大，來得到一些線索。我們發現，大約在三千年前，為新皇城選擇一位牧人去建造新神廟的情況，模擬了《伊塔那傳說》中記錄的事件和情況。而帶有曆法意義的數字「七」，同樣扮演了一個重要的角色。

猶大城的故事在耶路撒冷重演了。大衛王原本為他的父親——伯利恆人耶西（Jesse）牧羊，後來被選為王權的主人。在掃羅（Saul）國王去世後，大衛在希伯崙（Hebron）統治猶大部落時，其他十一個支派的代理人「來到希伯崙拜見大衛王」並請求他統治所有人。這讓他想

起耶和華曾告訴他的：「你必牧養我的民以色列，作以色列的君（Nagid）。」（《撒母耳記下》5：2）

Nagid這個詞，在《英皇欽定本聖經》被翻譯為Captain（首領），在《美國新標準版聖經》被翻譯為Commander（指揮者），《英國新標準版聖經》則翻譯為Prince（王子）。沒有人認識到Nagid是一個源自蘇美的外來詞，它的意思是herdsman（牧人）！

當時的以色列人非常關注一件事，那就是為約櫃找一個家，不僅是永恆的家，而且還要是安全的。最初在出埃及的時候，約櫃是由摩西放置在約定的帳幕（Tent of Appointment）裡，包含兩塊石板，上面刻有在西奈山上的十誡。約櫃由特殊的木料製成，內外鍍上黃金，上面有由強化黃金製成的兩個基路伯（Cherubim），它們有著朝向對方的翅膀；而每一次摩西和主有約定的時候，耶和華就會「從兩個基路伯之間」對他說話（見圖43 a，這是雨果・格雷斯曼〔Hugo Gressmann〕在腓尼基北部發現了類似的圖畫後，在*Die Lade Jahves*中提出的描繪；圖43 b是帕羅特〔A. Parrot〕在《耶路撒冷教堂》（*Le Temple de Jerusalem*）中提出的描繪。）我們相信，這種

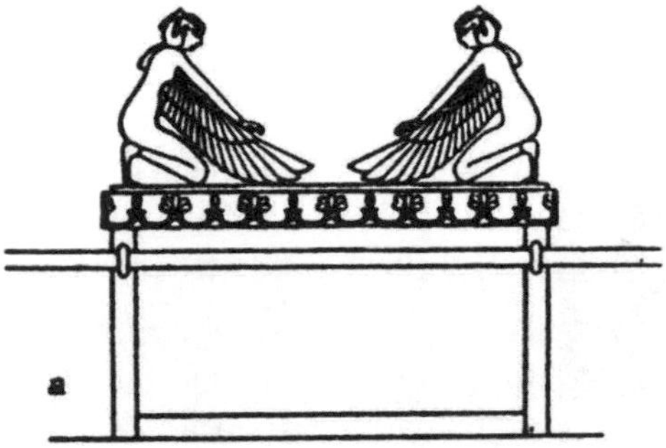

圖43a：雨果・格雷斯曼著作中的約櫃

圖43b：帕羅特著作中的約櫃

帶有黃金絕緣層和基路伯的約櫃，是一種通信硬體，可能是使用電力的（當有人不小心觸碰到它時，他馬上就死了）。

耶和華針對約定的帳幕的建造和圍封，給予非常詳細的指示，還有約櫃也是，其中包括了「操作手冊」，提到如何拆卸和重新組裝所有部件，以及運送約櫃的方式。然而，在大衛王時代，約櫃已經不是由圓木棒來運送了，而是使用有輪子的運輸車。約櫃從一個崇拜地區被運送至另一個崇拜地區，而對這個牧人國王而言，最重要的任務就是在耶路撒冷建立一個新都城，並在其中的「主之屋」為約櫃建造一個永恆的住所。

但這一切並沒有發生。主透過先知拿單（Nathan）告訴大衛王，是他的兒子而不是他，會被賜予為主建造「香柏木的宮」（House of Cedars）的特權。所以，是所羅門王在耶路撒冷建造了「耶和華的殿」（現在被認為是第一座聖殿）。這個神聖建築就跟在西奈的一樣，是在嚴格且詳細的指導下建造完成的。事實上，這兩組建築物的格局和規畫幾乎是一樣的（見圖44 a，西奈的神聖建築；圖44 b，所羅門聖殿）。而且它們都有著精確的東西軸線，可以識別出它們都是平分日點的神廟。

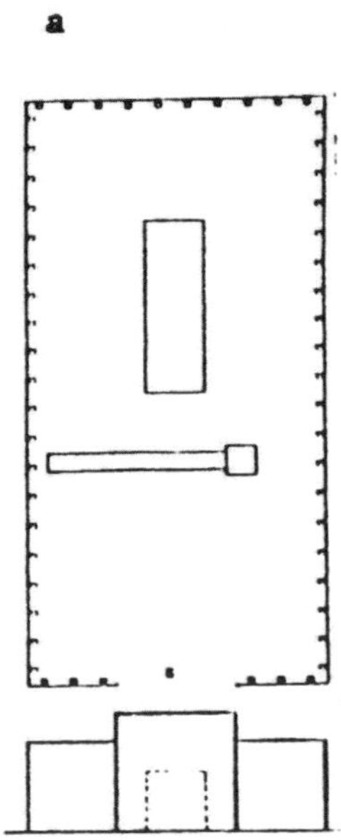

圖44a：西奈的神聖建築

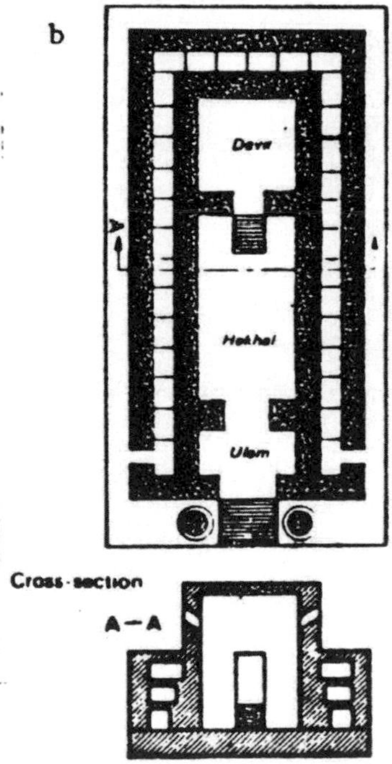

圖44b：所羅門聖殿

基什和耶路撒冷這個新都城的相似處是，都有一位牧人國王，而且在神的指導之下，建造一座聖殿的工作都被充滿象徵意義的數字「七」加強了。

我們在《列王記上》得知，所羅門王待在基遍（Gibeon）時，因耶和華於「一個夜間的異象中」向他現身之後，才繼續這項工作（用七萬扛抬的，八萬在山上鑿石頭的。《列王記上》5：15）。聖殿的建造耗時七年，在所羅門執政的第四年開始放置基石，然後「到十一年，布勒月，就是八月，殿和一切屬殿的，都按著樣式造成。」（《列王記上》6：38）雖然沒有遺漏任何細節，全部完成了，但這座聖殿卻沒有正式投入使用。

在十一個月之後，「以他念月（Etanim），就是七月，在節前」（《列王記上》8：2），來自各地的長老和各支派的首領都聚集到耶路撒冷，「祭司將耶和華的約櫃抬進內殿，就是至聖所，放在兩個基路伯的翅膀底下。」（《列王記上》8：6）……「約櫃裡惟有兩塊石版，就是以色列人出埃及地後，耶和華與他們立約的時候，摩西在何烈山所放的，除此以外並無別物。祭司從聖所出來的時候，有雲充滿耶和華的殿。」（《列王記上》8：9－10）然後所羅門開始向耶和華禱告，「他就在霧般的雲中」，懇求「天上的」主來到這座新聖殿，傾聽人民的禱告。

這座聖殿延遲開幕似乎是必要的，這樣才能在「就是七月，在節前」開幕。毫無疑問，這個節慶指的就是新年，這與《利未記》中講述的聖日的訓誡是一致的。「耶和華的節期」，其中第二十三章陳述道：第七日為安息日的慣例，只是神聖日的第一個，神聖日要以七天的倍數為間隔，或是持續七天，最重要的是第七個月的節日：新年、贖罪日和住棚節。

在美索不達米亞，當巴比倫和亞述取代了蘇美之後，新年慶典是在第一個月舉行的，就如該月的名字所指的一樣。這個月叫尼散月，與春分日相符。以色列人在與秋分對應的第七個月舉行新年慶典的原因，《聖經》中並沒有解釋。但是，實際上《聖經》的故事並沒有用這個月的巴比倫－亞述語名字「提斯利月」來稱呼它，而是用了一個奇怪的名字：以他念月。我們可以從這裡看出一些線索。迄今為止，還沒有發現能夠合理解釋這個名字的答案，但我們想到了一種解決辦法：有鑑於所有先前列出的相似點，例如：做為牧人的國王祭司、建立新首都的情況，以及在沙漠和耶路撒冷為耶和華建造住所，所以這個月的名字的線索，應該能在《伊塔那傳說》中找到的。《聖經》中所使用的「以他念」會不會是直接出自「伊塔那」呢？以「伊塔」當作人名，在希伯來語中是不太常見的，它的意思是「英勇的，強大的」。

我們曾提過，基什的天體定向不僅表現在神廟的太陽朝向，也表現在與天空的七位行星「神」的對應上。奧古斯特．溫斯切（August Wünsche）曾探討位於耶路撒冷的所羅門聖殿和美索不達米亞的「天國的肖像」（portrait of the heavens）之間的相似處的。他在《光明來自東方》（*Ex Oriente Lux*, vol. 2）中引用希伯來語的文獻（如《伊塔那傳說》），提到了「指示時間的七顆星」——水星、月亮、土星、木星、火星、太陽和金星。這麼一來，要證明所羅門聖殿的天體－曆法特徵，就有很多線索和認識了，因為這些面向與蘇美在數千年前建立的傳統與朝向有關。

這不僅表現在朝向上，同樣還展現在神廟的三分法上。它模仿了千年之前開始於美索不達米亞的傳統神廟建造計畫。岡特．馬提尼（Gunter Martiny）在一九三〇年代帶領了針對美索不達米亞各神廟建築學和天文學朝向的研究，相關作品有《巴比倫和亞述神廟的朝向》（*Die Gegensätze im Babylonischen und Assyrischen Tempelbau*）等，他勾勒出這種「崇拜建築物」的基礎三部分格局（見圖45 a）：一個矩形的前廳，一個加長的禮堂，一個正方形的至聖所。沃爾特．安德魯（Walter Andrae）在《神的殿堂和建築的原型》（*Des Gotteshaus und die Urformen des Bauens*）中指出，在亞述，神廟的入口是由塔門包圍的（見圖45 b）；這一特徵也出現在所羅門聖殿，它的入口兩側各有一根獨立的柱子（參見圖44 b）。

《聖經》中針對所羅門聖殿的詳細設計和建築資訊，將它的前廳稱為烏拉姆（Ulam），禮堂稱為赫克堂（Hekhal），它最神聖區域被叫做「施恩座」（Dvir）字面上的意思是「講說之地」，毫無疑問，這是反映耶和華從約櫃向摩西說話的情景，他的聲音來自基路伯的翅膀接觸的地方；約櫃被視為唯一的工藝品，存放在聖殿裡最內層的封閉空間——至聖所，或稱施恩座。學者們已經知道，前面兩個部分的名字來自蘇美語（透過阿卡德語）的E-gal和Ulammu。

這種必不可少的三分法，後來也被採用在其他地方，比如奧林匹亞的宙斯神廟（見圖46a）和敘利亞的泰納（Tainat）的迦南神廟（見圖46b），實際上都是對最古老神廟的繼承——蘇美

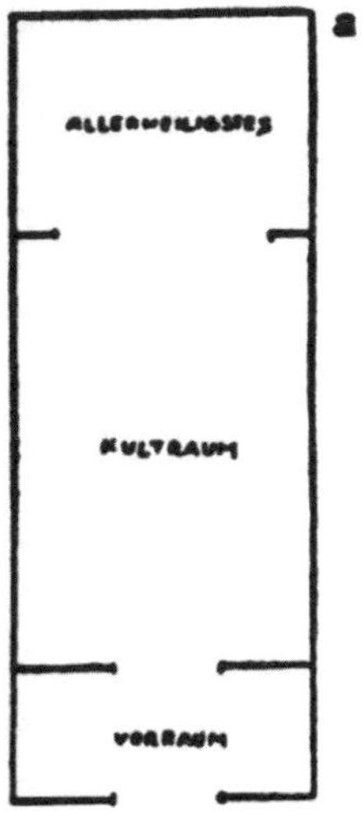

圖45a：崇拜建築物的三部分格局

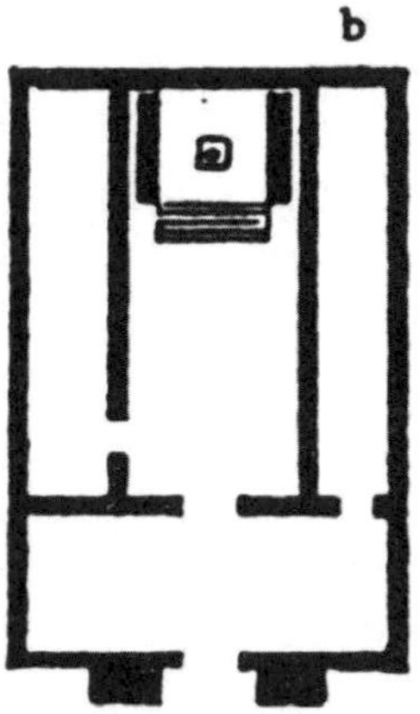

圖45b：亞述神廟的入口

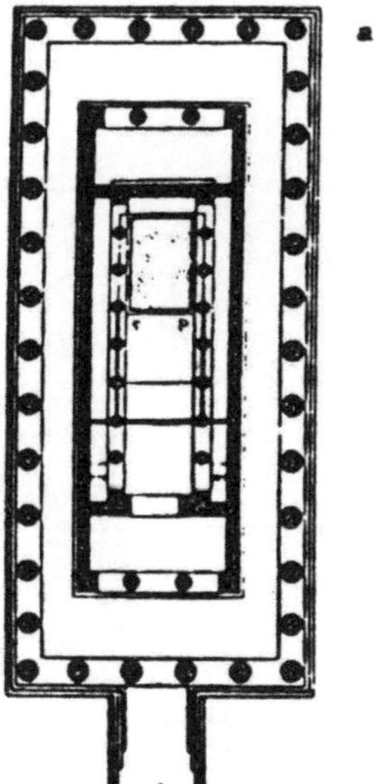

圖46a：宙斯神廟

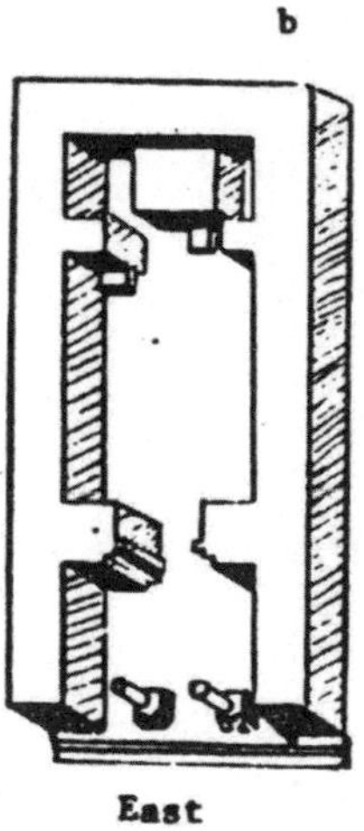

圖46b：迦南神廟

的廟塔。要通上塔頂，得經過一段階梯，穿過兩個聖壇，外側聖壇的前面有兩個塔門，另外還有禱告室，就如岡特．馬提尼在研究作品中畫下來的一樣（見圖47）。

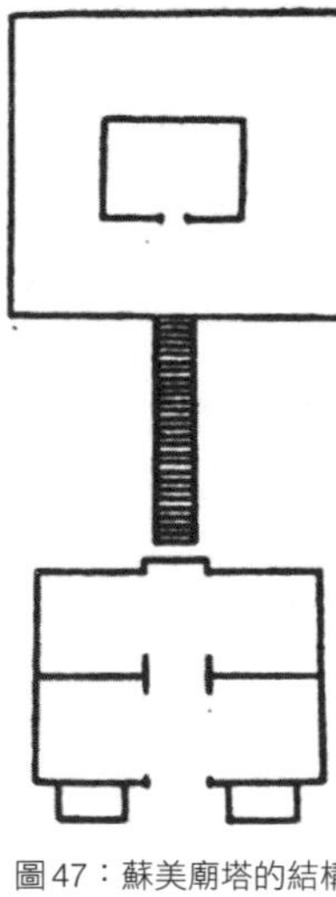

圖47：蘇美廟塔的結構

美索不達米亞神廟的修建特色

如同西奈的禮拜堂和耶路撒冷的聖殿，美索不達米亞神廟儀式中所使用的工具和器皿，都是以黃金為主要材料製成的。有文獻描述了烏魯克的神廟儀式，提到黃金打造的酒杯、黃金托盤和黃金香爐；這些物品同樣在考古挖掘中被找到了。銀也是被使用的材料，例如早期蘇美國王恩鐵美那（Entemena）時代的雕刻花瓶（見圖48），它在拉格什（Lagash）的神廟中放在神尼努爾塔（Ninurta）的面前。這些用於奉獻的精美絕倫的器皿，通常要刻上由國王陳述的「這個物品是要被奉獻」等獻詞，這樣的話，國王就有可能獲得長壽。

這些禮物只有在經過眾神的允許後才能製作，其中有許多例子都是在充滿意義的、值得記錄在「年代記冊」（Date Formulas）中紀念的事件發生時才行。「年代記冊」是記錄國王執政史的清單，每一年都參照該年份發生的主要事件來命

圖48：蘇美國王恩鐵美那時代的雕刻花瓶

名：國王登基、戰爭、贈送一個新的神廟工藝品。因此，一位伊辛（Isin）的國王：伊希比－艾拉（Ishbi-Erra），將執政的第十九年稱為「女神寧利爾（Ninlil）大殿的王座製成之年」，而另一位統治者伊希米－達甘（Ishme-Dagan）將統治的其中一年稱為「伊希米－達甘為女神寧利爾打造金銀床之年」。

然而，美索不達米亞的這些神廟都是用泥磚建造的，隨著時間流逝，經常因地震因素而毀壞。持續的維護和重建是必不可少的，因此，對這位女神大殿的修建和重建，在年代記冊中出現的次數，比提供新用品更多。因此，著名的古巴比倫王漢摩拉比（Hammurabi）的年表中，第一年是「漢摩拉比登基年」，第二年是「律法頒布年」。然而，第四年就已經被稱為「漢摩拉比為神聖區域築牆之年」。漢摩拉比的繼承人，國王沙姆什－伊魯納（Shamshi-Iluna），將執政的第十八年命名為「西巴爾（Sippar）的神烏圖的伊巴巴爾（E.BABBAR）的重建工作完成之年」（伊巴巴爾的意思是「明亮者之屋」，這是獻給「太陽神」烏圖／沙馬氏的神廟）。

蘇美，然後是阿卡德、巴比倫和亞述國王，在他們寫下的文獻中，都用一種極為驕傲的情緒，記錄了他們是怎樣重修、裝飾或重建神廟及其神聖區域。現代的考古挖掘不僅發現了這些文獻，也印證了其中的聲明。例如，在尼普爾，來自賓夕法尼亞大學的考古學家，於一八八〇年代發現了對神聖區域的修理和維護的證據。他們發現在一條由阿卡德國王那拉姆辛（NaramSin）於大約西元前二二五〇年建造的人行磚道上方，四千年來堆積了三十五英尺高的碎片，而在人行磚道的下方還有三十多英尺的碎片堆積物，其下才是原始土壤（當時還未進行挖掘和檢查）。

半個世紀後，賓夕法尼亞大學的考察隊和芝加哥大學東方研究院人員重返尼普爾，進行大量的挖掘工作，讓位於尼普爾神聖區域中的恩利爾神廟重見天日。這次的挖掘中，他們發現了五座建於西元前兩千兩百年到西元前六百年的連續建築物，較晚建造的神廟之地板，都比前一座建築高了二十英尺。當時，考古學家在報告中提到，更古老的神廟還在挖掘中，而且這五座神廟是

「精確按照同樣的計畫，將一個建在另一個之上」。

後來的神廟是嚴格遵照原始計畫建在之前神廟的基礎上，這樣的特色在美索不達米亞的其他古代遺址中也能夠得到印證。這樣的規則甚至可以用來擴建神廟，甚至不止一次，例如我們在埃利都所發現的（見圖49）；在所有的例子中，原始軸線和朝向都被保留下來。不像埃及的神廟會因為地球傾斜度的變化，而不斷重新修正至日點朝向，美索不達米亞的平分日點朝向的神廟，並不需要這樣的調整，因為地理上的北方和東方不會隨著地球傾斜度的變化而改變：太陽總是會在「平分日」經過平分日點，並從正東方升起。

一定要遵從「老計畫」的義務，在一個發現於尼尼微（Nineveh）的碑刻中有描述。尼尼微是亞述的都城，而這個碑刻在一座經過重建的神廟之遺址中被發現。在碑刻上，亞述國王記載了他對神聖需求的遵從：

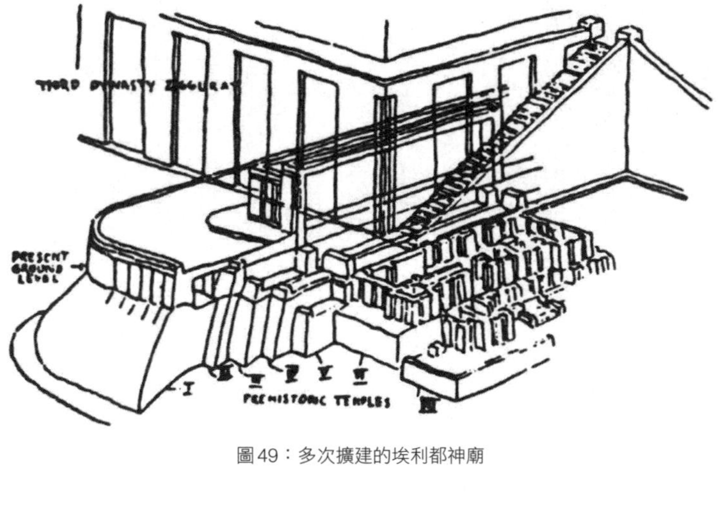

圖49：多次擴建的埃利都神廟

> 這永恆的大地計畫，它是為了未來的建築所確定的，（我已經遵守了。）
> 它承載了自上古而來的圖畫，還有上天國的文字。

亞述國王亞述拿色帕（Ashur-Nasir-Pal）在一段很長的銘文中，描述了修復一座位於迦拉

（Calah，《聖經》中提過的一座古代城市）的神廟的過程。他形容了挖出「古代土堆」的過程，他提道：「我向下挖到了有水的那一層，我穿過了一百二十層之深。我發現了神尼尼普（Ninib）的基礎，我的主……我用堅固的砌磚在上面建造我的主尼尼普的神廟。」完成之後，這位國王開始祈禱，這樣神尼尼普（對尼努爾塔的另一個稱呼）「就會延長我的日子」。這位國王所期望的祝福，將隨著這位神在自己選擇的時間——「按照他心中所願」——來到這座重建的神廟並定居時實現：「當主尼尼普將永遠居住在他純潔的神廟、他的住所的時候。」這是一種期望中帶著邀請的禱告，不像所羅門王在第一座聖殿完工後所表現出的那樣。

的確，在古代近東，不管重修和重建的規模有多大，不管相隔多久，都必須遵從舊神廟的選址、朝向和格局，這個特點已經被位於耶路撒冷的連續聖殿證明了。第一座聖殿在西元前五八七年被巴比倫國王尼布甲尼撒（Nebuchadnezzar）毀掉的；之後，波斯的阿契美尼德（Achaemenid）王朝征服了巴比倫之後，波斯國王居魯士（Cyrus）發布了告示，允許猶太的流亡人士回到耶路撒冷，並讓他們重建聖殿。值得注意的是，這次重建是從一座聖壇（在從前的位置上）的建造開始的，那時是「第七個月的開始」，也就是新年的那一天（而聖壇上的獻祭一直持續到住棚節）。為了消除日期上的疑慮，《以斯拉記》重述了日期：「從七月初一日起，他們就向耶和華獻燔祭。但耶和華殿的根基尚未立定。」（3：6）

不僅要遵守舊聖殿的位置和朝向，還要與「新年」（神廟在曆法上的象徵）這個時間符合，這在以西結（Ezekiel）的預言中被重申了。他是一名被尼布甲尼撒流放的猶太人，他在異象中看見聖殿將被建造在新耶路撒冷中。這件事的確發生了，這位先知陳述道（見《以西結書》40：1－4）是在新年之月的第十天，確切地說是在贖罪日那一天，「耶和華的靈（原文作手）降在我身上，他把我帶到以色列地」，「安置在至高的山上，在山上的南邊有彷彿一座城建立。」他在那裡，「見有一人，顏色（原文作形狀）如銅，手拿麻繩和量度的竿，站在門口。」然後這位大人物開始向以西結形容這座聖殿的模樣。按照這些資料，學者們已經可以重現這座聖殿了（見圖50）；它嚴格遵從了所羅門聖殿的格局和朝向。

這個預言變成現實，是在波斯王居魯士占領巴比倫，發布告示，宣布可重建在巴比倫帝國時期被毀滅的聖殿之後的事；這個告示的複製品，被刻在一根泥柱上，已經被考古學家發現了（見圖51）。一個特殊的皇家宣言，在《以斯拉記》中被逐字逐句地記錄下來，它請求猶太流亡者回來重建「天國之神，耶和華之屋」（編注，聖經和合本譯為「耶和華以色列神的殿」）。

第二座聖殿是在困難的條件下建造的，那時當地還是一片被毀壞的荒蕪之地。它只是首座聖殿的粗糙仿製品。它是根據波斯皇家檔案館保存紀錄中的計畫進行建造的，一次重建一個部分，並且《聖經》堅稱它完全符合《摩西五經》中的細節。在五個世紀之後，希律王（King Herod）

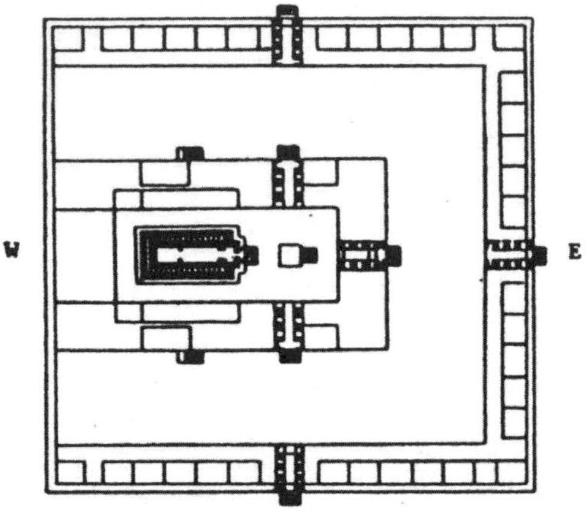

圖50：《以西結書》中描述的聖殿

圖51：刻有告示複製品的泥柱

決定要用一個新的華麗建築取代那座糟糕的複製品，讓它相符甚至超過首座聖殿的宏偉壯觀，這也讓聖殿確實遵循了原始的格局和朝向一事，變得更清楚。它被建在一個擴大的大平臺上（至今仍被熟知的聖殿山（Temple Mount）），還有巨大的高牆（西牆的絕大部分至今仍完好無損，被猶太人當作聖殿的殘餘部分而禮拜著），它被庭院和各種輔助建築環繞著。其中，主之屋保留了首座聖殿的三分格局和朝向（見圖52）。此外，至聖所區域仍採用與首座聖殿相同大小的空間，而且還精準地定位於它曾經佇立的地方；只是這個封閉空間不再被稱為「施恩座」，因為巴比倫人毀壞第一座聖殿時，帶走了裡面的所有文物，約櫃也消失了。

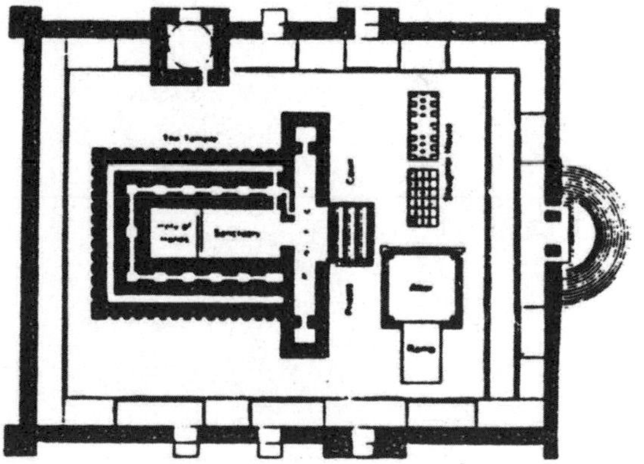

圖52：主之屋保留了首座聖殿的三分格局

首批神廟是眾神的住所

當一個人看著那些神聖區域，以及它們的神廟、聖壇、其他建築、庭院和大門，還有最內層部分的廟塔等遺蹟時，應該會意識到第一批神廟的確是眾神的住所，它們被稱為：眾神之「E」，也就是眾神真正的「屋子」。從人造土堆和高臺上的建築物開始（見77頁圖35），它們隨著時間推移而成為著名的廟塔——古代的摩天大樓。就如一位藝術家的繪圖所顯示的（見圖53），神實際的住所在最頂層。華蓋之下的眾神坐在寶座上，接見被他們選定為國王的人，也就是「人類的牧人」。如同這幅畫描繪的，位在西巴爾的烏圖（沙馬氏）之埃巴巴（Ebabbar）神廟

（見圖54），國王必須在大祭司的引導下進入，而且要在贊助他的神或女神的陪伴下。（然後，大祭司獨自進入至聖所，如圖55所描繪的）。

大約在西元前兩千三百年，一位大女祭司——阿卡德的薩貢（Sargon of Akkad）的女兒，收集了她那個時代所有對廟塔—神廟的讚美詩，被蘇美學者稱為「一部獨一無二的蘇美文學創

圖53：神的住所在最頂層

圖54：國王在大祭司的引導下進入神廟

作」（出自蕭柏格〔A. Sjoberg〕和貝格曼〔E. Bergmann〕所著的《楔形文字文獻》〔*Texts From Cuneiform Sources*, vol. 3〕）。這部文獻向四十二座「E」神廟表達了敬意，從南部的埃利都一直到北部的西巴爾，以及幼發拉底河及底格里斯河的兩岸。這些經文不僅指出了神廟的名字、位置，以及為哪位神而建，還描述這些神聖居所的宏偉壯麗及功能，有時還講到了它們的歷史。

這部作品以恩基在埃利都的廟塔－神廟為開頭，稱它為「此地的至聖所是天地的基礎」，因為埃利都是眾神的第一座城市，是在恩基帶領下第一批登陸的阿努納奇之首個前哨戰，也是第一座向地球人開放的神聖城市，因此也成為人類的城市。它被稱為「伊都庫」（E.DUKU），意思是「聖山之屋」，在讚美詩中被形容為「高聳的聖壇，直指天國」。

圖55：大祭司獨自進入至聖所

這部讚美詩接下來講到伊庫爾（像山一樣的房子），它是位於尼普爾的恩利爾廟塔。尼普爾被認為是「地球之臍」，與其他最早的眾神城市之間的距離全都相同，根據讚美詩的說法，從此處的廟塔往右看，會看見南方的蘇美，如果往左看，則會看見北方的阿卡德（即亞甲〔Agade〕）。它是一座「確定命運的聖壇」，一座「連接天地」的廟塔。在尼普爾，恩利爾的妻子寧利爾有自己的分廟，「覆蓋著巨大的光亮」。這位女神「在新年之月，在慶典之日，盛裝」

從裡面出現。

恩基和恩利爾同父異母的姊妹寧呼爾薩格，是第一批來到地球的阿努納奇之一，也是他們的首要生物學家和醫藥官員，在被稱為「科什」（Kesh）的城市有自己的神廟。讚美詩中直接稱它為「伊寧呼爾薩格」（E.NINHARSAG），意思是「山峰女士之屋」，她的神廟被描述為「磚塊是精心鑄造的……一個天國和大地之地，一個令人敬畏之地」，很顯然，它是使用由青金石打造的「一條劇毒大蛇」來進行裝飾的。青金石是醫藥和治癒的象徵。（這使人聯想到摩西曾製作一條蛇的圖像，阻止了在西奈沙漠中的一場致命瘟疫。）

恩利爾與同父異母的姊妹寧呼爾薩格所生的兒子中，最著名的是尼努爾塔，他在自己的「崇拜中心」拉格什有一座廟塔，而在這部文學作品誕生的那個時代，他在尼普爾的神聖區域裡也有一座神廟；它被叫做「伊門伊烏爾安那」（E.ME.UR.ANNA），意思是「阿努的英雄的門伊之屋」。尼努爾塔在拉格什的廟塔被稱為「伊尼奴」（E.NINNU，意思是五十之屋），反映出他在神聖制度中的數字階級（阿努的階級是最高的六十）。讚美詩陳述道，它是一座「充滿著光輝和敬畏的房屋，長得如山一樣高大」，其中存放著尼努爾塔的飛行器「黑鳥」，以及他的沙魯爾（Sharur）武器（意思是包圍人的颶風）。

恩利爾和正式配偶寧利爾的第一個兒子是娜娜（Nannar，後來被稱為辛〔Sin〕），與他對應的天體是月球。他在烏爾的廟塔，被稱為「伊奇什奴格」（E.KISH.NU.GAL），意思是「三十之屋，偉大的種子」，並被形容為一座「他那燦爛的月光照在大地上」的神廟，這一切都顯示出娜娜（辛）與月球和月份的關係。

娜娜（辛）的兒子——烏圖（沙馬氏），他的天體對應物是太陽，在西巴爾有自己的神廟，被稱為「伊巴巴爾」（E.BABBAR），意思是「明亮者之屋」或「明亮之屋」。它被描述為「天國王子之屋；天國王子是一顆天上的星星，於地平線從天國填滿地球」。他的雙胞胎姊妹伊南娜（伊師塔），其天體對應物是金星，她的神廟位於扎巴拉姆（Zabalam），被稱為「充滿光明之屋」；它被形容為一座「純淨之山」，一座「於拂曉張嘴的聖壇」，以及它「穿過蒼穹時讓夜晚變得美麗」——這無疑是在表現金星在清晨和夜晚所扮演的不同角色。伊南娜（伊師塔）在以力同樣受到崇拜，阿努安排她在那裡為自己建造廟塔－神廟，好方便他來地球訪問。這座神廟被稱為「伊安納」（E.ANNA），意思很簡單，就是「阿努之屋」。讚美詩將之形容為一座「七層廟塔，眺望著夜晚的七位發光之神」，如我們之前提過的，對於它的天文學朝向的描述，與耶路撒冷的聖殿相似。

這部文學作品就這樣繼續描述了四十二座廟塔，以及它們的榮耀和天體對應物。學者們說，這部超過四千三百年之前的作品，是一部「蘇美神廟讚美詩的集合」，並將之定名為「大神廟的古蘇美詩歌集」。然而，若是按照蘇美風俗，以文獻開頭語來稱呼它也許更適當：

伊烏尼爾（E U NIR，高升的廟塔屋）
安奇達（AN.KIDA，天地連接）

就如我們將要看到的，這些屋子之一，以及它的神聖區域，持有解開巨石陣之謎和那個新時代之事件的鑰匙。

5．祕密守護者

在日落與日出之間，是夜晚。

《聖經》持續不斷地在「天國的主人」（Host of Heaven）中看見造物主的絕妙——在夜幕的天穹中閃爍著無數的恆星、行星，與它們的「月亮」（衛星）。「諸天述說神的榮耀，穹蒼傳揚他的手段。」《詩篇》（19：1）如此描述道。由此「諸天」（天國）被描述成夜晚的天空；而它們所展現的榮光，被天文祭司傳達給人類。他們讓這些數不勝數的星星變得更有意義，透過分類識別各顆恆星，認識到不動的恆星與移動中行星之間的區別，發現了太陽和月亮的運動，並追蹤時間的腳印，也就是神聖日和節日的循環，以及曆法。

巴比倫新年節慶儀式

「神聖日開始於前一個夜晚的黃昏」的風俗，至今仍保存在猶太曆法中。有一部文獻講述了巴比倫的烏力加魯（Urigallu）祭司在新年節慶十二天中的職責，不僅提供了之後祭司儀式起源的線索，還向人們暗示了天體觀測和節日程序之間的緊密關聯。這部已經被發現的文獻，由於祭司的稱號是URI.GALLU，普遍被認為是源自蘇美的。它在開頭部分講述將新年（在巴比倫是尼散月的第一天）的第一天確定為春分日的那一段已經遺失了。現存文獻中直接講述第二天的事物：

在尼散月的第二天，入夜之後兩小時，烏力加魯祭司將會起身，並用河水淨身。然後，他穿上純白的亞麻布衣服，才能覲見大神（在巴比倫的是馬杜克），並在廟塔（在巴比倫被叫做埃薩吉〔Esagil〕）的至聖所內朗誦規定的禱告詞。而這場沒有其他人會聽到的朗誦，其內容被認為是極度機密的，因此，祭司抄寫員在刻有禱告的文字列之後，加入了以下的勸誡：「二十一行：埃薩吉廟的祕密。除了烏力加魯祭司外，它們不會被洩露給任何一名馬杜克的崇拜者。」

在烏力加魯祭司朗誦完祕密禱告詞之後，他會打開神廟的大門，讓伊里比提（Eribbiti）祭司們進入，後者將繼續「按照傳統履行職責」，加入樂師和歌手的行列中，接著，文獻開始詳細介紹烏力加魯祭司於當晚的其他職責了。

「在尼散月的第三天」，日落之後的某一個時間（確切時間因文獻被毀損嚴重而無法辨讀），烏力加魯祭司需要再次重複這些儀式和朗誦；他必須要這樣持續做一整個晚上，直到「日出後三小時」，那時他要指揮工匠，用金屬和寶石製作一些將要在第六天的儀式中使用的工藝品。在第四天，「入夜後的三小時二十分」，各種儀式再一次重複，不過這次的禱告詞中加入了對馬杜克之妻——女神莎佩妮特（Sarpanit）的禮拜。接著，禱告詞還向天地眾神表達了敬意，並為國王請求長壽，為巴比倫的人民請求興旺和發達。之後，新年的到來與白羊宮的春分時間直接相關：在黎明時升起的白羊星。祭司用「埃薩吉，天地的形象」來宣讀「依庫星」（Iku-star）的祝福，這一天的其他時間都花在禱告、歌唱和奏樂中。在這一天的日落之後，《伊奴瑪·伊立什》這個「創世史詩」，被完整地朗誦了一遍。

亨利·法蘭克福（Henri Frankfort）在《眾神與王權》（*Kingship and the Gods*）中將尼散月的

第五天對應到猶太教的贖罪日，因為在這一天，國王會被護送到主禮拜堂中，並在那裡接受大祭司用所有王權符號來為他進行除罪；在那之後，國王將被大祭司擊打臉部，然後俯臥在地，開始懺悔與贖罪。然而，文獻繼續講述的只有烏力加魯祭司的職責；我們可以讀到，在那個夜晚，祭司在「入夜後的四個小時」，誦讀了十二次「我的主，難道他不是我的主嗎？」這類的話，以讚美馬杜克的榮光，並向太陽、月亮及黃道十二宮進行祈禱。接著是對女神的禱告，此處使用的是她的稱號：黛奇安娜（DAM.KI.ANNA，意思是天國和大地的女主人），這個儀式也展現出它的蘇美起源。禱告詞將她比喻為「在群星中閃耀的」金星，並點名了七個星座。在這些強調當時的天文學－曆法方面的禱告詞之後，歌手和樂師「按照傳統」開始演奏，在「日出後的兩小時」向馬杜克和莎佩妮特提供了早餐。

由蘇美的「阿奇提」（AKITI，意思是在地球上創建生命）這個節日演變而來的巴比倫新年儀式，其根源可以追溯至大約西元前三千八百年，阿努和配偶安圖（Antu）來訪問地球之時。當時黃道帶還處於天牛（Bull of Heaven）的控制中（如各文獻所述），也就是說當時還是金牛宮時代。我們已經提到，在那之後對時間的記錄（尼普爾曆法），才被賜給人類。當然，這需要對天空進行觀測，由此便誕生了一批訓練有素的天文祭司。

阿努和安圖訪問烏魯克

有幾部文獻，其中一些保存完好，一些只剩下碎片，它們都描述了阿努和安圖訪問烏魯克（《聖經》中的以力）時的壯觀景象，以及在接下來的千年裡成為新年慶典的這場典禮。塔里奧－但基（F. Thureau-Dangin）和艾柏林（E. Ebeling）的研究，至今都是後續研究的基礎；而古代文獻在德國挖掘家團隊對烏魯克的定位、鑑別和重構古代神聖區域的過程中，也發揮了重大作用。

重構項目包括了城牆、大門、庭院、聖壇、服務性建築和三座主要神廟：伊安納（意思是阿努之屋）廟塔、比特雷斯（Bit-Resh，意思是主神廟）階梯塔，以及獻給伊南娜（伊師塔）的伊利加爾（Irigal）神廟。在大量的考古學家報告中，都對古代文獻和現代挖掘結果的顯著關聯，表示出獨特的興趣，詳細內容可見亞當．費爾肯斯坦（Adam Falkenstein）的《烏魯克考古手記》（*Archaische Texte aus Uruk*）和《烏魯克地理》（*Topographie von Uruk*）。

驚人的是，泥版上的文獻（其抄寫的拼音字母將之標識為早期來源的副本）清楚地講述了兩種儀式，一種是在尼散月（春分之月）舉行，另一種是舉行在提斯利月（秋分之月）舉行；前者成為巴比倫和亞述的新年，後者按照《聖經》中的聖訓，「於第七月」慶祝新年，至今仍保存在猶太曆法中。當學者們還在為這樣的分歧而感到困惑時，艾柏林提到，尼散月文獻比毀壞嚴重的提斯利月文獻保存得更好，暗示著後來的神廟紀錄有明顯的偏頗；尼散月和提斯利月的儀式表面上看起來完全相同的，實際上並非如此；前者更強調各種天文觀測，而後者是在至聖所及其前廳內舉行的儀式。

在各種文獻中，有兩部主要分別描述夜晚和日出的儀式。前者很長且保存完好，其中描述著從尼比魯而來的神聖訪問者阿努和安圖，於夜晚坐在神聖區域的庭院中，準備開始一場豪華盛宴的內容，是最清楚的。隨著太陽在西方落下，位於主廟塔各層的天文祭司需要觀測行星的出現，並宣布天體出現時的觀測視線，從尼比魯開始：

> 從主神廟的廟塔最頂層的屋頂上，對夜晚第一次觀看，當天國的偉大阿努之星、天國的偉大安圖之星，出現於星宮之車時，祭司將誦讀文章〈致漸漸明亮的、主阿努的天上行星〉和〈創造神的形象升起了〉。

這些文章是在廟塔裡朗誦的，美酒是用一個黃金祭酒杯向眾神呈上的。接著，祭司們陸續宣布了木星、金星、水星、土星、火星和月球的出現。隨後舉行洗手儀式，這是從七個黃金水罐倒水，以紀念夜晚的六個發光天體和白天的太陽。一支「添加了香料的揮發油」大火炬被點燃了；所有祭司唱起讚美詩〈在天空升起的阿努行星〉，這次的盛宴才可以展開。之後，阿努和安圖回房就寢，其餘眾神如守夜人那樣守到黎明。接著，「日出後的四十分鐘」，阿努和安圖被喚醒，「為這次一夜的停留畫上句號」。

清晨的程序開始於神廟的外面，在比特阿提圖（Bit Akitu，阿卡德語中的意思是「新年節慶之屋」）的庭院中。恩利爾和恩基在「黃金支柱」那裡等待阿努，待命或是拿著某些物品；這些阿卡德詞彙的明確意思尚不清楚，最好的翻譯是「解開祕密的」、「太陽盤」（複數形式！）和「壯麗／發光的柱子」。然後，阿努在排成行列的眾神伴隨下進入庭院。「他走向阿提圖庭院的大王座，面朝著升起的太陽坐下」。之後恩利爾加入，坐在阿努的右邊，恩基坐在他的左邊；接著，安圖、娜娜（辛）和伊南娜（伊師塔）在阿努後面的位置坐下。

關於阿努「面朝著升起的太陽」坐下的陳述，無疑指出了這次慶典的時間牽涉到一個特定日子的日出。這個特定的日子是尼散月的第一天（春分日），或是提斯利月的第一天（秋分日）。當這個日出慶典完成後，阿努在眾神的其中一位，以及大祭司的帶領下，進入巴拉加爾（BARAG.GAL）——神廟中的「至聖所」。

（BARAG的意思是「內部聖所，被遮住的地方」，而GAL的意思是「偉大的，最重要的」。這個詞彙演變成阿卡德語中的Baragu/Barukhu/Parakhu，意思也是指被遮住的「內部聖所，至聖所」。這個詞彙在《聖經》中出現時，被寫成希伯來文的Parokhet，它既是指神廟內部至聖所，也是指將至聖所與前廳隔開的簾幕。這個始於蘇美的傳統和儀式，透過這種方式，在形式和語言上被後世繼承。）

神廟頂層的觀測屋

來自烏魯克的另一部文獻，指導著祭司們進行每日的獻祭，要求準備「有完整的角和蹄子的肥公羊」，這是要獻給神聖的阿努和安圖，「給木星、金星、水星、土星和火星等行星；給升起的太陽和出現的月亮」的。接著，文獻解釋了就這七個天體而言的「出現」是什麼意思：也就是當它們停留在「比特馬哈札特（Bit Mahazzat，意思是觀測屋）中間」的儀器之時。進一步的說明指出，這個圍場是「在神阿努的神廟塔的最頂層」。

在被發現的描繪中顯示，神聖生物站在一座神廟入口的兩旁，拿著附有環狀物的柱子。這個畫面的天文屬性，可以透過太陽和月亮的符號辨認出來（見圖56）。在另一個例子中，古代藝術家可能打算為烏魯克儀式文獻加上插圖——描繪恩利爾和恩基站在一個門道的兩側，阿努即將要從中隆重登場。這兩位神拿著設有觀測裝置（中間空心的圓形儀器）的柱子（這與文獻中提到的複數形太陽盤相符）；太陽和月亮的符號被顯示在門道上（見圖57）。

圖56：神廟入口有太陽和月亮的符號

圖57：太陽和月亮的符號被顯示在門道上

在其他描繪中，則呈現出神廟入口兩側的獨立式帶環柱，而不是被拿著（見圖58），顯示出它們就是在隨後幾千年，散布在古代近東各地神廟兩側圓柱的原型，包括所羅門聖殿和埃及方尖塔都有兩根圓柱。而這些原型不只是符號，同時還具備確實的天文學功能，這一點能從亞述王提格拉特帕拉沙爾一世（Tiglatpileser I，西元前一一一五至一〇七七）的記載中看出來。他記錄了對一座建於六百四十一年前，後來荒廢了六十年的阿努和阿達德神廟的重建。這位亞述國王描述了他們如何清掃碎片以到達地基，並按照原始格局進行重建：

> 兩座偉大的塔，以辨別兩位大神。
>
> 我在光輝之屋建造了一個供他們娛樂之地，一個他們引以為傲的地方，展現了天國群星的光輝。
>
> 我用建築大師的靈巧，以自己的計畫和努力，讓神廟內部光彩奪目。
>
> 在它的中部，我為了從天國直接到來的光束建造了一個場所，我讓群星出現在牆上。

圖58：神廟入口兩側有獨立式帶環柱

我讓它們的光輝奪人眼目，我讓那些塔直指天空。

按照這個說法，神廟的兩座高塔就不只是普通的建築物了，而是具有天文學目的的。沃爾特．安德魯領導過在亞述進行的幾次最有收穫的挖掘行動，他在*Die jüngeren Ishtar-Tempel*中表達了一種觀點，認為在亞述都城裡，神廟門道兩側塔頂的鋸齒形「冠冕」，都具有相同的目的。他在亞述圓筒印章上，發現了能支持這個結論的證據，如圖59 a和59 b，都將塔與天體符號連結在一起。安德魯推測，一些被描繪出來的聖壇（通常還有一名正在為儀式做準備的祭司）同樣也具有天文學目的。這些設施，例如高高的神廟門道，或是神聖區域的開放庭院，在其鋸齒形上部構造（見圖59 c）可以取代廟塔的上升階梯，而廟塔也被更容易建造的平頂神廟所取代。

這部亞述文獻也告訴我們，當時的天文祭司不只觀測黎明的太陽，與太陽一同升起的恆星和行星，同時還觀測了夜晚的「天國的主人」。這種雙重觀測的完美例子，是對金星的觀測，因為它的繞日軌道所需的時間，比地球繞日還短，所以從地球上觀測的話，它有一半的時間是夜星，又有一半的時間是晨星的。在一首寫給伊南娜（伊師塔）——她所對應的天體是金星——的蘇美讚美詩中，崇拜

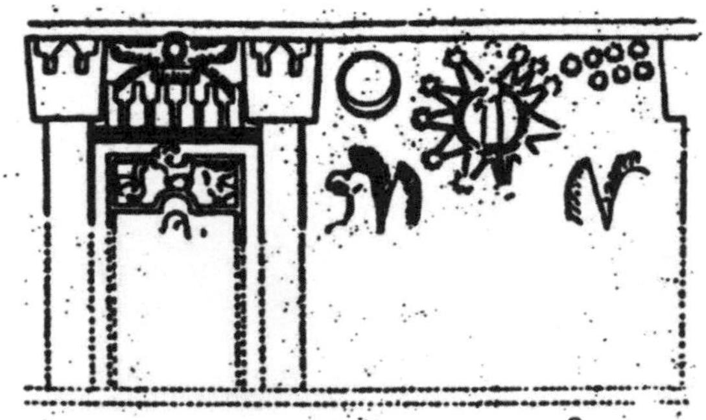

圖59a、b：帶有天體符號的聖壇描繪

圖59c：鋸齒形的上部構造

著這顆行星先是夜星而後是晨星的現象：

聖潔者在明淨的天空中脫穎而出；
在所有大地和眾人之上
女神從天堂中間甜蜜地望著……
夜晚的一顆耀眼星星，
其大光充滿天空；
夜晚的女士，伊南娜，
高聳於地平線上。

在描述人們和動物在這顆夜星出現後，如何「回到他們的歇息地」就寢之後，這首讚美詩繼續將伊南娜（金星）當作晨星來崇拜：「她使清晨到來，光明的白晝；臥室中的甜美睡夢由此結束。」

廟塔上的觀測儀器

當這些文獻點出廟塔及其上升的臺階在觀測夜晚天空上所扮演的角色時，同時也拋出了一個讓人感興趣的問題：這些天文祭司是用裸眼來觀測天空，還是他們有某種可以精準指出天體出現之時刻的儀器？這個問題的答案，在有關廟塔的描繪中可以找到。在上升臺階的柱子頂端有著圓形物體；它們的天文功能由上面的金星（見圖60 a）和月亮（見圖60 b）符號暗示了出來。

在圖60 b中看到的角形物體，可連結到埃及描繪中與神廟有關的天文觀測儀器。在那裡，觀測設備是由高柱頂端的一對角形物中間的圓形部分所組成（見圖61 a）。這根高柱在描繪中是佇立在一位名叫「明」（Min）之神的神廟前面。明的節慶是在每年的夏至日舉行，需要一群男人拉長繩來立起一根長杆，這可能是歐洲五月節花柱（Maypole festival）的起源。在長杆頂部的是明的符號——帶著觀月角的神廟（見圖61 b）。

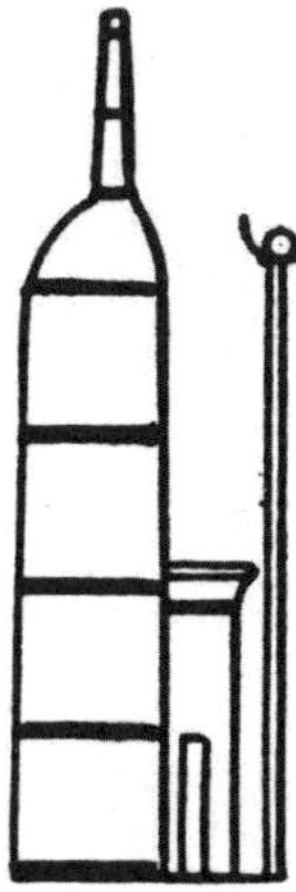
a

61a：高柱頂端一對角形物中間有一個圓形圖案

a

圖60a：廟塔圖中的金星符號

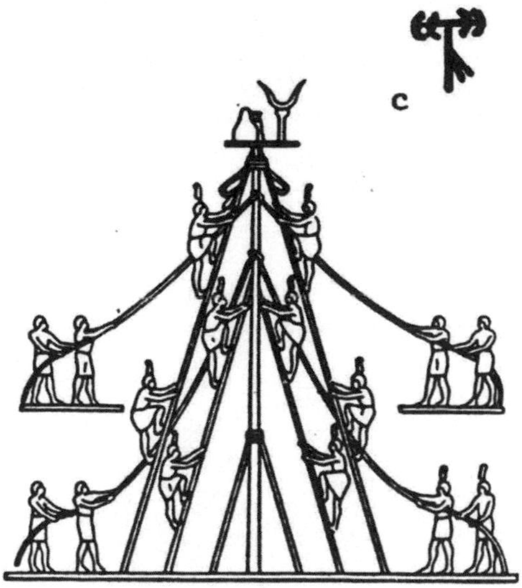

b

圖61b：帶著觀月角的神廟

b

圖60b：廟塔圖中的月亮符號

明的身分還是一個謎。有證據顯示，對他的崇拜在前王朝時代就開始了，甚至是在法老統治埃及的幾個世紀之前的古代就開始了。就像最早的埃及尼特努（Neteru，意思是監護神）眾神，明也是從其他地方來到埃及的。韋恩萊特（G.A. Wainwright）在《埃及考古學期刊》（*Journal of Egyptian Archaeology*）第二十一卷〈明的一些天體組成〉及其他作品中表示，明是從亞洲過來的；另一種觀點，比如馬丁・艾斯勒（Martin Isler）在《駐埃及美國研究中心期刊》（*Journal of the American Research Center in Egypt, vol. 27*）中認為，明是經由大海到達埃及的。明也被稱為「阿姆蘇」（Amsu）和「赫姆」（Khem）；按照瓦利斯・布奇（E.A. Wallis Budge）在《埃及眾神》（*The Gods of the Egyptians*）中的說法，這兩個名字代表月亮和「重生」——具有星曆的內涵。

在一些埃及描繪中，月亮女神奎特（Qetesh）就站在明的旁邊。更有趣的是，明的符號（圖61 c）被稱為「雙戰斧」，但其他人認為這是一個指時針。我們相信，這是代表月亮之彎月的手持觀測儀器。

明是否可能是圖特的另一個化身呢？圖特與埃及的陰曆有著緊密的連結。我們能夠肯定的是，明被認為與天國公牛（Bull of Heaven）、黃道帶上的金牛宮是有關聯的；金牛宮時代大約從西元前四千四百年一直持續到西元前兩千一百年。我們在美索不達米亞的描繪中看到的，以及與埃及的明相關的一些觀測設備，都代表了地球上最古老的一些天文儀器。

根據烏魯克儀式文獻，有一種名叫「伊茲帕什舒里」（Itz Pashshuri）的儀器被用來進行行星觀測。塔里奧－但基將這個詞彙簡單地翻譯為「一個儀器」；但實際上，這個詞彙的字面意思是一個「解決、揭示祕密」的儀器。這個儀器是否與那些在柱子或長杆頂端的物品相同的？或者它是對這類物品的總稱，用來統稱所有的「天文儀器」？我們不能確定，因為我們在源自蘇美時代的文獻和描繪中，發現了各式各樣的這類儀器。

古代的日晷

最簡單的天文設備是指時針（gnomon，源於希臘文，意思是它知道），這是用一根直立柱的陰影，來追蹤太陽的移動；陰影的長度（當太陽上升到正午中天時，陰影最短）指示出時間和方位（太陽光線最先出現和最後照射在柱子上而使柱子投下陰影的地方），而方位可以指出季節。考古學家們在埃及遺址（見圖62a），發現了這種可以展示時間的設備（見圖62b）。由於在至日點時，陰影的長度會增長，於是這個平面設備透過與地平線傾斜而得以改善，縮短了陰影的長度（見圖62c）。當時，由此衍生出一種真正的陰影鐘，它被建成階梯形狀，而陰影會在階梯上下移動以表示時間（見圖62d）。

陰影鐘也發展成日晷，一

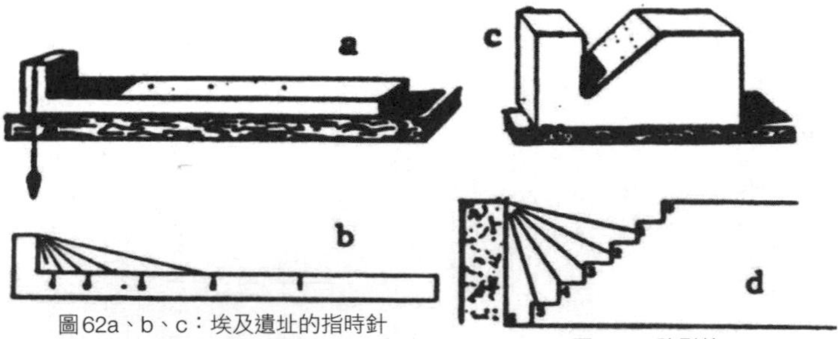

圖62a、b、c：埃及遺址的指時針

圖62d：陰影鐘

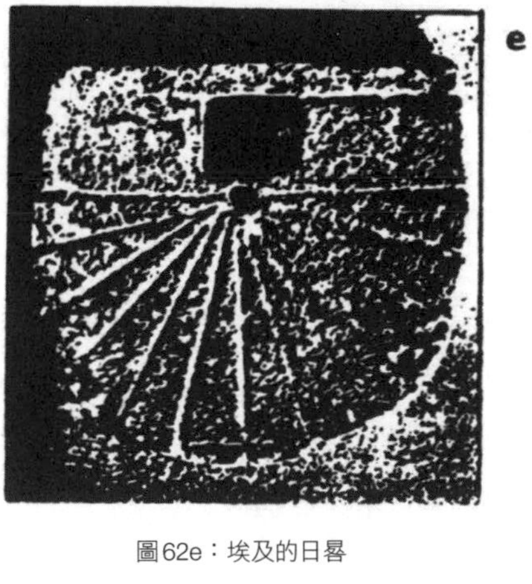

圖62e：埃及的日晷

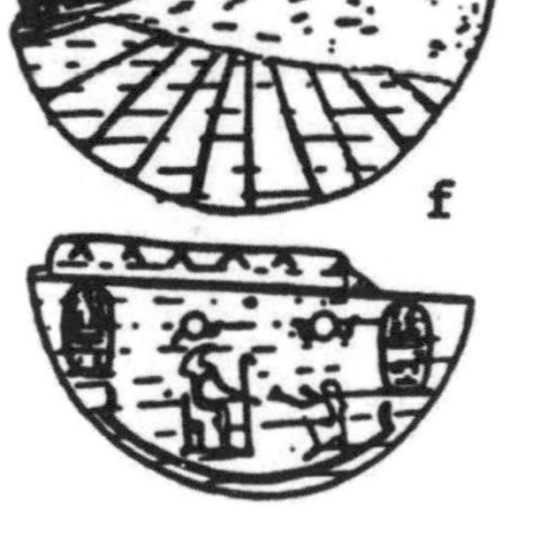

圖62f：以色列基色的日晷

根直立柱被放在半圓形的基座上，而此基底上標注了度數。考古學家在埃及遺址中發現了這樣的物品（見圖62 e），但是最古老的設備在很遙遠的迦南城市，以色列的基色（Gezer）。這個象牙製成的日晷在表面有常見的刻度，反面則刻著對埃及神圖特的崇拜（見圖62 f），另外也刻了於西元前十三世紀時統治埃及的法老麥倫普塔（Merenptah）的橢圓紋飾。

《聖經》也曾提到陰影鐘。《約伯記》講到一種便於攜帶的掌上型日晷，可能類似於圖62 a中所描繪的，它們被用於農作以告訴人們時間，雇來的勞動者「切慕黑影」可以指示到他們所希望的位置，這樣他們就到了拿這天工錢的時候了（見《約伯記》7：2）。我們還不清楚的是，在《列王紀下》第二十章和《以賽亞書》第三十八章所提到的陰影鐘的屬性。當先知以賽亞告訴這位生病的國王希西家（Hezekiah），他將在三日內完全恢復時，這位國王是不相信的。所以，這位先知進行了一次神聖的預言：神殿的太陽鐘將「回移十度」而不是往前移動。希伯來文獻中所使用的詞彙是Ma'aloth Ahaz，意思是亞哈斯（Ahaz）國王的「階梯」或「度數」。一些學者將之解釋為一個帶有刻度的日晷，而其他一些學者認為，它是一個真正的階梯（見圖62 d）。也許它是兩者的結合，就如同至今仍保存在印度齋普爾（Jaipur）的太陽鐘（見圖63）。

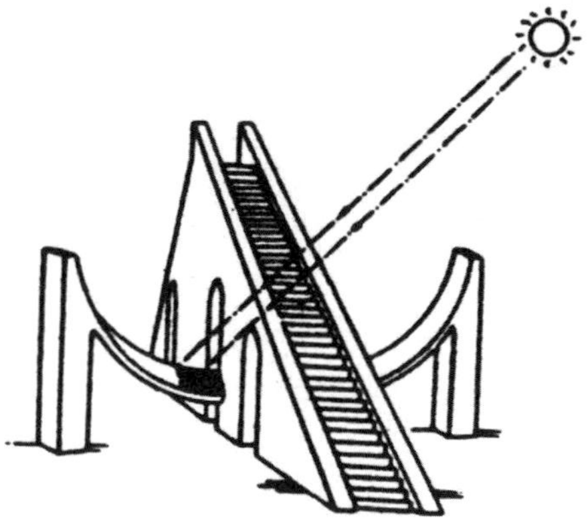
圖63：印度齋普爾的太陽鐘

大部分學者都同意，這個被用作康復預言的太陽鐘，很可能是在西元前八世紀由亞述國王提格拉特帕拉沙爾二世（Tiglatpileser II）送給猶大王亞哈斯的禮物。雖然這個設備（一直沿用到中古時代）的希臘名字是gnomon，但它並不是希臘人發明的，甚至似乎不是埃及人發明的。按照西元一世紀的博學家老普林尼（Pliny）的說法，日晷科學首先是由米利都（Miletus）的阿那克西曼德（Anaximander）提出的，他發明了一種儀器名叫「影子獵人」。然而，阿那克西曼德卻在自己的研究《自然之上》（*Upon Nature*，**西元前五四七年**）中寫道，他是從巴比倫得到日晷的。

《列王紀下》第二十章中所提的，似乎是一個放在神廟院子裡（**它肯定是露天的，才能在太陽照射下而投下陰影**）的日晷，而不是一座建造出來的階梯。如果沃爾特·安德魯對聖壇的天文功用的認識是正確的，那麼這個設備很可能是放置在這座神廟的主聖壇上。這種聖壇有四個「角」，希伯來語中形容這種「角」的詞彙是Keren，它同時有「角落」、「光束、射線」的意思，也暗示著它們具有天文學方面的源頭。支持這種可能性的圖形證據，包括蘇美早期對廟塔的描繪，其中「角」一直出現在圓形物體（**見圖64 a**）前，一直到希臘時代。在希西家之後幾個世紀，泥版上的聖壇描繪中，呈現的是放置在兩座聖壇之間的低矮支撐物上的觀測環（**見圖64 b**）；在下一張圖裡（**見圖64 c**），則是一座被夾在太陽觀測器和月亮觀測器之間的聖壇。

在認識這些古代天文設備時，我們實際上是在研究那些可以追溯至千年之前的古代蘇美知識和技術。最古老的蘇美描繪之一，展示出一排神職人

a
圖64a：「角」一直出現在圓形物體前

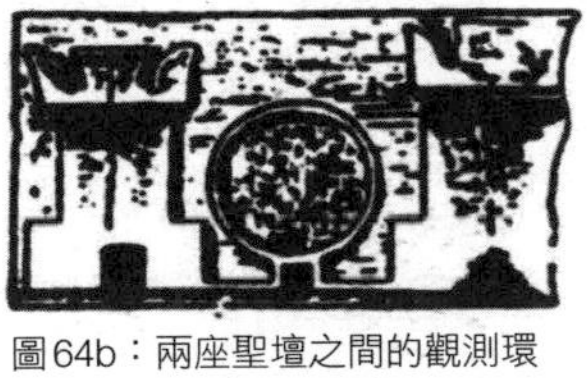
b
圖64b：兩座聖壇之間的觀測環

c

圖64c：被夾在太陽觀測器和月亮觀測器之間的聖壇

員拿著工具和儀器，其中一位拿著頂部有天文儀器的杆子：頂部的物件連接著兩根短杆，而短杆上面各有一個環狀物（見圖65 a）。這一對環狀物，與現今的雙筒望遠鏡或用於測定深度與距離的經緯儀有些相似。由於神職人員用手拿著它，代表它是便於攜帶的手持設備，可以放置在各個觀測點上。

如果天文觀測是由巨大廟塔和大石圈，逐漸演變成瞭望塔和特殊設計的聖壇，那麼天文祭司用來觀測夜晚的天空或在白天追蹤太陽的儀器，肯定也有相對應的發展過程。這些儀器變成可攜式是很有意義的，特別是如果它們不僅用於原始的星曆目的（修訂節慶時間），同時還要用於導航時。在西元前第二個千年的最後，迦南北部的腓尼基人成為古代世界最著名的領航員；他們在商路上來回航行，可能是往返於比布魯斯石柱和不列顛群島的石柱之間，最主要的西部前哨站是迦太基（Carthage，Keret-Hadasha，意思是新城市）。他們在那裡將一種天文儀器當作最主要的神聖符號；在它開始出現在石柱甚至墓碑上之前，它被顯示為一對環狀物，置於神廟入口兩側的石柱旁（見圖65 b），這就跟更早期的美索不達米亞一樣。環狀物被兩個背對背

b

圖65b：神廟入口兩側石柱旁的環狀物

a

圖65a：頂部有天文儀器的杆子

的彎月夾在中間，暗示著它們的任務是觀測太陽和月相。

一個在西西里的腓尼基據點遺址中發現的「奉獻碑刻」上（見圖66 a），描繪了一個露天的庭院，暗示著當地天文觀測的目標是太陽的移動，而非夜晚的星空。帶環的柱子和放在三柱建築前方的聖壇，同樣是觀測設備：在三角形底座頂部的水平橫杆上，圓環放置在兩根垂直的短立柱之間。這種用來觀測太陽的特殊形狀，讓人聯想到埃及象形文字的「地平線」——太陽從兩座山之間升起（見圖66 b）。的確，這種腓尼基的設備（學者們將之視為「崇拜符號」）像是一雙舉起的手，與埃及象形文字中標記法老的靈魂在死後前往「百萬年之星」上的眾神住所的詞彙：卡（Ka，見圖66 c），有著異曲同工之處。「卡」這個詞的起源，透過古代埃及描繪中神廟前的觀

a

圖66a：奉獻碑刻上的圖畫

b

圖66b：「地平線」的埃及象形文字

c

圖66c：「卡」（ka）的埃及象形文字

d

圖66d：古代埃及描繪中神廟前的觀測設備

測設備（見圖66 d），暗示著它是一種天文儀器。

所有這些相似之處及其天文學起源，應該讓我們對於埃及描繪（見圖67）的理解加入新的觀念。在該描繪中，「卡」伸出雙手朝神的星球攀登的畫面，酷似蘇美人的設備，它從一根附有登高臺階的柱子頂部升起。

描繪這種階梯柱的埃及象形文字，被稱為「塔德」（Ded），意思是「永恆」。它常常成對出現，據說，在阿拜多斯（Abydos），為埃及大神奧西里斯（Osiris）而建的大神廟前面，就有兩根這種柱子。在《金字塔經文》中，描述了法老在死後的旅途，而在「天國之門」兩側就有兩根塔德柱。這「雙門」是關著的，直到法老王的「另一個自我」念出如下的咒語：「噢崇高者，你的天國之門：國王已來到你這裡；讓這門向他打開。」緊接著，突然地，「天國的雙門打開了……天窗的孔洞打開了」。然後，法老的「卡」開始像一隻巨鷹那樣飛翔，加入了永恆的眾神。

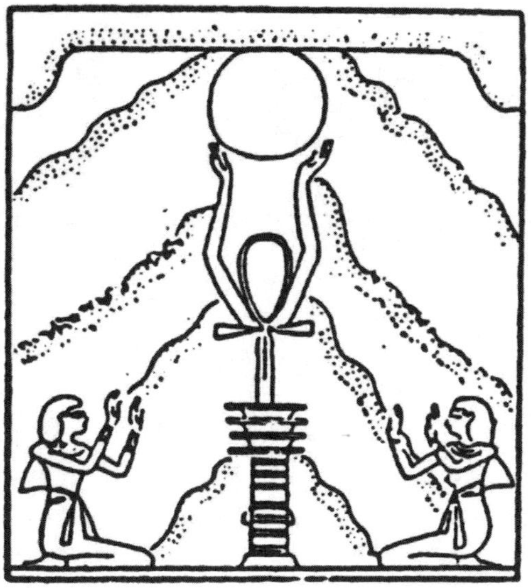
圖67：「卡」伸出雙手朝神的星球攀登

天文知識的傳授者

埃及的《亡靈書》（*the Book of the Dead*）並不是一本結構緊湊的書，我們推測，這一部可以被稱為「書」的文本是真實存在的；而且它已經被很多來自皇家陵墓牆上的引言調整過了。但是，的確有一本來自古代埃及的完整書籍展現在我們面前，並提到了「升天以獲得永生」被認為與曆法有關。

我們說的這本書是《以諾書》（*Book of Enoch*），它以兩種版本被人們熟知，衣索比亞語版被學者們定為《以諾一書》（*I Enoch*）；斯拉夫語版被定為《以諾二書》（*II Enoch*），它又被稱為《以諾的祕密之書》（*The Book of the Secrets of Enoch*）。在已發現的兩種版本的原本中，大多數都是希臘文和拉丁文譯文，它們所依據的早期來源，是針對《聖經》中亞當之後的第七位族長以諾之簡短描寫的進一步講述。以諾並沒有死，因為在他三百六十五歲時，「他隨主走了」，他被帶到天國加入神的行列中。

這些書在《創世記》（第五章）簡短描述的基礎上，詳細說明了以諾的兩次天國旅行——第一次是學習天國的祕密後返回，並將這些知識傳授給兒子們；而第二次就是待在天國的住所了。在各種版本中，都提到了廣泛的天文學知識，包括日月的運動、至日點和平分日點、白晝變長變短的原因、曆法的結構、陽曆年和陰曆年，以及憑經驗設置閏年或閏月。本質上，以諾所得到並傳授給兒子們保存的這些知識，是關於曆法的天文學知識。

關於斯拉夫語版本《以諾的祕密之書》的作者，被相信是（引自查理斯〔R.H. Charles〕的《舊約的偽經與偽書》〔*The Apocrypha and Pseudepigrapha of the Old Testament*〕）「一位生活在埃及的猶太人，可能住在亞歷山大港」，而他所生活的年代大約是西元初始左右。這本書的結論如下：

> 以諾出生於提斯萬月（Tsivan）的第六天，活了三百六十五年。
>
> 他在提斯萬月的第一天被帶到天國，並在天國待了六十天。他寫下了主創造的所有物體的全部符號，也寫了三百六十六本書，並將它們親手送到兒子們的手中。

> 他在提斯萬月的第六天被（再次）帶到天國，與他出生的日子和時辰剛好一致。
>
> 當以諾在一個名叫「阿呼占」（Ahuzan）的地方被帶到天國時，以諾所有的兒子，美索薩拉姆（Methosalam）和兄弟們，匆忙地立起一座聖壇。

不僅是《以諾書》的內容提到了與曆法有關的天文學，以諾的升天和特殊生命也顯示出曆法的特徵。他在地球上的壽命是三百六十五年，很明顯是一個陽曆年的天數；他在地球上的出生和離開，都與一個特殊的月份聯繫著，甚至是這個月的某一天。

學者們認為，衣索比亞語版本比斯拉夫語版本老上數個世紀，而且它的某些部分甚至以更古老的手稿為基礎，例如一本已丟失的《挪亞書》（*Book of Noah*）。以諾各書的一些碎片，是在《死海古卷》（*Dead Sea Scrolls*）中被發現。因此，以諾書的天文–曆法故事可以被回溯到相當古老的時代，很可能如《聖經》中聲稱的，是在大洪水之前的時代。

現在已經可以確定，《聖經》中大洪水和納菲力姆（Nefilim，《聖經》版阿努納奇）的故事、亞當和地球本身的創造故事，和大洪水之前時代的族長，是對更早期的蘇美文獻來源的濃縮版本。所以，《聖經》中的以諾，很可能對應的是蘇美的第一位祭司，恩麥杜蘭基（EN.ME.DUR.AN.KI，意思是天地紐帶的門伊之大祭司），他在西巴爾被帶到天國，並被教導了天地的祕密，包括占卜和曆法。從他開始，人類出現了一代代的天文祭司和守護祕密的人。

神「明」將觀測設備賜給埃及的天文祭司，並不是奇怪的事情。一幅蘇美浮雕作品顯示，一位大神將手持的天文設備賜給一位國王祭司（見圖68）。其他大量的蘇美描繪也都顯示了一位國王被賜予一根測量杆和一捲測量繩，以確保神廟的天文朝向正確，如我們在圖54（100頁）所看到的。這樣的描繪加強了文獻證據，告訴我們，天文祭司這個傳承是如何開始的。

然而，人類會不會因為變得太過驕傲，以致忘了這一切，開始以為他是自己獲得這些知識的？數千年之前，這個問題就已經討論過了，當約伯被要求承認，不是人類而是伊爾（El），「崇高者」，才是天地祕密的守護者：

> 你若曉得就說，是誰定地的尺度？是誰把準繩拉在其上？地的根基安置在何處？地的角石是誰安放的？（《約伯記》38：5—6）

你曾計算出在地球角落的清晨和黎明嗎？約伯被問道。你知道晨昏的分界在哪裡嗎？你知道雪花、冰雹、雨水和露珠為什麼會出現嗎？「你知道天上的律法嗎？你知道它們是如何作用於地球的嗎？」

這些文獻和描繪刻意清楚說明了人類的祕密守護者是學生而非老師。蘇美的紀錄無疑告訴了我們，最早的祕密守護者是阿努納奇。

圖68：大神將手持天文設備賜給國王祭司

由阿努納奇眾神傳授的科學知識

領導第一批來到地球的阿努納奇在波斯灣迫降的是艾（EA），意思是「他的家是水」。他是阿努納奇的首要科學家，最初的任務是從波斯灣水域中提煉他們需要的黃金——這是一項需要物理學、化學、冶金學知識的工作。後來，由於這項工作便有必要轉為礦井模式，被遷移到非洲東南部，他的地理學、地質學、幾何學知識——所有被我們稱為地球科學的學科——有了用武之地；難怪他的稱號變成「恩基」（EN.KI），意思是「大地之主」，因為他掌管著地球的祕密。最終，他提議了一項基因工程，創造了亞當。他在首要醫藥官員，也是他的同父異母姊妹寧呼爾薩格的幫助下，展現了他在生命科學方面的才能：生物學、基因學、進化學。有超過一百個門伊，它們是一種類似於電腦光碟的神祕物品，上面按學科分類記載了許多知識，被存放於他在蘇美的總部埃利都；在非洲的南部末端，有一個科學站保存著「智慧碑刻」。

在當時，所有這些知識都是由恩基和六個兒子共用，他的每個兒子後來都成為一個或多個領域的專家。

恩基的同父異母兄弟恩利爾（EN.LIL，意思是指揮之主），接著來到地球。在他的領導下，登陸地球的阿努納奇的數目增加到六百人；另外，還有留守在繞地軌道上的三百名伊吉吉（IGI.GI，意思是看和觀察的人）操作著軌道上的太空站，協助登陸艙飛船離開和返回太空船。恩利爾是一位偉大的太空人、組織者和嚴守紀律者。他在尼布魯（NI.IBRU，也就是阿卡德語中的尼普爾）建立了第一個地面任務指揮中心，以及與母星球聯絡的紐帶：杜爾安基（天地紐帶）。太空航行圖、天體資料和天文學的祕密，都是由他在保存。他計畫並監管了第一座太空站西巴爾（意思是鳥城）的建設。氣候、風和雨，是他關注的項目；此外，他的職責還有確保運輸和供給的順暢，包括食物、藝術品和工藝品的本地供給。他主張在阿努納奇中進行嚴格訓誡，是「審判七員」這個委員會的成員，也是人類開始繁殖之後掌管律法和秩序的最高神。他管理著祭司的職能，而且當王權建立時，也被蘇美人稱為「恩利爾王權」。

在尼普爾的伊度巴（E.DUB.BA，意思是碑刻之屋）中，人們找到了一部很長且保存完好的《獻給全善者恩利爾的讚美詩》（*Hymn to Enlil, the All Beneficent*），其中第一百七十行提到恩利爾在科學和組織上的許多功勞。在他的廟塔伊庫爾（像山一樣的房子）上，他有一個「光束搜尋著所有大地的心臟」。他「設立了杜爾安基」（天地紐帶）。在尼普爾，他確立了「宇宙的領袖」。

他裁決著公正和正義。他用「無人得以凝望」的「天國門伊」，在伊庫爾的最中心建立了「如深海般神祕的天頂」，包括了「布滿星星的符號……盡顯完美」；這樣一來就可以建立儀式和節慶了。在恩利爾的引導下，「城市被建起，據點落成，畜棚被修好，羊圈被修好」，建造了控制河水氾濫的河堤、運河，土地和草地「滿是富饒的穀物」，花園被用來栽培水果，紡織被教給人類。

這些就是恩利爾傳給兒子和孫子們的知識與文明，並透過他們傳遞到人類的手中。阿努納奇將這些各式各樣的科學知識傳遞給人類的過程，一直是整個研究中被忽視的領域。很少有人去探求這類課題，像是天文祭司是如何產生的——即便到了現代，我們都不敢說完全懂得太陽系，也無法進行太空冒險。將天上的祕密傳授給恩麥杜蘭基的核心事件，我們曾在一個鮮為人知的碑刻上讀到，而蘭伯特（W. G. Lambert）在他的研究《恩麥杜蘭基和相關元素》（*Enmeduranki and Related Material*）中點燃了這個碑刻的光亮：

恩麥杜蘭基是西巴爾的一位王子，深受阿努、恩利爾和艾的寵愛。
光亮神廟的沙馬氏將他指定為祭司。
沙馬氏和阿達德帶著他前往眾神的聚會……
他們向他顯示如何在水中觀測油，這是阿努、恩利爾和艾的祕密。
他們給他神聖碑刻，上面有天國和大地的機密……
他們教導他如何運用數字進行計算。

在將阿努納奇的祕密知識傳授給恩麥杜蘭基一事完成之後，恩麥杜蘭基回到蘇美。「尼普爾、西巴爾和巴比倫的人都被傳喚到他那裡」。他向他們告知自己的經歷，以及要成立祭司制度，而且眾神表示這是一項父傳子的職責：

> 這位博學之士守護著眾神的祕密，在沙馬氏和阿達德之前，用誓約捆綁他最愛的兒子……將在眾神的祕密中指引他。

碑刻中有一個後記：

> 因此，祭司這一行業被創造出來，他們被允許接近沙馬氏和阿達德。

按照蘇美國王列表上的說法，恩麥杜蘭那（Enmeduranna）是大洪水之前時代的第七位王權擁有者，在他成為最高祭司並被重新命名為「恩麥杜蘭基」之前，在西巴爾執政了六個尼比魯的軌道時間。《以諾書》中，是天使長烏利爾（Uriel，意思是神是我的光亮）向以諾顯示了太陽的祕密（至日點和平分日點，所有「六個入口」）和「月亮的律法」（包括設置閏月的學問），以及恆星組成的十二星座，「天國裡的所有工作」。而且在教學的最後，烏利爾給了以諾——就如沙馬氏和阿達德給恩麥杜蘭基的——「天國碑刻」，指導他認真學習並摘記其中「任何獨特的現象」。以諾回到地球後，將這些知識傳授給他的長子，瑪土撒拉（Methuselah）。

《以諾的祕密之書》中講述的這些被傳授給以諾的知識，包括了「所有天國、大地和海洋，以及所有元素的運轉，它們的路徑和去向；日月的運轉；恆星的去向和變動；季節、年歲、日子和時辰」。這與沙馬氏的特徵是相符的——他的天體對應物是太陽，同時掌管著太空站，而阿達德則是古代的「氣候神」，也是風暴和降雨之神。沙馬氏（蘇美語中的烏圖）通常被描繪為（參見100頁圖54）拿著測量杆和繩子的神，阿達德（蘇美語中是伊希庫爾〔Ishkur〕）則拿著叉形閃電。亞述王圖庫提–尼努爾塔一世（Tukulti-Ninurta I）的一枚皇家圖章上，描繪了這位國王被引介給這兩位大神，可能是為了將那些曾經傳授給恩麥杜蘭基的知識，傳授給他（見圖69）。

後來的國王們懇求將早期知名聖賢所擁有「智慧」與科學知識，盡可能傳授給他們，或者誇耀自己博學的情況，是非常普遍的。亞述皇家信件中，將一位國王稱讚為「在知識上超越了下層世界的所有智者」，因為他是「聖賢阿達帕」的後代。另一個例子是，一位巴比倫國王聲稱，他有著「超越了阿達帕的著作中所包含的智慧」。阿達帕是埃利都（恩基在蘇美的中心）的聖賢，恩基將「地球的設計」的「廣泛理解力」，也就是地球科學的祕密，傳授給他。

人們不能排除的可能性是，就像恩麥杜蘭基和以諾，阿達帕是埃利都聖賢中的第七個，因此，《聖經》中關於以諾的紀錄，是呼應蘇美記憶的另一種形式。根據這個故事，七位智者在恩基的城市埃利都接受訓練；他們的頭銜和獨特知識因版本而有所不同。萊克．柏格（Rykle Borger），根據以諾的傳統來審視這個故事，特別被亞述咒語（Assyrian Oath Incantations）系列的第三個碑刻上的銘文所吸引。上面刻下了每位聖賢的名字，並解釋了他們主要的名望；提到了第七位：「烏圖–阿普蘇（Utu-abzu），他曾經升上天國。」在引用第二個這樣的文獻之後，萊克．柏格指出，這第七位聖賢的名字是由烏圖（沙馬氏），以及恩基在下層世界的領地阿普蘇（Abzu）組成的，而這個人就是亞述的「以諾」。

圖69：亞述王被引介給兩位大神

在亞述人對阿達帕的智慧的認識中，阿達帕編寫了一部科學書籍，名為《U.SAR d ANUM d ENLILA》，意思是「關於時間的作品；來自神聖阿努和神聖恩利爾」。因此，阿達帕被讚美的原因之一，是他寫下了人類有史以來的第一部天文和曆法書籍。

當恩麥杜蘭基升上天國，被教導各種祕密的時候，支持他的神是烏圖（沙馬氏）和阿達德（伊希庫爾），分別是恩利爾的孫子和兒子。因此，他的升天是在恩利爾一族的庇護下的。我們讀到，當恩基將阿達帕送到天國阿努的住所時，兩位充當其隨從的神是杜姆茲（Dumuzi）和基茲達（Gizzida），他們是艾（恩基）的兩個兒子。在那裡，「阿達帕從天國的地平線掃視到天國的頂點；他看見了它令人敬畏的一面」——這些文字在《以諾書》中也有提到。在造訪的最後，阿努拒絕給他永生；取而代之的是，他為阿達帕頒布了「艾之城的祭司制度將在未來越發輝煌」。

這些故事的暗示是，有兩條祭司傳承——一條是恩利爾一族的，一條是恩基一族的；以及有兩個主要的科學院，一個在恩利爾的尼普爾，另一個在恩基的埃利都。無疑地，合作和競爭並存，正如他們兩兄弟一樣，這些學員和祭司也分別得到了專業能力。這個結論被後來的文獻和事件所支持，也對應到我們的發現，即阿努納奇領導人都有著各自的專長、才能、特點和特殊的象徵物。

測量神廟的朝向

當我們繼續研究這些專業項目和任務後，會發現神廟－天文學－曆法之間的緊密關聯也展現在以下的事實中：在蘇美和埃及，有幾位神將這些專業領域結合在一起。自從廟塔和神廟被當作觀測臺，以確定地球時間和天體時間的流逝之後，擁有天文學知識的神也同時擁有了定位和設計神廟及其格局與朝向的知識。

「你若曉得就說，是誰定地的尺度？是誰把準繩拉在其上？」約伯在被詢問的時候，承認是神，而非人，是終極的祕密守護者。將國王祭司引薦給沙馬氏（見100頁圖54），這件事的目的或本質被兩個神聖的持繩者暗示出來。他們將這兩條繩子拉長到一顆發光的行星上，形成一個三角形。在埃及也有相似主題的描繪，顯示兩位持繩者如何測量基於一顆名叫「荷魯斯（Horus）的紅眼」之行星的角度（見圖70）。

在埃及，用拉長的繩子來確定一座神廟合適的天文朝向，是一位名叫瑟歇塔（Sesheta）的女神的工作。她是曆法女神，稱號是「偉大者，文字女士，書屋的女主人」，符號是棕櫚樹枝製成的尖筆，在埃及的象形文字中代表的是「計算年份」。在相關描繪中，她的頭上有一把帶著一顆七芒星的天弓。她也是建築女神，但如同諾曼·洛克耶在《天文學的黎明》中指出的那樣，她負責確定各個神廟的朝向。這種朝向並不是巧合或是靠猜想來完成的工作。埃及人相信，瑟歇塔的工作是以神聖的指引來確定神廟的朝向和主要軸線。奧古斯特·馬里特（Auguste Mariette）基於自己在丹德拉赫（Denderah）發現的有關瑟歇塔的描繪和文獻，表示是她「確保聖壇的建造能夠嚴格按照《神聖之書》中的指引來進行」。

要確定正確的朝向，需要進行複雜的儀式「繩量法」，

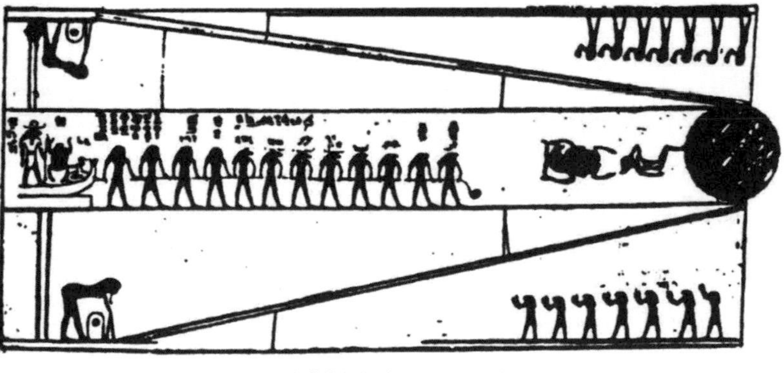

圖70：測量基於「荷魯斯的紅眼」行星的角度

原意是「繩子拉長」。女神使用金棒將一根杆子敲進地裡，國王在她的指引下，敲進另一根杆子。接著，將一條繩子在這兩根杆子之間拉開，指示出適當的朝向；這是由一顆特殊星星的位置來確定的。一個由札巴（Z. Zaba）進行的研究，被捷克斯洛伐克科學院發表在《東方檔案》（*Archiv Orientalni*, Supplement 2, 1953），指出這種方法顯示了關於歲差現象的知識，以及對於天圈的黃道帶劃分。相關文獻證實了這個儀式的星體面向，如同在艾德芙（Edfu）的荷魯斯神廟的牆上所發現的。它記錄了法老的話：

> 我做了這根插好的杆子，我抓住了它的把手，我和瑟歇塔拉長了繩子。
> 我用我的視線追蹤星星的運行，凝視著美思赫圖（Msihettu）的星星。
> 這宣告時間的星神，抵達了它的麥開特（Merkhet，譯注：古埃及的天文儀器）角度；我建立了這位神的神廟四個角。

另一個例子是法老塞提一世（Seti I）在阿拜多斯重建神廟，銘文中引用了這位國王的話：

> 我手中用來敲打的棍棒是黃金製成的。
> 我用它來擊打大釘子。
> 你以哈佩多那皮特（Harpedonapt）的身分跟我在一起。
> 在用天國的四根支柱來固定神廟的四個角時，你手上拿著鏟子。

在神廟的牆上，有著這項儀式的圖畫描繪（見圖71）。

根據埃及神學，瑟歇塔是圖特的女伴和主要助理，而圖特是埃及的科學、數學和曆法之神——神聖抄寫員，保存著眾神的紀錄，還是金字塔建築祕密的守護者。

由此看來，他才是最主要的神聖建築師。

圖71：阿拜多斯神廟牆上的儀式圖畫。

6．神聖建築師

在西元前兩千兩百年到西元前兩千一百年之間的某個時候——偉大的巨石陣出現之時——恩利爾的長子尼努爾塔展開了一項重要工程：在拉格什為自己建造一座新的「屋子」。

這個能為眾神和人類的許多事務提供線索的事件，被委託給一位國王來做，那位國王就是拉格什的古蒂亞（Gudea），他在兩根巨大的泥柱上，將所有細節詳細記錄下來。雖然整個工程宏偉浩大，但他承認這是一項巨大的光榮，也是讓自己名垂青史的唯一機會，因為沒有幾個國王曾被託付這樣的任務。實際上，在皇家紀錄（所有已被考古學家發現的）提到了至少一個例子，當時有一位著名的國王（那拉姆－辛／Naram-Sin），雖然受到眾神的寵愛，但總是被拒絕參舉新神廟的建造（正如千年之後在耶路撒冷的大衛王一樣）。

古蒂亞在自己的雕像上刻了對他的神的讚頌（見圖72），後來他將雕像放到新神廟中。古蒂亞設法留下一些解釋這些阿努納奇神廟和神聖區域的完整文字資訊。

圖72：古蒂亞的雕像上刻著對神的讚頌

尼努爾塔的功績與新神廟

尼努爾塔是恩利爾和同父異母姊妹寧呼爾薩格所生下的長子，享有繼承權。尼努爾塔與父親共用「五十」這個階級（阿努是最大的，為六十；阿努的另一個兒子恩基是四十），所有對尼努爾塔之廟塔的稱呼，都很簡單，叫做「伊尼奴」，意思是「五十之屋」。

在千年的歲月中，尼努爾塔一直都是父親忠實的副官，忠誠地完成分配給他的每一個任務。當一位名叫祖（Zu）的神發動叛亂，從位於尼普爾的地面任務指揮中心竊取了命運碑刻，擾亂天地紐帶時，尼努爾塔得到了「恩利爾最重要的戰士」之稱號；因為尼努爾塔將這位叛亂神追到大地的盡頭，抓住他，並將這些重要的命運碑刻放回原本的位置。有一場爆發在恩利爾一族和恩基一族之間的血腥戰爭，我們在《眾神與人類的戰爭》（*The Wars of Gods and Men*）中將它稱為「第二次金字塔戰爭」，同樣是由尼努爾塔帶領其父親的勢力取得勝利。這次的衝突最終結束於一場由寧呼爾薩格強迫的和平談判，結果就是將地球在這兩兄弟及其兒子之間進行劃分，文明也在「三個區域」——美索不達米亞、埃及和印度河流域——賜給人類。

隨之而來的和平持續了一段很長的時間，但並非永遠和平。對這樣的劃分始終感到不滿的神是馬杜克，他是恩基的長子。他利用阿努納奇複雜的繼承規則，重新點燃了他父親和恩利爾之間的矛盾。在蘇美和阿卡德（也就是美索不達米亞地區）的管轄權上，馬杜克向恩利爾的後代提出挑戰，並宣布對美索不達米亞城市「巴伊利」（Bab-Ili，即巴比倫，字面意思為眾神的門戶）行使管理權。隨後而來的衝突，導致馬杜克被宣判活埋於吉薩大金字塔裡；然而，他在為時已晚之前遭到赦免，被迫展開流亡之路；再一次，尼努爾塔被要求出面解決這場衝突。

然而，尼努爾塔不只是一名戰士。在大洪水之後，他在山口築堤，以避免幼發拉底河和底格里斯河之間的平原遭受更多洪水來襲；他進行了大規模的工程，排走平原上的積水，讓當地再次變得適合居住。之後，他監督了當地對組織化農業的引進，蘇美人由此親切地稱呼他為「烏拉許」（Urash），意思是「犁地者」。當阿努納奇決定將王權賦予人類時，也是讓尼努爾塔在人類的首座城市基什進行組織的。而且，在馬杜克導致的劇變之後，大約西元前二二五〇年，整個大地無聲無息地衰退。這一次又是尼努爾塔出面，從他的「崇拜城市」拉格什，重建了秩序和王權。

對他的報酬則是恩利爾批准他在拉格什建造一座新神廟。這不是因為他「無家可歸」；他在基什已經有一座神廟，在尼普爾的神聖區域中也有一座神廟，緊鄰其父親的廟塔。在拉格什，他的「崇拜中心」的神聖區域吉爾蘇（Girsu）裡，也有一座自己的神廟。

法國考古團隊曾經在拉格什遺址（現在被當地人稱為「泰洛」〔Tello，又譯鐵羅〕）展開挖掘，於一八七七年至一九三三年間進行二十次，發現了許多古代正方形廟塔和矩形神廟的遺物，而它們的各個角都精確地指向基點方位（見圖73）。他們推測最早神廟的地基是在早王朝時代打下的，那是在西元前兩千七百年之前，就在

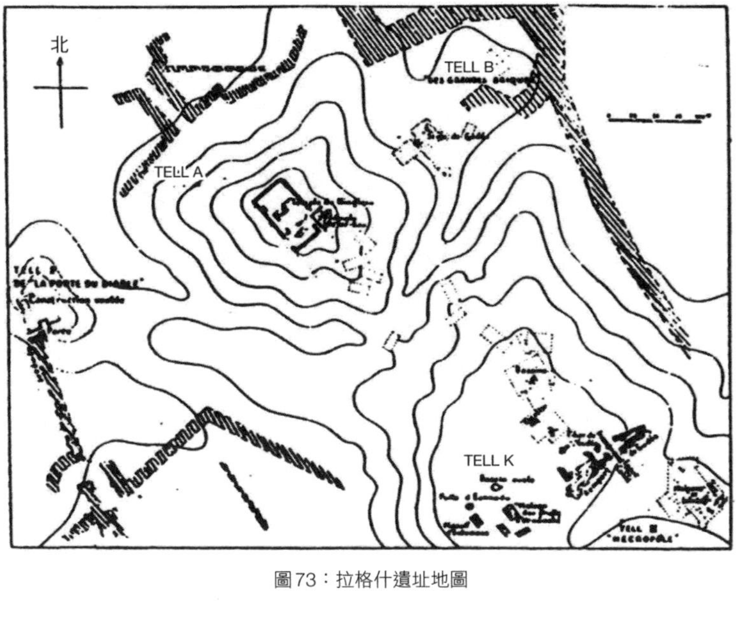

圖73：拉格什遺址地圖

挖掘地圖上標有K的土丘上。拉格什最早的一批統治者的銘文中，已經提到在吉爾蘇裡的重建和擴建，以及工藝瓶的捐獻，如同恩鐵美那的銀製花瓶（參見94頁圖48），比古蒂亞的時代早了六、七百年。一些銘文可能是說，這個最早的伊尼奴的基礎，是由麥西里姆（Mesilim）打下的，他是在西元前二八五〇年左右統治基什的國王。

基什是尼努爾塔為蘇美人建立王權的地方。很長一段時間以來，拉格什的統治者們被認為只是總督，他們必須贏得「基什的國王」的頭銜以獲得完整的主權國家。可能是這樣的二級的污名，讓尼努爾塔為他的城市尋求一座真正正式的神廟；同時他還需要一個地方來安放阿努和恩利爾授予他的非凡武器，包括一個被稱為「神聖暴風鳥」（Divine Storm Bird）的飛行器（見圖74），雙翼展開大約七十五英尺寬，需要一個特殊設計的場地。

圖74：尼努爾塔的神聖暴風鳥

當尼努爾塔擊敗恩基一族後進入大金字塔，首次承認相對於它的外在而言，其內部結構是多麼錯綜複雜，讓人驚訝。我們從這些由古蒂亞提供的銘文資訊可以看出，在尼努爾塔出差到埃及之後，一直有個心願，想要擁有一座同樣宏偉複雜的廟塔。現在，他再一次讓蘇美得到和平，也讓拉格什獲得皇家都城的地位，他再次請求恩利爾，批准他在拉格什的吉爾蘇神聖區域建造一座新的伊尼奴，一座新的「五十之屋」。這一次，他的願望成真了。

巴爾的神廟

別以為尼努爾塔的請求獲得同意是必然的事。例如，我們曾在有關神巴爾（Ba'al，意思是

「主」）的迦南神話中讀到，因為巴爾擊敗了伊爾（El意思是崇高者，最高的神）的敵人，於是請求伊爾同意他在黎巴嫩的扎豐山（Mount Zaphon）的頂部建造一座屋子。巴爾在過去就曾提出這個請求，但是被一次次地回絕了；他曾不斷地向「他的父親，公牛伊爾」訴說：

> 巴爾沒有像眾神一樣的屋子，沒有像阿西拉的孩子們那樣的區域；伊爾的住處是他兒子的庇護所。

現在，巴爾請求伊爾的配偶阿西拉為他求情，阿西拉最終讓伊爾答應了巴爾的請求。她除了提到之前的抱怨外，還外加一點，她說道，這麼一來，巴爾就能在他的新屋子裡「觀察季節」——在那裡為曆法而觀測天體。

雖然巴爾是神，但他同樣不能直接建造他的神廟－住所。計畫的制定和建造工程要在庫塔爾－哈西斯（Kothar-Hasis）的監督下才能進行，他是眾神的「精通和博學」工匠。不僅是現代學者，就連西元一世紀的比布魯斯的斐羅（Philo of Byblos，引自更早的腓尼基歷史學家），都曾將庫塔爾－哈西斯與希臘的神聖工匠赫菲斯托斯（Hephaestus，他建造了宙斯的神廟－住所），或是跟埃及的知識、工藝和魔法之神「圖特」進行比較。迦南文獻的確提到，巴爾曾派使者去埃及迎接庫塔爾－哈西斯，但最後是在克里特發現了他。

然而，當庫塔爾－哈西斯到達時，巴爾卻和他在神廟的建築問題上產生激烈的爭吵。他想要的似乎是由兩個部分組成，而不是傳統上的三個部分——赫克堂（禮堂）和班提姆（Bamtim，一段升起的階梯）。這場爭吵是針對一個漏斗形的窗戶或天窗，庫塔爾－哈西斯堅決認為它必須放在「屋子裡」，但巴爾強烈地反對並認為應該放在其他地方。這場爭吵在文獻中占了很大的部分，來顯示它的激烈和重要性；其中還包括了吼叫和辱罵……

至於為什麼要因為一個天窗的位置而爭吵，至今並不清楚；我們的猜想是，也許它與神廟的朝向有關。在阿西拉的陳述中曾提到，這座神廟要用於觀察季節，那麼它的朝向就必須擁有精確的天文意義。然而，在這部迦南文獻的後面顯現出來的是，巴爾打算在神廟內部安裝一臺祕密通訊設備，以奪取其他神的力量。為了這個目的，巴爾「拉開一條強壯柔韌的繩子」，從扎豐山（北邊）一直到南邊位於西奈沙漠的卡疊什（Kadesh，意思是神聖之地）。

最後，朝向是按照神聖工匠庫塔爾－哈西斯的意思設定的。「你將要聽從我的。」他堅定地告訴巴爾，「至於巴爾，他的房子就要這麼建。」如果情況真如人們所推測的那樣，後來建在巴勒貝克平臺的神廟是按照老計畫建造的，那麼我們會發現，庫塔爾－哈西斯為這座神廟制定出的朝向是東西軸線的（參見72頁圖25）。

就如蘇美的新伊尼奴神廟的故事所展現的，我們可以看到在它的朝向問題上，牽涉到許多天體觀測的內容，並需要神聖匠人們提供專業的幫助。

古蒂亞獲得建造神廟的任務

古蒂亞就像一千三百年之後的所羅門王，同樣在銘文中詳細記錄了參與這項工程中的工人數量（二十一萬六千人），從黎巴嫩運來的雪松木和其他用作大梁的木材數量，「來自大山裡的巨石，分為石塊」——從井或「瀝青湖」得來的瀝青，從「銅山」得來的銅，「銀山得來的」銀和「來自金山的金」；以及所有的青銅工藝品、裝飾品、石碑和雕像。所有這些都有詳細的紀錄，所有這些都無比輝煌，當它完工時，「阿努納奇聚在一起，紛紛投來驚羨的目光」。

古蒂亞銘文中，最有趣的章節是講述在建設神廟之前的事情，有關它的朝向問題、設施和象徵符號；我們主要是按照被稱為「圓柱A」的銘文所提供的資訊。

古蒂亞的紀錄中所陳述的這一連串事件，開始於特定的一天，這一天有重要的意義。在銘文中使用了尼努爾塔的正式稱呼：「寧吉爾蘇」（NIN.GIRSU，意思是吉爾蘇之主），紀錄是這麼開始的：

> 在天地的命運被制定之日，當拉格什按照偉大的門伊抬頭望向天穹時，恩利爾親切地凝視著主寧吉爾蘇。

上面記載了尼努爾塔因為「根據門伊，使得對這個城市至關重要」的新神廟建造時間必須延後而抱怨著，在這吉祥的一天，恩利爾最終批准了這件事，同時他還設定了這座神廟的名字：「它的國王應該將這座神廟命名為伊尼奴。」古蒂亞寫道，這個告示「在天國和大地散發光采」。

尼努爾塔在接受了恩利爾的批准及他為新廟塔的命名之後，現在已經能夠自由地展開建設了。古蒂亞沒有浪費分秒的時間，立刻懇求他的神能夠讓他來執行這項任務。他提供公牛和小山羊當作祭品，「他詢問這神聖的願望……在白日和午夜，古蒂亞向他的主寧吉爾蘇抬起雙眼；他為了指揮建造主的神廟而睜開雙眼。」古蒂亞持續祈禱著：「他訴說著：『由此，由此我將說話；由此，由此我將說話；我將說這些言語：我是牧人，為王權而選擇。』」

最終，奇蹟發生了。古蒂亞寫道：「在午夜時分，有些東西來到我的面前，而我並不懂得其中奧妙。」他運來一艘以瀝青黏合的船，沿著運河航行到鄰近的城鎮，想從「揭示命運之屋」裡的神諭女神娜社（Nanshe）那裡尋求解釋。古蒂亞為了讓娜社解答他的困惑，獻上禱告詞和祭品，然後開始告訴女神，自己所看見的：

> 在夢裡，（我看見）一位如天國般明亮光采的男人，他在天國和大地都是偉大的，我從他的

頭飾看出他是一位神。

他的身旁是神聖風暴鳥；兩頭獅子猶如狂風暴蹲在他腳下，一左一右。

他指揮我建造他的神廟。

古蒂亞告訴這位神諭女神，接下來是他無法理解的天文兆示：太陽在基莎（木星）之上，突然出現於地平線。接著一位女人出現，給了古蒂亞其他天文兆示：

一位女人——
她是誰？她不是誰？
一座神廟建築的形象，一座廟塔，
她放在頭上——
她手裡拿著一個神聖的指標，
天國吉星的碑刻，
她承擔著
與它討論。

接著，出現了第三位神聖人物，看上去像是一名「英雄」：

他的手裡拿著一個青金石碑刻；他在上面畫了修廟的計畫。

然後，在他的眼前，建造計畫的具體形象突然出現了：「一個神聖的提籃」和一個「神聖的磚模」，裡面放置著「宿命的磚塊」。

這位神諭女神在聽過這些如夢境般的異象後，就將其中的奧祕告訴古蒂亞。第一個出現的神似乎是寧吉爾蘇（尼努爾塔）；「因為他指示你要建造他的神廟，伊尼奴。」對於太陽的升起，她解釋道，這代表著神寧吉什西達（Ningishzidda）向他指示出太陽在地平線上的那個點。那位女神是尼撒巴（Nisaba）；「她命令你要將屋子建造得符合神聖星球。」而第三位神，娜社解釋道，「他的名字叫寧度波（Nindub），他將屋子的計畫交給你。」

然後，娜社還加上一些自己的指令，提醒古蒂亞，新伊尼奴必須為尼努爾塔的武器提供適當的空間，還有他的偉大飛行器，甚至包括他最愛的琴。古蒂亞在得到這些解釋和指令之後，回到拉格什，並隱居在老神廟裡，試圖理清每一個指令的具體含義。「他在神廟的神聖區域裡閉關了兩天，夜晚時也將自己關在裡面；他深思著這屋子的計畫，他向自己複述所見的那些異象。」

他最想不通的地方，一開始就是神廟的朝向問題。他走上被稱為「舒格拉姆」（Shugalam）的舊神廟高處（或被抬高的地方）。舒格拉姆是「孔洞之處，決策之處，寧吉爾蘇能夠在裡面看見其領地的複製品」。古蒂亞移去了一些妨礙視線的「沫狀物」（泥漿？灰漿？），試圖弄清楚神廟建築的祕密；但他仍然感到困惑和混亂。「噢，我的主人寧吉爾蘇」，他呼喚著他的神，「噢，恩利爾之子：我的心仍一無所知；其中的奧妙離我之遠有如大洋之心，有如天國之心……噢，恩利爾之子，主人寧吉爾蘇——我，我一無所知。」

他懇求再看一次兆示；然後當他睡覺的時候，寧吉爾蘇（尼努爾塔）出現在他的面前；古蒂亞寫道：「當我睡覺的時候，他站在我的頭上。」這位神清楚解釋了對古蒂亞的指令，並保證會持續向他提供神聖的援助：

> 我的指示將透過神聖的天國行星給你信號；

我的屋子，伊尼奴，要符合神聖儀式，應將大地與天國連接。

接著，這位神就為古蒂亞列出了這座新神廟內部的所有需求，同時詳述了他的強大力量、非凡的武器、不可忘卻的功績（如建造水壩）以及阿努授予他的身分，「貴族的五十之名，由他們授予」。他告訴古蒂亞，這個建築應該開工於「新月的那一天」，神將給他適當的預兆——一個信號：在新年的那一夜，這位神的手將舉著一團火焰出現，放射出「使夜晚變為白晝」的光明。

尼努爾塔（寧吉爾蘇）還保證，古蒂亞將從一開始就獲得一位神對新伊尼奴建設計畫的幫助：那位稱號是「明亮大蛇」的神，將前來幫助建設伊尼奴及其新神聖區域——「將它建造得像是大蛇之屋，將它建造成堅固的地方」。尼努爾塔還向古蒂亞保證，這座神廟的建造將為這片土地帶來豐收和富足：「當我的梯廟建造完成時」，雨將會適時落下，灌溉渠將充滿清水，就算是「無水流經」的沙漠都將繁花似錦；這裡將會有豐收的穀物、大量可食用的油，以及「大量充足的羊毛」。

現在，「古蒂亞明白了這個值得稱道的計畫，這是他的夢中異象傳來的清楚資訊；在聽過主寧吉爾蘇的言語之後，他低下頭……現在他已足夠聰明，懂得了偉大的事物。」

古蒂亞不浪費一分一秒，開始「淨化城市」並組織拉格什的人民，老老少少，組成很多工作團隊，開始讓他們在這項莊嚴的工作中服役。文獻中揭露了做事的人性面，包含了超過四千年前的生活、習俗和社會問題，我們讀到了他們獻身於獨特事業的一種方式，「監工的鞭子是被禁止的，母親從不責罵她的孩子……犯了大錯的女僕不會被女主人搧耳光。」然而，這些人民不只是被要求變得善良；為了給這項工程挹注資金，古蒂亞「在這片土地上徵稅；為了對主寧吉爾蘇的順從，稅款不斷增加」……

伊尼奴神廟的建材

我們先在這裡暫停一下，看看另一位神的住宅的建造，它是建造在西奈荒野裡的耶和華聖殿。在《出埃及記》中有詳細記載，開始於第二十五章。「耶和華曉諭摩西說，你告訴以色列人當為我送禮物來，凡甘心樂意的，你們就可以收下歸我。……又當為我造聖所、使我可以住在他們中間。製造帳幕和其中的一切器具，都要照我所指示你的樣式。」（25：1－2、8－9）緊接著便是最詳細的建築指令，這些細節使得今天的學者們能夠對這個住宅及其部分進行重建。

為了幫助摩西拿出這些詳細計畫，耶和華決定為摩西提供兩名被賦予「聖靈」的助手——「使他有智慧、有聰明、有知識、能作各樣的工」（31：3）。有兩個人被耶和華選了出來，他們是比撒列（Bezalel）和阿何利亞伯（Aholiab），「能作我一切所吩咐的」（31：6）。這些指令開始於住宅的格局，它被定為一個矩形場地（一百腕尺，一腕尺約四十六公分），較長的一面精準朝向南北，較短的一面（五十腕尺）精準地朝向東西，也就是說建築的軸線是東西朝向的（參見90頁圖44 a）。

回到距離出埃及記大約七個世紀的蘇美。現在「足夠聰明」並「懂得偉大事物」的古蒂亞，用一種極為壯麗的手段開始了這項工程。他在運河和河道上派出了船隻，「升起有娜社符號的神聖船隻」，從她的追隨者中召集助手；他派出牛車和驢車到伊南娜的土地去，車子的前方有著她的「星碟」符號；他召集烏圖的男人，「神所愛的」。結果是，「從埃蘭（Elam）來了埃蘭人，從蘇薩（Susa）來了蘇薩人；馬根（Magan，即埃及）和美魯克哈（Melukhah，即努比亞〔Nubia〕）從他們的山上帶來了一個巨形供物。」雪松從黎巴嫩被運送過來，青銅已經被收集到，整船的石料也送達了。銅、金、銀和大理石也都到手了。

當所有這些物料準備好之後，就是做泥磚的時候了。這可不是小工程，原因不只是他們需要成千上萬個磚塊。這些磚塊也是蘇美人首創的，能讓他們在沒有石塊的土地上建造高聳的建築。它們不是我們現在看見的那種類型，通常是正方形的，邊長為一英尺或稍長，二或三英寸厚。它們的製造方式並不是何時何地都相同的。有時是用日光烘烤，有時是在磚窯裡烘烤；它們並非都是平的。有時是凹的，有時是凸的，按照需求而定，用於承受建築的壓力。就如古蒂亞和其他一些國王的銘文中所陳述的，在建造神廟和廟塔時，磚塊的尺寸和形狀都是由管理工程的神來制定的；這可是建造過程中的重要步驟，而國王有榮幸親自為第一塊磚塑形，他還會在這塊磚上刻一段文字（見圖75），內容則與對神的奉獻有關。對後世來說這是非常幸運的事，因為這種風俗讓考古學家能夠鑑別出大多數曾參與過此類建造、重建或修復神廟工程的國王。

古蒂亞在銘文中提到許多關於磚塊工程的事。這是一個由幾位神伴隨的儀式，在舊神廟的廣場裡舉行。古蒂亞在神聖區域中待了一整晚以做好準備，然後在早上洗浴並穿上特殊的服裝。整片大地在這一天都是莊嚴的休息日。古蒂亞提供祭品，然後走進舊的至聖所；那裡有神在異象夢境中顯示給他的磚模和一個「神聖提籃」。古蒂亞將這個籃子放在頭上。一個名叫伽拉力母（Galalim）的神引導這個過程。神寧吉什西達將磚模拿在手中，讓古蒂亞用神廟的銅杯將水倒進模子裡，象徵一個好兆頭。在尼努爾塔的信號下，古蒂亞將泥漿倒進模子裡，並不停地念著咒語。銘文中說，他非常虔誠地完成了整個神聖儀式，整個拉格什「一片寂靜」，等待著結果：這個磚塊完成後是正確的，還是有缺陷的？

圖75：磚塊上的銘文

當太陽照射到這個模子之後，古蒂亞敲開模子，將磚塊分離出來。他看見了刻字硬泥的底部；用虔誠的眼光凝視著它。

這個磚塊是完美的！

他將這個磚塊帶到神廟，磚塊從模子中被拿起。他將磚塊舉向天空，就好像它是一個閃耀的王冠；他將它帶到人群中並舉起它。他在神廟裡將這個磚塊放下來；它堅固而結實。而這位國王的心跟這個日子一樣充滿光采。

在古代，甚至是遠古時代，在蘇美的描繪中就已經出現了製磚的儀式；其中之一（見圖76）顯示了一位坐著的神拿著神聖模子，從中取出的磚塊被用於建造一座廟塔。

接下來，就該建造神廟了；而第一步就是要標出它的朝向並打下基石。古蒂亞寫道，這個新伊尼奴被建造在一個新地點，而且考古學家也的確在一座小山上發現了它的遺蹟（參見134頁圖73），距離舊神廟大概有一千五百多英尺，在挖掘地圖中被表示為A點。

我們從遺蹟中發現，廟塔被建造成四個角朝向基點方位；這種特定的朝向是這樣得來的：先確定正東的方向，然後按照正確的角度築牆。這個儀式也是在一個吉日舉行，為此必須度過「一整年」。這一天由女神娜社主持：「娜社，埃利都（恩基的城市）的一個孩子，指揮著這個

圖76：蘇美描繪中的製磚儀式

已經確定的神諭之達成」。我們猜測這一天可能是平分日（春分或秋分）。

在正午，「當太陽完全出來時」，「觀測者的首領，一位建築大師站在神廟上，仔細計畫著方向」。當阿努納奇「帶著極大的讚賞」觀看這個確定朝向的程序時，他「打下奠基石並在地上標出牆的方向」。我們在之後的銘文中看到，這位觀測者的首領、建築大師，是寧吉什西達；並且我們從大量的圖畫（見圖77）中得知，在這種情況下是由一位神（經由他的頭飾來辨識）來打下圓錐形奠基石。

除了該儀式的一些描繪外，呈現一位戴著角形頭飾的神打下這個圓錐形「石頭」的類似描繪，都是刻在青銅上的，這暗示著這個「石頭」也是青銅材質；而使用「石頭」一詞本身也很常見，因為所有從採礦場和礦井中得來的金屬，都被命名為NA，意思是「石頭」或「開採而來」。值得注意的是，在《聖經》中，對房角石（cornerstone）或第一塊石頭的鋪設，也被認為是神聖的或得到神聖的啟示，代表主祝福新屋子。由撒迦利亞（Zechariah）寫下的，關於在耶路撒冷重建聖殿的預言書中，他陳述了耶和華給了他一種異象，讓他看見「一個手裡拿著測量繩的男人」，並且還被告知，這位神的使者將要來測量一座重建後變得更宏偉的耶路撒冷的新主之屋的四邊長，這座新屋將在主為他放置第一塊石頭之後升起七倍的高度。「到時他們將看見所羅巴伯（Zerubbabel，被耶和華選中重建聖殿的人）手中的青銅石」。所有人都將知道這是主的意願。被選中執行聖殿重建的人，也是由耶和華選定的。

在拉格什，當房角石被寧吉什西達埋入地

圖77：由神打下圓錐形奠基石

下之後，古蒂亞就可以為神廟鋪設地基了，現在他「就如尼撒巴一樣，知道數字的含義」。

學者們指出，由古蒂亞建造的廟塔是七層的。按照慣例，隨著奠基石被安置完成、神廟的朝向確定，以及古蒂亞開始按照標記在地上放磚塊的時候，七首祝福詩開始被朗誦出來：

願這塊磚安息！
願這屋子如願升高！
願神聖黑色風暴鳥如意氣風發的雄鷹！
願牠猶如年輕的雄獅般令人敬畏！
願這屋子有天國的光輝！
願歡愉充滿既定的獻祭！
願伊尼奴成為世界之光！

然後，古蒂亞開始建造這座「屋子，他為主寧吉爾蘇建造的一棟住所……一座真實的天地之山，它的頭頂高聳入雲霄……古蒂亞愉悅地用蘇美堅實的磚塊立起伊尼奴；他就這樣建造這偉大的神廟」。

美索不達米亞沒有石頭，它是在大洪水時期覆蓋著淤泥的「兩河之間的大地」，唯一能用的建材就是泥磚或黏土磚，所有的神廟和廟塔都是這麼被建造的。古蒂亞的陳述中提到，伊尼奴是「用蘇美堅實的磚塊」建造起來的，的確是對事實的陳述。但讓人感到困惑的是古蒂亞所列出的其他建材。我們不是指那些各種木頭和木料，它們的確也在建築中被大量使用。我們所說的是這項工程中用到的種類多樣的金屬和石頭——它們全都必須從極遙遠的地方運送過來。

我們在銘文中讀到，這位國王是「正直的牧人」，「用金屬建造這座神廟」，包括從遙遠的土地運送過來的銅、金和銀。「他用石頭建造伊尼奴，用珠寶把它變得明亮；將銅和錫混合起來。」這無疑是指青銅，它被用於製作大量的工藝品，還被用於固定石塊和金屬。青銅的製作是一個複雜的過程，需要將銅和錫按照特定比例在高溫下進行融合，簡直是一種藝術；不過，古蒂亞的銘文將這件事說得很清楚，他說為了這件事，一位為寧圖德（Nintud）工作的三古・西姆（Sangu Simug），「祭司鐵匠」，被從「熔煉之地」帶過來。關於這位祭司鐵匠，銘文上說，「負責神廟外觀的工作；他將兩手寬的明亮石頭覆蓋在砌好的磚上；用閃長岩和一手寬的明亮石頭，他……」（**此處的銘文已嚴重毀損，難以辨讀。**）

不僅是用於建造伊尼奴的石材數量非常多，銘文中還明確提到，在砌磚上還要覆蓋特定厚度的明亮石頭——這是一句至今都沒有引起學者們注意的話——這應該是引起轟動的資料。我們所知的所有蘇美神廟建築的紀錄中，沒有一座是要在砌磚上覆蓋或「套上」石料的。那些紀錄中提到的只有砌磚的工程，如建設、毀損、替換，但從來沒有提到要在磚塊上覆蓋一層石頭。

這令人難以想像，但正如我們將要說的，這並不是完全不能理解，這座有著明亮石頭的新伊尼奴，在蘇美是獨一無二的，超越了埃及人在金字塔上覆蓋一層明亮石頭外層，以取得平滑邊緣的方法！

埃及法老建造金字塔，始於法老王左塞爾（Zoser），他在塞加拉（Sakkara，**孟斐斯之南**）建造了第一座金字塔，那時大約是西元前二六五〇年（**見圖78**）。它是在矩形神聖區域裡的一座六層建築，最初覆蓋著明亮的石灰岩外層，如成只剩下痕跡：它的外層石料，就跟後來的金字塔所一樣，被之後的統治者移除，用於建造他們自己的紀念建築了。

就如我們在《通往天國的階梯》（*The Stairway to Heaven*）中所指出

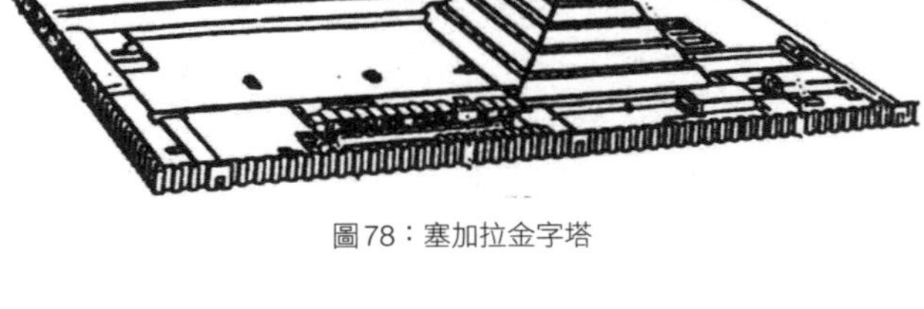

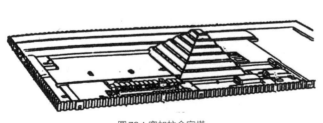

圖78：塞加拉金字塔

的，最初的一批埃及金字塔是阿努納奇自己建造的——吉薩的大金字塔和它的兩個伴塔。他們發明了在核心階梯金字塔上套明亮石頭外層，讓它們的邊緣變得平滑。在尼努爾塔的帶領下，位於拉格什的新伊尼奴有了酷似金字塔的石頭外層，這與巨石陣成為真正石陣的時間大約一致，這是一個解開巨石陣之謎的重要線索。

參與神廟工程的女神

就如我們已經提出的，伊尼奴與古埃及之間出乎意料的關聯，只是眾多例子的其中之一。古蒂亞在陳述伊尼奴的形狀及其明亮石頭外層時，向我們暗示了這些關聯。他說，這個形狀和外層的資訊，是在「學識之屋」中，由「被恩基傳授了這個計畫」的尼撒巴提供的。這個學院無疑是在恩基的某個中心城市裡；而埃及是在劃分地球時被分配給恩基及其後代的領地。

參與伊尼奴工程的神有許多位；尼撒巴帶著星圖，出現在古蒂亞的首次異象夢境中，她並不是參與進來的唯一一名女性。讓我們看看這整個清單，然後將女性角色找出來。

寫在第一位的是恩利爾（男性），他批准尼努爾塔建造一座新神廟。然後尼努爾塔就出現在古蒂亞面前，告訴他這個神聖的決定，並選擇古蒂亞擔任建造者。在古蒂亞的異象夢境中，寧吉什西達向他指出了太陽升起的點，尼撒巴指出受崇敬的星星，寧度波在一個平板上畫出神廟的草圖。為了瞭解所有資訊，古蒂亞找到神諭女神娜社。伊南娜（伊師塔）和烏圖（沙馬氏）派出他們的追隨者送來建材。寧吉什西達和一位名叫伽拉力母的神，一起加入製磚的行列。娜社選擇了開工的吉日，接著寧吉什西達確定了朝向並放置房角石。在伊尼奴被宣布適合啟用之前，烏圖（沙馬氏）檢查了它是否對準太陽。這座獨特的聖壇建在靠近禮拜阿努、恩利爾和恩基的廟塔附近。而後，在尼努爾塔（寧吉爾蘇）和他的配偶巴烏（Bau）進入之前，最後的淨化和獻祭儀式則有神寧曼達（Ninmada）、恩基、寧度波和娜社參與。

天文學在伊尼奴工程所占的主角地位是顯而易見的；而且牽涉到這項工程的兩位神，娜社和尼撒巴，都是女性天文學之神。她們不僅是在神廟建設過程中應用了自己專長的天文學、數學和度量學知識，還將它們應用到一般生產目的和神廟的儀式中。然而，其中一位是在埃利都的學院接受教育；另一位則是在尼普爾的學院。

娜社為古蒂亞指明了出現在異象夢境的每一位神的天文學含義，並為神廟的朝向確定了明確的年曆日期（平分日），她在古蒂亞的銘文中被稱為「埃利都的女兒」（埃利都是恩基在蘇美的城市）。的確，美索不達米亞主要神祇列表中，她被稱為寧娜（NIN.A，意思是水之女士），並被顯示為是艾（恩基）的女兒。她的專長是水路的策畫和水源的定位；天體對應物是天蠍宮，在蘇美語中被寫成mul GIR. TAB。在建造拉格什的伊尼奴時，她所貢獻的知識應該是在恩基一族的學院中學到的。

一首獻給娜社的讚美詩中，稱讚她是新年日（New Year Day）的確定者，她會在那一天對人類做出審判。伴隨她的是擔任神聖法紀（Divine Accountant）的尼撒巴，她會記錄並計算出被審判人的罪行，比如「缺斤短兩，以小計大」之類。雖然這兩位女神經常一起出現，但尼撒巴（某些學者將她的名字讀作尼達巴〔Nidaba〕）是清楚地被列入恩利爾一族，而且有時被指認為是尼努爾塔（寧吉爾蘇）的同父異母的姊妹。雖然她在後來被認為是保佑穀物生長的女神——可能是因為她與曆法和季節有關——但在蘇美文學中，她被描述為一位「打開男人耳朵」的女神，比如教導他們智慧。

在塞繆爾．克萊默（Samuel N. Kramer）從許多分散的碎片編譯而成的學院文章中，提到烏倫米亞（Ummia，意思是識字的人）稱尼撒巴說為伊度巴（E.DUB.BA，意思是碑刻之屋）的守護女神，伊度巴是蘇美主要的抄寫技藝學院，克萊默稱她為「蘇美的智慧女神」。

艾札德（D.O. Edzard）在《東方的神祕》（*Gotter und Mythen im Vorderen Orient*）中提到，尼撒巴是蘇美的「寫作、數學、科學、建築和天文」之女神。古蒂亞特別將她描述為「知道數字的女神」，也就是遠古的女性「愛因斯坦」。

尼撒巴的標誌是神聖尖筆（Holy Stylus）。在拉格什神聖區域遺址中出土的一塊泥版上，獻給尼撒巴的短篇讚美詩中（見圖79），將她形容為「她得到了五十個偉大的門伊」，並且是「七個數字的尖筆」的擁有者。這兩個數字都與恩利爾和尼努爾塔有關：他們的數字階級都是五十，而恩利爾有一個名號叫做「七之主」。

尼撒巴用她的神聖尖筆，向古蒂亞指出了她放在膝上的「星板」上「受崇敬的星星」；這代表著星板上不只有一顆星星，她才會在眾多星星中指出朝向正確的那一顆。這個結論被詩文「恩基給尼撒巴的祝福」中的陳述強化了，其中提到恩基曾在教導她時，給她「天國眾星的聖板」——再一次，「星星」使用了複數。

蘇美語中的MUL（阿卡德語中是Kakkab），意思是「天體」，同時包含行星和恆星。而尼撒巴的星圖上所顯示的到底是哪些天體？是恆星？行星？還是可能都有？圖79上所顯示的文獻第一行，向尼撒巴表示尊重，說她是一位偉大的天文學家，稱她為「寧摩爾摩爾拉」（NIN MUL.MUL.LA，意思是多星之女士〔Lady of Many Stars〕）。這個形式的有趣之處，在於「多星」這個詞在此

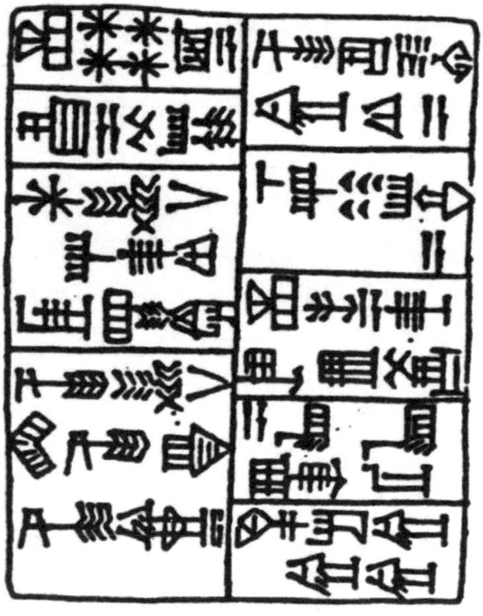

圖79：獻給尼撒巴的短篇讚美詩

處並不是用一個星星符號附上一個表示「許多」的限定詞號，而是直接使用四個星星符號。對這個不尋常形式的唯一合理解釋是，尼撒巴在星圖上指出的，是我們沿用至今的、用於確定基點方位的四顆星星。

她偉大的智慧和科學知識，表現在蘇美讚美詩中，描述她是「完美地擁有五十個偉大的門伊」——這些難解的「神聖公式」，就像是電腦光碟，小到可以用手攜帶，但又包含著大量的資訊。一部蘇美文獻提到，伊南娜（伊師塔）到埃利都誘騙恩基給她一百個門伊。另一方面，尼撒巴則不需要去偷盜這五十個門伊。一段從碎片中整理出來的詩文，被威廉．哈羅（詳見〈蘇美詩歌的宗教環境〉）翻譯成英文，稱之為「恩基給尼撒巴的祝福」，其中清楚說明了尼撒巴除了受過恩利爾一族的學院教育之外，還是恩基的埃利都學院的畢業生。詩文中將尼撒巴讚美為「天國的首要抄寫員，恩利爾的紀錄保存人，眾神中的全知聖賢」，並讚揚恩基，「埃利都的工藝人」和他的「學識之屋」，讚美詩中這麼說：

他真切地為尼撒巴打開了學識之屋；
他真切地將天青石板放在她的膝頭，
討論這天國眾星的聖板。

尼撒巴的「崇拜城市」被叫做「以利什」（Eresh，意思是最重要的居所）；它的遺蹟和位置從未在美索不達米亞被發現過。這首詩的第五節向我們指出，這個地方是位於非洲的「下層世界」（阿普蘇）的，是在恩基監管那些礦坑和冶金活動，並進行基因實驗的地方。詩文列出了尼撒巴在恩基的支持下，還到很多遙遠的地方進行學習：

他為她建成以利什，
用大量純淨的小磚塊建成。
她在阿普蘇，埃利都冠冕下的偉大之地
獲得了最高學位的智彗。

尼撒巴的一位表親，女神以利什吉加爾（ERESH.KI.GAL，意思是偉大之地的最重要的居所），掌管著非洲南部的科學站，並在那裡與奈格爾（Nergal，恩基之子）共同掌控一個智慧碑刻，以做為她的嫁妝。尼撒巴很可能就是在這個地方接受了額外的教學。

有關尼撒巴的特色分析，能夠幫助我們鑑別這位出現在亞述碑刻上的神（見圖80），我們先稱她為「天文學家的女神」。描繪中顯示，她站在一個門道中間，上方是階梯式的觀測位置。她拿著一個安裝在柱子上的觀測儀器，透過新月圖案，我們可以看出它是用於觀測月球的，可能是用於曆法制定等目的。而她的身分可以由四顆星星進一步辨認，我們相信這是專屬於尼撒巴的符號。

古蒂亞所寫下的最古老陳述之一，描述了出現在他面前的尼撒巴：「一座神廟建築的形象，一座廟塔，她放在頭上。」美索不達米亞眾神的頭飾是一對角；神或女神會在頭上戴神廟的形象來代替角形物，是前所未聞的。然而，在古蒂亞的銘文中，尼撒巴就是這樣的。

他並沒有胡說，如果我們仔細審視圖80的話，就會看見尼撒巴的頭上的確頂著一座神廟塔，正如古蒂

圖80：亞述碑刻上的女神

亞所述。但它不是一座階梯建築；而是一座有著平滑邊緣的廟塔——正如埃及金字塔！

此外，不僅是廟塔具有埃及特徵，將這樣的形象戴在頭上本身，就是非常埃及化的傳統，特別是當它出現在女神身上時。其中最知名的是愛西絲（Isis，見圖81a），她就是奧西里斯的姊妹兼妻子），以及兩人的姊妹——奈芙蒂斯（Nephtys，見圖81b）。

圖81b：奈芙蒂斯

圖81a：愛西絲

那麼尼撒巴，這位在恩基的學院裡進修過的恩利爾一族的女神，是否已經足夠埃及化，以致穿上了這樣的服飾？當我們對這個設想進行追蹤時，發現了尼撒巴和瑟歇塔（**圖特在埃及的女性助手**）之間的相似處。除了我們已經知道的瑟歇塔的成就和作用之外，她在其他地方也與尼撒巴非常相似，包括了「藝術、寫作、科學之女神」這個角色——赫爾曼．基斯（ermann Kees）在《古埃及對神的信仰》（*Der Götterglaube im Alten Aegypten*）中這麼說。尼撒巴擁有「七個數字的尖筆」；瑟歇塔同樣與數字「七」有關，其中一個稱號是「瑟歇塔的意思是七」，而且她的名字常常被寫成一個代表數字「七」的符號，放在一個弓形物上。就像尼撒巴曾帶著一個類似神廟建築的頭飾出現在古蒂亞面前一樣，瑟歇塔在頭上也戴著一個雙塔結構外形的頭飾，下面則是她的星弓符號（見圖82）。她是一位「天國的女兒」，是一位年代學者和編年史學家；就像尼撒巴一樣，她為皇家神廟的建造者們確定所需的天文日期。

根據蘇美文獻，尼撒巴的配偶是一位名叫海亞（Haia）的神。我們對他幾乎一無所知，除了他會出席娜社在新年日舉辦的審判會，擔任罪行輕重程度的權衡者。在埃及信仰中，對法老的審判日是在他死後，其心臟將被稱量，以決定他在死後的命運。在埃及神學中，秤量心臟重量的人是圖特，他是科學、天文學、曆法之神，也是寫作和紀錄保存之神。

為伊尼奴提供天文和曆法知識的神之間的身分重疊，顯示出在古蒂亞時代，埃及和蘇美的神聖工程師之間有著某種未知的合作關係。從很多方面來講，它都是一個不尋常的現象；伊尼奴有著獨特的形狀和外觀，在其內部神聖區域的建設中，有非常奇怪的天文學設施。所有這些都是圍繞著曆法而來；曆法是神聖的祕密守護者送給人類的禮物。

圖82：瑟歇塔有雙塔結構外形的頭飾

完工後的新伊尼奴全貌

伊尼奴廟塔建造完成之後，建造者在它的裝飾方面增加了許多努力和藝術效果，這種裝飾不僅是在外層，還有內部裝潢。我們發現，很多「內聖壇」都覆蓋了「雪松板，吸引著目光」。外部則種植了許多稀有的樹木和灌木，創造一個令人愉悅的花園。此外，那裡還建造了一個水池，裡面餵養著稀有的魚類，這是另一個在蘇美神廟中極不尋常，卻與埃及神廟相似的特徵，埃及神廟中擁有神聖水池是很常見的。

古蒂亞寫道：「這個夢已經實現了。」伊尼奴已經被建造完成，「它佇立著，像一個明亮的大物體，它表面所散發的光采覆蓋萬物；像一座發光的山愉快地升起。」

現在他將努力和注意力放在吉爾蘇，也就是神聖區域本身。一個深谷，「一個大垃圾場」被填平了：「用恩基賦予的智慧，他神聖地將神廟階臺分級及擴大。」圓柱A上單獨列出了五十多個建在廟塔附近的獨立聖壇和神廟，它們用於崇敬參與這項工程的眾神，如阿努、恩利爾和恩基。那裡有圍場、服務性建築、庭院、祭壇和大門；給各種祭司的住所；當然，還有寧吉爾蘇（尼努爾塔）和配偶巴烏的特殊住宅和就寢區。

那裡還有為尼努爾塔的飛行器「神聖黑鳥」建造的特殊圍場或設施；以及放置他那些非凡武器的場所；還有用於執行新伊尼奴天文－曆法功能的地方。有一個為「祕密的主人」而建的特殊場所，和一個新的舒格拉姆，也就是光孔的高地，那個「確定非凡偉大的地方，那裡是宣布光輝之處」。還有兩個與「繩索的解決」和「用繩捆綁」分別相關的建築，學者還不明白這些設施的功用，但可以確定與天體觀測有關，因為它們位於被稱為「最上層房間」和「七個區域的房間」的附近或一部分。

當然還有其他特徵被放進這個新伊尼奴，它的神聖區域也的確如同古蒂亞所誇耀的那樣獨特，相關細節值得討論。如文獻所提到，還要等待一個特定的日子——精確地說，就是新年日——尼努爾塔和配偶巴烏才能真的搬進這座新伊尼奴裡，把它當作住所。

圓柱A主要記載了引發建造伊尼奴的事件和建造的過程，而古蒂亞在圓柱B的銘文所講述的，是有關新廟塔及其神聖區域的啟用儀式，以及尼努爾塔和巴烏真正進入吉爾蘇和新住所的慶典。（這也再次肯定了尼努爾塔的稱號「寧吉爾蘇」，意思是「吉爾蘇之主」）。這些儀式和慶典的天文學及曆法學面向，強化了圓柱A銘文中的資料。

在等待啟用日到來的同時，古蒂亞忙於每日的禱告、傾倒祭酒，以及用田地裡的產物、畜欄裡的牛和草地上的羊，填滿新神廟的糧倉。最終，啟用日到來了：

年歲運轉著，月份已至；新年來到天國——「神廟月」開始了。

在這一天，「新的月亮出生了」，奉獻儀式開始了。眾神自己進行了淨化和奉獻禮儀：「寧曼達進行了淨化；恩基贈與了一個特殊的神諭；寧度波散布焚香；神諭女主人娜社唱起神聖的讚美詩；他們祝福這伊尼奴，讓它變得神聖。」

古蒂亞記錄到，第三天是光明的一天。尼努爾塔走了出來——「他散發出明亮的光輝」。當他進入新神聖區域時，「女神巴烏在他左邊一起前進」。古蒂亞「在地上灑滿大量的油……他帶來蜂蜜、奶油、美酒、牛奶、穀粒、橄欖油……棗和葡萄被他疊成一堆——食物因為有火而不能觸碰，食物是讓眾神享用的」。

這對神聖伴侶和其他眾神所享用的水果及其他食物的款待，一直持續到正午。「當太陽升高到整個國度之上時」，古蒂亞「宰了一頭肥牛和一隻肥羊」，於是一場有著烤肉和大量美酒的盛宴開始了；「他們整日整夜送來白麵包和牛奶」；「尼努爾塔，這位恩利爾的戰士，吃著食物，喝著啤酒，非常滿足。」古蒂亞始終「讓全城的人下跪，讓全國臥倒……他們在白天請願，在夜晚祈禱」。

「在晨曦之下」——黎明——「寧吉爾蘇，這位戰士，進入了神廟；它的主人進入神廟；寧吉爾蘇發出戰鬥般的吼叫，進入神廟」。古蒂亞觀察到，「就像太陽在拉格什的大地上升起……拉格什大地一片歡愉」。這一天也是收穫的開始：

這一天，當這位正直的神進入時，
古蒂亞在這一天，開始收割田地。

按照尼努爾塔和女神娜社的一道法令，接下來的七天是懺悔和贖罪日。「這七天，女僕和她的女主人是平等的，主人和奴隸肩並肩地行走……邪惡之舌的言辭變得善良……富人不會為難孤兒，沒有男人欺負寡婦……全城反對惡事。」在這七天的最後，也就是這個月的第十天，古蒂亞進入這座新神廟並第一次進行大祭司的儀式，「在光輝的天國面前，點燃神廟階臺上的火焰。」

出土於阿舒爾（Ashur），來自西元前二千多年的圓筒印章上的圖畫，也許能夠好好展示早於它一千年之前的拉格什場景：其上有一位大祭司（如古蒂亞，但也可能不是國王），當他面對神的廟塔，在天上看見「受崇敬的星星」時，就點燃祭壇上的火焰（見圖83）。

在祭壇上，「在明亮的天國前，神廟階臺上的火焰熊熊燃燒。」古蒂亞「用大量的牛和羔羊來獻祭」。他用一個鉛碗倒下祭酒。「他為這神廟下方的城市祈願」。他不斷地向寧吉爾蘇宣誓效忠，「他以伊尼奴的磚塊宣誓，他宣誓一個值得崇敬的誓言。」

神尼努爾塔則向拉格什及其市民保證富足，「這片土地將承載所有美好的事物。」他還向古蒂亞說：「你將延年益壽」。

圓柱B上的銘文包括：

這屋子，如高山直聳雲霄，它的光輝有力地灑

圖83：大祭司點火儀式

在這片土地上，就如阿努和恩利爾定下了拉格什的命運。
伊尼奴是為天地而建，寧吉爾蘇的統治已讓所有大地知曉。
噢，寧吉爾蘇，你是被崇敬的！寧吉爾蘇的屋子已經建好了；榮光照耀它！

7・幼發拉底河畔的巨石陣

在古蒂亞的銘文中，我們看見了極為豐富的資訊；我們越是研究這些資訊，以及他所建造的伊尼奴的獨特特徵，越是感到震驚。

逐行研讀這些文獻，並在腦海中想像這座新神廟階臺及其廟塔，我們將會發現這個「天地紐帶」驚人的天文特徵。就算它不是與黃道帶有關的最早神廟，至少也是其中之一。蘇美的大謎團出現在一個完全無法想像的年代；有一連串與埃及之間的關聯，特別是埃及眾神的其中一位；以及一個出現在兩河之地的「小型巨石陣」……

古蒂亞與七根石柱

讓我們從古蒂亞在廟塔完工及神廟階臺形成後的第一份工作開始，那是在七個精心挑選的位置上，立起七根直立的石柱。在銘文中，古蒂亞要確保它們安置得穩固：他「將它們置於一個地基上，在那裡將它們立起」。

這些石柱（學者們稱它們為直立石）肯定非常重要，因為古蒂亞花了一整年的時間，從離拉格什很遠的地方運來這些粗糙的石塊，再用另一整年的時間將這些石塊切刻成直立的形狀。但之後是為期精確七天的慌忙努力，期間沒有停頓，沒有休息，將這七根石柱放置在正確的位置上。

如果真如銘文中所說的，這七根石柱是以某種天文上的校準而排列的，那麼這種速度是可以理解的，因為放置的過程越長，對應天體的位移也會越大。

為了表示這些石柱的重要性，及其位置的真實性，古蒂亞為每根石柱都取了一個「名字」，這些名字顯然是由與其所在位置相關的、很長的神聖詞語所組成（例如：「在高聳階臺上，面朝「河岸之門」，或是另一個「與阿努的聖壇相對」）。雖然銘文上清楚陳述了在七個繁忙的日子裡「立起七根石柱」，但只記下六個名字。關於其中一根，據推測是第七根，銘文中提到它「是朝著升起的太陽而被立起的」。由於寧吉什西達在一開始就放置了房角石，那時伊尼奴所需要的所有朝向都已經被確定好了，無論是前六根獨立的石柱，還是「朝向升起的太陽而立」的第七根石柱，都不是神廟的朝向所需要的。豎立這些石柱的目的必然不同；唯一符合邏輯的結論是，它的觀測並不是用於確定平分日（如新年日），而是為了一些不尋常性質的天文－曆法觀測，才會需要為了獲得和打造這些石柱付出巨大的努力，卻又要在短時間內將它們放置好。

這些聳立石柱的奧祕始於這個問題：為什麼在兩根石柱就足以形成一條朝向升起之太陽的視線的情況下，還需要放置這麼多根石柱？當我們讀到銘文中說，古蒂亞按照位置命名所立起的六根石柱是「呈一個圓形」時，不由得在困惑中產生一絲懷疑。難道古蒂亞要用這些石柱組成一個巨石陣嗎？在五千多年前的古代蘇美？

根據亞當．費爾肯斯坦在《拉加什的古蒂亞銘文》（*Die Inschriften Gudeas von Lagash*）提到的，古蒂亞的銘文指出，一條大道或通道（就跟巨石陣一樣！）能夠提供完全沒有阻礙的視線。他還註明，這根「朝向升起的太陽」的石柱，立於被稱為「通往高點之路」的路徑或大道的終點。在這條路的另一端是舒格拉姆，「非凡偉大的高地，光輝升起之處」。費爾肯斯坦認為，舒格拉姆（SHU.GALAM）這個詞彙的意思是「手升起的地方」——一個發出信號的高地。的確，在圓柱A上的銘文聲稱「在舒格拉姆的發光入口，古蒂亞設置了一個令人讚揚的形象；朝著升起的太陽，他在注定的地方設立了太陽的符號。」

我們已經討論過舒格拉姆的作用了，當時古蒂亞走進舊神廟，走向舒格拉姆，清理掉阻礙視線的塵土。我們發現，它是「光孔之地，確定之地」。這時銘文陳述道，「尼努爾塔能看到他的領地上」年度天體循環的「重現」。這樣的描述讓人聯想到，在扎豐山上，巴爾與從埃及來到黎巴嫩設計新神廟的神聖建築師之間，為了天花板上的光孔而有許多爭論。

關於這些天花板上的光孔或天窗之類的物體，我們有一些額外的線索。它們能夠從形容這種物體的希伯來詞彙和阿卡德來源中看出一些端倪。**Tzohar**這個詞在《聖經》中只提到一次，它是在全密封的挪亞方舟頂部的唯一透光處。所有人都同意，它的意思是「一個能讓一束光穿透的天窗」。在現代希伯來文中，這個詞彙同樣用於表達「頂點」這個意思，指稱在頭頂正上方的天空的點；無論是在現代希伯來文還是《聖經》文獻中，由這個詞演變而來的**Tzohora'im**，都表示「正午」的意思，因為那時太陽在人們頭頂的正上方。由此可以看出，**Tzohar**不是一個簡單的光孔，而是用於將一束陽光在一天的特定時刻引入黑暗密室的。與它有輕微差別的另一個詞彙：**Zohar**，意思是「光明、明亮」。這些詞彙都是源於阿卡德語（所有閃族語言的母語），其中**tzirru**、**tzurru**的意思是「點燃、閃耀」和「升高」。

古蒂亞寫道，他在舒格拉姆「修定了太陽的形象」。所有這些證據都指出，這是一個與升起的太陽有關的觀測設備。根據銘文中的所有資料，無疑可以得出是關於平分日的日出。目的是要用來確定並宣布新年的到來。

這種建築結構的安排所依據的概念，是否（可能）與扎豐山上的那座相同，並且（肯定）與埃及神廟的相同，目的是在特定日期使一束陽光沿著預設的軸線通過，並照亮至聖所？

埃及太陽神廟和所羅門聖殿的塔柱

在埃及，太陽神廟的兩側是方尖塔（見圖84），法老將它們豎立在那裡以求延長壽命；其作用是在特定的一天指引太陽光束。瓦利斯·布奇在《埃及方尖塔》（*The Egyptian Obelisk*）中指出，法老們，如拉美西斯二世（Ramses II）和哈特謝普蘇特女王，常常成對地立起這些方尖塔。哈特謝普蘇特女王甚至將她的皇室名字（由橢圓形裝飾包圍）寫在兩個方尖塔之間（見圖85a），以暗示拉神的祝福光束在決定性的那一天照耀在她身上。

學者曾指出，所羅門聖殿的入口處同樣有兩根柱子（圖85c）；就像古蒂亞為佇立在伊尼奴的柱子命名一樣，所羅門王也為這兩根柱子命名：

> 然後他在聖殿的入口處設置了這些柱子。
> 他安放了右邊的柱子，並將它取名為亞欣（Yakhin）；
> 然後他安放了左邊的柱子，並將它取名為保茲（Bo'az）。

這兩個名字的含義一直困擾著學者們（其中最好的推測是「耶和華使之堅固」和「他體內是力量」），而在《聖經》（主要是在《列王紀上》第七章）詳細描述了這兩根柱子的形狀、高度和結構。這兩根柱子是由澆注的青銅鑄成，十八腕尺（大約二十七英尺）高。每根柱子上頭承載著一個複雜的「頭帶」，繞成類似冠冕的形狀，再放上一個鋸齒狀頂部有七

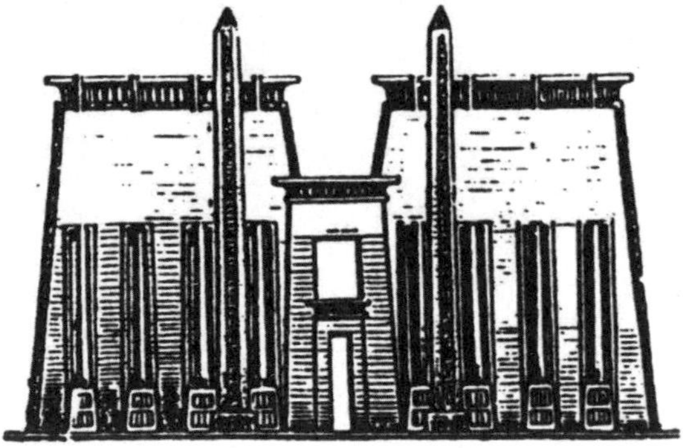

圖84：太陽神廟兩側有方尖塔

處突起的花冠。兩根柱子的其中一根（或兩根都是，這取決於如何閱讀這段經文）是「被一根十二腕尺長的繩子所環繞」著。（十二和七是神廟中的占主導地位的數字。）

《聖經》中並沒有說出這些柱子的用處，而有關埃及神廟入口兩側方尖塔的理論認識，也從純裝飾性發展到與實用性相關。在這樣的認知下，埃及語言中用於表達「方尖塔」的詞彙給了我們線索：**Tekhen**。瓦利斯．布奇寫道，「這是一個非常古老的詞語，我們在《金字塔經文》中發現它以複數的形式出現。它們寫於第六王朝終結之前。」至於這個單字的意思，他並不知道，他接著說：「我們還不知道**Tekhen**的實際意思，很可能埃及人早在一個很遙遠的年代就忘了它。」這提出了另一種可能，就是這個詞彙有可能是外來語，從另一種語言或國度引入的「借用詞」，在我們看來，《聖經》中的**Yakhin**和埃及語的**Tekhen**，來源都是阿卡德語的**khunnu**，意思是「正確地建立」和「點起光（或火）」。這個阿卡德詞彙還可能得追溯至更早的蘇美詞彙：GUNNU，它兼具「白晝」和「管子」這兩個意思。

這些語言學上的線索，與早期蘇美描繪中神廟入口兩側裝有圓形儀器的柱子相當吻合（圖85b）。這些柱子肯定是各地後來所有類似

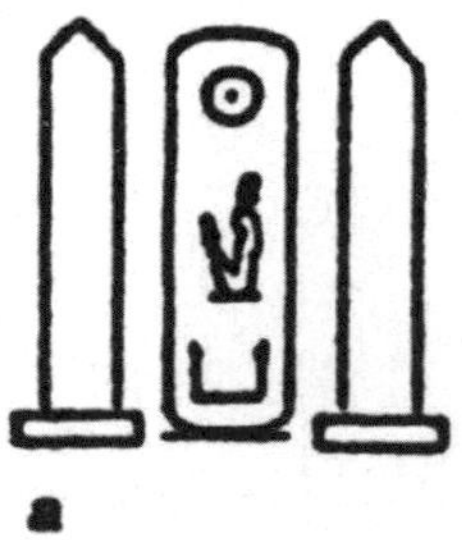

圖85a：哈特謝普蘇特女王將皇室名字寫在兩個方尖塔之間。

圖85b：早期蘇美描繪中神廟入口兩側的柱子上有圓形儀器。

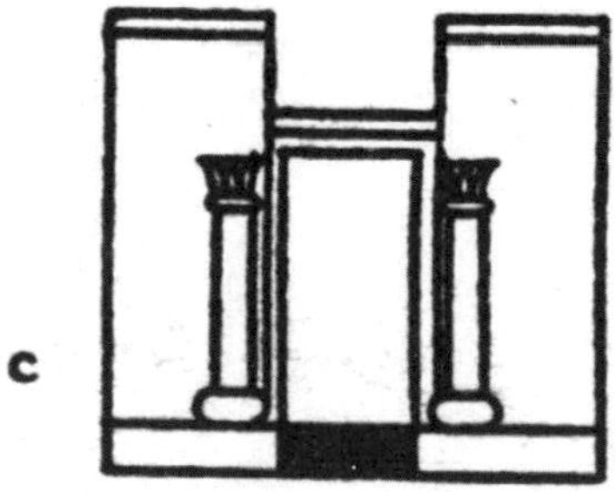

圖85c：所羅門聖殿的入口處有兩根柱子。

的成對立柱、支柱或方尖塔的先驅者，因為它們早在千年之前就出現在蘇美的壁畫上了。對於這些立柱之疑問的答案追尋，因為古蒂亞在銘文中所使用的一個詞彙而更加深入。他統稱它們七個為「尼努」（NE.RU），希伯來詞「尼爾」（Ner）就是從它演變而來，意思是「蠟燭」。蘇美的文字因為造字者發明了楔形文字（用尖筆在濕泥上書寫）而不斷演變，超越了最初畫出代表物體或行為的寫作方式。我們發現，尼努最初的象形文字是兩根柱子（不是一根）矗立在堅實的地基上，而且上面有天線般的突起物（見圖86）。

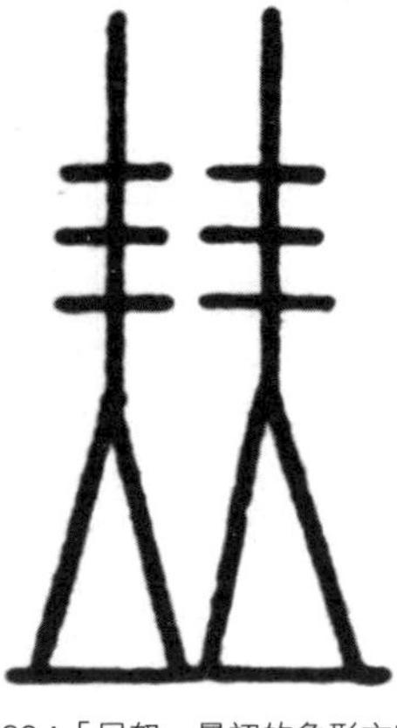
圖86：「尼努」最初的象形文字

古蒂亞設置了巨石陣？

這樣的成對柱子，在特定的一天指引太陽光束，那時太陽必須在相對於地球的一個特定位置——平分日點或至日點。如果吉爾蘇的目的是為了確定這一天的話，那麼只要兩根與舒格拉姆對齊的柱子就足夠了。然而，古蒂亞卻放置了七根柱子，其中六根組成圓圈，第七根與太陽對齊。為了形成一條視線，這根奇怪的柱子必須放在圓圈的中心，或是圓圈外面的大道上。而無論它怎麼放，都與不列顛群島的巨石陣有著驚人的相似。

六個外層或圓周上的點，再加上一個中心點，將構成如同巨石陣二期的格局（圖87）——它們屬於同一個時代——不僅提供了與兩個平分日點對應的直線，同時還對應著四個至日點（夏至的日出和日落，冬至的日出和日落）。由於美索不達米亞的新年緊密地對應著平分日點，因此廟塔的確定轉角朝向東，那麼在一組石柱排列中加入對於至日點的對應，是主要的創新。它同時還展現出一個絕對來自「埃及」的影響，因為它的至日點朝向是埃及神廟的主要特徵——當然是在古蒂亞的時代。

如果真如亞當・費爾肯斯坦的研究所提出的，第七根柱子並不在六柱圈以內，而是在它們之外，在通往舒格拉姆的道路或大道上的話，那麼一個更令人震驚的相似之處就出現了。這不是與巨石陣二期，而是與更早的巨石陣一期相似，那裡只有七根石柱：組成矩形的四個基石，佇立於大道入口兩側的兩個門道石，和標示出視線的席爾石。圖88中標示了七根石柱的排列。由於巨石陣的奧布里洞是一期工程的部分，所以在既定的那一天，觀測者可以在坑洞28號那裡直視坑洞56號上所插入的標杆，等待太陽出現在席爾石的上方，從而輕易地確定出視線。

格局上的相似之處，比我們先前所發現的更有意義。正如先前提過的，由四個基石所組成的矩形，除了被用作觀日臺之外，還被用作觀月臺。由塞西爾・紐漢和吉羅德・霍金斯所提出的對這個矩形排列的認識，引導出一個更深遠的結論，那就是巨石陣一期的規畫者是非常精通天文學的。由於巨石陣

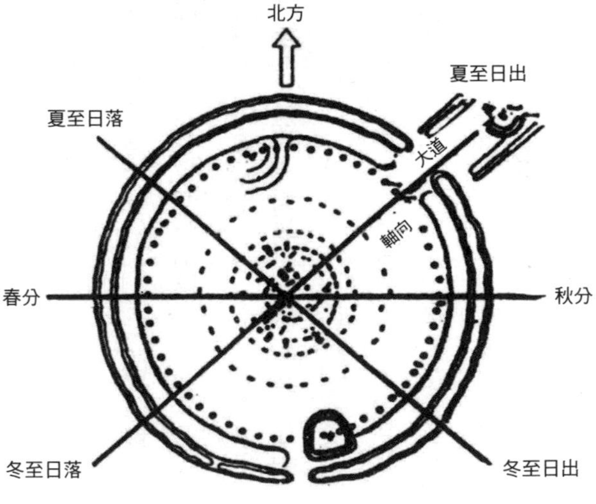

圖87：六個圓周上的點，再加上一個中心點

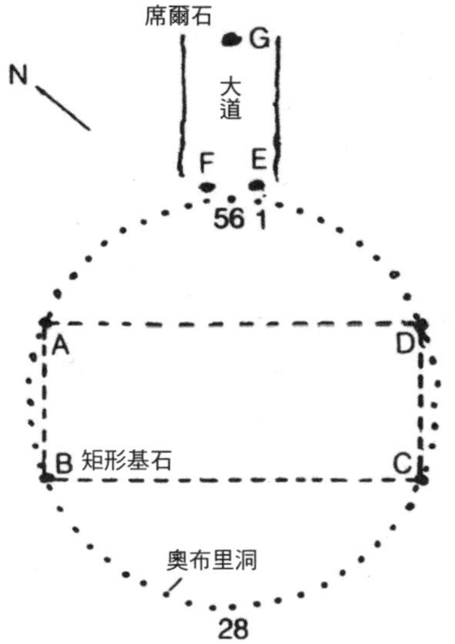

圖88：七根石柱的排列

一期比伊尼奴早了大約七個世紀，這種相似性可以歸結為，是伊尼奴格局的策畫者，模仿了巨石陣一期格局策畫者的七根石柱構想。

這兩座居於世界不同位置的建築物之間的親緣關係，看上去令人覺得不可思議的；然而，當我們展現出古蒂亞的伊尼奴更驚人的特徵後，你們就會覺得這是相當合理的。

吉爾蘇的石圈

我們剛剛描述的這個由六加一所形成圓圈，並不是新伊尼奴的平臺上唯一的石圈。古蒂亞驕傲於自己完成了需要不尋常的「智慧」（科學知識）的「偉大事物」，他繼續描述道，在石柱工程之後，「新月的冠冕之圈」——一個獨特的石頭創造物，「它的名字在世界之中，他使世界光明地向前」。第二個圓圈被安排為一個「獻給新月的圓形冠冕」，並且包含了十三個石塊，它們「像是網狀系統中的英雄」般佇立著。對我們來說，這是在描述一**個在直立石頭頂部由石頭連接的圓圈，以形成「網絡」，這就和巨石陣的三石牌坊非常相似！**

第一個較小的圓圈可能同時具有觀測月亮和太陽的功能，但第二個較大的圓圈無疑是用來觀測月球的。透過在銘文中不斷出現的新月，我們可以斷定，月球觀測對應了月球的每月運轉，以及每個季度的盈缺變化。陳述中說，這個圓圈是由兩組巨石組成，鞏固了我們對這個冠冕之圈的解釋——一組為六個，一組為七個，而且後者比前者更高聳，或位於更高的地方。

乍看之下，十三（六加七）塊巨石的頂部以橫梁相連，形成「冠冕」，這種安排似乎是錯誤的，因為我們期待看到的是十二根石柱（它們在一個圓圈內創造出十二個光孔）——如果這個安排與月相的十二個月有關。然而，現在卻出現了十三根石柱。其實，如果考慮到需要時常設置閏月的情況，這樣反而更有意義。如果真是這樣，那麼令人震驚的吉爾蘇石圈，則是第一個用石頭來製作與日月週期相關的曆法表。

（有人可能會好奇，這些在吉爾蘇的石圈是如何表示七天為一週的週期。這種對時間的劃分法的來源，至今仍困擾著學者們。在《聖經》中的一週，是六個創造日加上一個安息日。數字「七」出現了兩次，先是第一個小石圈，然後是第二個石圈的一部分；很有可能日子就是用某種方式照兩者中的一個來計算，由此導致了七天一個週期的劃分。此外，四種月相乘十三根石柱，能將一年劃分為五十二個星期，而每星期剛好七天。）

無論這兩個石圈內蘊含了什麼樣的天文－曆法的可能性（說不定我們也只觸碰到其皮毛而已），但可以證明的是，**在拉格什的吉爾蘇，一部石製的日月電腦曾偉大地運行著。**

如果這些聽起來有點像是一座「幼發拉底河畔的巨石陣」——一個由蘇美國王在拉格什的吉爾蘇豎立的小巨石陣，它的時期與不列顛群島的巨石陣成為真正的巨石陣的時期相同，大約是在西元兩千一百年——後面還有更多相似處。那時，第二種石頭，青石，從遙遠的地方被運送到索爾茲伯里的平原。這一點也加強了它們之間的相似度：古蒂亞不只使用一種石材，而是使用了兩種來自遙遠地域的石材，來自位於非洲的馬根（埃及）和美魯克哈（努比亞）的「石山」。我們在圓柱A上的銘文中讀到，他花了一整年的時間從「沒有任何一位蘇美國王曾經進入的石山」得到這些石材，為了到達那裡，古蒂亞「在山裡開了一條道路，並帶出大塊巨石；用船滿載華石（Hua）和拉石（Lua）」。

雖然我們還無法解釋這兩種石頭的名字，但可以確定它們來自遙遠的地方。它們來自非洲的兩個地方，先是經由古蒂亞開闢的一條新陸路，再穿過海洋到拉格什（它經由一條可航行的運河連結至幼發拉底河）。

就像在不列顛群島的索爾茲伯里平原一樣，美索不達米亞平原也是使用從遠方運來的，精心挑選過的石頭，設置成兩個圓圈。就像巨石陣一期，七根石柱扮演關鍵角色；而在拉格什石陣的所有階段，一塊巨石創造了朝向主要太陽方向的所需視線。在這兩個地方，石頭「電腦」都被當成日月觀測臺。

約旦河畔的圓圈之地

它們兩者都是由同樣的科學天才，同樣的神聖工程師創造的，還是因為科學傳統的累積而顯示出相似的形式？

毫無疑問的，天文學和曆法的知識都在其中扮演重要的角色，有專業的神聖工程師參與這一點，是不能被忽視的。在先前的章節中，我們已經指出了，巨石陣和其他古代世界神廟的最大不同點是：前者是基於圓形構造來觀測天空，後者是使用直角（矩形或正方形）來進行觀測。這種區別不僅表現在其他各種神廟的普遍規畫上，還展現在一些被發現的石頭立柱的例子中，從它們的樣式可以看出其具有天文曆法作用。在比布魯斯，一個俯視地中海的海角，曾被發現一個較醒目的例子。其神廟的至聖所呈正方形，兩側有直立的巨石。它們的排列方式應該是要觀測至日點和平分日點；但不是呈圓形。同樣明顯的還有在迦南地區，靠近耶路撒冷的基色（Gezer），那裡發現的一個碑刻上刻著所有月份的列表，以及適合該月份的農業活動，這似乎顯示那裡曾存在過一個曆法研究中心。當地同樣有一排直立的巨石，證明那裡曾有過和比布魯斯相似的建築；保存下來的這些巨石，佇立在一條直線上，看不出任何與圓形有關的事物。

巨石呈圓形排列的情況相當少見，只有一個和吉爾蘇的格局較相似的例子來自《聖經》。然而，它們的稀有性指出，這與古蒂亞時代的蘇美有著直接的關聯。

關於用十三根石柱組成圓圈，並在中心佇立一根石柱的知識，在約瑟（Joseph）的故事中顯露了出來，他是亞伯拉罕的曾孫子，因為向十一位兄弟述說自己的夢而遭到他們的痛恨，因為他夢見兄弟們都臣服於他，即便他是最小的弟弟。這個讓兄弟們很不舒服的夢，導致他們將約瑟賣到埃及當奴隸以擺脫他。約瑟陳述道，在夢裡，他看見「太陽、月亮和十一顆星星屈從於我」，這些星體代表著他的父親、母親和十一個兄弟。

幾個世紀以後，當以色列人離開埃及，去迦南這片應許之地的時候，一個真實的石圈（這次是由十二顆石頭組成的）被立起了。在《約書亞記》的第三章和第四章中，描述了在約書亞的帶領下，以色列人奇蹟地跨過約旦河。應耶和華的指示，十二個支派的首領們在河心立起十二顆石頭；而且當祭司們拿著約櫃進入水中並站在放置十二顆石頭的地方時，流動的河水「被剪斷」，往反方向流去，並顯露出乾燥的河床，讓以色列人民可以直接步行穿過約旦河。隨著祭司們將約櫃帶離石頭，並帶著它過河以後，「約旦河的水就流到原處，仍舊漲過兩岸。」（4：18）

然後，耶和華命令約書亞運走這十二顆石頭，並把它們立在河流的西岸，耶利哥（Jericho）的東方，做成一個石圈，當作耶和華顯現奇蹟的永恆紀念。這個曾經佇立著十二石的地方，從此以後被命名為「吉爾加」（Gilgal，《聖經》和合本中譯為吉甲），意思是「圓圈之地」。

這裡所呈現出的，不僅是由十二顆石頭所組成的圓圈，更是一個擁有奇蹟性能的設備；以及這個事件發生的時期。我們《約書亞記》的第三章中發現，這個時候是「約旦河水在收割的日子漲過兩岸」（3：15）第四章中的描述更為具體：那是曆法上的第一個月，新年之月；而且還是在「正月初十日」——在拉格什舉行開幕禮的特殊日子——「百姓從約旦河裡上來，就在吉甲，在耶利哥的東邊安營。他們從約旦河中取來的那十二塊石頭，約書亞就立在吉甲。」（4：19－20）

這些日期標記，與古蒂亞完成伊尼奴後在吉爾蘇的平臺上立起石圈這件事的時間，有著不可思議的相似之處。我們在古蒂亞的銘文中讀到，尼努爾塔及其配偶進入新住所的那天，是那片土地開始收穫的一天——符合吉爾加（吉甲）故事裡的「收割的日子」。在這兩個故事裡，天文學和曆法學都彙集在一起，而且都與圓圈形構造有關。

我們相信，在亞伯拉罕的後代中出現的石圈傳統，可以追溯到亞伯拉罕本人，以及他的父親他拉（Terah）。在《眾神與人類的戰爭》中，我們詳細地講述了這件事，指出他拉是一位在尼普爾的皇室出生、長大及接受訓練的聖賢祭司。基於《聖經》資訊，我們計算出他出生於西元前二一九三年。這代表著他拉是一位在尼普爾的天文祭司，當時恩利爾批准了他的兒子尼努爾塔，關於讓古蒂亞建造新伊尼奴的要求。

他拉的兒子亞伯蘭（Abram，後來更名為亞伯拉罕）出生了，經過我們的計算，那時應該是西元前二一二三年，而在亞伯蘭十歲時，他們一家搬去烏爾，他拉在那裡擔任一名聯絡員。他們一家在那裡待到西元前二〇九六年，然後離開蘇美前往幼發拉底河的上游區域（這次遷移後來導致亞伯拉罕在迦南定居）。亞伯拉罕是在那以後開始精通皇室和祭司事務，其中包括天文學。他受教於尼普爾和烏爾的神聖區域。正如先前談到的新伊尼奴的榮光那樣，他不可能錯過對吉爾蘇的奇特石圈的學習，而這一點就足以解釋他的後世所擁有的知識。

黃道十二宮概念的源頭

圓形（巨石陣最突出的特徵）最適合天文觀測的概念，是從哪裡來的？以我們看來，它來自黃道十二宮——由圍繞著太陽、位在行星軌道平面（黃道）的十二個星宮，所組成的圓圈。

上個世紀初期，考古學家在以色列北部的加利利（Galilee）發現了一些猶太教堂的遺蹟，它們可以追溯到緊接在羅馬人於耶路撒冷建造第二聖殿（於西元七〇年）之後的時期。令人吃驚的是，這些猶太教堂的普遍相似之處，竟是地板的複雜馬賽克式裝飾中都包含了黃道帶的標誌。如同這個發現於拜特阿爾法（Bet-Alpha）的描繪所顯示的（見圖89），數量（十二個）與現今相同，符號也與現今所使用的一樣，連名字都相同：它們是用與現代希伯來文相同的字母寫下的，（在東邊）由代表公羊的塔利（Taleh）開始，象徵白羊宮，兩側分別是代表金牛宮的索爾（Shor，公牛）和代表雙魚宮的達吉姆（Dagim，魚），接下去依序是與現今所沿用的順序一致的其他星座。

在阿卡德語中被叫做Manzallu（意思是太陽的「站點」）的黃道帶，是希伯來詞彙Mazalot的源頭，後來引申為「幸運」。這是從黃道十二宮的基本天文和曆法特性，轉變成具占星術內涵的過渡期，同時隨著時間過去，掩蓋了黃道十二宮的原始意義，以及它在神與人的事務中所扮演的角色。但最終，在古蒂亞所建的伊尼奴裡，它有著令人驚奇的呈現。

圖89：發現於拜特阿爾法的描繪

認為黃道帶的概念、名稱和符號是由希臘人發明的觀點，曾一度非常盛行，因為黃道帶這個詞來自希臘，原意是「動物圈」。其實這個觀念是來自埃及的，在那裡，黃道帶及其各星宮符號、次序和名字都已經為人所知（見圖90）。雖然在一些埃及的古代描繪中，包括一座位在丹德拉赫（Denderah）的神廟裡，有一幅極為壯觀的描繪，但黃道帶這個觀念並不是從那裡開始的。有一些研究，比如克拉普（E.C. Krupp）就在《探尋遠古天文學》（*In Search of Ancient Astronomies*）中不容置疑地指出：「所有已知的證據都指出，黃道帶這個概念並非出自埃及；

人們相信，這個概念」是在某個尚不清楚的時期，「從美索不達米亞傳遞到埃及」。有接觸過埃及藝術和傳統的希臘學者，也在他們的作品中表示，這些概念就跟天文學一樣，是從「占星家」（巴比倫王國的天文祭司）傳到他們手中的。

考古學家們發現，巴比倫星盤上清晰地分為十二個部分，並與相對的黃道符號對應（見圖91）。它們很可能代表了希臘學者所研究的資源。這些天體符號被刻在石頭上的天體圓圈裡。在拜特阿爾法的圓形黃道帶出現之前將近兩千年，近東的統治者，特別是巴比倫的，在契約檔案中向眾神祈求保佑；在界石庫杜如（Kudurru）上，刻有在天體圓圈裡的眾神（行星和星宮）的符號，其間有一條代表銀河系的彎曲大蛇（見圖92）。

圖90：埃及的黃道帶十二宮

然而，人類開始關心黃道帶，是從遙遠的蘇美時代開始。正如我們呈現在《第12個天體》中的一樣，蘇美對黃道十二宮的瞭解、描繪（見圖93 a）和命名，與六千年後的我們一模一樣：

古安納（GU.ANNA，「天牛」）——金牛宮

馬西塔巴（MASH.TAB.BA，「雙胞胎，孿生子」）——雙子宮

杜布（DUB，「夾子／鉗子」）——巨蟹宮

烏爾古拉（UR.GULA，「獅子」）——獅子宮

阿布辛（AB.SIN，「她的父親是辛」，暗指處女）——處女宮

茲巴安納（ZI.BA.AN.NA，「天命」）——天秤宮

吉爾塔布（GIR.TAB，「撕抓者」）——天蠍宮

圖91：巴比倫星盤

圖92：界石庫杜如上的圖案

帕比爾（PA.BIL，「衛士」）——射手宮

蘇忽爾馬什（SUHUR.MASH，「山羊魚」）——摩羯宮

古（GU，「水的主人／水神」）——水瓶宮

辛穆馬（SIM.MAH，「魚」）——雙魚宮

庫瑪（KU.MAL，「牧場居民」）——白羊宮

有強大的證據顯示出，蘇美人可以辨別黃道的時代，不僅是名字和圖像，還有它們的歲差週期。大約在西元前三千八百年時，當曆法開始在尼普爾被使用時，還屬於金牛宮時代。威利・哈爾特勒（Willy Hartner）在〈近東星宮學的最早歷史〉（曾發表於《近東學期刊》〔*Journal of Near Eastern Studies*〕）一文中，分析了蘇美的圖畫，並指出大量關於一頭公牛輕觸一頭獅子的描繪（圖93b，來自西元前第四個千年左右）或者一頭獅子推動公牛（見圖93c，來自西元前三千年左右），這些是對黃道年代的認識，當時，曆法的新年

圖93a：蘇美對黃道十二宮的描繪

圖93b：一頭公牛輕觸一頭獅子

圖93c：一頭獅子推動公牛

開始於春分日，位在金牛宮，夏至日則在獅子宮的位置。

阿爾弗雷德・耶利米亞（Alfred Jeremias）在《古近東之光下的〈舊約〉》（*The Old Testament in the Light of the Ancient Near East*）提出他發現的文字證據：蘇美星宮曆法的「零點」精確地位於金牛宮和雙子宮之間。他透過這一點指出了他認為難以理解的事：天空的黃道帶劃分，是在蘇美文明開始之前的雙子宮時代就存在的。對學者們而言，更令人困惑的是，一個蘇美天文表（VAT.7847，現存於柏林古代近東博物館〔Vorderasiatisches Museum〕），星宮開始的位置是獅子宮，而獅子宮時代是在西元前一萬一千年，剛好是大洪水時代。

天體時間（從一個黃道宮移到另一個黃道宮的時間為兩千一百六十個地球年）是由阿努納奇設計，用來連接神聖時間（基於尼比魯繞日一圈的三千六百個地球年）和地球時間（地球繞日一圈的一年）的紐帶，它也被用於記錄地球史前時代的大事件，如同考古天文學所做的。因此，有一幅圖畫將阿努納奇描繪為太空人，他們的飛船航行於火星（六芒星）和地球（以七個小點來表示，附近還有彎月圖案）之間，透過包含兩條魚的黃道符號，我們可以判斷事件發生在雙魚座時代（見圖94）；書寫文獻中也包含了黃道宮時代，例如有一部文獻就將大洪水事件放在獅子宮時代。

雖然我們還不能精確地指出，人類到底是從什麼時候開始關心黃道十二宮，但可以肯定的是，那絕對早於古蒂亞時代很

圖94：雙魚座時代的太空事件

長一段時間。所以，我們並不會因為在拉格什的這座新神廟中出現星宮描繪而感到驚訝；不過，它們並不是像在拜特阿爾法的那樣出現在地板上，也不是被刻在界石上的符號，而是出現在一座可以被稱為「人類第一座且最古老的天文館」的宏偉建築裡！

我們在古蒂亞的銘文中讀到，他將「星宮的圖像」安置於「內部聖殿裡的被保護的純淨之地」。在那裡，一個設計獨特的「天國拱頂」——一個天體圓圈的複製品，一種古代的天文館——被當作「柱上楣構」（一個建築學術語，意思是支撐上層建築的圓柱形基礎）部分之上的一個圓屋頂而建造。古蒂亞讓這些星宮圖像「居住」在這個「天國拱頂」裡。我們發現，其中清楚地列出了「天上的雙胞胎」、「神聖摩羯」、「英雄」（人馬）、獅子，以及公牛和公羊的「天體生物」。

就像古蒂亞所宣稱的，這個鑲嵌著各種星宮符號的「天國拱頂」，將成為一道絕美的風景。數千年之後，我們不能再走進這個內部聖殿，看見古蒂亞所說的這個有著閃亮星宮的天穹了。不過，我們可以前往位在上埃及的丹德拉赫，進入其主神廟的內部聖殿，看看它的「天花板」。我們可以看到一幅布滿星星的天空圖：這個天體圓圈的四個基點方位，分別由荷魯斯的兒子支撐著，而至日點的四個日出和日落點則是由四位少女支撐著（見圖95）。這個圓圈描繪出三十六個「黃道十度」（埃及曆法中，每月有三個十天週期），它環繞在中央的

圖95：丹德拉赫神廟天花板上的天空圖

「天國拱頂」周邊，其中以相同的符號（公牛、公羊、獅子、雙胞胎等）描繪著黃道十二宮的形象，次序也與我們今天所沿用的以及蘇美時代的一致。這座神廟在埃及象形文字中表述出來是**Ta ynt neterti**，意思是「女神柱之地」，這代表了丹德拉赫就跟吉爾蘇一樣，有使用於天體觀測的直立石柱，同時與黃道帶和曆法相關（如三十六個黃道十度所呈現的那樣）。

學者們無法就丹德拉赫的黃道帶描繪所代表的時間點達成共識。按照現在的觀點，這幅圖最早是在拿破崙進入埃及時被發現的，後來被運到位於巴黎的羅浮宮博物館。它被認為可以追溯到埃及被希臘羅馬統治的時代。然而，學者們認為，它是在複製另一個更早期神廟中的相似描繪，而那是要獻給女神哈索爾（Hathor）的。諾曼·洛克耶在《天文學的黎明》中翻譯了一部第四王朝（西元前二六一三年至西元前二四九四年）的文獻，其中所描述的天體排列就跟那座早期神廟的一樣；這樣的話，丹德拉赫的「天國拱頂」就被回溯到了介於巨石陣一期完工，和古蒂亞在拉格什建造新伊尼奴之間的一個時期。

假若正如其他觀點所認為的，在丹德拉赫中所描繪的天空裡，那隻接觸到雙胞胎的腳的獵鷹，其右邊是金牛宮，左邊是巨蟹宮，那麼就代表這幅天空畫（如我們在現代天文館中所做的那樣，認為在聖誕節時天空顯示出和耶穌時代相同的畫面）是介於西元前六五四〇年至西元前四三八〇年的某個時段的。根據由祭司們代代相傳並被曼涅托（Manetho）記錄下來的埃及編年史，那是半神統治埃及的時代。丹德拉赫所顯示的天空有著如此的回溯現象（與神廟自身建造的年代截然不同），證實了先前提過的阿爾弗雷德·耶利米亞斯對蘇美黃道曆法中「零點」的發現。在埃及和蘇美出現的黃道時代的回溯，證實了相關概念是在這些文明開始之前就出現的，並且是「眾神」而不是人類負責這些描繪及其時代紀錄。

如我們所說的，黃道帶及其伴隨的天體時間，是在阿努納奇第一次登陸地球後不久所設計的，一些描繪在圓筒印章上的黃道帶日期標記，的確發生在人類文明之前的黃道時代。例如，在圖94中，雙魚宮時代用兩條魚來表示，它的開始和結束不會晚於西元前二五九〇八年和西元前二三八二〇年（或者更早，如果這件事是發生在二五九二〇年大週期中的雙魚宮時代之前的話）。

不可思議卻不令人吃驚的是，對於有著黃道十二宮的天體圓圈之「布滿星星的天空」之描述，最早可能出現在一部被學者們稱為《獻給全善者恩利爾的讚美詩》中。這部文獻先描述了恩利爾在尼普爾的伊庫爾廟塔裡，地面任務指揮中心最內層部分後，接著提到在一個被稱為「迪爾加」（Dirga）的暗室裡，有著「一個天之極點，如遙遠的大海般神祕」，在其中，「所有星星的標記」被「完美地對應」。

DIR.GA這個詞彙的意思是「黑暗，冠冕形狀」；文獻解釋道，其中裝設的「所有星星的標記」可以確定節慶，也就是說它們具有曆法上的功能。這些聽起來就像是古蒂亞的天文館的前身；只是在伊庫爾的這一間不讓人類看到，僅對阿努納奇開放。

新伊尼努與埃及金字塔的關聯

古蒂亞的「天國拱頂」被建造為天文館，與迪爾加的相似度，勝過在丹德拉赫的天花板上的相關描繪。然而，我們不能排除吉爾蘇天文館的靈感來自埃及，因為吉爾蘇和丹德拉赫之間有著列舉不盡的共同點。

一些最令人印象深刻的發現，現今被存放在一些大博物館的亞述和巴比倫館收藏中，它們是巨大的石雕，擁有公牛或雄獅的身體，而頭部卻是戴著角形帽的眾神（見圖96），它們像守衛一樣被放置於神廟入口處。我們可以推測，這些「神話生物」（學者這麼稱呼它們）被製作成石頭雕塑（如左頁展示的「公牛－獅子」插圖），是為了替神廟召喚早期天體時間的魔力，以及與過去黃道時代有關的眾神。

考古學家相信，這些雕塑的靈感來自埃及的獅身人面像，尤其是位於吉薩的最大那一座，亞述和巴比倫因為與埃及之間的貿易和戰爭，才會熟悉這些獅身人面像。但是，古蒂亞的銘文顯示，在這樣的「黃道－神聖生物」出現於亞述神廟之前的一千五百年，古蒂亞就已經將動物身人面像放在伊尼奴裡了。這些銘文特別提到「一頭灌輸恐怖的獅子」和「一頭野牛，蹲伏著像一頭巨大的獅子」。那些堅決不相信獅身人面像會被古代蘇美人所知道的考古學家，可以看看這個把尼努爾塔（寧吉爾蘇）刻畫成蹲伏的獅身人面像作品（見圖97），它被發現於拉格什的吉爾蘇遺址中。

關於所有該期望之事的提示，都被告知給古蒂亞——由此也就告訴了我們——在尼努爾塔給古蒂亞的第二個異象夢境中，尼努爾塔宣告他的權力，並重申他在阿努納奇中的地位（「我的地位被任命為五十」），指出他對世界其他部分不尋常的熟識（「一位放眼遠望的主人」，因為他可以乘坐神聖黑鳥漫遊），向他確保馬根和美魯克哈（埃及和努比亞）的合作，並向他承諾一位被稱為「明亮巨蛇」的神，將親自前來幫助建造這座新伊尼奴：「它要被建成一個強大的地方，我神聖的地方將要

圖96：擁有公牛或雄獅的身體，頭部戴著角形帽的眾神石雕。

圖97：尼努爾塔的獅身人面像

像伊乎須（E.HUSH）一樣。」

最後的聲明在含義上是令人震驚。

我們已經知道，伊（E）的意思是一位神的「屋子」，也就是一座神廟；伊尼奴就是一座階梯金字塔。乎須（HUSH）在蘇美語中的意思是「淡紅色的，紅色的」。所以，尼努爾塔（寧吉爾蘇）所要表達的是：這座新伊尼奴將要像那「紅色的神聖屋子」一樣。這段陳述暗指新伊尼奴將要仿效甚至超越一座以紅色聞名的現存建築……

我們對這類建築的搜尋，因為回溯象徵「乎須」的圖畫符號而變得容易。我們的發現是令人震驚的，因為它（見圖98a）是一幅顯示了井道、內部通道和地下室的埃及金字塔的線條畫。更明確的是，它似乎是吉薩大金字塔（見圖98b）及其試驗模型（小吉薩金字塔，見圖98c），以及第一座成功的法老金字塔（見圖98d）的剖面圖；其中最具意義的是那座法老金字塔，它被稱為「紅金字塔」，與「乎須」所指的意思極為相似。

當伊尼奴被建在拉格什的時候，這座紅金字塔就已經在那裡了。它被歸屬於斯

圖98a：「乎須」的圖畫符號

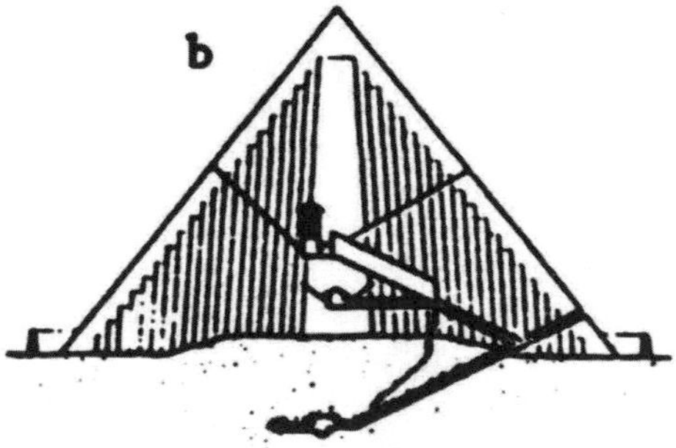

圖98b：吉薩大金字塔剖面圖

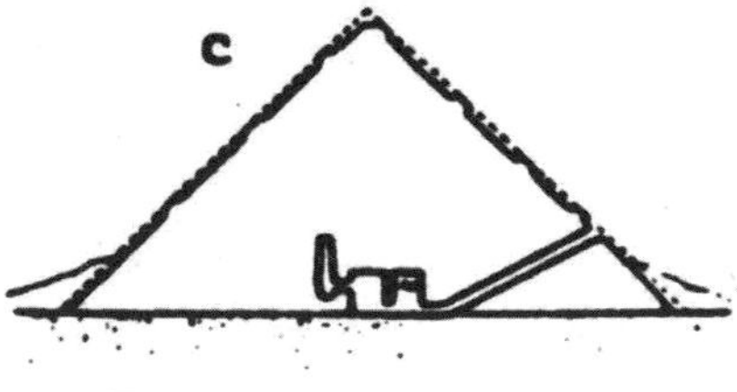

圖98c：小吉薩金字塔剖面圖

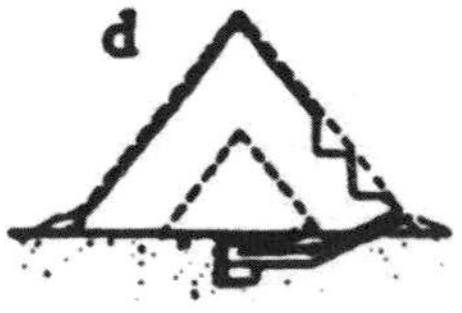

圖98d：紅金字塔剖面圖

尼夫魯（Sneferu）的三座金字塔之一；斯尼夫魯是第四王朝的第一位法老，統治時期大約在西元前兩千六百年。他的工程師首先嘗試在美杜姆（Maidum）為他建造一座金字塔，模仿了阿努納奇在幾千年前建造的吉薩金字塔的五十二度斜角；但是因角度過於陡峭，這座金字塔坍塌了。這次坍塌導致在達舒爾（Dahshur）建造的第二座金字塔的斜角有了突然的轉變，變成相對平緩的四十三度，所以它被暱稱為「彎曲金字塔」（the Bent Pyramid，又譯曲折金字塔）。之後的第三座金字塔同樣建在達舒爾，被認為是法老的「第一座經典金字塔」，它的斜角是在安全的四十三．五度左右（見圖99）。它所使用的建材是當地的粉色石灰岩，所以被暱稱為「紅金字塔」。側面的凸起處試圖要將白色石灰岩鋪面固定在適當的位置，但沒有維持很久，現今金字塔是以原始的紅色調展現在世人面前。

尼努爾塔曾經參與埃及的第二次金字塔戰爭（並獲勝），應該熟悉後續的各個金字塔。他是否看到，隨著王權來到埃及，除了吉薩的大金字塔和伴塔，還有左塞爾法老在塞加拉建造了階梯金字塔，被包圍在它意義非凡的神聖區域中（參見147頁圖78），而那時是大約西元前二六五〇年？他是否在西元前兩千六百年時看見法老對大金字塔的仿效取得了最終勝利——斯尼夫魯的紅金字塔？然後，他是否告訴那位神聖工程師：這就是我想要的，一座包含所有三座金字塔特點的獨特廟塔？

另外，要如何解釋建造於西元前二二〇〇年與西元前二一〇〇年之間某個時候的伊尼奴，與埃及和其眾神之間的強烈關聯？

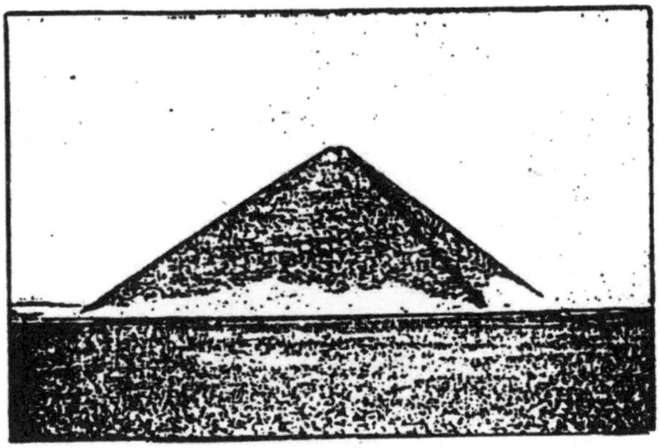

圖99：紅金字塔的斜角為43.5度

再者，又要如何解釋不列顛群島的巨石陣和「幼發拉底河上的巨石陣」之間的相似程度呢？為了尋找答案，我們必須將注意力放到這位神聖工程師身上，他是金字塔祕密的守護者，被古蒂亞稱為「寧吉什西達」的神；因為他與埃及神「特忽提」（Tehuti），也就是我們所稱的「圖特」之間，似乎沒有什麼差別。

在《金字塔經文》中，圖特被稱為「他計算著天空，是眾星的記數者及大地的測量者」，藝術和科學的發明者，眾神的抄寫員，「一位對天空、眾星和大地進行過計算的神」。他身為「時間和季節的計算者」，被描繪為一個包含著太陽盤的符號，他的頭上也有一個彎月，使人聯想到《聖經》中仰慕天主的話。在埃及銘文和傳說中，講述了圖特的「測量天空和設計大地的」知識和力量。他的象形文字名字「特忽提」通常被解釋為「他是平衡者」。在海因里希·布魯格施（Heinrich Brugsch）所著的《宗教和神學》（*Religion und Mythologie*）中，以及瓦利斯·布奇所著的《埃及眾神》中，都解釋說圖特是「平衡之神」，並認為他被描述為「平衡之主」一事，指出他與平分日點有關；在春平和秋分這兩天，日夜等長。希臘人將圖特指認為他們的神——赫耳墨斯（Hermes），他是天文學、占星學、數學、幾何學、醫藥和植物學的始祖。

當我們跟隨圖特的腳步之時，將遇見曆法的故事，它們將揭開人與神的各種事務，以及巨石陣等謎團的神祕面紗。

8．曆法的故事

曆法的故事是一個極具創意的，完美結合了天文學和數學的故事。同時，它還是一個有關衝突、宗教狂熱，以及為了通往至尊而對抗的故事。

長久以來，人們一直相信是農夫制定了曆法，這樣他們就可以知道該在何時播種、何時收割；然而，這樣的推論在理論上和現實上都是站不住腳的。農民不需要一部正式的曆法來得知季節；而且原始社會也成功地在沒有曆法的情況下餵飽了一代又一代。歷史事實是，曆法被設計出來的目的，是為了確定祭神節日的精確時間。換句話說，這種曆法就是一種宗教工具。在蘇美語中，各月份的名字前面都有EZEN這個首字碼，這個詞的意思不是「月份」，而是「節慶」。各月份分別是恩利爾的節日、尼努爾塔的節日，或是其他主要大神的節日時間。

基督教曆法的演進

大家對於「曆法的目的是為了進行宗教活動」一事不用感到驚訝。我們發現了一個至今仍在通用的實例，控制著我們的生活，也就是基督教的年曆。它主要的節日，以及確定年曆其他部分的焦點，是慶祝耶穌重生的復活節。按照《新約》中的說法，耶穌在死後第三天復活了。西方基督教徒在春分日或之後的滿月過後的第一個週日慶祝復活節。

對羅馬的早期基督徒而言，這引發了一個問題。在當地，主要的曆法是三百六十五天的陽曆年，不僅月份的長度是不規則的，也與月相不完全相關。因此，在復活節的確定上，需要依靠猶太曆，因為最後的晚餐（復活節季的其他重要日子都是透過它來計算），正好是發生在尼散月第十四天的前夜（滿月時），猶太人的逾越節晚餐開始之時。因此，在西元的第一個世紀，是按照猶太曆慶祝復活節。後來，羅馬的君士坦丁大帝接受了基督教，在西元三二五年召開教會理事會——尼西亞（Nicaea）會議時，才結束了對猶太曆的依賴。直到那時，原本被視為猶太教派之一的基督教，才變成獨立的宗教。

在這次的改變之後，基督教的曆法成為宗教信仰的表現，以及用於確定禮拜之日的方法。同樣的，在很久之後，當穆斯林衝出阿拉伯地區，用劍征服東西方的土地和人民時，第一件事便是強行加上他們的純正陰曆，因為它有著深刻的宗教意義：它從穆罕默德由麥加逃亡到馬迪納（Medina）之時（西元六二二年）開始計算時間。

有趣的是，羅馬基督曆法的歷史顯示了太陽和月亮時間不完美嚙合所導致的一些問題，因此在整個千年中，需要對曆法進行改革，同時需隨著時代不斷更新。

現今通用的基督曆法，是由教宗格里高利十三（Gregory XIII）於一五八二年採用的，因此被稱為格里曆（Gregorian Calendar）。它對之前的羅馬儒略曆（Julian Calendar）進行了一次改革，該曆法的名字取自羅馬皇帝尤利烏斯．凱撒（Julius Caesar）。

這位知名的羅馬皇帝，厭煩了混亂的羅馬曆法，在西元前第一個世紀邀請了埃及亞歷山大港的天文學家索西吉斯（Sosigenes），來幫忙改革曆法。索西吉斯的建議是放棄以月亮計時，並採用「如埃及一樣的」太陽曆法。結果便有了以三百六十五天為週期的一年，以及每四年一次的三百六十六天的閏年。但是，這無法解決超出三百六十五天又四分之一天之外的十一又四分之一分鐘。這個問題似乎太微不足道了，但是，在一五八二年，尼西亞會議所決定的春天第一天——

三月二十一日，在日曆上變成三月十一日。格里高利教宗運用一個簡單方法修正這個差額，他在一五八二年的十月四日宣布，隔天是十月十五日。他還有另一個創新之處，就是讓一月一日變成一年的開始。

埃及的太陽曆法

天文學家索西吉斯建議在羅馬當地使用「如埃及一樣的」曆法，這個提議能夠被採納，是因為那時候的羅馬，特別是尤利烏斯・凱撒的時代，與埃及是非常相似的，包括宗教習俗，之後還將包括曆法。那時的埃及曆法就已經是一部純正的太陽曆法了，將三百六十五天分為十二個月、每月三十天，最後額外的五天是宗教慶典日，獻給奧西里斯、荷魯斯、塞特（Seth）、愛西絲和奈芙蒂斯（Nephthys）。

埃及人注意到，陽曆年好像比三百六十五天還要長，不僅是每四年加上一天（正如尤利烏斯・凱撒所規定的），而且每一百二十年就要向前推移一個月，每一千四百六十年就得向前推移一整年。埃及曆法的神聖週期，就是這個一千四百六十年的循環，因為它符合尼羅河年度氾濫時天狼星（Sirius，埃及語中的Sept，希臘語中的Sothis）與日同升的週期，而尼羅河的年度氾濫大約發生在夏至日（於北半球）。

愛德華・梅耶（Edward Meyer）在《埃及編年史》（*Agyptische Chronologie*）中指出，當埃及曆法被引進時，天狼星與日同升，以及尼羅河的氾濫同時發生，是在七月十九日。《埃及遠古史及宗教信仰》（*Urgeschichte und iilteste Religion der Agypter*）的作者——庫爾特・塞瑟（Kurt Sethe）基於前述內容，透過在赫利奧波利斯和孟斐斯（Memphis）進行觀測，計算出這是發生在西元前四二四〇年或是西元前二七八〇年。

現在，古埃及曆法的研究人員，同意三百六十天加五天的太陽曆法，不是那片大地上的第一部史前曆法。這個「民用」或俗世的曆法，是在埃及王朝統治剛展開之後被引入的，也就是西元前三千一百年之後；根據理查・派克爾（Richard A. Parker）在《古埃及曆法》（*The Calendars of the Ancient Egyptians*）中的說法，這發生在西元前兩千八百年左右，「可能是為了行政和財政目的」。這部民用曆法排擠掉了——或者可能在一開始時排擠掉了——原本的「神聖」曆法。用《大英百科全書》（*Encyclopaedia Britannica*）的話來說，「古埃及人最初使用的是一部基於月亮的曆法」。理查・派克爾在《古埃及天文學》（*Ancient Egyptian Astronomy*）中提到，這部更早期的曆法「如同其他所有古代人的一樣」，是一部十二個月亮月加上第十三個使季節保持在適當位置的閏月的曆法。

諾曼・洛克耶的觀點認為，這部早期曆法與平分日點有關，而且也與赫利奧波利斯當地以平分日點為朝向的最早神廟有所連結。所有這些，還有月份與宗教節慶之間的關聯，讓這部最早的埃及曆法非常相似於蘇美曆法。

認為「埃及曆法的根源在於埃及王朝之前的時代，早於文明在埃及出現之前」的結論，只能說明一點，那就是並非由埃及人發明了自己的曆法。這個結論符合埃及人對黃道帶的認識，以及蘇美人對黃道帶和曆法的認識：所有這些都是「眾神」的精巧發明。

在埃及，宗教和對眾神的崇拜是在赫利奧波利斯開始的，那裡離吉薩金字塔非常接近；它最初的埃及名字是阿努（與尼比魯的統治者是同一個名字），在《聖經》中則被稱為「安城」：當約瑟被命名為埃及總督時（《創世記》），法老「又將安城的祭司波提非拉的女兒亞西納，給他為妻兒」（41：45）。它最老的聖地是奉獻給普塔（Ptah，意思是發展者），埃及傳統認為，是普塔將埃及大陸從大洪水的積水中抬升起來，並透過大規模排水和土方工程使當地變得適合居住。對埃及的神聖統治權，由普塔傳遞給他的兒子拉（意思是明亮者），拉還被叫做「天」（Tem，意思是純潔者）；在赫利奧波利斯，還有一座特別的聖壇裡有拉的天國之船——圓錐形的本本石——每年都能讓朝拜者見一次。

埃及祭司曼涅托（他的象形文字名字的意思是「圖特的禮物」）在西元前第三個世紀時編製了埃及王朝表，根據他的說法，拉是第一個神聖王朝的首領。拉和他的繼承者，包括神舒、蓋布（Geb）、奧西里斯、塞特和荷魯斯的統治，持續了超過三千年。在那之後是第二個神聖王朝，由圖特開始，他是普塔的另一個兒子，持續了第一個神聖王朝一半的時間。之後是一個由半神統治的王朝，一共有三十位統治者，統治埃及三千六百五十年。按照曼涅托的說法，普塔的神聖統治時期、拉王朝、圖特王朝和半神王朝的統治，加起來有一萬七千五百二十年。卡爾·萊普修斯（Karl R. Lepsius）在《古埃及人的皇家書》（*Königsbuch der alten Ägypter*）中注意到，這段時間剛好是十二個天狼星週期（每個一千四百六十年），由此證實了埃及的曆法學－天文學知識的史前起源。

埃及統治神的轉換

基於強而有力的證據，我們在《眾神與人類的戰爭》及《地球編年史》的其他分冊中指出，「普塔」與「恩基」並沒有不同，而「拉」也正是美索不達米亞神話中的「馬杜克」。在大洪水之後，眾神對地球領域的劃分，讓埃及被分配給恩基及其後代，他們離開伊丁（E.DIN，《聖經》中的伊甸園），以及被恩利爾和其後代所控制的美索不達米亞領域。拉（馬杜克）的一個兄弟，圖特，便是蘇美人所稱的寧吉什西達。

地球被劃分之後的諸多歷史事件和暴力衝突，都源於拉（馬杜克）對此劃分的不滿。他相信其父親對地球的統治權，被不公平地剝奪了（恩基這個名字的意思正是「統治地球」）；因此，應該是他，而非恩利爾的長子尼努爾塔，在巴比倫統治地球。巴比倫，這座美索不達米亞城市之名的含義是「眾神的門戶」。拉（馬杜克）在這份野心的驅使下，不僅製造了與恩利爾一族的衝突，同時還激發了其兄弟之間的仇恨，把他們牽扯進令人難受的衝突中，像是他在離開埃及後又回來要求重掌統治權。

在拉（馬杜克）的來回對抗中，導致了弟弟杜姆茲的死亡，這讓他的兄弟圖特取得統治權並將拉流放。他還使另一位兄弟奈格爾在一次導致核屠殺的眾神之戰中改變立場。我們認為，與圖特之間似有似無的關聯，是這個曆法故事中的重點。

生命工藝之主：圖特

再次重申，埃及人擁有兩套曆法，而非只有一套。第一套曆法有著史前時代的源頭，是「基於月亮的」。後面的一套，是在法老統治幾個世紀之後被引進的，是基於三百六十五天的陽曆年。我們不認為後來的這部「民用曆法」是法老的行政改革，而是認為它和前一套曆法相似，同樣是眾神的精巧創造物；區別在於前者是圖特發明的，而後者是拉發明的。

這部民用曆法的其中一個面向被認為是獨特且原創的，它將每個月的三十天劃分為「黃道十度分度」，每個十天週期由某顆恆星的與日同升預示。每一顆恆星（被描繪為一位天神在天海航行，見圖100）被認為是通

圖100：每顆恆星都被描繪為一位天神在天海航行

知夜晚的最後一個小時；而在十天的最後，一顆新的黃道十度星將被開始觀測。

我們認為，採用這種基於黃道十度分度的曆法，是拉與兄弟圖特的衝突逐漸增加時的刻意舉動。

他們都是阿努納奇大科學家恩基的兒子，人們完全可以推測出他們從父親那裡得來的知識。這在拉（馬杜克）身上顯露無遺，因為在一部被發現的美索不達米亞文獻中，清楚地陳述了這一點。這部文獻的開頭記錄了一段馬杜克向父親的抱怨，他認為自己缺乏特定的治療知識。恩基的回應如下：

> 我的兒子。你不知道什麼呢？我可以給你什麼呢？馬杜克，你不知道什麼呢？我還可以給你什麼呢？我知道的，你全都知道了！

兩兄弟之間是否可能在這方面產生了嫉妒心態？數學知識、天文知識、神聖建築的朝向知識，都是他們共有的；能證實馬杜克在這些領域的造詣的，便是巴比倫的非凡廟塔（參見76頁圖33），根據《伊奴瑪．伊立什》中的說法，它是馬杜克自己設計的。但是，如這份文獻所述，在醫藥和治療領域，他就遠不如其兄弟了：他不能使亡者復活，而圖特卻可以。

我們在美索不達米亞和埃及的資料中，聽說過圖特的力量。他在蘇美描繪中的形象是與「纏繞的蛇」的符號在一起（見圖101 a）；這個符號最初是他父親恩基的，代表可以從事基因工程的神。而我們也提過，這個符號正是DNA的雙螺旋結構（見圖101 b）。他的蘇美名字，寧吉什西達，意思是「生命工藝之主」，這顯示出他具有使死者復活，重建其生命的能力。「醫療之主，抓住手之主，生命工藝之主」，一部蘇美祈禱文獻中這麼稱呼他。他在神奇的治療和驅魔作品中是著名的人物。有一個馬克魯（Maqlu，意思是燃燒的祭品）系列的咒語和魔法公式，將整塊碑（第七塊）獻給了他。其中有一句咒語專門針對被淹死的水手（「完全休息的航海者」），祭司用「西利斯（Siris）和寧吉什西達，奇蹟工作者，傑出符咒家」這句話來進行祈禱。

我們只知道西利斯是蘇美眾神裡一位女神的名字，其他別無所知，而我們認為它可能是天狼星（Sirius）的美索不達米亞名字，因為在埃及神話裡，天狼星與女神愛西絲是相關的天體。在埃及傳說故事中，圖特曾幫助過奧西里斯的妻子愛西絲。他從被肢解的奧西里斯身體中提取出精液，愛西絲用它懷上並生下荷魯斯。這還不是全部。在埃及，一座被稱為梅特涅石碑（Metternich Stela）的工藝品上有一段銘文，女神愛西絲記述了兒子荷魯斯被毒蠍刺中之後，圖特如何將其救活的。圖特回應了她的哭喊，從天上下來，「他被賦予了魔法力量，並擁有使這個詞成真的強大力量。」然後他使用魔法，在夜晚移除毒素，讓荷魯斯醒了過來。

埃及人認為，那些刻在法老陵墓牆上，以便讓已故的法老轉化進入來世的整本《亡靈書》的經文，是圖特的作品，「他親筆寫下的」。另一部較短的著作被埃及人稱為《呼吸之書》（*Book of Breathings*，又譯為《生命之書》），其中陳述道：「圖特，最明智的神，赫門努（Khemennu）之主，來到你的面前；他為你親筆寫下《呼吸之書》，讓你的卡（Ka）永恆地呼吸，你的形在地上被賦予生命。」

我們從蘇美資料中得知，這種在法老的信仰中不可或缺的知識——死而復生的知識——最

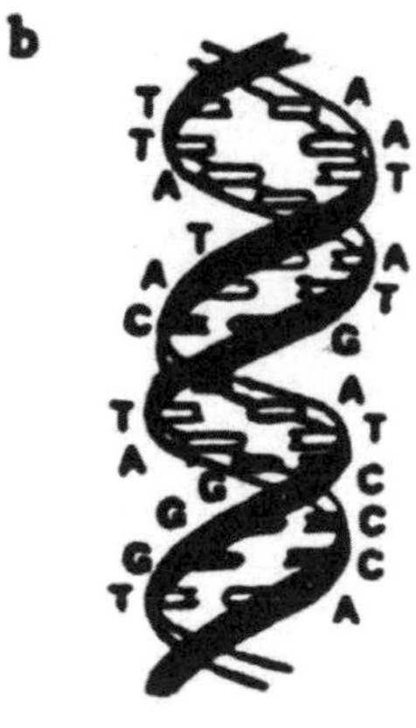

圖 101b：DNA的雙螺旋結構

圖 101a：蘇美描繪中的圖特形象

初是恩基所擁有的。有一部長篇文獻講述伊南娜（伊師塔）前往下層世界（非洲南部），當地是她一位嫁給恩基另一個兒子的姊妹的領地，伊南娜這位不速之客被殺死了。為了回應懇求，恩基進行了藥物治療並監督對這具死屍的聲波和放射脈衝的治療，然後「伊南娜起身了」。

很顯然，這種祕密知識並沒有洩露給馬杜克；而當他抱怨時，父親給了他一個迴避的答覆。這一點足以使野心勃勃且渴望權力的馬杜克對圖特產生嫉妒。而他覺得被冒犯，或甚至是被威脅的感受，也許更強烈。首先，是圖特，而非馬杜克（拉），幫助愛西絲取回了被肢解的奧西里斯（拉的孫子），並保存他的精液，然後又挽救了中毒的荷魯斯（拉的曾孫）。在蘇美文獻中講得更清楚的是，第二，所有這些事件導致了圖特和這顆名叫天狼星的恆星之間的喜愛之情，後者是埃及曆法的控制者和帶來生命的尼羅河氾濫的預示者。

圖特與馬杜克之間的恩怨

那麼這就是拉（馬杜克）嫉妒圖特的唯一原因嗎？他對圖特是否還有更多不滿呢？根據曼涅托的說法，由拉開始的第一神聖王朝的長時間統治，在荷魯斯短短的三百年統治時間後就突然結束了，也就是在被我們稱為「第一次金字塔戰爭」的衝突之後。然後，是圖特，而非拉的另一位後裔，接管了對埃及的統治，而他的王朝持續了一千五百七十年。他的統治是和平與發展的時期，與近東的新石器時代相符——阿努納奇向人類傳授王權的第一個階段。

為什麼在普塔（恩基）的那麼多兒子當中，是圖特被選為替代拉王朝的人呢？奧斯本（W. Osborn, Jr.）所做的研究《古埃及人的宗教》（*Religion of the Ancient Egyptians*）可以給我們一些線索。其中關於圖特的陳述如下：「雖然他在神話裡是第二等級的神，然而他身上總是直接或部分地散發出普塔的氣質；普塔是太初之神的長子。」在阿努納奇複雜的繼承制度下，如果是由掌權者與其同父異母的姊妹所生的兒子，那麼這個兒子的優先繼承權將在長子之上（除非長子的母親也是掌權者的同父異母的姊妹）——這是導致恩基（阿努的長子）和恩利爾（阿努與他的同父異母的姊妹所生）之間，永無止境的衝突和摩擦的原因。那麼，是否圖特出生的環境，為拉（馬杜克）的至高無上製造了障礙？

對天空與月份的劃分

我們已經知道的是，最初的統治「眾神集團」或神聖王朝是在赫利奥波利斯；後來被孟斐斯的神聖小組所取代（當孟斐斯成為統一的埃及的首都時）。然而，在這兩者之間有一個以圖特為首的短暫的包特（Paut）或「神聖集團」。圖特的「崇拜中心」是赫爾莫普利斯（Hermopolis，希臘語中是「赫耳墨斯之城」的意思），它的埃及名字是赫門努（Khemennu），意思是「八」。圖特有一個稱號就是「八之主」，根據海因里希·布魯格施在《古埃及的宗教和神話》（*Religion und Mythologie der alten Aegypter*）中的說法，這個稱號所表達的是八個天體朝向，其中包括了四個基點方位；它同時也表示圖特能夠找到並標出月亮的八個靜止點——而月球正是圖特的天體對應物。

另一方面，馬杜克是一位「太陽神」，與數字「十」相關。在阿努納奇的數字階級制度中，阿努的階級是最高的，是六十，恩利爾是五十，而恩基是四十（然後依序往下），馬杜克的階級是十，而這應該是黃道十度的源頭。確實，在巴比倫版本的創世史詩中，將每年有十二月，每個月被分為三個「星界」的曆法制定，歸功於馬杜克：

他將一年定下來，劃分出區域：為十二月中的每一個，他設立三個星界，由此界定出一年中的日子。

將天空劃分為三十六個部分，做為「界定出一年中的日子」的方法，對曆法來說是絕對可能的：一部有著三十六個「黃道十度分度」的曆法。而在這裡，在《伊奴瑪．伊立什》（即創世史詩）裡，這種劃分是歸功於馬杜克的，也就是拉。

這部創世史詩無疑是源自蘇美的，現在主要是從它的巴比倫譯本（《伊奴瑪．伊立什》的七個碑刻）中得知。所有學者都認為，這是一個用於讚美巴比倫國神馬杜克的譯本。在原來的蘇美版本中，是將來自外太空（行星尼比魯）的入侵者稱為「天國之主」（Celestial Lord），但在巴比倫版本中，被以「馬杜克」這個名字置入取代；而在描述地球上的事情時，最高神原本是恩利爾，在巴比倫版本中同樣被替換成「馬杜克」。由此，馬杜克變成在天國和地上都是至高無上的。

在尚未對刻有蘇美原版創世史詩的完整或零碎泥版進行深入研究的情況下，我們不能斷定這種三十六個黃道十度分度的劃分，是馬杜克自己的創新，還是他從蘇美引用過來的。蘇美天文學的一條基礎原則是，將籠罩地球的整個天空劃分為三條「道路」：中心天帶是阿努之路，北部天域是恩利爾之路，南部天域是艾（恩基）之路。這三條道路被認為是代表中間的赤道區域，以及分別被南北回歸線分割出的區域；然而，我們曾在《第12個天體》中講過，阿努之路跨過了赤道，從赤道往向南北分別延伸三十度，因此有了一個六十度的跨度；而恩利爾之路和艾之路則是各延伸六十度，這樣一來，它們從北至南一共覆蓋了一百八十度的天域。

如果這個天空的三部分，被用於將一年劃分為十二個月份的曆法劃分，那麼結果將是三十六個部分。這樣的劃分導致黃道十度的出現，而這的確在巴比倫被做了出來。

一九〇〇年，東方學學者平切斯（T.G. Pinches）向倫敦的皇家天文學會發表演講，重現了美索不達米亞的星盤（字面上是「星辰守望者」）。它是一個圓形盤子，如同派餅那樣被劃分為十二片，其中有三個同心圓，總共將這個盤子劃分為三十六塊（見圖102）。在名字附近的圓形符號，指出了它們與天體的關係；這些名字都屬於黃道帶上的星宮、恆星及行星，總共三十六個。在十二個部分的頂部，都有該月份的名字（平切斯標注出一月至十二月，從巴比倫曆法的第一個月尼散月開始），可以看出這個劃分與曆法有著緊密的關聯。

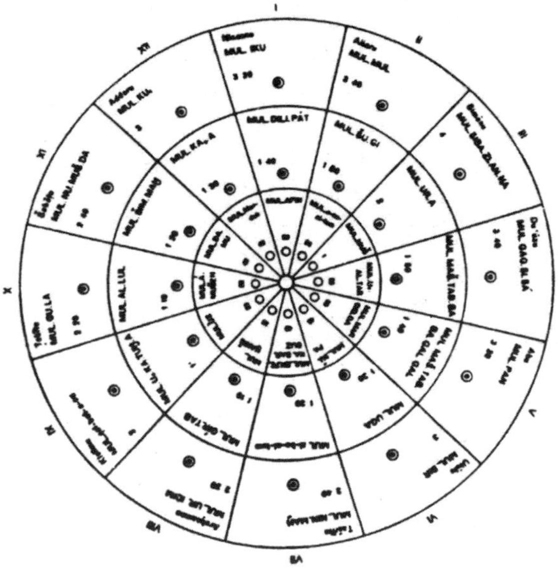

圖102：美索不達米亞星盤

埃及曆法的轉變

雖然巴比倫的這個平面圖並沒有回答有關《伊奴瑪．伊立什》相關經文起源的問題，但它證明了一個原本應該是埃及獨特和原創的產物，實際上在巴比倫有一個對應物（如果不是其前身）；而巴比倫是馬杜克宣稱自己擁有霸權的地方。

我們更肯定的是，這種三十六個黃道十度分度的做法，並沒有出現在第一部埃及曆法中。最初的曆法是與月亮緊密相關的，後來的才是太陽曆法。在埃及神話中，圖特是一位月神，拉則是一位太陽神。將這一點延伸到兩部曆法上，可以看出前後兩部曆法分別是由圖特和拉（馬杜克）制定的。

事實上，大約西元前三千一百年時，蘇美的文明等級（人類王權）延伸到埃及時，拉（馬杜克）在巴比倫建立霸權一事失敗了，便返回埃及，並驅逐了圖特。

我們相信，正是在那之後，拉（馬杜克）並非是為了行政管理上的方便，而是為了徹底根除圖特的領導，才改革了曆法。《亡靈書》中有一段陳述道，圖特被「發生在神聖孩子們身上的事情弄得心煩意亂，他們挑起戰爭，引發衝突，製造魔鬼，導致麻煩」。結果，圖特「在他們（他的對手）混淆年份、弄亂月份的時候，被惹怒了」。文獻中聲明，所有這些壞事，「他們對你所做的一切，都是在暗中進行邪惡舉動。」

這能夠指出，當圖特的曆法需要調整時（原因在本章前文解釋過），這場衝突導致他在埃及的曆法被拉（馬杜克）的曆法所取代。我們之前提過，理查．派克爾相信這次的改變發生在大約西元前兩千八百年左右。阿道夫．厄爾曼（Adolf Erman）在《埃及和古代埃及人》（*Aegypten und Aegyptisches Leben im Altertum*）中的結論更明確。他寫道，這時剛好是天狼星完成一千四百六十年的一個週期，回到它最初的位置，也就是西元前二七七六年七月十九日。

值得注意的是，大約西元前兩千八百年的這個時期，是英國權威學者所接受的巨石陣一期的時期。

以七天為一週的起源

拉（馬杜克）會提出這部以十天為基礎的曆法，可能是因為他想要為埃及和美索不達米亞的追隨者，在他與「七」（恩利爾一族的首領，恩利爾本身）之間劃清界限。的確，這樣的劃分可能會引起陰曆法和陽曆法之間的波動；正如我們之前提到的以及古代紀錄中證實的，曆法是阿努納奇「眾神」所設計，以便為其追隨者劃出禮拜的週期；而對於至高無上地位的爭奪，就意味著到最後究竟是誰被禮拜。

對於將一年以七天為一個週期來劃分並計算時間的方式，即「一週」這個概念的起源，學者們曾有過長期的討論，卻還沒有得到確切的答案。我們曾在《地球編年史》之前的幾本書裡展示過，「七」是表示我們這顆星球「地球」的數字。「地球」在蘇美文獻中被稱為「第七個」，而且它在天體描繪中被呈現為七個小點（如173頁圖91），因為當阿努納奇從他們的星球，也就是太陽系最外層的星球，駛向太陽系中心的時候，他們首先遇到的是冥王星，然後經過海王星和天王星（第二和第三），接著繼續經過土星和木星（第四和第五）。他們將火星記為第六個（因此它被描繪為有六個頂點的星星），將地球記為第七個。實際上，這次的旅行和計數，被描繪在一個出土於尼尼微皇家圖書館廢墟的平面圖上。它的八個部分之一（見圖103），顯示了從尼比魯星展開的飛行，並陳述了「神恩利爾經過這些行星」。這些行星由小點來表示，總共有七個。對蘇美人而言，是恩利爾，而非其他任何一位，是「七之主」。美索不達米亞和《聖經》中，有在人名（如拔示巴〔Bath-sheba〕，意思是「七的女兒」）和地名（如別是巴〔BeerSheba〕，意思是「七之井」）使用這個稱號來榮耀這位神。

「七」這個數字的重要或神聖性，轉移到

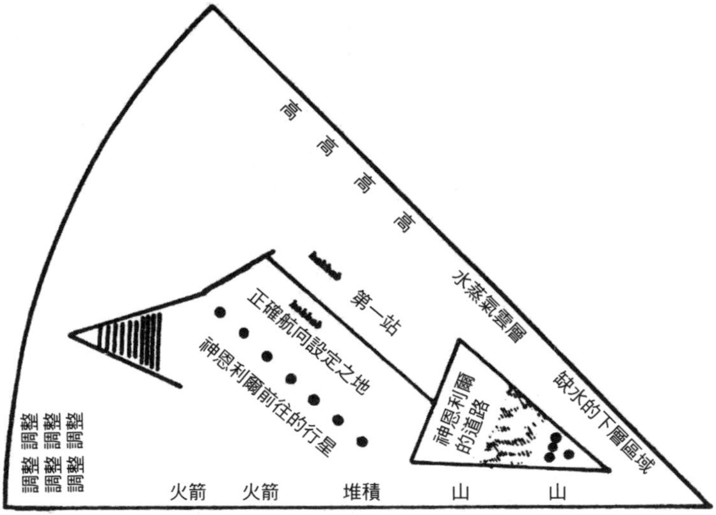

圖103：出土於尼尼微皇家圖書館廢墟的平面圖

曆法中就成為以七天為一週，並滲入到《聖經》及其他古代文書中。當亞伯拉罕與亞比米勒（Abimelech）協商時，他拿出七隻小羊；雅各（Jacob）服侍拉班（Laban）七年，才能與他的女兒結婚，而當他走向嫉妒的兄弟以掃（Esau）時，要鞠躬七次。大祭司需要將各式各樣的儀式進行七次，耶利哥被包圍了七次，才讓它的城牆倒下；在曆法中，第七天是安息日且必須嚴格遵守，而重要的五旬節必須是在逾越節之後第七週舉行。

雖然沒有人敢說究竟是誰「發明」了七天為一週，但很顯然，《聖經》將此聯繫到創世之初，當時間開始的時候：《創世記》中為期七天的創世開始之時。用七天週期來計算時間——人類的時間——可以在《聖經》和更早的美索不達米亞大洪水故事中看到，由此能證明它的古老。在美索不達米亞文獻中，恩基給了洪水故事中的英雄七天的時間，他「打開水鐘並填滿它」，以確保他忠誠的追隨者不會錯過最後的期限。在一些版本中，據說大洪水開始於一場風暴，它「橫掃整個國度七天七夜」。《聖經》版本的大洪水，同樣是在挪亞得到警告的七天之後才開始。

《聖經》中的大洪水故事及其持續的時間，顯示在很早期就對曆法有深入的理解。具有意義的是，它相似於「七天週期」以及「將一年劃分為五十二週」的劃分法。此外，它顯示出對一部複雜的陰陽合曆的理解。

按照《創世記》的說法，大洪水開始於「二月十七日那一天」（7：11），結束於第二年的「二月二十七日」（8：14）。表面上看是三百六十五天加上十天，但實際上不是。《聖經》將大洪水時期拆分為一百五十天的大水，一百五十天的退水，以及挪亞認為外界安全而可以打開方舟的四十天。然後，在間隔兩個七天之後，他派出一隻烏鴉和一隻鴿子去搜尋地表；直到鴿子不再回來，挪亞才知道外面已經足夠安全，可以出去了。

按照這種拆分方式，加起來就是三百五十四天（150＋150＋40＋7＋7）。但這不是一個陽曆年，而是一個精確的陰曆年，有十二個月，每月二十九・五天（29.5×12＝354）——猶太人至今仍使用這樣的曆法——也就是每個月輪流擁有二十九或三十天。

但是在陽曆系統中，三百五十四天並不是完整的一年。在認識到這一點的情況下，《創世記》的講述者或編製者插入說明，表示大洪水是在「二月十七日那一天」開始，在一年之後的「二月二十七日」結束。學者們分為幾派，一派認為總天數加起來是陰曆的三百五十四天。另一些學者，如甘茲（S. Gandz）在《希伯來數學及天文學研究》（*Studies in Hebrew Mathematics and Astronomy*）中提到的，他認為應該加上十一天，而這種插入法會將陰曆年的三百五十四天擴充到完整陽曆年的三百六十五天。其他一些人，包含古代的《禧年書》的作者，認為加上的天數只有十天，將一年的長度增加為三百六十四天，而其意義在於使用一部將一年分為五十二個以七天為一週的曆法（52×7＝364）。

這不只是三百五十四天加上十天這麼簡單，而是刻意將一年分為五十二週，每週七天。這在《禧年書》中講得很清楚，其中第六章陳述道，當大洪水結束的時候，挪亞被給予了「天國碑刻」：

> 聖訓的所有日子，將會有五十二週的日子，它們代表著一年的完成。
> 因此，它被刻下並頒布在天國碑刻上；年復一年都不能有所疏忽。
> 指導你們以色列的孩子，讓他們按照此表遵守年歲：三百六十四天，組成完整的一年。

這種對每年五十二週且每週七天的堅持，組成了一年三百六十四天的曆法，但這並不是忽略了一個陽曆年有三百六十五天的事實。在《聖經》中，透過以諾被上帝帶走升天的年紀（三百六十五歲），可以看出對這種真實長度的察覺。在非聖經的《以諾書》中，曾經特別提到了「超額的太陽」，有五天必須要加進其他曆法的三百六十天（12×30），以組成三百六十五天。然而，《以諾書》在描述太陽和月亮的運行、十二個黃道宮的「門戶」、平分日點和至日點的章節中，清楚陳述了曆法中的年應該是「嚴格按照其天數的一年：三百六十四天」。在這個聲明中，重申了「有著完美評判的完整一年」是三百六十四天，也就是五十二週，每週七天。

埃及傳說中的數字「七」

《以諾書》，特別是《以諾二書》的版本，被認為它顯示了當時埃及亞歷山大港的科學知識的元素。其中有多少可以被追溯到圖特那裡，是難以說清楚的；但是在《聖經》和埃及神話中都顯示出，「七」和「五十二乘七」在更早時期所扮演的角色。

較著名的是《聖經》中的約瑟，他在成功為法老解夢之後管理埃及的故事。法老的夢中，第一個是七頭肥母牛被七頭瘦弱的母牛吃掉了，第二個夢是七顆飽滿的穀粒被七個乾癟的穀粒吞了。然而，很少有人意識到這個故事——對一些人來說是「傳說」或「神話」——有著很強的埃及根源，也與較早期版本的埃及傳說有關係。第一個夢是關於希臘神諭女神西比拉（Sibylline）的埃及前身；她們被稱為「七哈索爾」；哈索爾曾是西奈半島的女神，被描繪為一頭母牛。換句話說，這七頭母牛象徵可以預言未來的哈索爾。

七個豐收年緊接著七個貧瘠年的故事，其早期版本是一部象形文字文獻（見圖104），瓦利斯．布奇在《眾神傳奇》（*Legends of the Gods*）中將之命名為「神庫努杜（Khnemu）和七荒年的傳說」。庫努杜是人類創造者普塔（恩基）的另一個名字。埃及人相信，在他將埃及統治權轉交給兒子拉之後，就退休到阿布島（Abu，從希臘時代開始，因為它的形狀而被稱為「象島」），他在那裡修建了兩個地下洞穴——兩個相連的水庫——它們的鎖或水閘可以操作，以用來控制尼羅河的水流。（現在的亞斯文大壩〔Aswan High Dam〕幾乎就位於這個尼羅河的第一個水利工程之上）。

依照這部文獻的內容，左塞爾法老（塞加拉階梯金字塔的建造者）接到了一份來自南部執政官的皇家快件，其中講到嚴重的苦難降臨到人民的身上，「因為尼羅河已經有七年沒有到達正常水位了」。結果是，「穀物和蔬菜非常缺乏，所有人類用來當作食物的東西都沒有了，而每個人都搶奪他的鄰居」。

這位國王希望能透過直接向神庫努杜祈求，來結束這次的饑荒和混亂，他前往南方抵達阿布島。他被告知，這位神住在「用蘆葦做成入口的木造大建築裡」，他有「繩子和碑刻」，能夠「打開尼羅河水閘的兩道門」。庫努杜回應了這位國王的請求，保證會「升高尼羅河的水位，提供水，讓農作物生長」。

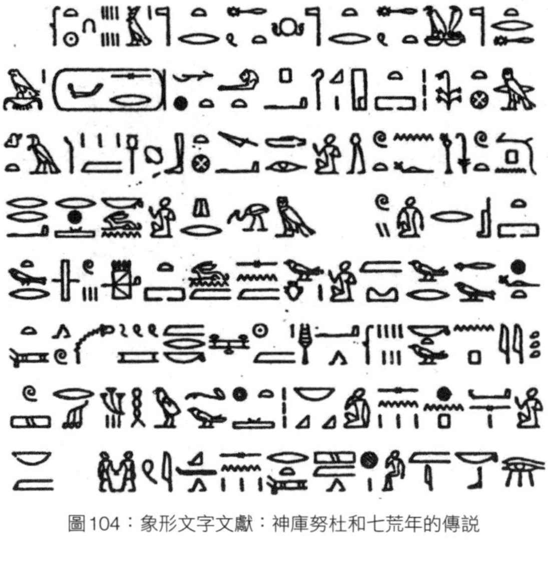
圖104：象形文字文獻：神庫努杜和七荒年的傳說

由於尼羅河水位每年的上升，與天狼星的與日同升有關，有人肯定會想，這個故事的天文特徵，不僅讓人想到實際上的缺水（至今仍週期性地存在著），還有在一個死板的曆法中，天狼星出現的時間有所變動（之前討論過）。文獻中的陳述，暗示了這整個故事的曆法涵義。它提到庫努杜在阿布島上的住所有著天文方面的朝向：「神的房子有一個開口面向東南方，太陽每天都是出現在它正對面」。這只能解釋為，這個設施是用來觀測太陽在兩個冬至日之間往返的過程。

在短暫回顧數字「七」在眾神和人類的事務中的意義與作用後，已足夠顯示出它的天文起源（地球是從冥王星數過來的第七顆行星）和它在曆法裡的重要性（七天為一週，每年有五十二個這樣的週期）。然而，在阿努納奇的競爭中，所有這些都有另一層涵義：確定誰才是「七之神」（在希伯來語中是Eli-Sheva，伊莉莎白〔Elizabeth〕），以及誰才是地球名義上的統治者。

我們相信，這是拉（馬杜克）在巴比倫的政變行動失敗後，返回埃及時使他感到震驚的事：透過將以七天為一週引入埃及，能夠傳播對於「七」（恩利爾的稱號之一）的崇敬。

古代的曆法遊戲

在這些情況下，像是對七哈索爾的尊崇，肯定會被拉（馬杜克）所詛咒。不僅是因為她們的數字「七」，象徵著對恩利爾的崇拜；同時還因為她們與埃及神話中一位重要的神哈索爾有關，而拉（馬杜克）並不特別喜歡這位神。

我們曾在《地球編年史》系列的前面幾本書講到，哈索爾是蘇美神話中寧呼爾薩格的埃及名字；她是恩基和恩利爾的同父異母姊妹。由於這兩個兄弟的正式配偶，都不是他們同父異母的姊妹（恩基的配偶是寧基〔Ninki〕，恩利爾的配偶是寧利爾），所以他們都需要寧呼爾薩格為他們生下一個兒子；在阿努納奇的繼承制度中，這個兒子將成為地球王位的合法繼承人。雖然恩基不斷與寧呼爾薩格進行房事，但生下來的都是女兒；在這一點上，恩利爾成功多了，他最重要的兒子尼努爾塔正是寧呼爾薩格所生。這讓尼努爾塔（寧吉爾蘇，古蒂亞的「吉爾蘇之主」）有資格繼承父親的「五十」這個階級。而在這一刻，恩基的長子馬杜克，喪失了統治地球的資格。

關於對「七」的崇拜及其在曆法上的重要性，還有其他表現：發生在左塞爾時代的七荒年故事。考古學家在塞加拉區域發現了一個以雪花石膏製成的圓形「聖壇頂」，它的形狀（見圖105）

顯示其功用是一座可以點亮七天的聖燈。另一個發現是一個石「輪」（有些人認為它是一個圓錐形石的底座；這個圓錐形石是玄妙的「肚臍石」），它被很明顯地分為四個區塊，每個區塊都有七個標記（見圖106），這顯示出它是一個真正的石頭曆法表——無疑是陰曆法——其中包含了七天為一週的概念，而且在四個分隔線的幫助下，實現了每個月從二十八天到三十二天不等的計數。

用石頭製作曆法表的情況在古代就已經存在了，例如不列顛的巨石陣和墨西哥的阿茲特克曆法表。這個發現於埃及的物品應該是最小的奇蹟，因為我們相信，分散在所有這些地域上的石頭曆法表，背後的天才是同一位神：圖特。這個曆法表包含了七天的週期，也許令人驚訝；但就如另一個埃及「傳說」所顯示的，這其實並不令人意外。

圖105：在塞加拉區域發現的圓形「聖壇頂」

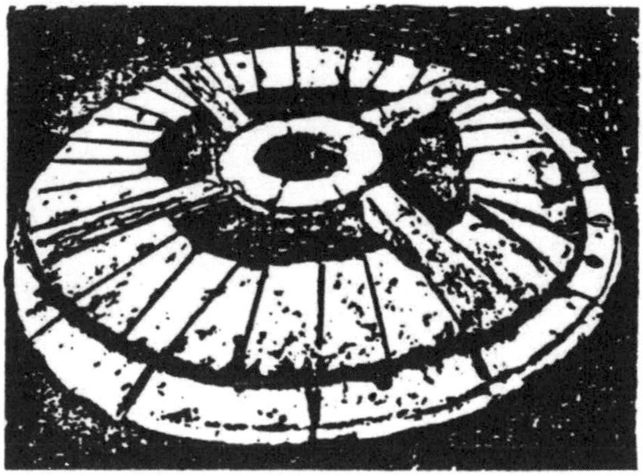

圖106：石輪的四個區塊各有七個標記

幾乎在古代近東文明曾經存在的每個地方，考古學家都發現了類似遊戲或遊戲臺的東西，這裡展示了一些來自美索不達米亞、迦南和埃及的發現（見圖107）。兩名選手按照所擲的骰子，將小棒從一個洞移到另一個。考古學家只把它們當成一種遊戲；但通常這些洞的數目是「五十八」，明顯可知每位選手有二十九個洞，而「二十九」是一個月亮月的完整天數。另外，有一些古物將這些洞劃分為更小的組別，還有將一些洞與其他洞相連的溝道（也許是表示選手可以跳到那裡）。我們注意到，例如，洞「十五」和洞「二十二」是相連的，洞「十」與洞「二十四」相連，這暗示著可以「跳躍」一週七天，或兩週十四天。

現在的我們，透過歌謠（「九月有三十天」）和遊戲，來教小孩子認識年曆；為什麼我們要排除在古代就有這種教學方式的可能性呢？

這些是曆法遊戲，而且至少其中一種是圖特的最愛，用於教導一年被劃分為五十二週，這在一部被稱為《薩特尼．胡莫斯與木乃伊的冒險》（*The Adventures of Satni-Khamois with the Mummies*）的埃及故事中得到證實。

這是一個有關魔法、神祕主義和冒險的故事，它將神祕數字「五十二」與圖特，以及曆法的祕密連結在一起。這個故事被記錄在一個莎草紙文獻上（被編錄為Cairo-30646），此文獻是在底比斯的一個墓穴中被發現的，能夠追溯到西元前第三個世紀。其他記錄這個故事的莎草紙碎片同樣被發現了，這代表它是記錄眾神和人

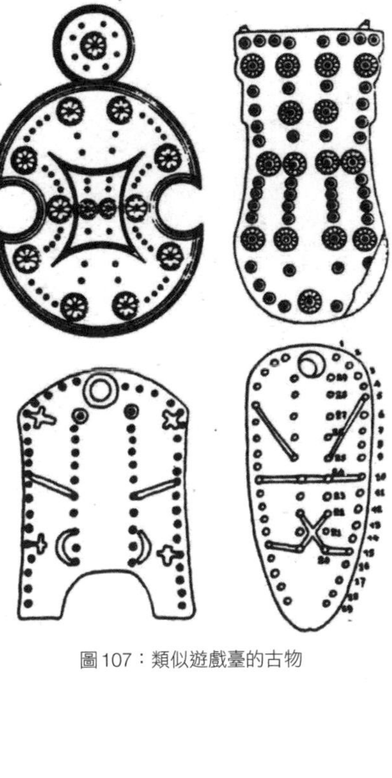

圖107：類似遊戲臺的古物

類的故事的古代埃及國家或權威文學的一部分。

傳說裡的英雄是法老的兒子薩特尼，「在各方面上都訓練有素」。他習慣在孟斐斯的墓地裡散步，學習寫在神廟牆壁和石碑上的神聖作品，研究古代魔法書。最終他成為「一位在埃及無與倫比的魔法師」。有一天，一個神祕的老人告訴他有這一座墓穴：「那裡存放著一本神圖特親手撰寫的書。」那本書裡揭示了地球的神祕和天堂的祕密，包含的神聖知識涉及到「太陽的升起，月亮的出現，眾神（行星）圍繞太陽的運行」等，天文學和年曆的祕密。

這個被談論的墓穴是前國王之子——尼諾弗蘭克普塔（Nenoferkheptah）的。當薩特尼詢問古墓的地點時，老人警告他，雖然尼諾弗蘭克普塔已經木乃伊化，但他還沒有死，能夠擊倒任何妄想帶走放置在他腳下的「圖特之書」的人。無所畏懼的薩特尼依然前去尋找古墓，當他抵達正確的位置，「對它吟誦一段咒語後，地面突然出現一道裂縫，於是薩特尼進入了這本書的所在地。」

在墓穴裡，薩特尼遇到了尼諾弗蘭克普斯、他的姊妹兼妻子，以及他們兒子的木乃伊。那本書確實在尼諾弗蘭克普斯的腳下，「好像太陽一樣閃閃發光」。當薩特尼走向那本書時，妻子木乃伊說話了，警告他不要再前進一步。她告訴薩特尼，有關自己丈夫如何企圖得到這本書的冒險經歷：圖特把那本書藏在一個神祕的地方，那是在銀盒子裡的金盒子；而銀盒子又是在一層層重疊的盒子裡，最外面那一層是銅鐵盒子。她的丈夫尼諾弗蘭克普斯，不顧所有警告和危險，得到那本書。但圖特詛咒了他和妻子、兒子從此定格不能動：儘管他們還活著，卻被埋葬了；儘管他們已經木乃伊化，但仍然可以看見、聽見及說話。她警告薩特尼，如果他碰一下那本書，也會有相同或更慘的命運。

不過，這份警告以及先行者的悲慘遭遇，沒能阻止薩特尼。在經過長途跋涉後，他一定要得到這本書。當他再一次向這本書靠近時，尼諾弗蘭克普塔的木乃伊說話了。有一種方法可以得到書，又不會引起圖特的狂怒，他說：去玩「圖特的神奇數字」五十二的遊戲，並取得勝利。

打算向命運挑戰的薩特尼同意了，他輸了第一盤，發現自己的部分身體已經陷入墓穴的地板裡。他輸了一盤又一盤，身體也越來越深陷進地板裡。他如何帶著這本書，逃離這場降臨到他身上的災禍，又如何在最後將書放回它原本的隱藏處，過程的確非常精彩，但已經偏離我們的主題了：事實上，這本天文學和曆法的「圖特的祕密」，包含了五十二這個遊戲——將一年劃分為五十二個七天，導致《禧年書》和《以諾書》中講到了只有三百六十四天的神祕紀年法。

這個神祕的數字讓我們漂洋過海前往美洲，又把我們帶回巨石陣，而覆蓋在這些事件上的部分神祕面紗，將導致並揭開了由人類記錄下的第一個新時代。

9．太陽從何處升起

沒有什麼比在夏日最長的白晝那一天穿過沉靜的撒森岩巨石的陽光，更能成為巨石陣縮影的事物了，當時的太陽將從往北的行進中慢慢放慢、停止，最後開始返回。也許是命中注定，現在仍然聳立著，而且由頂部石塊連接的巨石柱，只剩下四個。它們形成三個拉長的窗口，透過它們，我們仍然可以看到並確定一個新的年度循環的開始（見圖108）。

也許仍是命運的決定，在這個世界的另一個角落，有使用巨石建成的三個窗口——按照當地傳統說法，是由巨人建造的——同樣提供給人們一個壯觀的視野，太陽從厚厚的白雲中現身，其光線精準地直射過來。太陽在曆法中的一個特定日子，會在南美洲祕魯的三窗之地上方升起（見圖109）。

這種相似是否僅是視覺上的感受，一種純粹的巧合呢？我們不這麼認為。

圖108：撒森岩巨石

馬丘比丘的三窗神廟

現今這個地方被叫做馬丘比丘（Machu Picchu），這個名字源於該城市所處的烏魯班巴河（Urubamba）轉彎處陡然升起一萬英尺高的陡峭山峰。它隱藏在叢林及綿延不絕的安地斯山峰之中，躲開了西班牙征服者並留下了「印加失落的城市」，直到一九一一年才被希蘭姆．賓漢（Hiram Bingham）所發現。現在所知的是，它的建造時間比印加帝國早得多，而且它過去的名字叫做坦普托科（Tampu-Tocco），意思是「三窗之港」。在當地傳說中，這個地方及其獨特的三窗建築，在安地斯山文明起源時，由大神維拉科查（Viracocha）所帶領的眾神，將四位艾亞（Ayar）兄弟和他們的四名姊妹兼妻子放在坦普托科，有三個兄弟從三個窗口出來，在安地斯大地定居並進行開發；他們其中之一建立了比印加帝國早了數千年的古代帝國。

這三個窗口是一座由巨石建造的巨牆一部分，這些石頭——正如巨石陣——並不是本地生產的，而是穿越高聳山脈和陡峭山谷，從非常遙遠的地方運送過來的。這些巨石被仔細地磨平，讓表面變得圓滑，它們被切為多邊形，而且擁有多種角度。每個石塊的邊數和角度的大小，都與相鄰的石塊相符。這些多邊形巨石由此兩兩嵌合，就像拼圖一樣，不需要任何砂漿或其他黏合物就能緊密相連，並撐過了該地區並不少見的地震，和其他人為或自然的破壞。

三窗神廟，賓漢這麼稱呼它。它只有三道牆：有窗口的那面牆向東，其他兩道牆像是保護

圖109：南美洲祕魯的三窗神廟

翼。西面是完全敞開的，為一根大約七英尺高的石柱提供空間；這根石柱由兩個水平放置、精心造形的石頭從兩邊支撐著，精確地朝向中間的窗口。因為這根石柱的頂端有一個壁孔，賓漢推測，它可能曾經有一個以梁柱撐起的茅草屋頂；然而，這在馬丘比丘是很少見的特徵，我們相信這根石柱與巨石陣的席爾石（在最初）或聖壇石（後來出現的）具有同樣的功用，換言之，如同提供視線方向的古蒂亞的第七根石柱。很有創意的是，三窗設計的功能性讓三條視線方向成為可能：指向夏至日、冬至日和平分日的日出。（見圖110）

三窗結構加上石柱，組成了賓漢所稱的東邊部分，而學者們則稱它為「神聖廣場」。廣場上的另一個主結構同樣是三面的，它最長的那面牆在廣場的北邊，南邊是敞開的。它同樣是用進口的花崗岩巨石建成，並以多邊形石塊組合起來。北牆中間有七個偽窗口，模仿梯形的三窗設計，但沒有穿透石牆。有一個十四乘五乘三英尺的獨立矩形巨石，立於此結構的地板上，就在這些偽窗口的下方。雖然這個結構的用途尚不明確，但仍然被認為是主神廟，賓漢是這樣為它命名的。

由於這塊巨石的高度為五英尺，無法當成座椅，賓漢推測它是被當作貢品桌的，「一種祭壇，可能用來放置食物貢品，或是安置受崇敬的死者的木乃伊，它會在某個節日被取出來並進行祭拜。」雖然這種風俗純屬想像，但關於這個結構與節日有關的看法（換言之，與曆法有關），是很有吸引力的。在七個偽窗口上面，有六個醒目的突出石栓，因此，它與某種六和七的計算有

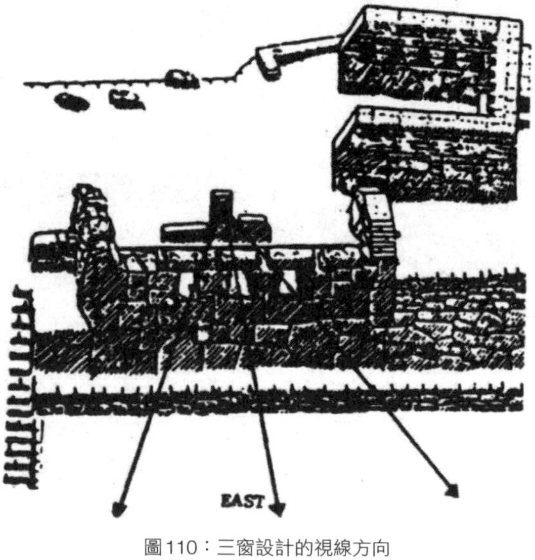

圖110：三窗設計的視線方向

關的可能性——就像在拉格什的吉爾蘇——是不能被排除的。兩側的邊牆各有五個偽窗口，所以它們（東牆和西牆）與中間的北牆，一起組成了「十二」。這同樣暗示了曆法的功能。

屬於同一個巨石時代的較小圍場，被建造為主神廟的附屬建築，位在主神廟的西北角後面。它非常適合被形容為一個有著石頭長凳的無屋頂房間。賓漢推測它是祭司的住所，但沒有任何證據能夠指明它的用途。明顯的是，它也是使用多邊形花崗岩石塊建造而成，這些石塊被造形及打磨得臻至完美。的確，擁有最多邊角（三十二！）的石塊，是在這裡被發現的。這些舉世矚目的巨石，究竟是誰用什麼方法打造並放置的？這個問題一直困擾著它的造訪者。

山頂上的英帝華達納石

這個圍場的正後方是一道階梯，總體形狀呈矩形，但階梯本身卻是出未經加工的粗石組成。它迴旋向上，從神聖廣場一直通向一座山丘，在上面能夠俯瞰全城。山頂被整平了，以便在上面建造圍場。它同樣是用形狀漂亮、打磨平滑的石頭建成的，但這些石頭並非巨石，也不是多邊形石塊。較高的入口牆形成了一個通向山頂的門道，較低的圍牆是使用方石（矩形石頭）建造而成的。這種建築方法不同於巨石時代，但也不是明顯較劣質的，以砂漿黏合不規則形狀粗石的建築方式，馬丘比丘的其他大多數建築物都屬於後者。後者無疑是屬於印加時期的；而方石建築，如同這座山頂上的，屬於一個更早的時代，在《失落的國度》裡，我們將其辨認為是古帝國時代的產物。

這個山頂上的方石建築構造，很明顯只是為了山頂的主要部分提供裝飾和保護。在中間，山頂被整平並形成一個平臺，留下一塊裸露的天然石頭，它被精心切刻成一個多邊形的基座，上面有一根短石柱向上突出。我們可以從它的名字看出，這個基座上方的石頭是用於天文－曆法目的的：它叫做「英帝華達納」（Inti-huatana，又稱拴日石），在當地語言裡的意思是「捆綁太陽之物」。按照印加人及其後裔的解釋，它是一個用於觀測和確定至日點的石頭儀器，確保太陽被綁住，不會一直移動而無法被拉回（見圖111）。

在發現馬丘比丘之後經過將近四分之一個世紀，學者們才對它進行嚴肅的天文學研究。直到一九三〇年代，德國波茲坦（Potsdam）大學的天文學教授洛夫．穆勒（Rolf Muller），在祕魯和玻利維亞的多個重要遺址展開一系列的學術調查，他將諾曼．洛克耶首先提出的考古天文學原理，應用到他的發現上。因此，除了有關馬丘比丘、庫斯科（Cuzco）和蒂亞瓦納科（Tiahuanacu，在的的喀喀湖的南岸）的天文學面向的有趣結論外，穆勒還能夠準確地指出它們的建造時間。

圖111：英帝華達納石及其基座

穆勒在《古代祕魯的英帝華達納》（*Die Intiwatana (Sonnenwarten) im Allen Peru*）及其他著作指出，這個基座上的短石柱及基座本身，都是被仔細切刻、造形，以便在這個特定的地理位置和海拔高度提供精確的天文觀測。這根柱子（見圖112 a）是日晷，而基座是陰影記錄儀。這個基座本身的形狀和朝向，使得觀測者能夠沿著其溝槽，測算出關鍵日子的日出或日落（見圖112 b）。穆勒指出，這是冬至日（南半球是六月二十一日）的日落（圖中的Su）和夏至日（南半球是十二月二十三日）的日出（圖中的Sa）。他還測定了這個矩形基座的角度，指出如果有人順著由突起

3和突起1連起來的對角線去觀測地平線，就能觀測到建造英帝華達納的那個時代，平分日的精確日落點。

由於當時地球的傾斜度更大，他得出結論是距今四千多年前（大約在西元前兩千一百年到西元前兩千三百年之間），因此，可以知道馬丘比丘的英帝華達納之建造年代，與拉格什的伊尼奴及巨石陣二期相近（就算沒有比較古老）。也許更引人注目的是英帝華達納具天文功能的基座，因為它的矩形設計模仿了巨石陣一期四個基石的特殊矩形（雖然它顯然沒有巨石陣的觀月功能）。

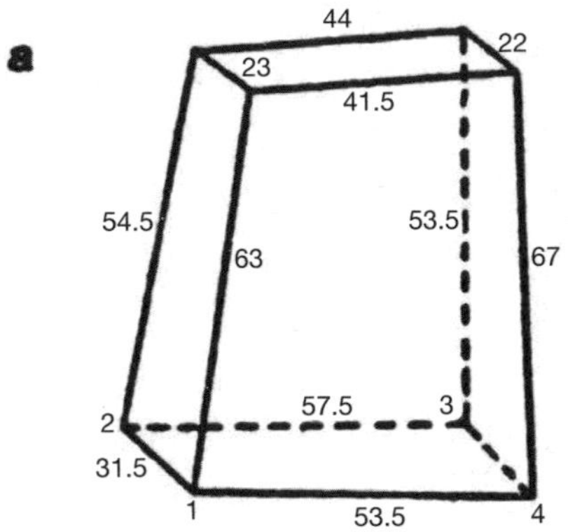

圖112a：英帝華達納石是日晷

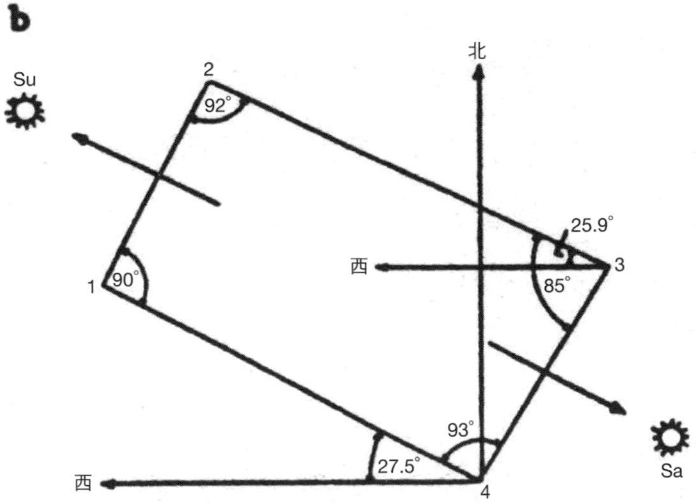

圖112b：透過基座可測算至日點的日出和日落

石塔的天文視線

艾亞兄弟的傳說中，講述了安地斯王國起源的三兄弟（他們宛如《聖經》中含〔Ham〕、閃〔Shem〕和雅弗〔Japhet〕故事的南美版本）將第四個兄弟囚禁在一個巨石洞穴裡，以便擺脫他。這位兄弟在裡面變成了一塊石頭。而像這樣在裂開的巨石裡有著白色的直立柱或短石柱的洞穴，的確存在於馬丘比丘。在它之上，是至今仍然佇立的、整個南美洲最醒目的結構。這個結構與和英帝華達納的平臺使用相同種類的方石，由此可以看出它們是屬於同一個時代的建築。它有兩面牆形成完美的直角，另外兩面牆彎曲形成完美的半圓形（見圖113a），現在被稱為「石塔」

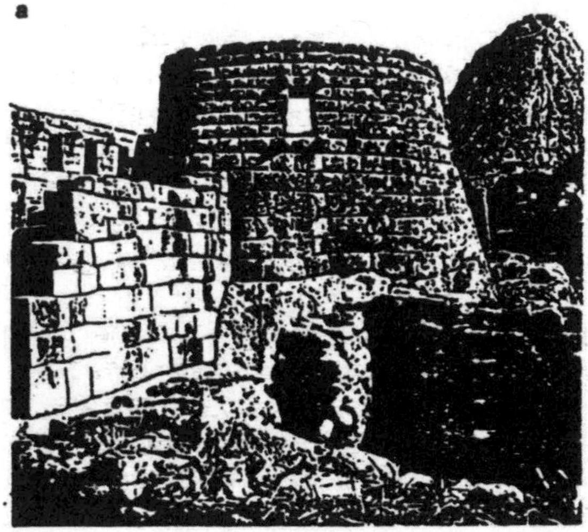

圖113a：石塔

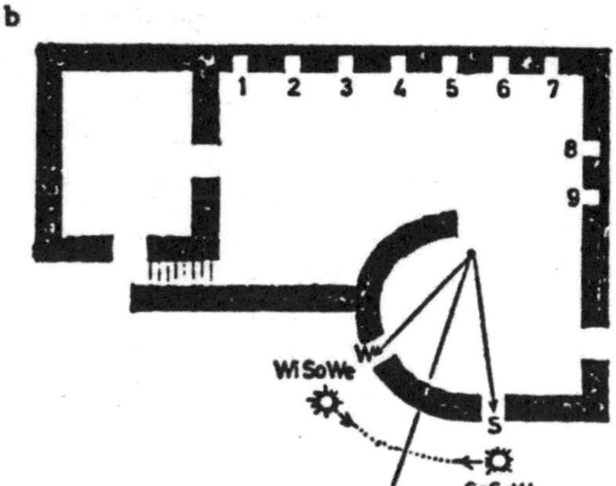

圖113b：石塔的天文視線

（Torreon）。

這座石塔的圍場部分要經過七級石梯才能到達，而且就跟英帝華達納一樣，是建在岩石露頭上。與英帝華達納相同的是，這個露頭部分同樣被切刻過，並被賦予一個充滿目的的形狀，只是上面沒有日晷針。然而，穿過這塊「聖石」的溝槽和多邊形表面的天文視線，直接指向了半圓牆上的兩個窗口。穆勒，以及之後的天文學家，例如迪爾伯恩（D.S. Dearborn）和懷特（R.E. White）在合著的《馬丘比丘考古天文學》（*Archaeoastronomy at Machu Picchu*）中指出，這些視線在超過四千年之前是朝向冬至和夏至日的日出點的。（見圖113 b）。

這兩個窗口的梯形外觀（上窄下寬），與著名的神聖廣場的三窗設計非常相似，因此，它在形狀和用途上都仿效了巨石時代的設計。相似之處在於完美的方石結構，在此結構的半圓形牆末端，往北的直牆開始的地方，有第三個窗口——可以稱之為「光孔」。它比其他兩個更大，其窗臺不是直的，而是像一個倒轉的階梯；頂部也不是平直的，而是一個楔形開口，形狀就像倒轉的字母V（見圖114）。

從這個開口（從石塔裡面）看出去的視野，被印加時代的粗石建築阻礙了，因此曾研究過石塔的天文學家並沒有說這第三個窗口具有天文學方面的意義。賓漢指出，這個窗口的牆面留有明顯的火燒證據，他推測這裡曾是在特定節日焚燒祭品的地方。我們的研究顯示出，當印加建築還不在這裡的時候，也就是說在古帝國時代，一條從聖石出發，穿過窗口上的V字

圖114：石塔的第三個窗口

開口，到西北山頂上的英帝華達納的視線，可能指向石塔建造時代的冬至日日落點。

這個岩石上的結構還模仿了神聖廣場中的其他功能。除了三個開口，在圍牆的垂直部分還有九個梯形偽窗口（見圖113b）。這些偽窗口之間，牆上有突出的石栓，或用賓漢的話說就是「石軸」（見圖115）。具有七個偽窗口的那道較長的牆有六個這樣的石栓，與主神廟較長的那面牆的安排一模一樣。

所有窗口的數量（包含偽窗口）是十二個，無疑顯示出它們的曆法功能，例如一年十二個月。和主神廟一樣的長牆上的偽窗口（七）和石栓（六）的數目，可能是一種關於設置閏月的曆法需求：透過每隔幾年增加第十三個月，對陰曆年進行週期性調整，以配合陽曆年的週期。用於觀察及確定至日點和平分日點的視線與開口，還有配有石栓的假窗口，這兩者結合起來所得出的結論是，有人曾在馬丘比丘創造了一個複雜的日月系統石頭電腦，來當作曆法表。

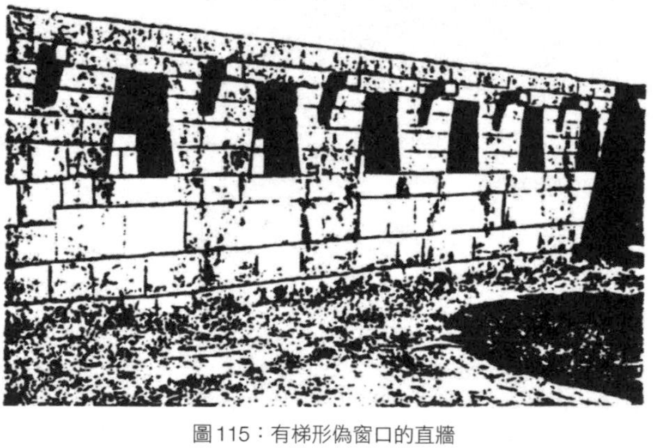
圖115：有梯形偽窗口的直牆

庫斯科的太陽神廟

與伊尼奴和巨石陣二期同一時代的石塔，有一個比英帝華達納的矩形樣式更顯著的特點，因為它展現了極為少見的圓形石頭建築——這在南美洲非常罕見，但與拉格什和巨石陣的石圈有著明顯的親緣關係。

根據西班牙人弗蘭度・蒙特西諾斯（Fernando Montesinos）在十七世紀初所收集的傳說和資料，印加帝國並不是第一個將首都設在祕魯庫斯科的王國。研究者們現在得知，被西班牙人遇到並征服的傳奇印加帝國，是在西元一〇二一年才在庫斯科掌權的。在此很久之前，是艾亞兄弟之一的曼科・卡帕克（Manco Capac），在神維拉科查賜給他的金棒沉入大地的那個位置，建立了這座城市。透過蒙特西諾斯的計算，這件事發生在大約西元前兩千四百年，比印加帝國早了將近三千五百年。這個古帝國持續了將近兩千五百年，直到發生了一連串的瘟疫、地震及其他災難，導致人們離開了庫斯科。這位國王在少數被選定的人陪同下，撤退到坦普托科的隱匿處；該王朝在那裡持續了大約一千年，直到一位貴族出生的年輕人被挑選出來，帶領人們重返庫斯科，建立一個新的王國——印加王朝。

西元一五三三年，當西班牙征服者到達印加帝國都城庫斯科的時候，他們驚訝地發現，這座超級大都市有著大約十萬個住宅房屋，它們包圍著一個由宏偉的宮殿、神廟、廣場、花園、集市和閱兵場組成的皇家宗教中心。讓他們不解的是，為什麼當地人說這座城市按照一個橢圓形被劃分為十二個區域，它的邊界沿著視線延伸至環繞著城市之山峰上的觀測塔（見圖116）。他們還被這座城市和帝國最神聖的神廟所震撼，因為它不僅極為華美，還是完全鍍金的。正如它的名字「科里坎查」（Cori-Cancha，意思是黃金圍場），這座神廟的圍牆被金板覆蓋著；而裡面則是光采奪

圖116：邊界延伸至山峰上的觀測塔

目的工藝品和鳥類與動物的雕像，都是由黃金、白銀和寶石製成的；而且在神廟的主庭院裡，穀物和其他作物也是人造的，以黃金和白銀製成。光是西班牙人最初的偵察隊，就帶走了七千個金板（還帶走了大量其他珍貴的工藝品）。

科里坎查後來被天主教神父破壞並改建為教堂，曾見過完整科里坎查的編年史學家記錄道，這個圍場包括一座獻給神維拉科查的主神廟，還有用於禮拜月亮、金星、一顆被稱為考勒爾（Coyllor）的神祕行星、彩虹以及雷電之神的聖壇或小禮堂。儘管如此，西班牙人還是稱這座神廟為「太陽神廟」，並認為太陽是印加人所崇拜的至高神。

西班牙人會這麼認為，可能是因為在科里坎查的至聖所（一個半圓形房間）裡，大祭壇上方的牆面掛著一個「太陽的形象」。這是一個黃金大圓盤，西班牙人推測它代表的是太陽。事實上，在更早的時代，它是用來反射每年僅照進這個黑暗房間一次的太陽光束——就在冬至日的日出那一刻。

有意義的是，這種安排與位於埃及卡納克的阿蒙大神廟（Great Temple of Amon）有著緊密的關聯。它的至聖所呈現極少見的半圓形，就像馬丘比丘的石塔。而且，這座神廟最早的部分，包括至聖所，都是使用跟石塔和包圍英帝華達納的牆壁（古帝國時代的代表性建築）一樣的完美方石建造而成。不令人意外的是，由穆勒進行的仔細研究和測量顯示，如果地球

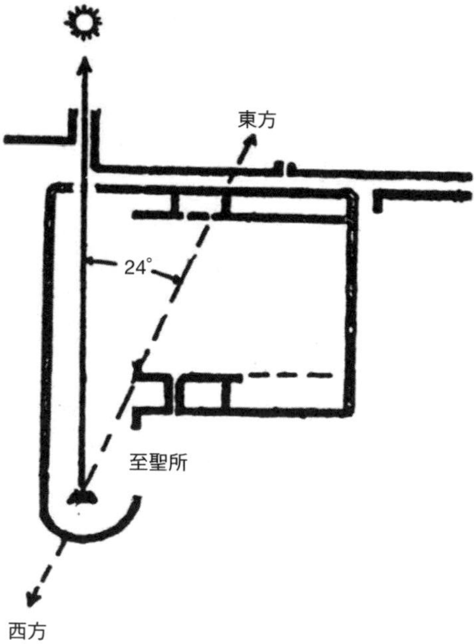

圖 117：至聖所的太陽光線

的傾斜度為二十四度的話，它的朝向能使太陽光束穿過走廊，照射在「太陽的形象」上（見圖117）。他寫道，這種傾斜角度在年代學上代表了超過四千年之前的時代。這與蒙特西諾斯所描述的年代表是相符的，他曾告訴我們，古帝國開始於西元前兩千五百年至西元前兩千四百年之間，而這座位於庫斯科的神廟就是在那之後不久建造的。

岬角上的沙克沙華孟遺址與石塔

令人驚訝的是，古帝國時代的建築顯然不是最早的，根據艾亞傳說，在古帝國的創始人曼科．卡帕克從坦普托科出發到安地斯大地建立王權時，由巨石打造的三窗結構已經存在。一個有著巨大建築物的巨石時代，很明顯是早於古帝國時代。這些建築物不僅可以透過它們的巨大尺寸來進行辨別，還有這些石塊的驚人多邊形，以及平滑甚至偏圓形的表面。雖然馬丘比丘那個時代的結構令人難以置信，但它們既不是最大的，也不是最神祕的。這項榮譽無疑地屬於位於沙克沙華孟（Sacsahuaman）的遺址，它就在俯瞰整個庫斯科的岬角。

此處的形狀像三角形，底部朝向山峰邊緣的山鏈，兩側由深深的峽谷組成，頂點形成一座陡峰，高出底部的城市大約八百英尺。

這個岬角可以被分為三個部分。最寬闊的部分成為三角形的基部，以巨大的岩石露面為主，它們被某些人（當地傳統中說是「巨人」）切割並造形，其驚人的精細度和角度是不可能用簡陋的手持工具打造出來的。這些岩石組成巨大階臺或平臺或倒轉的階梯，同時還在岩石上穿孔，形成彎曲的通道、隧道、溝槽和凹壁。

這個岬角的中間部分，長寬為數百英尺，並被整理為寬廣的平坦區域，上面有一座引人注目且絕對獨特的石頭結構，因此明顯有別於海角的三角形及更高的頂部。此結構包括了三道鋸齒形的巨牆，它們從岬角的一邊延伸至另一邊，相互平行（見圖118），而且後一道比前一道更高，加起來的高度大約為六十英尺。它們是用巨石建造而成，每塊巨石都具有巨石時代的多邊形特徵；最前面的土壩支撐著高起的第二層和第三層階地，是最大的。其中最小的石塊，重量介於十噸到二十噸之間；大多數都是十五英尺高，厚度和寬度則介於十到十四英尺之間。還有很多更大的石塊；第一道牆中就有一個二十七英尺高、重量超過三百噸的石塊（見圖119）。就如同馬丘比丘的其他巨石建築，沙克沙華孟建築的石材，同樣是從非常遙遠的地方運送過來的，而且被打磨光滑，呈斜面和多邊形，在沒有使用砂漿的情況下嵌合在一起。

這些地面上的結構，以及岩石上的隧道、通道、管道、鑽孔和其他奇形怪狀，是由誰在何時，為了什麼原因而製作和造形的？當地傳統認為，這些都是「巨人」所為。而西班牙人，如編年史學家加爾西拉索・維加（Garcilaso de la Vega）所寫，認為「不是人類，而是惡魔」製造了它們。伊夫瑞・喬治・斯奎爾（Ephraim George Squier）寫道，這些鋸齒形的巨牆「無疑地」展現出「現存於美洲、被稱為巨石建築的最壯麗建築風格」，但是他沒有提供任何解釋或理論。

圖118：鋸齒形的巨牆

圖119：組成第一道牆的巨大石塊

不久前的挖掘行動中，在中部平坦區域與通往西北部岩石區域之間的巨大岩石露頭後方，發現了許多隧道和通道，其中有南美洲最不常見的結構形狀之一：正圓形。精心造形的石頭被排列成一個完美圓形下沉區域的邊緣。在《失落的國度》中，我們列舉許多原因並做出結論：它是用來當作儲藏庫的，礦石（具體來說是金礦）被放在裡面，就像在一個巨鍋裡進行加工。

然而，這不是岬角上唯一的圓形建築。那三道巨牆被推測是一座堡壘的護牆，西班牙人曾將這個岬角最高、最狹窄的部分當作補給點，而在這些巨牆的後上方，則是印加的一個防禦工事。

在當地傳說中，曾有一個小孩子掉進這裡的一個洞中，然後出現在八百英尺下方的庫斯科城，當地考古學家曾進行過有限的調查。他們發現在這三道巨牆的後上方，是具有地下隧道和房間的蜂巢形區域。更重要的是，他們在那裡發現了一系列連接在一起的正方形和矩形建築的地基（見圖120 a），其中央是一個正圓形建築物的遺址。當地人認為，這個建築是「穆悠克瑪卡」（Muyocmarca），意思是「圓形建築物」；考古學家們稱它為「石

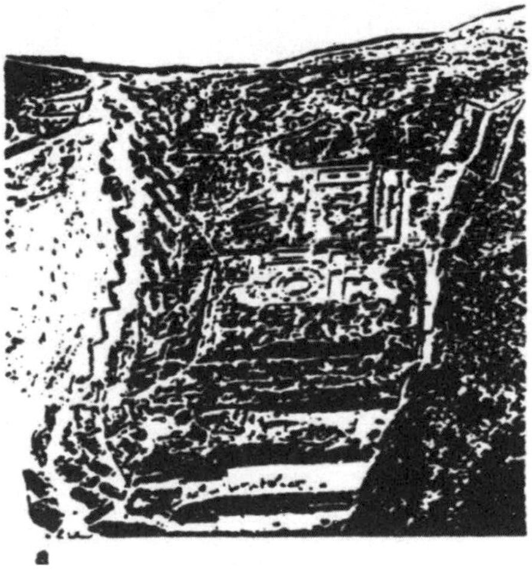

圖120a：巨牆後上方的蜂巢形區域

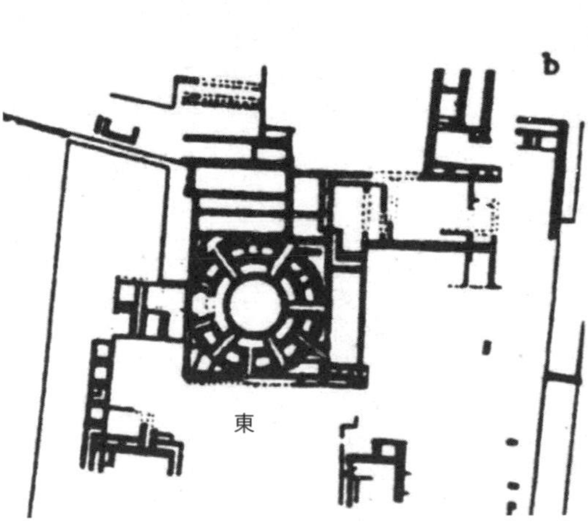

圖120b：正方形圍場與圓形結構

塔」，跟馬丘比丘的半圓形建築物使用相同的名字，並推測它原本是一座防禦塔，是沙克沙華孟「堡壘」的一部分。

然而，考古天文學家卻在這個結構中看見天文學功能的明顯證據。祖德瑪（R.T. Zuidema）在《印加的太陽與月亮軌道觀測》（*Inca Observations of the Solar and Lunar Passages*）和其他研究中注意到，與圓形結構相鄰的直牆對齊方式，能夠確定出天頂和天底的南方與北方。那個包圍住圓形結構的正方形圍場，其牆壁確實與基點方位對齊（見圖120b）；但這些圍牆只是此圓形結構的外框。此圓形結構中有三道同心圓圍牆，由石砌線條連接起來並將外面的兩道圓形牆分成數個部分。一個開口或光孔（**如果此石塔的較高層遵循平面圖的話**）確實指向南方，就可以確定天底日的日落。然而，另外四個開口明顯都是朝向東北方、東南方、西南方和西北方——這是南半球的冬至日和夏至日的日落點與日出點。

如果它是一座發展成熟的天文觀測臺遺址的話，那麼**它應該是南美洲最早的圓形觀測臺**，也可能是整個美洲最早的。

安地斯曆法的演變

這個對準至日點的圓形觀測臺，與巨石陣屬於同一類，也與埃及神廟的朝向相同。然而，證據顯示，在巨石時代之後，以及由維拉科查庇護的古帝國時代開始時，二平分日點和月亮週期，都在安地斯曆法中扮演重要的角色。

加爾西拉索．維加認為這些在庫斯科周圍的塔形結構（見215頁圖116）是用來測定至日點的。但他也提到了另一個未能保存下來的「石頭裡的曆法表」，讓人聯想到佇立於拉格什平臺上的石圈……根據加爾西拉索的說法，立於庫斯科的石柱是用於測定平分日點，而非至日點。

以下是他的原話：「為了精確地指出平分日，上等大理石柱被立於科里坎查前面的空地上，每天當太陽接近時，祭司們都會觀察這些柱子投下的陰影；為了讓陰影更精確，他們把石柱放在日晷上，就像鐘盤上的指針。因此，只要太陽一升起，就能透過石柱投下正確的陰影，而當太陽位於最高點的正午之時沒有陰影的話，他們便指出這一天太陽進入了平分日點。」

根據維卡賽爾（L.E. Valcarcel）所著的權威研究《安地斯曆法》（*The Andean Calendar*），對於平分日點的確定及崇拜被帶進了印加時代，雖然它們從一個更早的平分日點曆法轉變到一部至日點曆法。他的研究揭示了，印加月份中對應到我們的三月和九月的兩個月份的名字，具有特殊的意義，而這兩個月正好是平分日點所在的月份。他寫道，「印加人相信，太陽父親在兩個分日將下來與人同在。」

由於歲差現象，導致太陽曆需要在一個千年週期內進行調整，而且可能因為在至日新年和平分日新年之間搖擺不停，導致從古帝國時代就開始不停地改革曆法。按照蒙特西諾斯的說法，古帝國的第五任、第二十二任、第二十三任、第三十九任和第五十任君主，「更新了陷入混亂的時間計算法」。這種曆法的改革，與在至日和平分日之間猶疑不定有關的看法，我們可以透過君主曼科・卡帕克四世（Manco Capac IV）的聲明得到證實，他「命令一年開始於春分日」，這很可能因為他是一位阿毛塔（Amauta），意思是「懂得天文的人」。但很顯然，他在進行的過程中只是恢復了一套在更早期曾使用過的曆法；因為，根據蒙特西諾斯的說法，比曼科・卡帕克四世早了一千年的第四十任君主，「建立了一所學習天文學和測定平分日點的學院。他熟知天文學並發現了平分日點，而平分日點被印地安人稱為伊拉里（Illa-Ri）。」

但這些原因似乎不到需要持續改革的程度，而其他證據也指出了他們對於陰曆的採用或熟悉。洛夫・穆勒在對於安地斯考古天文學的研究中，記錄了潘帕德安塔（Pampa de Anta，位於沙克沙華孟西方十英里處）遺址上，陡峭的岩石被切刻成一連串臺階，形成一個半圓或彎月形。由於那裡除了東方的沙克沙華孟岬角外，沒什麼可看的，穆勒便指出這個地點是以其自身和沙克沙華孟岬角所形成的視線來進行天文觀測；但很顯然，這與月亮的出現有著密切關係。這個大型建築的當地名字，叫做奎拉魯米（Quillarumi），意思是「月石」，也指出了這種可能性。

由於現代學者被「印加人崇拜太陽」的觀念所束縛，在一開始很難發現印加人的觀測對象還包括月亮。事實上，早期西班牙編年史學家就不斷陳述著，印加人有著包含太陽系統和月亮系統的詳細且精準的曆法。編年史學家費利佩．加曼．波馬．德．阿維拉（Felipe Guaman Poma de Avila）陳述道，印加人「知道太陽和月亮的循環週期……以及一年中的月份和世界的四季風」。這個「印加人同時觀測太陽和月亮」的觀點，被科里坎查太陽聖壇旁邊的月亮聖壇所證實。在至聖所裡，中心符號的是一個橢圓形，左側是太陽、右側是月亮；後來，統治者華斯卡（在西班牙人到來時，正在爭奪王位的兩位同父異母兄弟的其中一位）用一個代表太陽的黃金圓盤，換下了這個橢圓符號。

印加人熟知黃道十二宮

這其中有著美索不達米亞的曆法特徵；因此，在遙遠的安地斯山發現它們，讓學者們大為困惑。更令人費解的是，印加人確實熟知黃道十二宮——這是一種純主觀的劃分，將繞日軌道分為十二個部分，而所有證據都顯示這是蘇美人「首創」的。

喬治．斯奎爾在他對庫斯科及其名字的含義（「大地之臍」）的報告中，提到了這個城市被分為十二個區域，圍繞著橢圓形的中心或「肚臍」（見圖121），呈一個真實的軌道形狀。克萊門斯．馬克漢（Clemens Markham）在《庫斯科和利馬：祕魯的印加人》（*Cuzco and Lima: the Incas of Peru*）中援引編年史學家加爾西拉索的資訊，認為這十二個區域代表著黃道十二宮。

斯坦斯伯里・哈格爾（Stansbury Hagar）則在《庫斯科：天空之城》（*Cuzco, the Celestial City*）提到，按照印加傳統，庫斯科的格局與一個模仿天國的神聖計畫相符，而第一個區域的名字是「下跪之臺」（Terrace of Kneeling），代表白羊宮。他指出，就像美索不達米亞一樣，印加人也把黃道十二「宮」對應到曆法中的各個月份。

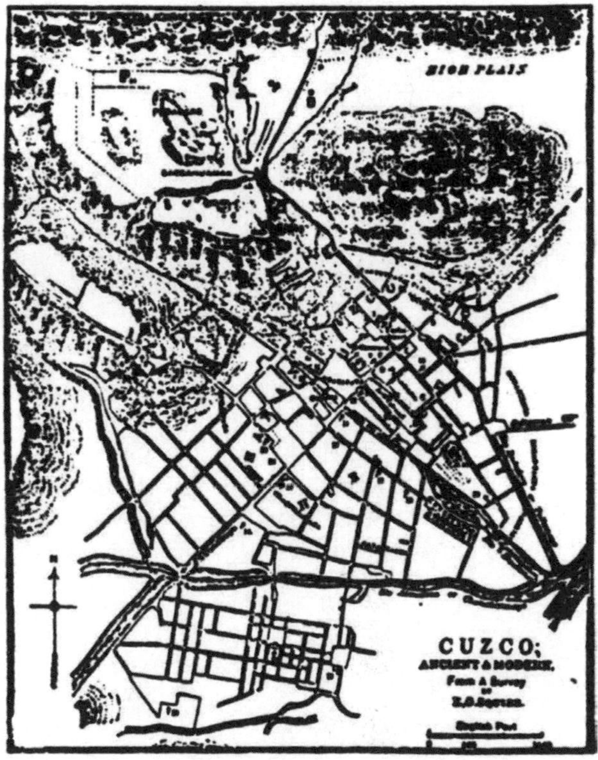

圖121：庫斯科城的區域劃分圖

這些黃道月的名字，與源於蘇美的近東名字有著極不尋常的相似性。秋分月，對應著蘇美曆法一年開始的春分月和金牛宮，被稱為「圖帕・塔瑞卡」（Tupa Taruca），意思是「吃草的雄鹿」。另一個例子是處女宮，被稱為「莎拉・瑪瑪」（Sara Mama），意思是「玉米媽媽」。為了抓住其中的相似處，我們可以回想美索不達米亞的這個星座（參見173頁圖91）被描繪為一個女子拿著一束穀物，穀物在美索不達米亞是小麥或大麥，在安地斯大地則成了玉米。哈格爾的結論是，庫斯科的黃道宮劃分，將第一個區域對應到白羊宮而非蘇美的金牛宮，顯示出這座城市的規畫時間，是在西元前二一五〇年左右金牛宮時代結束之後的事。

根據蒙特西諾斯的說法，是古帝國的第五任統治者完成了科里坎查，並在西元前一千九百年之後的某個時期，採用了一部新曆法。這位卡帕克（Capac，即統治者）被給予了「帕查庫提」（Pachacuti，意思是改革者）這個稱號，而且我們完全可以指出，在那個時代對曆法進行改革，是因為從金牛宮到白羊宮的黃道轉換所致。這是另一個安地斯人熟知黃道十二宮的證據，甚至在印加之前的時代就顯露在他們的曆法中。

還有其他古代近東曆法的複雜特徵，存在於印加人從古帝國時代得來的曆法裡。當太陽位在相應的黃道宮，以及在當月的第一個滿月之後舉行春季節日的需求（如逾越節、復活節，至今仍存在於猶太和基督曆法中），使得古代的祭司－天文學家在曆法中插入太陽和月亮的週期。祖德瑪和其他人的研究指出，這樣的插入不僅出現在安地斯大地，而且月亮週期還與其他兩個現象有關：六月至日點之後的第一個滿月，要與一顆特定恆星的第一次與日同升一致。這種雙重關聯很有趣，因為它讓人聯想到埃及人將曆法週期的開始，連結到陽曆日期（尼羅河的上漲），以及一顆恆星（天狼星）的與日同升。

在庫斯科往東北方向大約二十英里處，名叫「皮薩克」（Pisac）的地方，有一個結構遺址可能是來自早期印加時代，它似乎企圖模仿位於馬丘比丘的神聖建築：一側為半圓形的建築物，它的中間有一個粗製的英帝華達納石。在另一個離沙克沙華孟不遠，名叫「肯可」（Kenko）的地方，有一個以精心造形的方石建造而成的大型半圓結構，後方的一塊獨立巨石可能曾是一隻動物的形狀（它的模樣因毀損嚴重而無法辨認）；這個大型建築是否擁有天文曆法功能，則不得而知。這些遺址，加上位於馬丘比丘、沙克沙華孟和庫斯科的遺址，闡明了在這個被稱為「神聖峽谷」的區域（也只有在這裡），宗教、曆法和天文學導致了對圓形或半圓形觀測臺的建造；在南美洲的其他地方，我們都沒有發現過此類建築。

的的喀喀湖畔的蒂亞瓦納科

是誰在同一時期應用相同的天文學原理，在早期不列顛、蘇美的拉格什、南美洲的古帝國，採用圓形來進行天文觀測？

在地理學證據和考古發現的支持下，所有傳奇將的的喀喀湖南岸指為南美洲文明開始之地，不僅是人類文明從這裡開始，還包括眾神的。根據傳說，在大洪水過後，安地斯大地的人類在那裡重新開始；而眾神在維拉科查的帶領下，擁有了他們的住處；命中注定要開創古帝國的那一對夫妻，被賜予了知識、道路指引和定位「大地之臍」的金棒，並在那裡建立了庫斯科城。

關於人類的起源在安地斯大地的說法，其故事與位於的的喀喀湖南岸附近的兩座截然不同的小島有關。它們被稱為太陽島和月亮島，名稱所涉及的這兩個天體，被認為是維拉科查的兩個最主要的幫手：許多學者都注意到這些故事裡的曆法涵義。然而，維拉科查的住所是在陸地上的一座眾神城市裡，那座城市在湖的南岸。這個地方被稱為「蒂亞瓦納科」，根據當地傳說，它是在遠古時代由眾神建立的；傳說中提到，它是一個只有巨人才能立起巨大建築物的地方。

編年史學家佩德羅．謝薩．德．萊昂（Pedro Cieza de Leon）曾跟隨西班牙征服者穿越了現今的祕魯和玻利維亞等地，他毫不猶豫地指出，在安地斯大地的所有古蹟中，位於蒂亞瓦納科的遺址是「其中最古老的」。在所有大型建築中，讓他感到震驚的是一座「在巨石地基上的」人造假山，其基座的長寬超過九百英尺乘四百英尺，向上升起一百二十英尺高。他在附近看見巨大石塊散落在地上，其中有「很多用同一塊石頭打造成門框、門楣和門檻的門道」，它們甚至只是更大石塊的一部分，「其中有一些寬度三十英尺，長度十五英尺或更長，厚度六英尺。」他猜想著「人類的力氣」是否「能夠將它們移到我們現在看見它們的地方，它們太巨大了」。然而，困擾他的並不只是這些石塊巨大的尺寸，還有它們的「宏偉和壯麗」。他寫道，「對我而言，無法理解這是使用什麼儀器或工具來完成的，因為要將這些巨石打造得如此完美，並且如我們現在所見的樣子留存下來，所使用的工具肯定比現在的印地安人所使用的好更多。」他毫不懷疑地提到，「有兩個石製雕像具有人類的形狀和特徵，以及精雕細琢的細節……看上去就像是小巨人」，而他們正是這些壯觀結構的建造者。

數個世紀以來，大多數較小的石塊都被運走，用於在玻利維亞首都拉巴斯（La Paz）的鐵路工程和周圍的農村。即便如此，旅行者們仍持續來到這裡，記錄下這些令人難以置信的巨石遺蹟；在十九世紀末期，由於相關學者進行了訪問和研究，所提出的報告也更具有科學準確性，如伊夫瑞・喬治・斯奎爾的《祕魯：對印加土地的探索及旅行事件》（*Peru: Incidents of Travel and Exploration in the Land of the Incas*），阿方斯・史都貝爾（Alphons Stübel）和馬克斯・烏勒（Max Uhle）合著的《古代祕魯高山的蒂亞瓦納科遺址》（*Die Ruinenstaette von Tiahuanaco im Hochland des Alten Peru*）。二十世紀早期最著名也最持久的蒂亞瓦納科研究者——亞瑟・波斯南斯基（Arthur Posnansky，著有《蒂亞瓦納科：美洲人的搖籃》〔*Tihuanacu—The Cradle of American Man*〕）便是跟隨著他們的研究繼續進行。

我們在《失落的國度》中，已經對這些學者的研究及更近期的發掘和研究進行檢驗，並做出結論指出，蒂亞瓦納科是古代世界的錫都，有著曾是冶金設施的大量地上或地下結構，巨大的多層石塊是古代湖岸港口設施的一部分，而且，蒂亞瓦納科並不是人類建造的，而是阿努納奇「眾神」在尋找黃金時所建，遠早於人類被教導錫的使用方式之前。

太陽門上的曆法

從的的喀喀湖南岸延伸而出的狹窄平原，是曾經極為壯觀的蒂亞瓦納科及其港口（現在被叫做普瑪彭古〔Puma-Punku〕）所在的位置，比起它的過去，現在只剩下三個主要建築。位於遺址東南部的是被稱為「阿卡帕納」（Akapana）的人造小山（謝薩．德．萊昂已觀察過），學者們推測它曾經是一座保壘；然而，就現在的研究來看，它更像是一個帶有內建儲水池、水管、通道和閘門的階梯金字塔，並指出了它真正的用途：一個分類和加工礦石的設施。

有些人最初認為這座假山與美索不達米亞的廟塔形狀相似，俯瞰著平坦的景觀。但當到訪者駐足凝視時，另一個建築出現了。它位於阿卡帕納的西北方，乍看之下似乎是巴黎的凱旋門。它的確是一座大門，使用一塊單獨的巨石精心雕刻而成；不過它不是用來紀念的，而是被用來記錄一部非凡的曆法。

它被稱為「太陽門」，所用來切刻和造形的巨石尺寸大約是二十英尺乘十英尺，而重量則超過一百噸。在大門的下半部分，有著凹壁和精確的幾何圖樣，特別是在被認為是背面的部分（見圖122b）。

圖122a：太陽門的正面

圖122b：太陽門的背面

最複雜也是最神祕的雕刻是在正面的上半部分（圖122a），面朝東方。在大門的門拱部分，鮮明地刻畫出一個中心符號——可能是維拉科查的圖像，圖像兩旁是三排有翅膀的侍從（見圖123a）；這個中心圖像和那三排侍從被放在彎曲的幾何線條上方，就像一條蛇在維拉科查的形象上方和下方（見圖123b）。

a

圖123a：維拉科查的圖像與三排有翅膀的侍從

b

圖123b：下方是彎曲的幾何線條

波斯南斯基的著作認為，這座大門上的雕刻代表著一年有十二個月且始於春分日（南半球的九月）的曆法，然而，陽曆年的其他特點，如秋分和兩個至日點，也被這些較小圖像的位置和形狀表現出來。他指出，這份曆法是由十一個三十天的普通月份，加上一個三十五天的「大月」，組成了包含三百六十五天的陽曆年。

如我們所知，一年開始於春分日且共有十二個月的曆法，最早出現在蘇美的尼普爾，那時大約是西元前三千八百年。

考古學家們發現，這個「太陽門」曾經佇立在一個由直立石柱建成的矩形圍場西北角，其中佇立著第三醒目的大型建築。一些人相信，在這個圍場的西南角曾有一個相似的大門，與太陽門對稱地排在西牆中央的十三個巨石的兩側。這排巨石是一座獨特平臺的一部分，直接面對東牆中央的巨石階梯。這個巨大階梯已經出土並被修復了，它會將人帶向一連串升起的矩形臺階，而這些臺階包圍著一個下凹的庭院（見圖124a）。

這個被稱為「卡拉薩薩亞」（Kalasasaya，意思是「直立石柱」）的巨大建築，有著精確的東西軸線，如同近東的神廟。這是關於它具有天文功能的第一個線索。後來的研究人員確實發現，它是一個用於觀測至日點和平分日點的先進觀測臺，透過圍場角落與東西牆的石柱所形成的視線，來觀測特定位置的日出和日落（見圖124b）。波斯南斯基發現，太陽門的背面會被如此雕刻，可能是上面曾經插有兩個能被固定在青銅軸上的金板；這就能夠讓天文祭司將這些金板調整為一定的角度，然後它們所反射的日落光線將投射在卡拉薩薩亞預先設定好的觀測柱上。這種多重視線已經超出了觀測至日和平分日的需要了。如果太陽和月亮都是維拉科查的大幫手，而此處

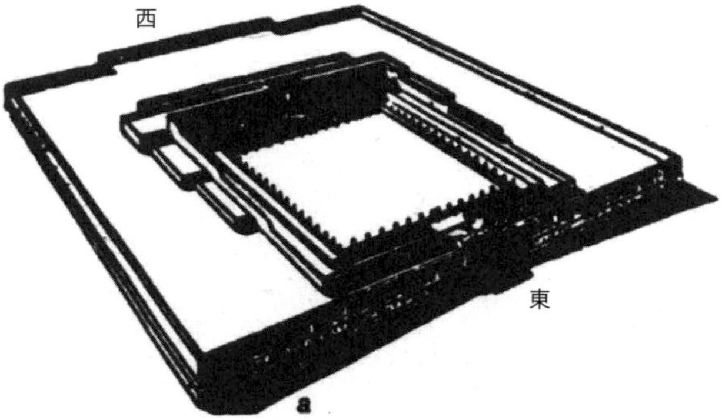

圖124a：矩形臺階包圍著下凹的庭院

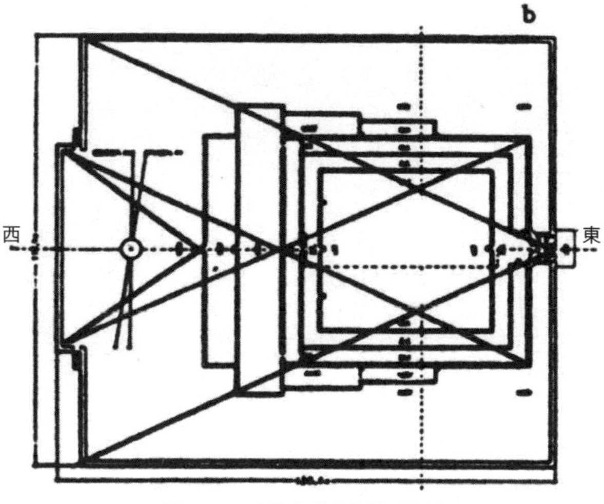

圖124b：卡拉薩薩亞的觀測視線

的設計又是在西牆有十三根而非十二根石柱，顯示出卡拉薩薩亞不僅是一個觀日臺，還具有陰曆用途。

人們發現，這個位在安地斯山上兩萬英尺高度，被雪山圍繞的荒蕪狹窄平原之上的古代結構，是一個先進的曆法觀測臺，但關於其建造年代的發現，讓情況變得更加複雜。波斯南斯基首先指出，由視線形成的角度，顯示當時的地球傾斜度比現在的二十三．五度更大；他不得不承認卡拉薩薩亞的設計和建造，比西元年的原點早了數千年。

當時的科學界中，大多數人認為就算這些遺址早於印加時代，最多就是西元前幾世紀的產物，因此對該觀點感到質疑。這使得德國天文學委員會派人前往祕魯和玻利維亞。洛夫．穆勒教授（我們之前提過他針對其他遺址做過大量研究），當時也是被選中執行此任務的三位天文學家之一。這次學術調查和詳盡的測定，確定了建造當時的地球傾斜度，因此卡拉薩薩亞的建造時間可以被追溯至西元前四〇五〇年或是西元前一〇〇五〇年（因為地球的傾斜度不斷來回變化所致）。穆勒這位將馬丘比丘的巨石遺址定於西元前四千年的學者，也將卡拉薩薩亞定在此時代，而波斯南斯基最終同意了這個結論。

到底是誰擁有如此先進的知識，來規畫、定向並豎立這些曆法觀測臺，而且還與古代近東的天文原理和建築設計一樣？在《失落的國度》中，我們列出了一系列證據，認為它們的建造者都是阿努納奇——那些從尼比魯星來到地球的星際淘金者。而且，正如在千年之後尋找黃金國的人們一樣，他們也在新大陸（即美洲）尋找黃金。大洪水沖走了非洲東南部的金礦，卻將安地斯山區的大量黃金帶到地表上。

我們相信，阿努和他的配偶安圖，在大約西元前三千八百年時造訪地球，也前往了的的喀喀湖南岸的新冶金中心，最後他們從普瑪彭古的港口離開。在那裡，有許多由單一一個巨石切刻並造形的房間，佇立在巨大的碼頭。

普瑪彭古的遺址有著另一個神祕線索，向我們展示了的喀喀湖的建築與古蒂亞建造的尼努爾塔的奇特神廟之間的驚人關聯。這個遺址的挖掘者對於他們的發現感到十分驚訝，因為這些巨石建築的建造者曾使用青銅夾具，將它放在相鄰石頭的T形凹槽，進而將巨石塊固定在一起（見圖125）。這種固定方法及使用青銅的方式，在巨石時代是十分罕見的，只在普瑪彭古和另一個巨石遺址奧蘭太坦波（Ollantaytambu）被發現過，後者位在庫斯科西北方大約四十五英里遠的地方。

然而，數千英里之外，在世界另一邊的蘇美拉格什，古蒂亞使用了極為相似的獨特方法，並用極為相似的獨特青銅夾具來將石塊固定在一起。古蒂亞在銘文中稱讚了自己的功勞，記錄下這種獨特的石頭和青銅的用法：

> 他用石頭建造了伊尼奴，他用珠寶把它變得明亮；他將銅和錫相混合（即青銅），讓它變得更快。

在工程中，有一位「祭司鐵匠」三古．西姆從「熔煉之地」被帶來。我們相信，「熔煉之地」指的就是安地斯山區的蒂亞瓦納科。

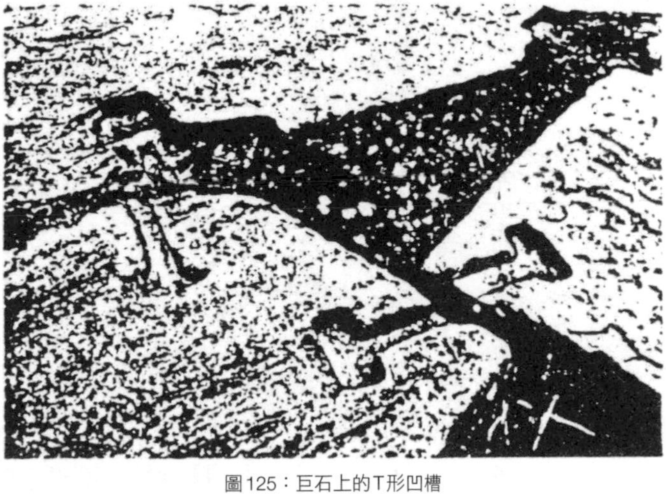

圖125：巨石上的T形凹槽

10．跟隨他們的腳步

埃及獅身人面像的凝望視線，精確地朝向東方，迎向北緯三十度的日出。在古代，當阿努納奇「眾神」在西奈半島著陸時，也是它的凝望向他們行注目禮。後來，它又守護著法老死後的靈魂升天加入眾神。在這之間，它也許還目睹了一位大神圖特帶著追隨離去，這些追隨者是首批抵達美洲的人。

如今，紀念一四九二年哥倫布航海五百週年一事，已經從「發現」改為「重新發現」，並增加了人們對「第一批美洲人」真實身分的質疑。關於「來自亞洲的移民家族在最後一個冰河時期突然結束之前，穿過冰凍的陸橋來到阿拉斯加，成為第一批美洲居民」的觀點，最後敗給了大量的考古證據，它們證明，人類到達美洲是在數千年之前，而南美洲是整個新大陸最早出現人類的區域。

「在最近的五十年中，被公認的智慧之物是發現於新墨西哥州克洛維斯（Clovis），擁有一萬一千五百年歷史的工藝品，是在第一批美洲人穿過白令陸橋之後不久就製成的」，《科學雜誌》（*Science*，一九九二年二月二十一日）將這段文字寫在最新情報中；「那些敢於懷疑這個一致看法的人，都遭遇了刺耳的批評。」要學者同意一個抵達美洲的更早時代和一條不同的路線，是一件很困難的事，這主要源於一個簡單的假設：在那樣的史前時代，人類不可能穿越分開新舊大陸的海洋，因為航海技術還不存在。儘管證據與此相反，人們潛意識中還是認為，如果人類做不到，那就不可能發生。

獅身人面像有多古老

關於獅身人面像的建造年代，前不久引發了一場類似的爭論，科學家們拒絕相信新的證據，因為它包含了對人類來說絕不可能完成的事情；而「眾神」（外星人）的引導和協助更不在其邏輯範圍之內。

在《地球編年史》系列前面幾本書中，我們已經展示了大量的證據，證明吉薩大金字塔並不是西元前兩千六百年左右的第四王朝法老建造的，而是往前數千年，由阿努納奇「眾神」建造，以當作西奈半島太空站登陸走廊的一部分。我們將這些金字塔定位於西元前一萬年左右，大約是一萬兩千年之前；我們還展示了獅身人面像是在那之後不久建造的，在第四王朝出現的幾百年前，法老最初開始統治埃及時，它就已經位於吉薩高原了。我們所憑藉和展現的證據，是蘇美和埃及的描繪、銘文與文獻。

一九九一年十月，在我們將這些證據放進《第12個天體》之後大約十五年，波士頓大學的地理學家羅伯特．修奇（Robert M. Schoch）博士，在美國地理學會的年度會議上，對獅身人面像及其分層的氣象學研究進行報告，指出它們是在「法老王朝之前很久」就使用當地岩石雕刻而成。這種研究方法包括了對地下岩石的地震勘測，由一位來自休斯頓的地球物理學家湯瑪斯．杜比奇（Thomas L. Dobecki），和一位來自紐約的埃及學家安東尼．維斯特（Anthony West）進行。此外，還包括對獅身人面像及其包圍物體上的風化作用和水印的研究。修奇博士陳述道，降水引發的侵蝕，「指出了獅身人面像的工程開始於西元前五千年到西元前一萬年之間的時期，那時的埃及氣候更濕潤。」《洛杉磯時報》（*Los Angeles Times*）將此結論放進報導中。其他看過修奇博士研究報告的埃及學家，無法解釋這些地質學證據，但他們堅決認為，獅身人面像的年代比他們所想的早數千年的觀點，與已知情況「並不相符」。《洛杉磯時報》援引加州大學柏克萊分校的考古學家卡羅・雷德蒙特（Carol Redmount）的話如下：「這簡直就不可能成真……獅身人面像是使用比其他已知年代的埃及奇蹟都更先進的技術所建造的，而數千年之前，這一地區的居民不會擁有如此的技術、管理制度和意願，來建造這樣的建築。」

在一九九二年二月，美國科學促進會（American Association for the Advancement of Science）在芝加哥聚會，為「獅身人面像有多老？」這個問題特別召開了一期會議。在會中，羅伯特・修奇和湯瑪斯・杜比奇，與兩位反對者——芝加哥大學的馬克・雷勒（Mark Lehner）和路易斯維爾大學的高里（K.L. Gauri）——爭辯他們的發現。按照美聯社（Associated Press）的說法，這場發展到在走廊上對抗的激烈爭論，所關注的並不是這些氣象學發現的科學價值，而是如馬克・雷勒所表達的，「基於一個現象，比如一個侵蝕輪廓，就想推翻埃及歷史」是否可被接受。這些反駁者最後的論據是，沒有任何現存證據能夠證明，在西元前七千年到西元前五千年之間的埃及，存在一個足夠先進，能夠製作獅身人面像的文明。「那個時代的居民還是獵人和採集者；他們連城市都不會建。」雷勒博士說道；也正是因為這一點，這次的爭論結束了。

當然，對這個邏輯上的爭論，我們能做的唯一回應，就是在這個時代找出「獵人和採集者」以外的人——阿努納奇。然而，要讓大家把所有證據都指向來自外星的先進生物，這一道門檻不是每個人都能跨過，包括那些曾親自發現獅身人面像有著九千年歷史的人。

第一批抵達美洲的人們

多年以來，一個相似的難以跨越的門檻也沒有人跨過，甚至阻礙了它的傳播：關於人類在美洲的文明的古代證據。

一九三二年，在新墨西哥州，靠近克洛維斯的考古發現，出土了一大堆呈樹葉形狀、邊緣鋒利的石頭尖塊，它們能夠被裝在矛或棍子上，用於打獵，隨後人們又在其他北美洲遺址發現了同類的石塊，這些證據引發了一個學說，認為大約在一萬兩千年前，一群追捕大獵物的獵人從亞洲遷移到太平洋的西北部，當時西伯利亞和亞洲由冰凍的陸橋連接著。最後，這個理論認為，這些「克洛維斯人」及其近親人種分布到整個北美洲，並經由中美洲，最終到達南美洲。

第一批美洲人保持著自己簡單的形象，雖然在美國西南部偶有發現碎骨或被削尖的石器——關於人類存在的爭議性證據——它們比克洛維斯人早了兩萬年。一個較能夠肯定的發現，是位於賓夕法尼亞州的梅多克羅夫特岩棚（Meadowcroft rock shelter），那裡有石頭工具、動物骨骸，更重要的是發現了木炭，透過放射性碳定年法檢測，它們的時期可以回溯到一萬五千至一萬九千年前——比克洛維斯人的出現早了數千年，而且還是在美國的東部。

隨著語言學研究和遺傳學回溯加入成為具有研究性質的工具後，到了一九八〇年代，能夠證明人類在大約三萬年之前到達新大陸的證據開始變多。也許不只是一次遷移，可能也不是必須經由冰凍陸橋過來，也許是用木筏或獨木舟沿著海岸線航行。雖然人們在南美洲發現了具突破性的證據，但基礎信條：「第一批移民從亞洲東北部出來，進入美洲西北部」，還是被頑固地保留下來。在南美洲的證據，是具有石器時代工具、獸骨碎片，甚至史前岩畫的兩個遺址，但它們不僅被忽略，甚至在一開始就被壓制了。

第一個定居點遺址位於智利的蒙特維德（Monte Verde），靠近太平洋。考古學家在那裡發現了鑽木取火的痕跡、石器、骨頭器具，以及屋子的木頭地基，大約是一萬三千年前的營地。如果用北美洲的克洛維斯人緩慢向南遷移的理論來解釋的話，這個時期實在太早了。而且，這個營地的下層有著碎石工具，顯示人類早在兩萬年之前就出現在這個地點了。

第二個地點剛好在南美洲的另一邊，巴西的東北方。在一個名叫佩德拉富拉達（Pedra Furada）的地方有一座岩棚，其中包括圓形火坑，內部填滿了被燧石包圍的木炭；最近的燧石來源在一英里之外，代表這些石頭是被刻意帶來的。用放射性碳定年法及一些更新的方法進行檢測，顯示它們所處的時代跨度為一萬四千三百年至四萬七千年前。就在多數考古學家認為這種年代「簡直令人難以置信」時，這個岩棚在西元前一萬年的地層處有岩畫，無疑標示出了它的年齡。岩畫中有一隻長脖子的動物，看起來就像長頸鹿，這是一種從未在美洲存在過的動物。

克洛維斯理論在人類到達美洲的時間上所面臨的挑戰，一直伴隨著對穿越白令海峽路線為唯一抵達途徑的挑戰。華盛頓特區史密森學會（Smithsonian Institution）北極研究中心的人類學家曾指出，手持長矛，身著獸皮的獵人（帶著女人和小孩）穿越冰原的形象，是對第一批美洲人的完全錯誤的認識。相反的，他們是乘坐木筏或獸皮船的航海員，前往更宜人的美洲南海岸。俄勒岡州立大學的首批美洲人研究中心，並沒有排除人們經由群島和澳大利亞（在大約四萬年前就有人類定居了）穿越太平洋的可能。

其他大多數人仍然認為，「原始人」在那麼早期要這樣漂洋過海，是絕對不可能的；這些相當早的年代被蔑視為測量錯誤，石頭「工具」被認為是岩石碎片，動物碎骨被認為是山體坍塌等原因所導致，而不是獵人所為。將獅身人面像的年代爭論帶進死胡同的那個問題，同樣出現在對首批美洲人的爭論上：數萬年前，有誰會擁有橫越海洋所需的知識和技術，而那些史前的水手們又是如何得知在海洋的彼岸，有一塊適合居住的大陸？

這個問題（也適用於獅身人面像時代）只有一個答案：是阿努納奇向人類展示了如何穿越海洋，告訴他為什麼以及要去哪裡——也許將他帶到「老鷹的翅膀上」，正如《聖經》對新的應許之地所描述的那樣。

《聖經》中記載了兩個有計畫遷移的例子，而且都是在神的指引下進行的。第一個例子是亞伯蘭（後來改名為亞伯拉罕），在超過四千年前，神命令他「你要離開本地、本族、父家」。他將要去的地方，耶和華告訴他，「往我所要指示你的地去」（《創世記》12：1）。第二個例子是以色列人出埃及，大約在三千四百年前。為了向以色列人顯示通往應許之地的路線：

> 日間耶和華在雲柱中領他們的路，夜間在火柱中光照他們，使他們日夜都可以行走。（《出埃及記》13：21）

人類跟隨眾神的腳步，得到幫助和指引——在古代近東是這樣，在海洋彼岸的新大陸也是這樣。

越洋移民傳說

最新的考古發現，不斷印證著那些曾被稱為「神話」和「傳說」且正在消失的記憶。它們總是述說著大量的遷移和漂洋過海的故事。具有意義的是，它們經常涉及到數字「七」和「十二」，但這不是對人類的解剖學和算數的反映，而是一條通往天文和曆法知識的線索，也是與美索不達米亞舊大陸之間的關聯。

被保存得最完整的傳說之一，是墨西哥中部的納瓦特（Nahuatl）部落的傳說。他們的遷移故事圍繞著四個時代或「太陽」，第一個時代結束於大洪水；其中一個版本指出了第一個「太陽」是在西班牙人到來之前的一萬七千一百四十一年，也就是大約西元前一萬五千六百年，因此的確是在大洪水之前的千年。

口頭傳說和用圖畫記錄在名為「手抄本」的書裡的故事，都提到最早的部落來自阿茲特蘭

（Azt-lan，意思是白地），而它正與數字「七」有關。這個地方有時被用圖形表示為有七個洞穴的地方，而先祖們從這些洞穴裡出現。或者，它被畫成一個有七座神廟的地方：六座小聖壇，環繞著中間的一座大階梯金字塔（廟塔）。

《波杜里尼手抄本》（*Codex Boturini*）裡包含了一系列漫畫似的圖畫，描述了四個部落從這七座神廟開始遷移的故事，包括乘船穿越了一片海洋，並在一個有洞穴屋的地方登陸；這些移民是在一位神的指引下前往未知土地，而那位神的符號是一種裝在橢圓柱上的視眼（Seeingeye，見圖126a）。這四個移民家族開始在內陸長途跋涉（見圖126b），經過並追隨各種地標，之後分為許多部落。其中一支是墨西哥人（Mexica），最後抵達了那個指定的河谷，那裡有一隻老鷹棲息在仙人掌上，正是他們最終目的地的標誌，納瓦特人的首都就建在這個地方。

後來它發展成阿茲特克（Aztec）的首都，而標誌仍然保留了仙人掌上的鷹。它被稱為「特洛奇提特蘭」（Tenochtitlan），意思是特洛奇（Tenoch）之城。這些最早的移民被稱為「特洛奇提斯」（Tenochites），意思是特洛奇的人民；在《失落的國度》中，我們詳細地列出了他們可能是以諾（該隱的兒子）後代的諸多原因。他們仍然承受著祖先弒兄之罪的七重報復。《聖經》

a

圖126a：在神的指引下乘船越洋

b

圖126b：移民家族在內陸長途跋涉

裡，該隱被流放到一個遙遠的「流浪之地」（Land of Wandering），建造了一座城市，並用兒子以諾的名字為其命名；而以諾有四個後代，分別延伸出四個宗族。

西班牙編年史學家伯納狄諾．迪薩哈岡（Bernardino de Sahagun）修士著有《新西班牙事物的歷史》（*Historia de las cosas de la Nueva Espana*），他的資料來源是如同納瓦特故事的口頭傳說，寫於西班牙人征服當地之後。他記錄了航海旅行，以及登陸點的名字：帕諾特蘭（PanotLan）；這個名字的意思很簡單，就是「走海路到達的地方」。他指出，這個地方位於現今的瓜地馬拉。他的資訊中加入了這些移民是由四位智者帶領的有趣細節，「他們帶著儀式手稿，而且也知道曆法的祕密。」

我們現在知道，這兩者——儀式和曆法——是同一個銀幣的兩面，而這枚銀幣就是對眾神的禮拜。我們敢說，納瓦特曆法絕對是按照十二個月安排的，說不定還有對黃道十二宮的劃分；因為我們在迪薩哈岡的編年史裡讀到，納瓦特部落和托爾特克人（Toltecs）早於阿茲特克人，並教導他們「知道天上的許多事；他們說其中有十二層的劃分」。

繼續往南，在太平洋與南美洲海岸交界處，安地斯「神話」沒有重提大洪水之前時代的遷移，卻提到了大洪水，並宣稱是已經存在於那片土地的眾神，幫助高山上的少數倖存者重建家園。傳說中還相當清楚地講到，一批在大洪水之後走海路而來的人；其中第一個或最令人難忘的是名叫納蘭普（Naymlap）的人。他帶領人民乘坐一艘輕木船，在一個「偶像」的指引下，穿過太平洋；這個「偶像」是一顆綠色石頭，大神透過它發出航海或其他指令。登陸點是在南美洲大陸伸進太平洋的最西點，也就是現今厄瓜多的聖赫勒納角（Cape Santa Helena）。在他們登陸之後，這位大神（**仍透過綠石頭說話**）指導人們耕種、建築和工藝。

南美曆法的源頭

有一個用純金製成的古代文物（圖127），現在存放於哥倫比亞首都的波哥大黃金博物館（Gold Museum of Bogota）。它呈現的是一個很高的領導者和隨從在一艘輕木船上。這個工藝品可能代表了納蘭普或其他類似人物的航海之旅。根據納蘭普傳說，他們精通曆法，並崇拜著由十二位神組成的神系。在現今厄瓜多的首都基多（Quito），他們建造了兩座面對面的神廟：一座獻給太陽，一座獻給月亮。在太陽神廟的門道前方有兩根石柱，前院裡則有一個由十二根石柱組成的圓圈。

神聖數字「十二」是美索不達米亞神話和曆法的標誌，而基多太陽神廟運用了神聖數字「十二」，代表我們將看到一個與蘇美曆法相似的曆法。對太陽和月亮的崇拜，暗示了那是一部陰陽合曆，就如蘇美的那一部。門道前方有兩根石柱的特點，讓人聯想到整個古代近東各處（從美索不達米亞一直向西延伸到亞洲和埃及）的神廟入口處都有一對石柱。而且，它們與舊大陸之間不只有這些關聯，我們竟然還發現了一個用十二根石柱組成的圓圈。無論越過太平洋的人是誰，他一定曾注意過拉格什的天文石圈，或是巨石陣，或兩者都是。

我們相信，保存於利馬的祕魯國家博物館（National Museum of Peru）的一些石頭物品，是用來當作沿海居民的

圖127：呈現航海之旅的工藝品

曆法電腦的。例如，編號15-278（見圖128）的物品，被劃分為十六個正方形部分，其中包含了六至十二個數量不等的插槽；頂部和底部的面板分別擁有二十九和二十八個插槽，這強力地指出這是對每月月相的計算。

弗里茲·巴克（Fritz Buck）著有《印加王朝之前的祕魯碑銘曆法》（*Inscripciones Calendarias del Peru Preincaico*），專擅於此課題，他認為位於十六個正方形裡的一百一十六個插槽或凹口，指出了墨西哥與瓜地馬拉的馬雅曆法之間的關聯。認為「安地斯大地北部與中美洲的居民和文明有著緊密聯繫」的觀點，原本一直被否認，但現在人們對此已沒有爭議了。那些來自中美洲的人，無疑地包括了非洲和閃族人，就如大量的石刻和雕塑所證明的（見圖129a）。

在他們之前，經由海路抵達那裡的人，被描繪為印歐人（見圖129b）；而在兩者之間的某個時期，登陸這片海岸的是一些配備了金屬武器，戴著頭盔的「鳥人」（圖129c）。另一群人也許是走陸路，經過亞馬遜流域及其支流來到此處；與他們相關的符號（見圖130）與西臺人代表「眾神」的符號是一樣的。由於西臺神話是蘇美神話的改寫版本，它也許能夠

圖129a：形似非洲和閃族人的雕塑

圖129b：印歐人雕像

圖129c：有金屬武器和頭盔的「鳥人」

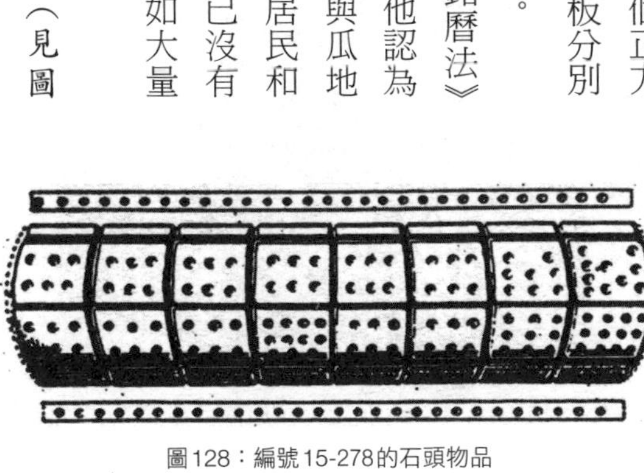

圖128：編號15-278的石頭物品

解釋在哥倫比亞發現的一個黃金小雕像。那是一位拿著臍帶剪符號的女神——臍帶剪是寧呼爾薩格的符號，她是蘇美人的母親女神（見圖131）。

安第斯中北部海岸和南美洲山脈的居民使用蓋丘亞語（Quechua），曾歷經河水氾濫和尋求更好的水源等事件。印加人在這些更早期居民所留下的遺址上，建造了他們的帝國，以及著名的公路系統。再往南，大約從利馬（祕魯首都）開始，沿著面朝的的喀喀湖的岸邊和山脈，然後往南到智利等地方，處於主導地位的部落語言是艾馬拉語（Aymara）。艾馬拉人同樣在傳說中提到了早期經由海路抵達太平洋海岸的族群，以及走陸路從的的喀喀湖東部區域抵達的族群。艾馬拉人認為，前者是不友善的入侵者；後者則被稱為「烏魯」（Uru），意思是「古人」，他們是一支不同的

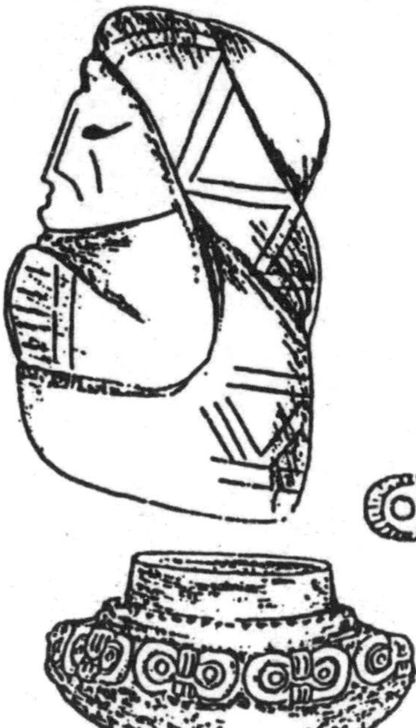

圖130：走陸路抵達族群的符號

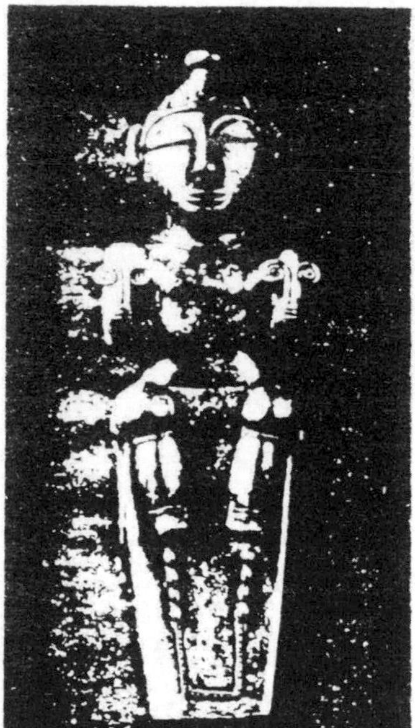

圖131：蘇美人的母親女神：寧呼爾薩格

民族，所留下的遺址至今仍存在於神聖河谷，擁有屬於自己的習俗和傳統。關於烏魯人是蘇美人，而且在烏爾（Ur）是蘇美首都的時代（持續時間是西元前二二〇〇年到西元前二〇〇〇年）抵達的的喀喀湖的這種可能性，我們必須要認真對待。事實上，連接著神聖河谷的地區，的的喀喀湖的東岸，以及巴西西部，到現在仍然被稱為「馬德雷德迪奧斯」（Madre del Dios），意思是「眾神之母」，而這正是寧呼爾薩格，難道這一切僅僅是巧合嗎？

學者們發現，在數千年之中，影響著所有居民的主導文化是蒂亞瓦納科；在那裡發現的上千個泥製和金屬物品中，維拉科查的形象（如同太陽門上的）是它最明顯的表現形式，那些模仿自太陽門的符號，被用在裝飾上（包括包裹木乃伊的華麗編織布），以及曆法中。

這些符號（或如波斯南斯基和其他學者所認為的，是象形文字）中，最著名的是階梯符號（見圖132a），它在埃及也有被使用（見圖132b），也常常被用在安地斯工藝品上，以指示一個「視眼」塔（見圖132c）。從卡拉薩薩亞的天文學視線，以及與蒂亞瓦納科相關的天體符號來判斷，可以知道這樣的觀測包括月球在內。（其符號是彎月之間的圓圈，見圖132d）。

因此，在南美洲的太平洋沿岸，曆法和天體知識似乎跟隨著活躍於近東的同一位老師的足跡。

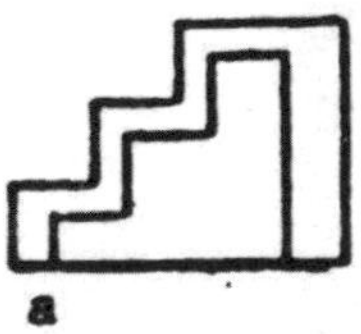

圖132a：階梯符號

圖132b：埃及的階梯符號

圖132c：安地斯工藝品上的視眼塔

圖132d：月亮符號

亞馬遜河流域的巨岩遺蹟

法國高等社會研究學院（Institute of Advanced Social Studies）的尼德・吉東（Niede Guidon）博士，曾與巴西考古學家一起參與佩德拉富拉達發掘行動，他評論了我們先前討論過的，關於證明了人類從遠古時代就居住在美洲以及抵達路徑的證據。尼德・吉東說：「不能排除人類從非洲橫越大西洋而來的可能性。」

芝加哥自然歷史博物館的一支考古團隊，於一九九一年十二月十三日宣布了對「美洲最早陶器」的發現，《科學》雜誌說，「它推翻了標準推測」——也就是認為美洲，特別是此發現所在的亞馬遜流域，「資源太過貧乏，不足以支撐一個複雜的史前文明」的看法。這個發現的結論，與人們長期所持的觀念相反，團隊領導人安尼・羅斯福（Anne C. Roosevelt）博士說：「亞馬遜流域有著如同尼羅河、恆河，以及世界其他大河流域的洪泛區一樣肥沃的土地。」這些紅棕色的陶器碎片中，有一些裝飾著圖樣。經由最新科技測量得出的結論是，它們具有超過七千年的歷史。它們被發現於名為「撒布塔里木」（Sabtarem）的遺址，那裡覆蓋著古代居住者（一支漁獵民族）丟下的成堆貝殼和其他垃圾。

這些陶器的年代，以及上面描繪的直線設計，讓它與發現於古代近東的陶器有些相似。後者被發現於蘇美文明蓬勃發展的平原上的山脈中。在《失落的國度》中，我們展示了能夠證明亞馬遜流域，以及貫穿祕魯的黃金和錫產地，具有蘇美文明痕跡的證據。透過校正這些陶器的確切年代，以及可被接受的人類於更早期抵達的可能性，我們得到最新發現，並證實了早期非正統觀點的結論：在古代，來自近東的人們，穿越大西洋到達美洲。

來自古代近東地區的人，一定會留下曆法遺蹟。他們最具戲劇性和神祕性的一面，被發現於亞馬遜河流域的東北部，靠近巴西和蓋亞那（Guyana）的邊界。在那片巨大的平原上，豎立著一個雞蛋形狀的岩石，大約一百英尺高，直徑大約三百英尺乘兩百五十英尺。它頂端的天然凹洞被刻成一座池，水從上面經由渠道和管道流入這塊巨大岩石。一個像是洞穴的空洞被擴大，形成一個巨大的岩棚，然後被進一步挖成洞窟和多層的平臺。可進入岩石內部的開口上方，被畫了一條大約長二十二英尺的蛇，牠的嘴巴由三個進入岩石的開口組成，各個開口都被神祕且無法辨認的銘刻包圍；岩石內外有數百個圖畫符號和標誌。

早期探險家的報導和當地傳說，都提到這些岩洞中有「臉部為歐洲人的巨人的」骨骸，這勾起了人們的興趣。著有《太陽之子》（*Die Söhne der Sonne*）的馬塞爾．霍爾尼（Marcel F. Hornet）教授在一九五〇年代探察了這塊巨岩，並提供了比從前所知的更精確的資訊。他發現，佩德拉拉富拉達巨岩指向三個方向：最大的一面是東西朝向，較小的兩面分別朝向東南偏南和西南偏南。他的觀察是「從外部看來，這個巨大結構的朝向……完全與古代歐洲和地中海文化的規則一樣」。他認為，畫在岩石表面的許多符號和標誌是「有規則的數字，但不是基於十進位」，而是「屬於已知的最古老的地中海東部文化」。他還認為，布滿小點的表面代表的是乘法表，諸如「九乘七」或「五乘七」或「七乘七」，以及「十二乘十二」。

這個古代岩石工藝最精彩的部分是都爾門（dolmen，又稱石棚墓），那是一塊大扁石平鋪在數個支撐石上的結構，每個支撐石重約十五至二十噸；一些早期的探險家因為都爾門而將此處稱為「石書之地」。它們的表面都被畫了精細的符號和圖案；兩個較大的扁石被切刻為精確的形狀：一個呈五邊形（見圖133 a），另一個呈橢圓形（見圖133 b）。在入口處使用蛇當作主要符號，再加上其他符號，讓霍爾尼聯想到了古埃及和東部地中海。由於許多都爾門被放置在岩石深處的水平處和墓穴入口處，他認為，如同印地安傳說所述，這裡是「當地的文明人民」埋葬領導人或其他名人的聖地，「就像很久很久以前在安地斯山區的大城市蒂亞瓦納科一樣；這也許是在基督誕生的幾千年之前。」

對於岩石表面標記的似乎是數學系統的觀察結果，霍爾尼認為那「不是基於十進位」，而是「已知的最古老的地中海東部文化」，這其實是轉了一個彎，表示那是散布在整個古代近東的蘇美六十進位制數學系統。他的其他結論也提供了這種關聯，例如「東部地中海」以及「基督誕生的幾千年之前」蒂亞瓦納科，這是非常值得注意的。

雖然在這兩個都爾門上的圖案還無法被破解，但在我們的觀點中，它們包含著一個有關諸多重要線索的數字。五邊形的那個，無疑記錄著一些連貫的故事，可能就像後來的中美洲圖畫書，講述一個關於遷移及所走路徑的故事。石板的四角上描繪了四種類型的人；就這一點而言，它可能是《費耶爾瓦里手抄本》（*Codex Fejérvary*）封面上那幅著名馬雅圖畫的前身，那幅畫呈現了分成四個部分的地球和該處的不同人種（用不

a

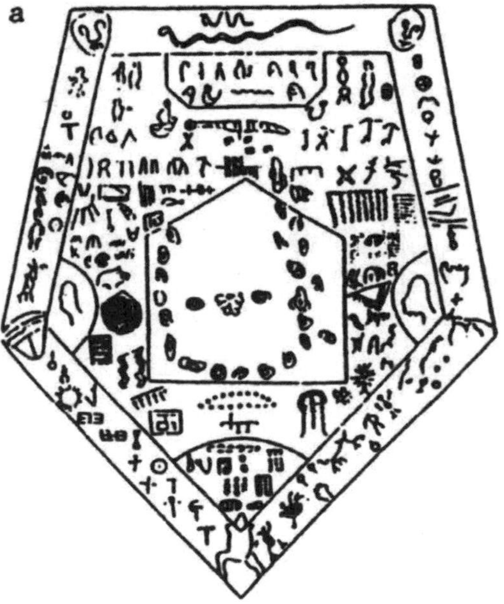

圖133a：五角形都爾門

b

圖133b：橢圓形都爾門

同顏色呈現）。如同這個五邊形都爾門，那幅馬雅圖畫上同樣有一個幾何形的中央圖框。

除了中央圖框（**巴西的是五邊形**）外，都爾門的表面上覆蓋著未知的不明文字。不過，我們在它和來自東部地中海的文字（**被稱為線形A**〔Linear A〕）之間找到相似點；它是克里特島和小亞細亞的西臺（**現今的土耳其**）的文字的前身。

五邊形都爾門上的主要符號是蛇，而它也是克里特當地古希臘時代之前文化和古埃及的著名符號。就古代近東神話來說，蛇是恩基及其後代的符號。在橢圓形都爾門上，有類似天上的雲的圖案，讓人聯想到美索不達米亞的界石庫杜如（見173頁圖92）上的蛇形符號，它所表示的是銀河。

這個都爾門的中央圖框上的許多符號，與蘇美和埃蘭的設計與符號（**比如納粹使用過的十字記號**）都很相似。橢圓形外框裡的較大符號甚至更具啟發性。如果我們認為中間最上方的符號是一個書寫代號，那麼剛好剩下十二個符號。在我們的觀點中，它們是**黃道十二宮的符號**。

並非所有符號都被認為是源自蘇美的，因為在很多地方（**比如中國**），黃道帶（**本身就是「動物圈」的意思**）所使用的符號是當地的動物。但在這個橢圓形都爾門的一些符號，比如兩條魚（**雙魚宮**）、兩個人像（**雙子宮**），以及拿著一把穀物的女性（**處女宮**）形象，很明顯是源自蘇美且被整個舊大陸所採用的星宮符號。

這些亞馬遜描繪的意義很難被誇大。就如我們曾指出的，黃道十二宮是人們主觀地將天圈劃分為十二組星星的結果；它不是對自然現象的簡單觀測結果，如日夜循環、月相變化，或太陽的季節性變化。人們在這裡發現了黃道十二宮的概念和知識，而且還用美索不達米亞的符號來表示，這絕對能夠證明，在亞馬遜河流域曾經存在過熟知近東知識的人。

與橢圓形都爾門上的星宮符號一樣驚人的是，五邊形都爾門中央的描繪。它顯示了一個**石圈**圍繞著兩塊獨立巨石，而在它們之間有個只畫了一部分的人頭，那個人的眼睛聚焦在其中一塊獨立巨石上。類似的「凝視的人頭」，可以在馬雅天文學抄本中找到，這個符號代表的是天文祭司。

所有這些元素，再加上這座蛋形巨岩三個面的天文學朝向，顯示出這裡曾有著熟知天文觀測的人。

「這些人」是誰？是誰能在如此早期的年代橫渡海洋？所有人都明白，這樣的漂洋過海是不可能獨立完成的。無論他們在從其他地方被帶到南美海岸時，就已經懂得曆法－天文知識，還是在這片新大陸上被教授了這些知識，如果沒有「眾神」，這一切都不會發生。

南美洲的史前岩畫

在缺乏文字紀錄的情況下，在南美發現的一些史前岩畫，是能夠告訴我們關於古代居民所知所見的重要線索。它們大多數都被發現於這塊大陸的東北部，深入亞馬遜河流域，在這條大河，以及眾多源於遙遠的安地斯山區的支流周圍。印加神聖河谷的主要河流——烏魯班巴，是亞馬遜河的一條支流；其他那些從被指認為冶金加工中心遺址往東流的祕魯河流也是一樣。若是對這些已知的遺址進行適當的考古工作，哪怕只發現其真實身分的一小部分，都能印證當地傳統的真實性：有人穿越大西洋，在這些海岸地帶登陸，並經過亞馬遜河流域，開採安地斯山區的黃金、錫和其他財富。

光是在曾經被叫做英屬蓋亞那的地方，就發現了十多個覆蓋著刻畫的岩石遺址。在一個靠近帕卡賴馬山（Pacaraima）的卡拉卡蘭克（Karakananc）遺址上，這些岩畫（見圖134 a）描繪的是帶有不同數量的光束或頂點的星星（這是蘇美「首創」的）、彎月和太陽符號，以及位在階梯旁的疑似觀測儀的器具。在一個名為瑪麗薩（Marlissa）的地方，一長片順著河岸的花崗石上，覆蓋著大量的岩畫；其中一些被用作英屬蓋亞那皇家農業與商業協會所發行的期刊（一九一九年第六期）的封面（見圖134b）。這個岩石上的圖案，是舉起雙手，帶著獨眼頭盔的奇怪人物，站在一個看起來是大船的物體旁邊（見圖134c）。這些穿著緊身服，頭頂光環的生物，出現過很多次（圖134d），從尺寸上看，他們就像巨人：在一個例子裡有十三英尺高，在另一個例子裡有八英尺高。

鄰近的國家蘇利南（Suriname，過去的荷屬蓋亞那），在弗雷德里克威勒四世（Frederik Willem IV）瀑布地區發現了大量的岩畫，讓研究者們覺得有必要

圖134a：卡拉卡蘭克遺址的岩畫

圖134b：放在期刊封面的瑪麗薩遺址岩畫

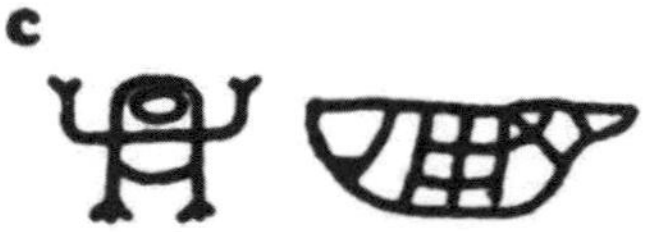
圖134c：舉起雙手的人與旁邊的船形物

圖134d：頭頂光環的生物

給每個遺址裡的各組岩畫及其獨特符號進行編號。其中有一些（見圖135）在今天能夠被辨認為幽浮（UFO，不明飛行物體）及其擁有者，例如烏諾土波（Wonotobo）瀑布遺址13的一幅岩畫（見圖136），先前看到的關於有光環的高大生物的描繪，已經變成圓頂裝置的開口處有往下的梯子，而一個強大的人就站在開口那裡。

這些岩畫所傳遞的資訊是，當一些人乘船抵達這裡時，其他像神一樣的「人」乘「飛碟」而來。

在這些岩畫中，至少有兩個符號可以被視為近東的書寫標記，特別是源於小亞細亞的西臺文字。一個確定的符號出現在一張有頭盔和角飾的臉部圖案旁邊（見圖137a），它與西臺象形文字中的「偉大」（見圖137b）幾乎沒有任何區別。這個象形符號在西臺銘文中常常與「國王、統治者」的符號一同出現，以表達「偉大的國王」的意思（見圖137c）；事實上，在蘇利南的烏諾土波大瀑布附近的岩畫中，我們發現了不少此類的象形文字短語（見圖137d）。

事實上，有許多岩畫覆蓋在整個南美洲的大小岩石上；上面的紀錄和圖畫，講述了世界這一角的人類故事，這是一個還沒有被完全破解和明白的故事。一

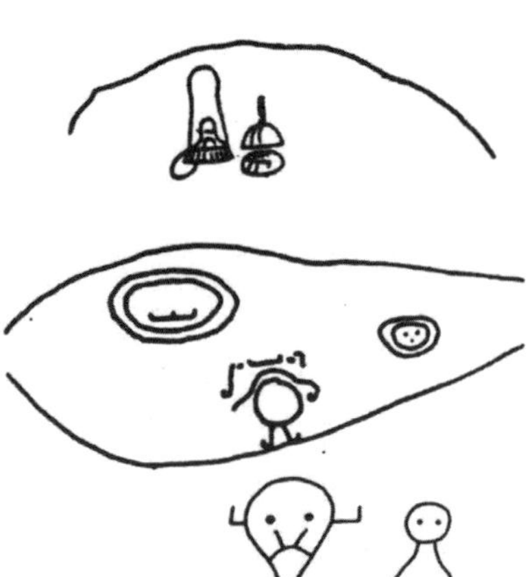

圖135：描繪了幽浮的岩畫

圖136：烏諾土波瀑布遺址13的岩畫

百多年來，探險家們顯示了南美洲能夠以步行、騎馬、乘獨木舟和木筏等方式穿越。有一條主要路線開始於巴西／蓋亞那／委內瑞拉東北部，主要使用亞馬遜河系統進入祕魯北部和中部；另一條開始於巴西靠近聖保羅的地方，向西經過馬托格羅索（Mato Grosso），到達玻利維亞和的的喀喀湖，然後從那裡往北進入祕魯中部（神聖河谷）或沿海區域；這是兩條線路交會的兩個地方。

圖137a：在臉部圖案旁邊有符號

a

圖137b：西臺象形文字「偉大」

b

c

圖137c：西臺銘文的「偉大的國王」

d

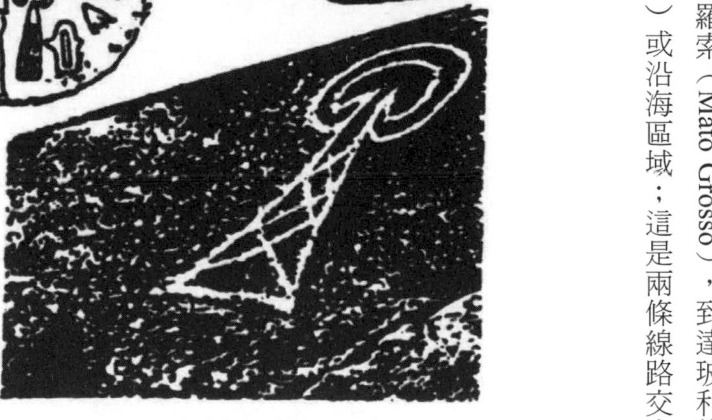

圖137c：烏諾土波瀑布附近的岩畫

如同本章前文所講到的發現，人類到達美洲，特別是到達南美洲，是數萬年前的事。根據這些岩畫證據而推測出的遷移行動，可分為三個階段。在巴西東北部的佩德拉富拉達的廣泛研究，為這些階段提供了一個很好的例子。

佩德拉富拉達是這個區域最常被研究的遺址。人們在那裡發現了超過兩百六十個考古遺址，其中兩百四十個包含了岩石藝術。對史前壁爐的木炭樣本進行放射性碳定年法的檢測結果，顯示人類在三萬兩千年以前就開始在這裡生活。這個區域的史前人類生活，大約在一萬兩千年前時突然結束，同時發生的是一場顯著的氣候變化。我們的觀點是，這場氣候突變與大洪水所導致的最後一個冰河時期突然結束有關。那個時期的岩畫藝術是自然主義的；當時的藝術家描繪了周圍的景物：當地動物、樹木和其他植物，以及人們。

大約經過兩千年的中斷後，有其他人和新群體到達該地區，人類才再度定居於此。他們的岩畫藝術顯示，他們來自一個遙遠的地方，因為那些圖畫中包含了不屬於當地的動物：巨樹懶、馬、一種早期的美洲駝和駱駝（根據發掘者的紀錄，但在我們的眼中，它更像是長頸鹿）。第二個階段一直持續到五千年前，並在後期開始製造具有裝飾的陶器。同時，根據這些發掘行動的領導者尼德·吉東的說法，在他們的藝術中出現了「抽象符號」，「看上去與儀式或神話事務有關」——這是宗教，代表人們意識到「眾神」。在這個階段的最後，出現了轉向類似於近東的符號、標誌和書寫的岩畫變化。這也導致在第三個階段的岩石上出現了天文和曆法方面的標記。

這些岩畫都位在登陸區域和兩條穿越南美洲大陸的主要路線沿途。越接近第三階段的岩畫，所具有的天文符號和涵義就越多。而那些被發現於大陸南部，如巴西、玻利維亞或祕魯的岩畫，更能讓人聯想到蘇美、美索不達米亞和小亞細亞。一些學者，特別是在南美洲，將大量的符號按照蘇美楔形文字來解釋。這片區域最大的岩畫描繪了所謂的叉形大燭臺或三叉戟，正對著南美洲太平洋沿岸的帕拉卡斯灣（Bay of Paracas，見圖138 a）。在當地傳說中，那是維拉科查的閃電棒，就如出現在蒂亞瓦納科的太陽門頂部的圖案一樣；我們將它視為近東「風暴神」的標誌（見圖138 b），他是恩利爾的小兒子，被蘇美人稱作「伊希庫爾」，也就是巴比倫和亞述的阿達德、西臺人的特舒蔔（Teshub，意思是鼓風者）。

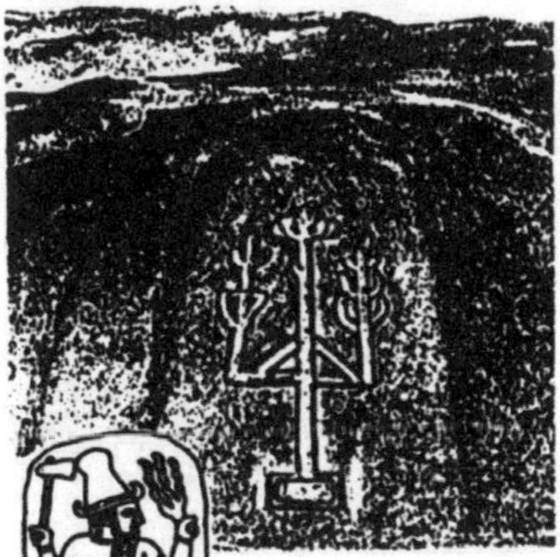

a

圖138a：面對帕拉卡斯灣的岩畫

b

圖138b：近東「風暴神」

西臺文化在南美洲的傳播

在南美洲，蘇美元素的出現或影響雖然很小，但能在許多方面收集到，就如我們在《失落的國度》中所做的那樣，卻沒有任何人試圖在這裡尋找西臺文化的存在。我們已經展示了一些在巴西發現的西臺符號，但在這種吻合情況的背後，還有更多相似之處深埋在地下或根本沒被重視，即使這些來自小亞細亞的居民是舊大陸中最先使用鐵的人，而且，巴西這個國家的名字Brazil，能被識別為阿卡德語中代表鐵的詞彙：Barzel。著有《在哥倫布之前》（*Before Columbus*）和《歷史的謎團》（*Riddles in History*）等書的塞勒斯・高登（Cyrus H. Gordon）認為，這個相似之處是極有意義的線索，能夠帶領人們識別早期的美洲人。其他線索是發現於厄瓜多和祕魯北部的半身像上的印歐人長相，還有在智利對面的太平洋上的復活節島發現的神祕銘文，它們的排列方式就如同西臺銘文所使用的「牛犁地」系統：從最上面一行的左邊到右邊，再從下面第二行的右邊到左邊，然後在第三行從左邊到右邊，以此類推。

與地處沖積平原，沒有石頭可當作建材的蘇美不同，恩利爾一族的領地小亞細亞全是KUR.KI，意思是「山地」，由伊希庫爾／阿達德／特舒蔔管轄。安地斯大地的結構和大型建築也都是用石頭建成的，從最初的巨石工程，經過古帝國精細的方石建築，再到印加的粗石建築，而後便是現在。是誰在安地斯大地上還沒有人類居住，安地斯文明還沒有開始的時候，在印加時代之前，就擁有應用石頭的深刻知識？我們認為，他們是來自小亞細亞的石匠，也是專業的礦工——因為小亞細亞是古代世界重要的鐵礦來源，也是第一批將銅和錫混合製造青銅的地方之一。

如果人們對古代西臺首都哈圖沙（Hattusas，在現今土耳其首都安卡拉東北方一百五十英里處），以及附近其他堡壘的遺址，進行一次實地造訪，能夠認識到它們與安地斯石方工程的相似度，甚至包括了在這些堅硬石頭上的獨特且複雜的切口，它們形成一種「階梯圖案」（見圖139）。

圖139：古代西臺遺址的階梯圖案

一個人要是能夠區分小亞細亞的陶器與安地斯陶器之間的不同處，特別是來自青銅時代拋光後的精美深赭色種類的話，那麼他一定是古代陶器工藝方面的專家。然而，他不需要成為專家，就能注意到祕魯海岸地區工藝品上的奇怪戰士（見圖140a），與地中海東部工藝品上的古希臘時代之前的戰士（見圖140b）之間的相似處。

對於這種相似性，我們首先要明白的是，早期希臘人的家園——伊奧尼亞（Ionia），不在希臘，而是在小亞細亞的西部。早期的神話和傳說，像是荷馬的《伊利亞德》（*Iliad*），如實地記錄了這些地點。特洛伊就在那個地方，而不是希臘。因為黃金寶藏而聞名的呂底亞（Lydia）國王克羅伊斯（Croesus），其知名的首都薩第斯（Sardis）也是在小亞細亞。有些人相信奧德修斯（Odysseus）的旅行和苦難，將他帶到了我們現在所稱的美洲，也許這種觀點並不會太過牽強。

圖140a：祕魯海岸地區工藝品上的戰士

圖140b：地中海東部工藝品上的古戰士

希臘安提基特拉島海域的古儀器

奇怪的是，在關於第一批美洲人的日益激烈的爭論中，只有很少一部分是針對古代人究竟擁有多少航海知識這一論題的。有太多的證據可以證明，他們的航海知識是非常廣泛且先進的；只要把阿努納奇的教導考慮在內的話，這種原本不可能的事就會成為可能。

蘇美國王列表中，描述了一位早於吉爾伽美什（Gilgamesh）的早期以力國王：「在伊安納，聖鳥圖之子，梅斯克亞加什（Meskiaggasher）成為大祭司和國王，統治了三百二十四年。梅斯克亞加什進入西海，向那座山脈前進。」在沒有任何航海設備的幫助下（如果它們那時還不存在），這種越洋航行是如何實現的？這令學者們百思不得其解。

幾百年之後，由女神生下的吉爾伽美什，踏上了尋求永生之路。他的冒險歷久彌新，在戲劇性上超越了奧德修斯。在最後的旅途中，他必須穿越死亡之海或水，而這只能在船夫烏爾先納比（Urshanabi）的幫助下才能完成。他們兩人開始渡河後不久，烏爾先納比就指責吉爾伽美什弄壞了「石具」，而船夫沒有了「石具」就無法行船了。這部古代文獻用三行文字記錄了因「破壞石具」而導致烏爾先納比的哀嘆，但泥版上能辨認出的內容只剩下一部分了；這三行的開頭部分是「我在看，但我不能……」，明顯地指出這是一種航海儀器。為了解決這個問題，烏爾先納比命令吉爾伽美什回到岸上，砍下一百二十根長木棍。當他們開始航行的時候，烏爾先納比讓吉爾伽美什每次丟掉一根，以十二根為一組。這一共重複了十次，直到用完了這一百二十根木棍：「當吉爾伽美什用完了兩份六十根棍子」，他們到達海對面的目的地。由此，這個特定數量的木棍，按照命令來使用，代替了已經不能用的「石具」。

吉爾伽美什是歷史上著名的古代蘇美統治者，他在西元前兩千九百年左右統治著以力（烏魯克）。幾個世紀之後，蘇美商人經由海路抵達遙遠的陸地，出口了那些使蘇美聞名的穀物、羊毛和服飾，並且進口了古蒂亞曾提過的金屬、木料、建材和寶石。這種雙向的往返航行，不可能發生在沒有航海儀器的時代。

我們可以根據一個在二十世紀初期發現於地中海東部愛琴海的安提基特拉（Antikythera）的物品，推斷出此類儀器在古代的確存在。當時，兩艘載著採集海綿的潛水夫的船，橫越地中海，從東部的克里特島航行至西部的基西拉島（Kythera），途中發現了沉在海底的古船遺物。這些遺物裡的工藝品，包含了大理石和青銅雕像，可以追溯至西元前四世紀。這艘沉船本身屬於西元前兩百年左右的；船上那些裝著酒、橄欖油和其他食物的雙耳罐和器皿，可以追溯至大約西元前七十五年。由此，完全可以證實這艘船及上面所載的物品都是西元前的產物，而且它是在小亞細亞海岸或鄰近的地方裝載這些物品。

從船骸中打撈起來的物品和材料，都被運送到雅典以進行檢測和研究。當研究員將其中一個青銅塊和脫落的碎片清潔後組合在一起時，它的樣子震驚了博物館的官員們。這個「物品」（見圖141）似乎是一個精密的機械裝置，有許多齒輪在圓形框架內的各層上互鎖，而圓形框架則固定在方形支架中。它看上去像是一個「帶有球形投射和一套圓環的」星盤。經過數十年的研究，包括X光測試和冶金學分析之後，它現在被陳列於希臘雅典的國家考古博物館中（編號為X.15087）。在它的保護罩上有一塊介

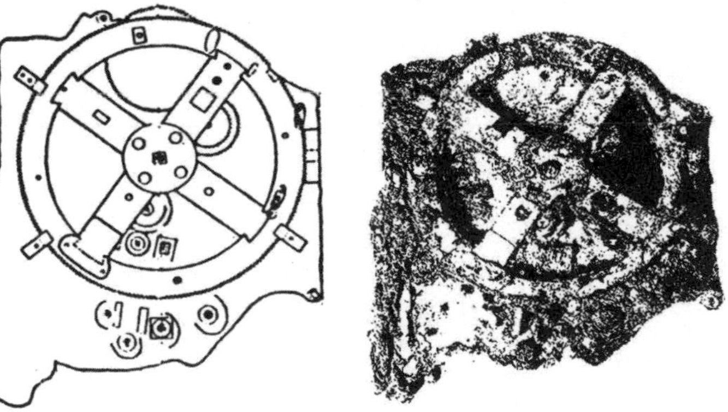

圖141：在安提基特拉島海域發現的古物

紹牌，內容如下：

此裝置是在一九〇〇年於安提基特拉島的海裡被採集海綿的潛水夫們發現的。它是發生在西元前一世紀的一場海難中的貨物之一。

它被認為是一個陰陽合曆計算器，最新的證據顯示，它可以被追溯到大約西元前八十年。

針對它的一項最徹底的研究，是一本名叫《來自希臘的齒輪》（*Gears from the Greeks*）的書，作者是耶魯大學的德里克．德．索拉．普萊斯（Derek de Sola Price）教授。他發現，這三個包含了齒輪、標度盤和分層薄板的破損部分，是由至少十個獨立部分安裝而成。齒輪是裝設在幾種不同的底座上，並與其他齒輪相連（這是我們能在汽車的自動變速箱中找到的先進技術），結合了太陽週期和月球的十九年週期。齒輪上布滿了細齒，在多個輪軸上運行；在圓形和角形部位上的標記伴隨著希臘銘文，提到了許多黃道星宮。

這個儀器毫無疑問是高技術和先進科學知識所結合的產物。在它的前後時期，沒有任何複雜程度接近它的物品被發現。雖然德里克．德．索拉．普萊斯猜測，它可能是羅得島（Rhodes）上的波希多尼（Posidonios）學院根據阿基米德（Archimedes）使用的天象儀設備模型所製作或修復的物品。他寫道，雖然他「同情人們在向上修改希臘技術史時所受到的震撼」，他仍然不同意「這個儀器的複雜程度及其機械成熟度，遠遠超出希臘技術的範圍，因此，它只可能是那些從外太空來造訪我們文明世界的外星太空人所設計並製造」的這種「激進的解釋」。

然而，事實是，在此沉船事件前後的數個世紀，都沒有任何與這個物品的複雜性和精確度相近的文物被發現過。就算是比它晚了一千多年的中古世紀星盤（見圖142 a），與這個古儀器（見圖142 b）相比就像是玩具一樣。而且，中世紀及之後歐洲的星盤與類似的儀器，都是用黃銅製成的，很容易鍛造，然而這個古物是用青銅製造的。青銅這種金屬在鑄造工程中十分有用，卻極難打磨和塑形，尤其要用它來製造一個比現代的精密計時器更複雜的機械儀器，更是難上加難。

然而，這個儀器就在這裡；無論是誰提供了它所需的科學和技術，它都在很早期就提供了一個先進得超乎想像的計時和天文導向功能。

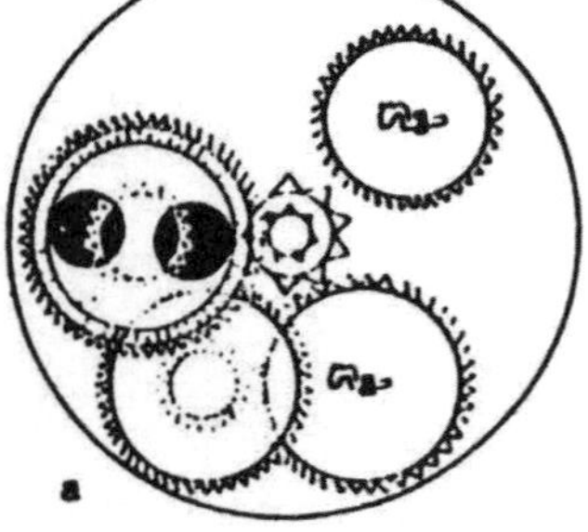

圖142a：中古世紀星盤

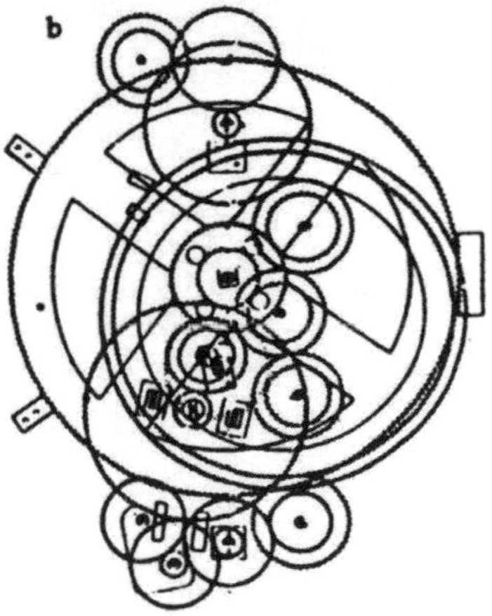

圖142b：安提基特拉島古儀器

古代航海地圖

相關學者無法接受這個事實的另一個原因，在於有關第一批美洲人的爭論中，沒有提出任何早期製圖學的證據——就算是在哥倫布一四九二年航海五百週年的紀念會上。

從雅典和基西拉島穿越愛琴海，在伊斯坦堡（前土耳其帝國首都，前拜占庭帝國首都）一座現今被改為托普卡匹博物館（Topkapi Museum）的皇宮裡，存放著另一個能向世人展示古代航海能力的文物。它被稱為「皮里．雷斯地圖」（Piri Re'is Map），以製作它的土耳其將軍為名，誕生於西元一五一三年（見圖143a）。它是地理大發現時代留下來的數個世界地圖的其中之一，它引人注目的原因有許多個：首先，它的精確度，以及它在一個平面上表現球面特徵的先進技術；第二，它清楚地顯示了整個南美洲（見圖143b），並標出其大西洋沿岸和太平洋沿岸的地理地形特徵；第三，它正確標示出了南極大陸。

雖然皮里．雷斯地圖是在哥倫布航海之後幾年才繪製的，但令人吃驚的是，在一五一三年時，南美洲的南部對舊大陸的人們來說，應該還是未知的。皮薩羅（Pizarro）從巴拿馬航行到祕魯是在一五三〇年，而且西班牙人並沒有繼續沿著海岸往南或進入內陸，他們探索安地斯山區是幾年之後的事情。然而，這幅地圖卻描繪了整個南美洲，包括末端的巴塔哥尼亞（Patagonian）。至於南極洲，不僅是它的外貌，包括它的存在本身，在一八二〇年以前都是不被人所知的，比皮里．雷斯地圖的出現晚了三個世紀。自一九二九年，人們在蘇丹寶藏中發現這幅地圖後，經過艱苦的研究後，再次確認了它的這些令人困惑的特徵。

這幅地圖旁邊空白處的簡短標注，在這位海軍將領的一部名為《巴哈利亞》（*Bahariyeh*，意思是關於大海）的著作中，有著更完整的解釋。對於像安地列斯（Antilles）群島這樣的地理標

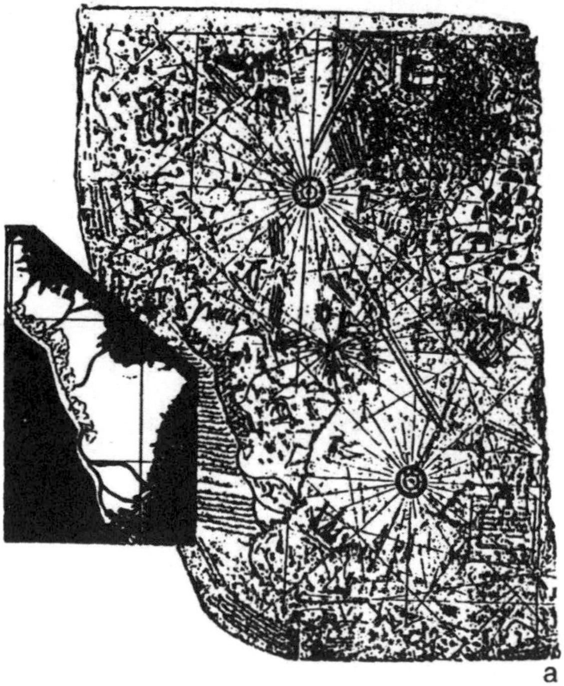

b　a

圖143b：南美洲地圖　圖143a：皮里．雷斯地圖

誌，他解釋了自己是從「熱那亞的異教徒科倫坡（Colombo）的地圖」那裡得到的資訊。他同時重提了哥倫布根據自己所擁有的一本書，首先嘗試說服熱那亞的貴族，然後說服西班牙國王的故事，「在西海（大西洋）的末端，在它的西側，那裡的海岸和群島有所有種類的金屬與寶石。」土耳其海軍將領的這本書中的細節，證實了其他資料的紀錄，認為哥倫布事先非常清楚他將要前往的地方，因為他擁有來自古代的地圖和地理資訊。

事實上，這種更早期地圖的存在，同樣被皮里．雷斯提及。在後面的注釋中，他解釋了這幅地圖是如何繪製的，他列出了由阿拉伯繪圖家所繪的地圖、葡萄牙地圖（「其中顯示了興德〔Hind〕、信德〔Sind〕及中國」）、「哥倫布地圖」，以及「大約二十張航海圖和世界地圖；這些是雙角之主（Lord of the Two Horns）亞歷山大那個時代繪製的航海圖」。「雙角之主」是亞歷山大大帝的阿拉伯頭銜。這個聲明的意思是，皮里．雷斯看到並使用了這些來自西元前第四世紀的地圖。學者們推測，這些地圖被存放在亞歷山大圖書館，其中有些躲過了那場在西元六四二年發生的大火，當時阿拉伯入侵者放火燒毀了其中的科學大廳。

現在，我們相信，在大西洋上向西航行到達存在的海岸的壯舉，不是由哥倫布首先完成的，而是另一位來自義大利佛羅倫斯的天文學家、數學家、地理學家，他的名字叫做保羅．達爾．波佐．托斯卡內利（Paulo del Pozzo Toscanelli），那時是一四七四年。還有其他地圖，例如來自一三五一年的美蒂奇（Medicean），以及一三六七年的皮茲吉（Pizingi），也可供後來的航海員和繪圖家使用；後者中最出名的是格哈特．克雷默（Gerhard Kremer），別名麥卡托（Mercator），他在一五六九年出版的《地圖集》（*Atlas*）和投影方法，一直到今天都是繪圖學的標準要素。

關於麥卡托世界地圖的奇怪之處，是它們描繪了南極洲，因為這片冰凍的大陸是在兩百五十年之後的一八二〇年，才被英國和俄羅斯的水手們發現的！

如同那些在他之前（和之後）的人一樣，麥卡托的《地圖集》參考了之前的繪圖家所繪製的地圖。關於舊大陸，特別是鄰近地中海的土地，他明顯依賴於腓尼基人和迦太基人統治著大海的時代，由推羅的馬里諾（Marinus of Tyre）所繪製的地圖；推羅的馬里諾是由生活在西元二世紀的埃及天文學家、數學家和地理學家克勞狄烏斯・托勒密（Claudius Ptolemy）介紹給後世的。至於麥卡托對新大陸資訊的認識，則是同時依靠舊地圖，以及探索美洲的探險家們的紀錄。但是，他從哪裡得來南極洲的存在及其形狀的資訊呢？

學者們同意，他的可能來源是一幅由奧倫提烏斯・費納烏斯（Orontius Finaeus）於一五三一年繪製的世界地圖（見圖144 a）。這幅地圖將地球劃分為以北極點和南極點為中心的北半球和南半球，正確地展示出地球呈球形；其上不僅呈現南極洲，也呈現這塊大陸上被冰層掩埋了數千年之久的地理學和地形學特徵！

這幅地圖毫無錯誤地詳細描繪出南極洲的海岸線、海灣、小灣、海口和山脈，甚至河流，不過現在我們無法親眼看到這些景象，因為它們都被冰帽遮蓋了。我們會知道這些細節存在，是因為當地在一九五八年國際地球物理學之年，被諸多團隊進行的冰下探索勘測所發現。由此也證實了費納烏斯地圖上的描繪與南極洲本來的地理特徵，是多麼驚人地吻合（見圖144 b）。

對這個課題最徹底的研究之一，是查理斯・哈皮古德（Charles H. Hapgood）的《古代海王的地圖》（*Maps of the Ancient Sea Kings*），他提到，費納烏斯的地圖是基於古代航海圖所繪製的，那是南極大陸解凍後，其西部地區又開始結冰的時代。他所帶領的團隊指出，那個時代在大約六千年以前，即西元前四千年的時候。

後繼的研究，例如約翰・威浩特（John W. Weihaupt）發表在《Eos，美國地球物理聯合會論文集》（*Eos, the Proceedings of the American Geophysical Union,* August 1984）中的，證實了之前的發現。雖然他認識到「就算只是對一個大陸的粗略描繪，都需要一種可能超出於原始導航員視野的導航和幾何知識」，仍相信這幅地圖是基於兩千六百年至九千年前的資訊而繪製的。但這種資訊的來源，他表示還是一個謎。

查理斯·哈皮古德將他的觀點發表在《古代海王的地圖》中，寫道：「很清楚的是，古代旅行者從極點旅行到另一個極點。同樣令人難以置信的是，這些證據指出，一些古代人在南極的海岸線解凍時，探索了南極洲。而且他們擁有一種可精確測定經度的導航儀，它比古代人、中世紀人和十八世紀中葉之前的現代人所擁有的任何東西，都要先進許多。」

然而，正如我們之前所呈現的，這些古代航海員只是跟隨著眾神的腳步。

a

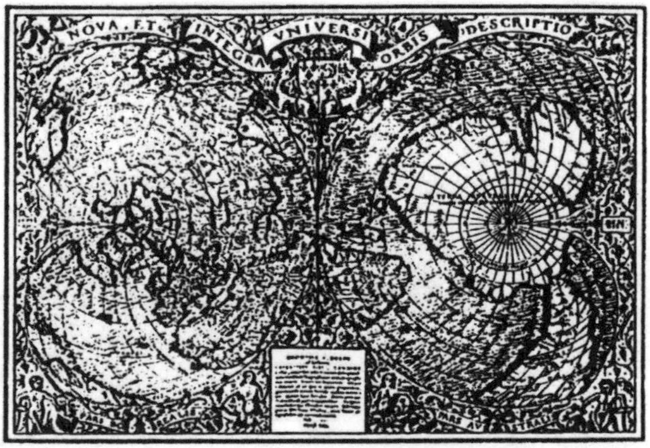

圖144a：奧倫提烏斯·費納烏斯繪製的世界地圖

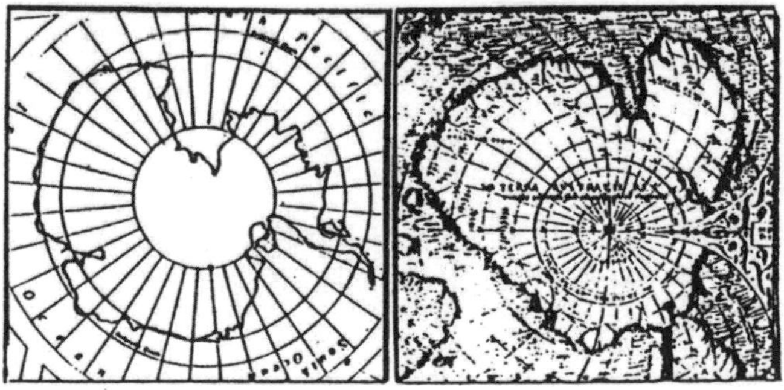

b

圖144b：奧倫提烏斯·費納烏斯繪製的南極洲地圖與現代發現的實際地貌

11．流放在搖擺的地球上

歷史學家認為，流放是刻意的刑事政策，是亞述人在西元前第八世紀引進的。他們「帶走」國王、長老和法院官員，甚至是自己土地上的全部人口，在遙遠地方的陌生人之間過著自己的生活。事實上，將某人強制流放是由眾神開始的一種懲罰，而第一批被流放的是阿努納奇的領導人。這種強制驅逐，從眾神開始傳到人類，改變了歷史的方向。它們同樣在曆法上留下痕跡，並與一個新時代相連。

當西班牙人和其他歐洲人發現，美洲原住民的傳統、習俗和信仰，與《聖經》中的希伯來人有諸多共同點時，他們只能透過「印地安人」是以色列人十個失落支派的後代來進行解釋。這重提了組成北部王國的十個以色列支派下落的相關謎團，他們的國王被亞述王撒縵以色（Shalmaneser）強制流放。《聖經》及之後的資料都顯示，雖然這些流亡者被趕走了，仍然保持著他們的信仰和習俗，這樣將來才能夠被恢復身分並重返家園。從中世紀到現在，旅行者和學者們聲稱，在遙遠的地方找到了這十個失落支派的蹤跡，比如在中國，或是在近一點的地方，如愛爾蘭和蘇格蘭。在十六世紀，西班牙人非常肯定地認為，是這些流亡者將文明帶到了美洲。

亞述人在西元前第八世紀將這十個支派流放，兩個世紀之後巴比倫人將剩下的兩個支派流放，這些都是歷史事實，而他們與新大陸的「十個支派關聯」一事，仍然存在於有趣的傳說中。然而，西班牙人正確地推測到，一個有著自己曆法的正式文明在美洲的開始，是由流放者建立的。不過，那不是被流放的人類，而是一位被流放的神。

中美洲曆法的推手

中美洲的居民——馬雅人和阿茲特克人、托爾特克人和奧爾梅克人（Olmecs），以及其他人們所知甚少的部落——有著三部曆法。其中兩套是循環性的，測量著日月和金星的循環週期。另一個是編年式的，從一個特定的起始點「零點」，開始計算時間的流逝。學者們已經研究出，這部長紀曆（Long Count）的起始點是在西元前三一一三年，但他們並不知道這個時間意味著什麼。《在失落的國度》裡，我們提出，它代表著圖特帶著一小群助手和追隨者抵達美洲的時間。

我們也提過，中美洲的主神，「羽蛇神」魁札爾科亞特爾（Quetzalcoatl）就是圖特。他的稱號「長羽」（Plumed）或「有翅膀的蛇」（Winged Serpent），在埃及肖像中是很常見的（圖145）。就像圖特，羽蛇神是懂得並教授神廟建造、數學、天文學和曆法的祕密的神。的確，中美洲的另外兩部曆法，就提供了能證明它們與埃及的關聯，以及鑑別羽蛇神就是圖特的線索。毫無疑問，這兩者揭示了熟悉近東曆法的「某人」的插手痕跡。

其中一部是哈布曆（Haab），為太陽曆，一年有三百六十五天，被等分劃為十八個月，每個月二十天，並在一年的最後加入五個特別日。雖然這種「十八乘二十」的劃分方式，與近東的「十二乘三十」不同，但都是基於三百六十天加五天的架構。這種純粹的太陽曆法，

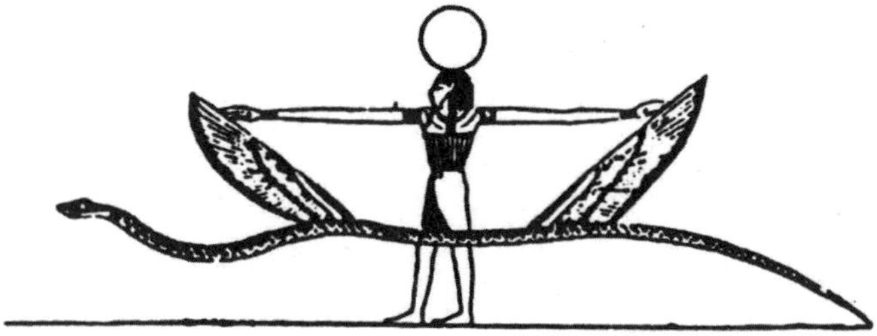

圖145：埃及肖像中常見的有翅膀的蛇

是受到拉（馬杜克）喜愛的；而圖特在劃分方式上做一些改變，就可以讓它與對手的曆法有所區分。

這部純太陽曆（哈布曆）不允許插入，不像在美索不達米亞，每隔特定的年份就會加入第十三個月，來保證曆法的持續適用。在中美洲，「十三」這個數字，出現在下一部曆法中。

和埃及一樣，中美洲有一部民用曆法（純太陽曆），也有一部神聖曆法。這部神聖曆法叫做卓爾金曆（Tzolkin），也使用每個部分二十天的劃分方式，但只有十三次的循環。「十三乘二十」的結果只有兩百六十天。關於「兩百六十」這個數字所代表的含義及其起源，引發了多種理論，但沒有一個能夠提供明確的解釋。有意思的是，無論在曆法學還是歷史學上，這兩部循環曆法是交織在一起的，如同齒輪將它們的鋸齒卡在一起（見43頁圖9b），創造出一個五十二個陽曆年的大神聖循環；因為「十三」、「二十」與「三百六十五」的結合，每隔一萬八千九百八十天才會出現一次，正好是五十二年。

這個擁有五十二年的大循環，對中美洲的所有居民來說都是很神聖的，而且他們還將過去和未來的事件與它連結在一起。這些事件的核心是中美洲最偉大的神：「羽蛇神」魁札爾科亞特爾，他穿越東海到達這片土地，但被戰神逼迫流亡，他發誓將在這五十二年神聖週期的「一葦」（1 Reed）那一年回去。在西元年中，符合五十二年週期的年份為西元一三六三年、一四一五年、一四六七年和一五一九年；前述最後的那一次，是埃爾南・科爾特斯（Hernando Cortes）出現在墨西哥海岸的那一年，他有著與羽蛇神相同的膚色和鬍鬚；所以他們的登陸在阿茲特克人的眼中，是這位將返回的神實現了預言。

數字「五十二」的核心，應該是中美洲所信仰的宗教和期望的救世主的一個標誌，它也指向了羽蛇神及其神聖曆法，與圖特的五十二週曆法之間的關鍵共同點。「五十二遊戲」是圖特的遊戲，之前講過的薩特尼故事，也清楚地講述了「五十二是圖特的魔法數字」。我們已經在圖特與拉（馬杜克）對抗中，解釋了五十二週的埃及曆法的意義。這個中美洲的「五十二」，渾身上下都能看到「圖特」的特徵。

圖特的圓形建築

圖特的另一個標誌，是用大型圓形建築來進行曆法方面的天文觀測。美索不達米亞的廟塔呈方形，四個角對齊基點方位。近東神廟——美索不達米亞、埃及、迦南，甚至以色列——是軸線朝向平分日點或至日點的矩形建築（這種格局至今仍被使用在教堂和神廟建築中）。只有圖特在拉格什幫忙建造的神廟，才採用了圓形設計。它僅有的其他近東仿製品，是位於丹德拉赫的哈索爾（即寧呼爾薩格）神廟，還有與新大陸隔海相望的巨石陣。

新大陸上，在阿達德（恩利爾的小兒子，西臺的主神）的領地上，以擁有美索不達米亞朝向規則的矩形神廟占主要地位。其中最大、最古老的，是位於蒂亞瓦納科的卡拉薩薩亞，它呈現矩形，並具有與所羅門聖殿相同的東西軸線。的確，肯定有人會猜測，當上帝向以西結顯示未來的耶路撒冷聖殿的設計模型時，是不是帶他飛到蒂亞瓦納科去看卡拉薩薩亞，就像《聖經》中詳細的建築描述，以及對照圖50（98頁）和圖124（229頁）所得出的那樣。另一座位於安地斯南部的神廟（在現今利馬南部不遠的地方）總是朝聖的焦點，它是獻給大創造神的，就坐落在海角上眺望無盡的太平洋，同樣是矩形的。

從這些建築的設計來判斷，圖特並沒有參與它們的建設。然而，如果他真的是圓形觀測臺的神聖工程師，那麼他肯定曾出現在神聖河谷中。在巨石時代的建築中，他的標誌是沙克沙華孟岬角頂部的圓形觀測所、庫斯科的半圓形至聖所，和馬丘比丘的石塔。

真正屬於魁札爾科亞特爾（圖特）的領地是中美洲，那裡是馬雅部落和納瓦特語居民的土地；但他的影響向南延伸到南美洲大陸的北部。在祕魯北部靠近卡哈馬卡（Cajamarca）的地方所發現的岩畫（見圖146）描繪了太陽、月亮、有五個頂點的星星和其他天體符號，旁邊還不斷重複出現蛇的符號——這無疑是恩基一族，尤其是被稱為「羽蛇神」之神的標誌。這些岩畫中還包括了對天文觀測設備的描繪，它們被人（祭司？）拿著，看起來就像是古代近東的物品，其他一些則有著彎角，就像是埃及的明（Min）神廟（參見113頁圖61）的那些觀測設備。

這個遺址似乎曾經是古代前往安地斯黃金大地的路線交會點，一條從大西洋沿岸出發，一條從太平洋沿岸出發。卡哈馬卡稍微靠近內陸，在太平洋沿岸擁有天然海港特魯希略（Trujillo），後來被歐洲人用於征服祕魯。法蘭西斯克·皮薩羅（Francisco Pizarro）和他的一小隊士兵，在一五三〇年於特魯希略登陸。他們向內陸行進，並在卡哈馬卡建立了基地，他們記載著，這座城市的「廣場比西班牙的任何一個還要大」，而且「建築有一個男人的三倍高」。在卡哈馬卡，最後一位印加皇帝阿塔瓦爾帕（Atahualpa）被誘捕，並被要求以黃金和白銀為贖金。這些由貴重金屬組成的贖金，填滿一個二十五英尺長、十五英尺寬，比一個男人還要高的房間。這位國王的大臣和祭司，要求從整片領地上運來金銀製造的物品和工藝品；洛斯羅普（S.K. Lothrop）在《西班牙歷史學家描述的印加寶藏》（*Inca Treasure As Depicted by Spanish Historians*）中計算出，後來

圖146：卡哈馬卡的岩畫

這批西班牙人從這些贖金中運回西班牙的部分，總共有十八萬金盎司，而白銀則是兩倍多。（這些西班牙人得到贖金之後，幾乎是在同一時間處決了阿塔瓦爾帕。）

岩畫中的天文意涵

北上進入哥倫比亞，在靠近中美洲的地方，有一個位於馬格達萊納河（Magdalena）河岸上的遺址，刻在岩石上的文字清楚地記錄了西臺人和埃及人的出現，包括（圖147）西臺象形文字（例如「神」和「國王」符號），以及各種埃及符號，如橢圓形輪廓（cartouches，用來標記王室名稱的長圓形框架）、表示「輝煌」的象形文字（中心是一個圓點，太陽射下著金色的光線）、明（Min）的「雙月」斧頭。

繼續向北，在瓜地馬拉，霍穆爾（Holmul）墓區中的「塗鴉」裡（見圖148），發現了埃及象徵「卓越」的符號：金字塔的圖形。由此可以推斷，中美洲的早期居民肯定熟知埃及。同時出現的，還有一座圓形階梯塔的圖像，旁邊顯然還有平面圖。它有一個圓形觀測臺，很像出現在南部的沙克沙華孟岬角的那樣。

不可思議的是，在古代近東的文獻中，的確將岩畫與天文符號連結在一起。《禧年書》（*Book of Jubilees*）補充了大洪水之後世代的簡明《聖經》記錄，描述挪亞透過講述以諾的故事以及他所獲得的知識，來教導後代。故事是這樣的：

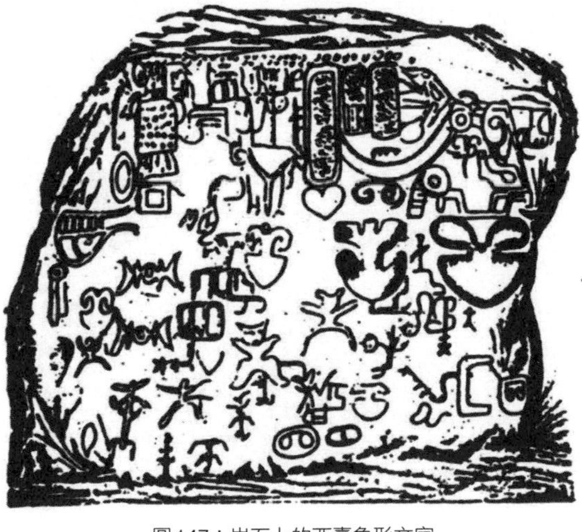

圖147：岩石上的西臺象形文字

在第二十九個週年紀念中，第一個星期的一開始，阿帕札德（Arpachshad）給自己娶了妻子，她的名字叫做拉蘇亞（Rasu'eja），她是舒蘭（Shushan）的女兒，埃蘭之女，並在第三年的這個星期為阿帕札德生了一個兒子，他為兒子取名為開蘭（Kainam）。

兒子逐漸成長，他的父親教導他書寫，他為自己尋覓一塊地，用來當作自己的一座城市。

然後他發現了書寫痕跡，那是先祖們刻在岩石上的。他閱讀著，將它們抄寫下來；因為上面包含了守護者們的教導，他們曾按照它，在所有的天空記號中觀察日月星辰的預兆。

圖148：霍穆爾墓區的「塗鴉」

我們從這部千年古書中得知，這個岩畫並非是亂寫亂畫；它們是「守護者（阿努納奇）的教導」的知識的表現，「他們曾經按照它」「觀察日月星辰的預兆」；這些岩畫是「先祖們」留下的「天空記號」。

中南美洲的圓形觀測臺

在我們剛才呈現的這些岩石上的描繪中，包括了圓形觀測臺，它們肯定都是古代美洲人所知和親眼所見的目擊報告。

在墨西哥的「羽蛇神」魁札爾科亞特爾領地的心臟地帶，岩畫逐漸演變為類似埃及早期所使用的象形文字。圖特曾出現在這個地方的最明顯證據，是用於天文觀測的神廟，包括圓形和半圓形的，還有球形觀測臺。這樣的遺蹟從兩個完美的圓形丘陵開始，它們劃出了拉文塔（La Venta）的天文視線。拉文塔是奧爾梅克人最早的遺址之一，這些人是在西元前兩千五百年左右，跟隨圖特越過大西洋抵達墨西哥的非洲人。從那時開始直到西班牙人征服當地的四千年之間，這種球形觀測臺的最後一例，是位於特諾奇提特蘭（Tenochtitlan，後來的墨西哥城）的阿茲特克神聖區域中的半圓形金字塔。從它的位置可以看出，它是用來測定平分日的，在那一天，從球形的「羽蛇神之塔」中觀測，太陽會從雙廟塔的正中間升起（見圖149）。

按照時間先後排序，在早期的奧爾梅克人和後來的阿茲特克人之間，是馬雅人的數不盡的金字塔和神聖觀測臺。其中一些，例如位於奎奎爾科（Cuicuilco）的金字塔（見圖150 a）是呈完美圓形的。其他一些，像是坎波拉（Cempoala）金字塔（見圖150 b），考古學家發現它在一開始是純粹的圓形建

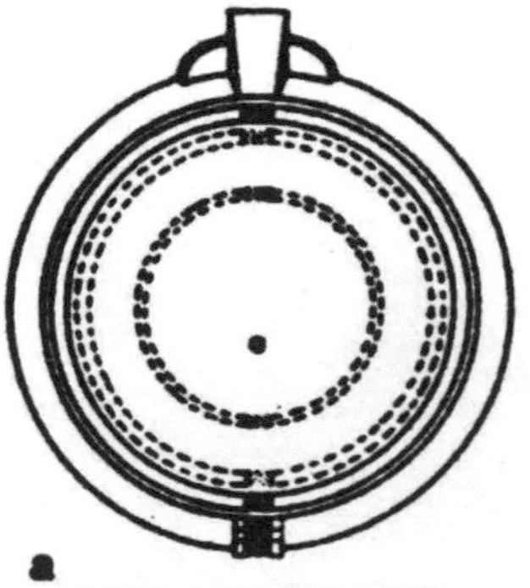

圖150a：奎奎爾科金字塔

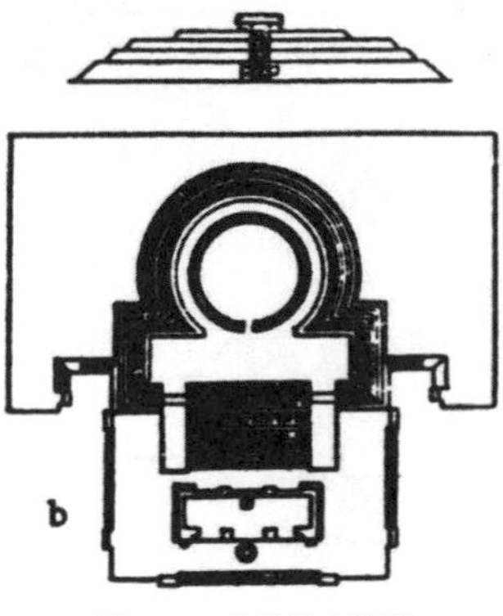

圖150b：坎波拉金字塔

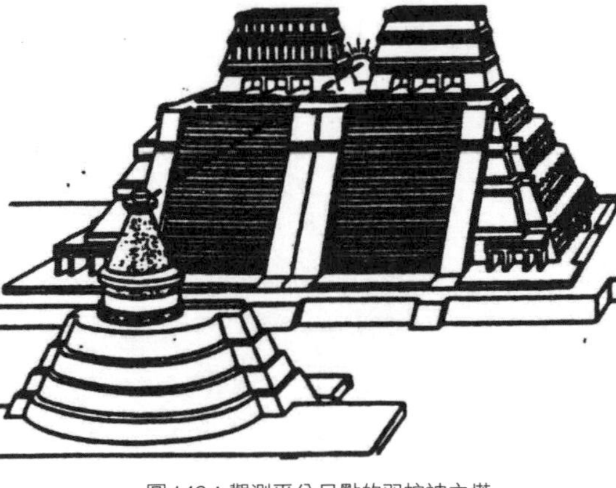

圖149：觀測平分日點的羽蛇神之塔

築，但後來被改變了形狀，增加了通向頂部的外層階梯，變成大型階梯塔和廣場。

這些建築物中最負盛名的，是位於猶加敦半島奇琴伊察（Chichen Itza）的卡拉科爾（Caraeol，見圖151），它是一座圓形天文觀測臺，其天文功能與朝向已經被廣泛且深刻地研究過。雖然現在看到的這座建築被認為是西元八百年左右建造的，但大家都知道，馬雅人是從更早期的居民那裡接管奇琴伊察的，並在舊建築上增建自己的建築。學者們推測，最初的觀測臺肯定在一個更早的時期就存在了，並且像馬雅人處理金字塔的習俗那樣，被增建或重建。

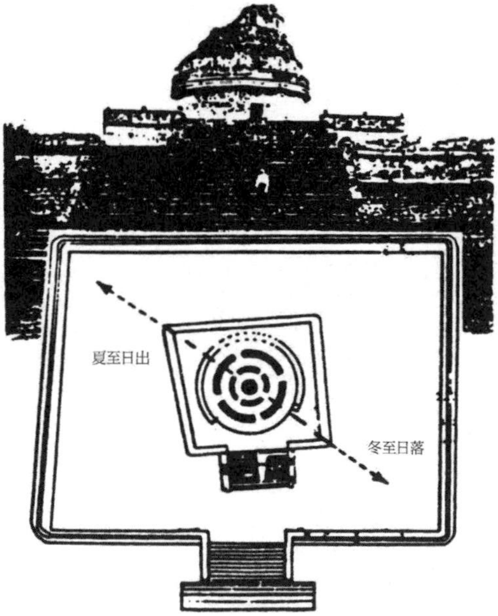

圖151：卡拉科爾的圓形天文觀測臺

這個現存建築所提供的視線，已被深入研究過，無疑地包含了與太陽有關的主要方位點：二至日點和二平分日點，還有一些關於月亮的主要觀測點。同時，它還與天上的許多星星相對應，卻沒有金星；這是很奇怪的，因為在馬雅手抄本中，金星的運行是一個重要課題。因此，我們有理由相信這些視線並不是由馬雅的天文學家所設定，而是在比馬雅人更早的年代中制定的。

卡拉科爾的平面圖：一個大矩形結構外框裡有一個方形圍場，圍場中有一座圓塔，以及圓塔本身的視線開口，這讓人聯想到庫斯科上方的沙克沙華孟建築群的外形和格局（現在只能看見它們的地基了），那裡同樣有一座圓形觀測臺在方形圍場裡，和一個更大的矩形建築群（見219頁圖120）。有人會懷疑這不是同一位神聖工程師所設計的嗎？我們相信他就是圖特。

馬雅天文學家在觀測過程中使用了觀測設備，它們常常出現在手抄本裡（見圖152），與近東的儀器、觀測臺和符號極為相似，而且數量之多也證明了這不是巧合。在所有的例子中，這些觀測臺都與美索不達米亞觀測塔頂部的一樣；而且，由它們演變而來的符號「階梯」，也是在蒂亞瓦納科無處不在的觀測臺符號，能在馬雅手抄本中清楚地看到。出自《博德利抄本》（*Codex Bodley*）的一個符號（圖152下面），呈現出兩名天文祭司正在觀測從兩座山中間升起的太陽；而這正好就是埃及象形文字文獻描述「地平線」一詞和概念的方式；而且在這部馬雅手抄本中的兩座山，看起來就像是吉薩的兩座大金字塔，這也絕非巧合。

圖152：《博德利抄本》中的符號

字形和考古遺蹟證明了當地與古代近東的關聯，特別是埃及；此外，傳說也加強了這一點。《波波烏》（*Popol Vuh*），這部高地馬雅人的「會議之書」中，解釋了天空和地球是如何形成的、地球如何被分為四個區域，以及測量繩是怎樣被帶過來，在空中和地球上伸展開，創造出四個角的。這些元素都是基於近東宇宙觀和科學，回憶著阿努納奇劃分地球，以及神聖測量器的功能。

納瓦特人和馬雅人的傳說（例如佛丹〔Votan〕傳說），都敘述了部落祖先「父親和母親」是越過海洋而來的。一部納瓦特紀錄《卡奇奎爾斯年鑑》（*The Annals of Cakchiquels*）陳述道，當他們從西方到來時，還有從東邊而來的人也是「從海的另一邊過來」。佛丹傳說中，提到佛丹建立了第一座城市，成為中美洲文明的搖籃。西班牙編年史學家根據馬雅人的口述傳說，將這個故事記錄下來。他們記載了佛丹的標誌是蛇；「他是守護者的後代，屬於坎（Can）的種族。」「守護者」是埃及詞彙中Neteru（眾神）的意思。此外，齊利亞・納托爾（Zelia Nuttal）在皮博迪博物館（Peabody Museum）的一篇研究文章提到，坎族是迦南人的一支，根據《聖經》中的說法，他們是非洲含族的成員，是埃及人的兄弟民族。

馬雅長紀曆的神聖數字

我們曾提出過，最早的移民有可能是該隱（Cain）的後代，並將納瓦特的起源與被記錄下來的首次驅逐（將該隱流放，以做為他殺害亞伯〔Abel〕的懲罰）連結起來。在《聖經》中，第一次驅逐是將亞當和夏娃趕出伊甸園。到了我們的時代，把流放當作對國王的懲罰，已不足為奇；將拿破崙（Napoleon）流放到聖赫勒拿島（St. Helena）就是很好的例子。《聖經》中的記錄顯示，這種懲罰模式可以溯源到人類最開始的時候，當時的人類還被「眾神」的道德規範所約束著。根據更早且更詳細的蘇美文獻可以看出，事實上，是眾神將這種懲罰用在自己的罪人身上；而且，第一個被記錄下來的例子是他們的首領，恩利爾：他因為強姦一位年輕的阿努納奇護士，被驅逐到流放之地（後來他娶了這名護士，並得到赦免）。

在納瓦特和馬雅傳說中，我們能夠清楚地看出，羽蛇神魁札爾科亞特爾（在馬雅傳說中的名字是庫庫爾坎〔Kukulkan〕）帶著一小隊追隨者來到他們的土地上，而且他最終的離開是被迫的——被戰神強制流放。我們相信他的到來也是被強迫之舉，是從他的地盤埃及被流放而來。而他第一次被流放的日期，在中美洲對時間的計算中是非常重要的一點。

我們已經討論過中美洲曆法、宗教和歷史事務裡五十二年神聖週期的中心點，也證明過那是圖特的神聖數字。其次具意義的是，一個「完美之年」的大循環包含十三個伯克盾（baktuns）時代，這是一個四百年的單位，在被稱為「長紀曆」的連續累計曆法中占有重要角色。

在長紀曆中，最小的單位是金（kin），也就是一天，透過一系列乘上「二十」和「三百六十」的乘法，長紀曆不斷增加至巨大的數百萬天：

1金（kin）	1天
1烏納（uinal）	1金×20＝20天
1盾（tun）	1金×360＝360天
1卡盾（ka-tun）	1盾（306天）×20＝7200天
1伯克盾（baktun）	1卡盾（7200天）×20＝144,000天

這種乘二十的乘法可以當作一種純數學計算並繼續下去，增加到每個階段及其象形文字所表示的天數，一直到兩百八十八萬和五千七百六十萬以及更多。但實際上，馬雅人並沒有超出伯克盾階段；因為這個開始於西元前三一一三年的這個神祕起始點的計數，被認為是在十三個伯克盾循環中進行的。現代學者分析了記錄在馬雅紀念碑上的長紀曆天數的數字，發現他們不是使用完

美之年的「三百六十天」，而是使用一個陽曆年的確實天數「三百六十五・二五」；因此，一個馬雅紀念碑上刻有「1,243,615」天，意思是從西元前三一一三年八月開始的三千四百零四・八年之後，也就是西元二九二年。

對於地球歷史的「時代」這個概念，是中美洲哥倫布之前文明的一個基本元素。按照阿茲特克人的傳統，他們的時代，也就是他們所說的「太陽」，是第五個，「開始於五千零四十二年前」。在納瓦特資料中，我們沒有找到對這個時代將持續多久的精確說法，但馬雅人的資料透過長紀曆提供了一個較精確的答案。他們說，現在這個「太陽（即時代）」，將會持續十三個伯克盾，也就是從零點開始持續一百八十七萬兩千年。這意味著五千二百個三百六十天的完美之年的大循環。

荷西・阿圭萊斯（JoséArgüelles）在《馬雅的元素》（*The Mayan Factor*）中指出，每個伯克盾日期在中美洲的歷史上都具有里程碑的作用，例如，在西元二〇一二年，這個從西元前三一一三年開始算起的十三個伯克盾將結束。他認為，數字「五二〇〇」是將人們帶往馬雅宇宙觀和時代觀的鑰匙。

在一九三〇年代，弗里茲・巴克看到了馬雅曆法和蒂亞瓦納科曆法的相似元素，他認為，起始日期和其他週期標誌，都與曾經發生在美洲居民身上的真實事件有關。他相信，在太陽門上的重要符號，一個代表「五十二」，另一個代表「五百二十」，並接受五千二百年的數字具有歷史學上的意義；然而，他認為需要仔細研究的不是一個大循環，而是兩個；因為第二個大循環還剩下一千零四十年，所以第一個大循環開始於西元前九三六〇年。他相信，是在那之後，安地斯大地才開始了眾神的故事和傳說中的事件。第二個大循環，則開始於西元前四一六〇年。

荷西・阿圭萊斯使用「三百六十五・二五」這個陽曆年的實際天數，來劃分一百八十七萬兩千天，這麼一來，從西元前三一一三年這個起始點開始，到第五個時代結束的二〇一二年，總共是五千一百二十五年。另一方面，弗里茲．巴克卻認為，沒必要進行這樣的調整，認為應該使用馬雅「完美之年」的三百六十天來進行劃分。按照巴克的做法，阿茲特克人和馬雅人所生活的時代剛好持續五千二百年。

在古代埃及留下的資料中，這個數字（**五二〇〇**）和「五十二」一樣，是與圖特有關的。這些資料裡有一位埃及祭司的著作，希臘人稱這位祭司為「曼涅托」（**其象形文字名字的意思是「圖特的禮物」**）。他將君主統治劃分為各朝代，其中包括了對於法老統治之前的神聖王朝和半神王朝的劃分；同時，他還記錄了每位君王的統治時期。

曼涅托從其他資料中證實眾神的故事和傳說，列出了七位大神——普塔、拉、舒、蓋布、奧西里斯、塞特和荷魯斯，他們總共統治了一萬兩千三百年；然後開始了第二個神聖王朝，由圖特為首，持續了一千五百七十年。之後緊接著是三十位半神的統治，總共是三千六百五十年。之後是一個混亂的年代，總共三百五十年，那時的埃及處於混亂和分離中。之後，一位名叫「門」（Mên）的人建立了第一個法老王朝。學者們相信，這個事件發生在西元前三千一百年。

我們相信，中美洲長紀曆的起始點是西元前三一一三年，而那時正是馬杜克（**拉**）重拾埃及統治權，將圖特及其追隨者驅逐出這片土地，迫使他們流亡到一個遙遠的地方。如果之前圖特的統治（**一千五百七十年**）及他所指定的半神統治（**三千六百五十年**）是正確記錄的話，那麼加起來就是五千二百二十年，與十三個伯克盾組成的馬雅大循環的精確年數「五千二百」年只有二十年的微小誤差。

就像「五十二」一樣，「五千二百」也是「圖特的數字」。

圖特被流放到中美洲

在很久很久之前，阿努納奇還是主掌者時，對於眾神的懲罰和流放是我們列在《地球編年史》中的里程碑事件。大部分的故事都與馬杜克（在埃及的別名是「拉」）有關，而曆法（對神聖時間、天體時間和地球時間的計算）在這些事件中扮演著重要的角色。

圖特及其半神王朝的統治，大約在西元前三四五〇年結束，之後的埃及出現了持續三百五十年的混亂時期，接著就是拉所帶領的法老的統治。《亡靈書》第一百七十五章中，記錄了圖特和再次出現的拉之間的憤怒交流。「噢，圖特，到底發生了什麼？」拉要求知道。他說，這些神「製造騷動，引發爭執，做了邪惡之事，他們要造反」。他們的造反蔑視了拉（馬杜克）：「他們將大的變作小的。」

拉，這位大神，將這些事怪罪在圖特頭上；他指控這與曆法的改變有關。拉怪罪圖特：「他們的年變短了，月份被限制了。」這是圖特透過「毀掉那些為它們而做的隱藏之物」而辦到的。

儘管我們還不知道縮短了年和月的隱藏之物的性質是什麼，不過結果只有可能是從較長的陽曆年轉換成較短的陰曆年——「將大的變作小的」。文獻的結尾是圖特答應自己被流放以當作懲罰：「我將離開前往不毛之地，寂靜之地」，文獻解釋道，的確有這一個艱苦的地方，「在那裡不能享受感官的快感」……

另一部還沒有被完全解譯的象形文字文獻，被發現於圖坦卡門（Tutankhamen）的聖壇和底比斯王室的陵墓中，其中也許記錄著拉（馬杜克）的驅逐令，並提供了發生在「太陽神」和「月神」（圖特）之間的曆法衝突原因。這部文獻被學者認定為來自一個更早的時期，陳述了拉將圖特傳喚到他那裡。當圖特來到拉面前時，拉宣布說：「你看呀，我在天上，在最適合我的地方。」

他繼續譴責圖特和「那些造反的人」，拉告訴圖特：「你用閃耀的光束包圍那兩片天；也就是說，圖特要如圍繞的月亮。」他還說：「因此我將讓你一直走，走到浩尼布特（Hau-nebut）之地。」一些學者將這部文獻命名為「為圖特分配工作」。事實上，這是將圖特「分配」到一個不知名的遙遠地方，因為他的「工作」——曆法方面——與月亮有關。

圖特的流放在中美洲的計時系統中，被視為長紀曆的零點，根據公認的時間順序，這是在西元前三一一三年。這一定是一件影響深遠的事，因為我們在印度教傳統（同樣將地球的歷史和史前劃分為許多時代）中發現，現在這個時代是迦梨宇迦（Kaliyuga，又稱爭鬥時），開始於西元前三一〇二年二月十七日和十八日之間的一個日夜等長之時。這個日期與中美洲長紀曆的零點時間驚人地相似，所以它也因某種方式而受到圖特被流放的影響。

馬杜克（拉）也被流放

當馬杜克（拉）將圖特強行驅逐出非洲領地之後沒多久，他自己也成了相同命運的主角：拉也遭到了流放。

圖特離開之後，他的兄弟奈格爾和吉比爾（Gibil）也遠離埃及的權力核心，拉（馬杜克）原本可以就此稱霸。但此時卻出現了一個新的對手。他就是杜姆茲，恩基最小的兒子，他的領地是位在上埃及南部的草原。出人意料的是，他竟然想要篡奪埃及的統治權；當馬杜克發現時，這些野心被一段馬杜克最厭惡的愛情所加強了。宛如數千年之前的羅密歐與茱麗葉，杜姆茲的新娘是伊南娜（伊師塔），她是恩利爾的孫女，也曾經在金字塔戰爭中幫助她的哥哥和叔叔擊敗了恩基一族。

伊南娜有著無止盡的野心，她在杜姆茲的身上看見了自己未來也許會有的偉大地位——只要他停止繼續做一位牧人（Herder，一如他的稱號），轉而稱霸埃及：「我預見一個偉大的民族將選擇杜姆茲做為他們國家的神」，後來她吐露：「因為我將杜姆茲的名號變得崇高，我給了他地位。」

馬杜克被他們的野心激怒了，他派出「司法官」去拘捕杜姆茲。但不知為何，拘捕過程出了問題；而試圖躲在羊圈裡的杜姆茲，在被發現的時候已經死了。

伊南娜發出了「最苦澀的哭泣」，並打算復仇。馬杜克出於對她的狂怒的恐懼，躲進了大金字塔，他始終聲稱自己是無辜的，因為杜姆茲的死並不是刻意而為，純屬意外。伊南娜「不停地進攻」金字塔，「進攻它的角落，甚至它的大量石頭」。馬杜克警告說，他將使用「爆發起來很恐怖」的可怕武器。阿努納奇們擔心會爆發另一場可怕的戰爭，召開了至高無上的七審判者法庭。法庭上決定，馬杜克必須被懲罰，但由於他沒有直接殺害杜姆茲，罪不至死，最終決定將馬杜克活埋在他所躲藏的大金字塔，將他密封在裡面。

我們曾經在《眾神與人類的戰爭》中引用大量文獻，提到了後來發生的事情、對馬杜克的減刑，以及相關者運用最初的建築草圖，穿越金字塔找到馬杜克的戲劇性故事。這次營救行動在文獻中被詳細地記錄下來。同樣戲劇性的還有這樣的結果：馬杜克被流放，而在埃及，拉變成了阿蒙（Amen），隱藏者，一位不再被看見的神。

至於伊南娜，她因為杜姆茲的去世而失去成為埃及女主人的機會，她將以力當作自己的「崇拜中心」，而阿拉塔（Aratta）之地成為第三個文明地區——印度河流域——大約在西元前兩千九百年。

既然將圖特流放的人也被流放了，那麼他在接下來的幾個世紀待在哪裡？很明顯是在遙遠的地方：大約在西元前兩千八百年時，在不列顛群島帶領著巨石陣一期的建造工程，並在安地斯山區幫忙建造那些巨石天文建築。那麼這段時期馬杜克又在什麼地方呢？我們不知道，但他肯定不會在太遠的地方，因為他一直在靜觀近東的發展，並繼續謀畫著稱霸地球的計畫。

在美索不達米亞，伊南娜冷酷且狡猾地將蘇美的王權，交到一位她喜歡的園丁手中。她為他取名為「舍魯－金」（Sharru-kin，意思是正直的統治者），我們通常稱他為「薩貢一世」（Sargon I）。在伊南娜的幫助下，他擴展了疆域，並為一個更強大的蘇美創建了一座新首都，從此那裡以蘇美和阿卡德（Akkad，《聖經》中譯為亞甲）之名而為人所知。然而，為了尋求正統性，薩貢一世前往巴比倫（馬杜克的城市），從那裡竊取了一些神聖泥土，做為新首都的地基。這對馬杜克來說，是一次重出江湖的機會。「由於這種褻瀆的行為」，巴比倫文獻記錄道，「大神馬杜克憤怒了」，並摧毀了薩貢和他的人民；而後，馬杜克重掌了巴比倫的政權，開始強化城市防禦，增強地下水系統，讓這座城市無法被攻破。

黃道星宮的新時代到來

古代文獻中顯示，這一切都跟天體時間有關。

阿努納奇們預感到另一場毀滅性的眾神戰爭可能發生，於是舉行了會議。主要對手是尼努爾塔，恩利爾的繼承人，他的天賦權利是馬杜克最厭惡的。他們邀請奈格爾（馬杜克的一個有權勢的兄弟）來參加會議，與大家一起商量對這場即將降臨的危機的解決之道。奈格爾一面恭維、一面勸告，首先讓尼努爾塔平靜了下來，隨後答應前往巴比倫，勸告馬杜克停止走向這場即將展開的武裝衝突。這一系列事件非常戲劇性，在名為《艾拉史詩》（*Erra Epos*，艾拉曾經是奈格爾的稱號）的文獻中有詳細記載。它的內容包括了這些參與者之間的許多言語交流，好像當時現場有一名速記員在記錄似的。的確，這部文獻在後記中提到，一名參與事件的阿努納奇之後被指派擔任抄寫員。

隨著故事的發展，我們越來越清楚地發現，在地球上發生的這麼多事情，原來都與天國（黃道十二宮）有關。回憶一下，爭奪地球霸權的兩位——恩基之子馬杜克和恩利爾之子尼努爾塔——所發表的聲明及所處的位置，都指向了一個新時代的到來：春分日那天，太陽所在的位置即將從公牛（金牛宮）轉移到公羊（白羊宮），因此曆法中的新年時間也會出現變化。

尼努爾塔的陳述列出了他所有的特點：

在天上我是一頭野公牛，在地上我是一頭雄獅。
在這片大地上我是主人，在眾神之中我是最強的。
我是伊吉吉（Igigi）的英雄，在阿努納奇之中我是強大的。

這段陳述從字面上描述了我們曾提供的圖93（見174頁）的內容：黃道帶時間中，當春分日點開始於金牛宮，夏至日點出現在獅子宮的時候，這是屬於恩利爾一族的，而他們的「崇拜動物」是公牛和獅子。

奈格爾小心翼翼地回應了尼努爾塔。他說，是的，這些都對，但是：

在山頂上，在灌木叢裡，你沒有看見公羊嗎？

奈格爾繼續說，它的出現是無法避免的：

在那片小樹林裡，就算是最強的計時者，標準的承載者，也無法改變這一進程。
人們可以像風一樣吹，像風暴那樣咆哮，然而在太陽軌道的圓周上，無論怎麼掙扎，都將看見公羊。

在這種毫不留情的歲差延遲中，當黃道時間還在金牛宮的時候，「在太陽軌道的邊緣」，人們已經能夠看見即將到來的白羊宮時代了。

雖然這種改變是不可避免的，但這個時刻畢竟還未到來。「其他眾神都害怕戰爭。」奈格爾總結說。他認為這些都可以向馬杜克解釋。「讓我去請王子馬杜克從他的住所中出來」，讓他平靜地離開，奈格爾建議道。

就這樣，在尼努爾塔勉強同意之下，奈格爾動身前往巴比倫執行這項重要任務。途中，他在以力停留，到阿努的神廟伊安納中尋求神喻。他從「眾神之王」那裡帶給馬杜克的消息是：時間還沒到。

這個被提到的時間，讓奈格爾和馬杜克之間的談話及爭論變得清楚了，那是即將發生的黃道變化——一個新時代的到來。馬杜克在埃薩吉（E.SAG.IL）接見了他的兄弟，那裡是巴比倫的廟塔；他們的會談是在一間名叫「舒安納」（SHU.AN.NA，意思是天體至高之地）的神聖房間裡舉行的，顯然馬杜克認為這是最合適的討論場所，因為他很肯定地相信自己的時代已經來臨，他甚至還向奈格爾展示了他用來測量的儀器（一位巴比倫畫家描繪出奈格爾和馬杜克這對兄弟會面的情景。奈格爾拿著他的代表性武器，戴著頭盔的馬杜克站在他的廟塔頂端，手裡拿著一個儀器〔見圖153〕，它看起來很像放在埃及明〔Min〕神廟前的觀測儀器）。

圖153：奈格爾和馬杜克會面的情景

奈格爾明白了現在的狀況，他表達相反的意見，告訴馬杜克，你的「寶貴儀器」是不精確的，而這正是導致他錯誤地解讀「天上的星星如預定之日的光芒那般閃耀」的原因。在你的神聖區域中，你指出「榮光將在你統治的冠冕上閃耀」，但在奈格爾曾停留過的伊安納卻不是這樣的。奈格爾說：「伊安納裡，伊哈安基（E.HAL.AN.KI）的表面還被遮蓋著。」伊哈安基這個詞的字面意思是「天地環繞的屋子」，以我們的觀點來看，它是測定地球歲差切換的設施。

但馬杜克卻不這麼想。到底是誰的儀器有問題？在大洪水來襲時，馬杜克說，「天地的規則都超出它們的軌道，天上的眾神，天上星星的位置發生變化，而且沒有回到他們的（舊）地方。」馬杜克指出，這種劇變的主要原因，是因為「伊卡魯姆（Erkallum）震動，它的覆蓋物減少，測量無法繼續進行」。

這是一段非常有意義的陳述，它在科學領域的重要性——如同整部《艾拉史詩》文獻——被學者們忽略了。伊卡魯姆曾被翻譯為「下層世界」，更普遍的情況是根本就不翻譯這個詞，讓它的真實意義一直被埋沒著。我們建議，這個詞所指稱的是位於地球底部的大陸——南極洲；而「覆蓋物」，或更字面上的「覆蓋的毛髮」所指稱的，正是上面的冰蓋。馬杜克聲稱，冰蓋在大洪水之後的千年仍然在減少。

馬杜克繼續說，當大洪水結束後，他派出使者去檢查下層世界。他自己也去看了一眼。但這些「覆蓋物」，他說，「變成廣闊海域上的數百英里水域」：這些冰蓋還在融化。

這是一段能證實我們觀點的陳述，在《第12個天體》中，我們提到大洪水是因為南極洲冰蓋下滑至鄰近海域而導致的巨大潮汐波，發生在大約一萬三千年前。我們相信，這次事件是導致最後一個冰河時期突然結束及隨後產生的氣候劇變的原因。它同時還移去了南極洲上面的冰蓋，讓他們得以看見——事實上，他們把它繪製出來——這塊大陸的地表和海岸線。

馬杜克所說的，因巨大冰蓋融化並將其重量重新分配為全世界海洋中的水，而導致的「天地的規則都超出它們的軌道」這句話的涵義，需要更深入的研究。它是否在暗示地球傾斜角度的改變？一次稍微不同的延遲，以及由此而來的一個不同的歲差進程表？也許地球自轉的速度變慢，還是公轉的速度變慢？我們現在需要知道的是，在擁有南極冰蓋和失去南極冰蓋的情況下，比較地球運轉和晃動的實驗結果。

馬杜克說，所有這些都受到位於非洲東南部的阿普蘇（Abzu）儀器的毀壞而惡化了。我們從其他文獻中得知，阿努納奇在那裡擁有一座科學站，在大洪水之前，他們用它進行監測，從而預警這次即將到來的災難。「天地秩序毀壞了之後」，馬杜克繼續說，他一直等到地基烘乾，洪水退去。然後他「回去一看再看；這真令人難過」。他所發現的是，「能到達阿努的天國」的特定儀器消失了，沒了。用於描述它們的詞彙，被學者們認為是暗指某種尚沒有鑑別的晶體。「頒布命令的儀器在哪裡？」他生氣地問道，還有，「發布統治符號的眾神之神諭石……神聖的放射石在哪裡？」

這些針對遺失的寶貴儀器的問題，聽起來更像是責難而非詢問。而這個儀器在過去是由「具有神聖日全知者的，阿努權力之神聖首席工匠操縱」。我們之前曾講到一部埃及文獻，其中拉（馬杜克）指責圖特毀掉了用於測定地球運行和曆法的「隱藏之物」；這些馬杜克發出給奈格爾的反問句，暗示著有人故意對馬杜克做不當的行為。在這種情況下，馬杜克指出，他使用自己的儀器來測定屬於他的時代——白羊宮時代——的到來，難道不對嗎？

我們並不清楚奈格爾的完整反應，因為碑刻上的這幾行字被破壞掉了。但看起來似乎是他基於自己廣大的非洲地盤，知道哪裡有這些儀器（或其替代品）。因此，他建議馬杜克前往阿普蘇的特定地點並確認一下，這完全是為馬杜克著想。他肯定，馬杜克將由此認識到他的長子繼承權並不危險；被挑戰的只是他處於統治地位的時間。

為了讓馬杜克放下心中的顧慮，奈格爾承諾說，他將在馬杜克不在巴比倫的時候，幫他看好這個地方，不讓任何意外發生。然而，為了讓馬杜克徹底放下顧慮，他還承諾，要將恩利爾時代的天體符號「阿努和恩利爾的公牛」製作出來，「蹲伏在你的神廟大門下」。

這種象徵性的服從行為：恩利爾的天國公牛在馬杜克神廟的入口處向馬杜克鞠躬，說服了馬杜克答應他兄弟的請求：

馬杜克聽見這個。
由發現他的喜好的艾拉（奈格爾）許下的承諾。
於是他從座位走下來，前往礦井之地，阿努納奇的住處之一，他定好了方向。

因此，這次針對黃道星宮改變的正確時間的討論，導致了馬杜克的第二次流亡——他相信這只是暫時的。

但一切就像是命中注定，這一個即將到來的新時代，並不是一個和平的時代。

12・白羊宮時代

白羊宮時代並沒有如同一個新時代的黎明那樣到來。相反的，伴隨它的是死亡的黑暗——地球上第一次核武器爆炸而盛開的死亡之花。它成為了超過兩個世紀以來，神與神、國與國之間衝突和對抗的頂點；結果是長達近兩千年的蘇美文明毀於一旦，它的人民大規模地死去，殘留部分流亡各地。馬杜克的確奪得了霸權，成為至高之神；但隨之而來的新秩序卻是新的律法和習俗，新的宗教和信仰；一個科學上倒退、用占星術取代天文學，甚至女人的新地位也下降的時代。

難道事情不得不這麼發展嗎？難道這次毀滅性的劇變只是因為故事主角有著雄厚的野心嗎？因為是阿努納奇，而不是人類，主導著事情的發展？或者，這是命中注定，無可避免，要進入一個新的黃道宮位時而產生的某種力量——真實的或想像的——過於強大，迫使帝國必須瓦解，宗教必須更替，律法、習俗和社會組織都必須被推翻？

讓我們重溫一次劇變的過程，也許我們能夠找到很好的答案。

巴比倫的命運

在我們的編年史中，這件事發生在大約西元前二一九五年。馬杜克離開巴比倫，先去了礦井之地，接著前往在美索不達米亞文獻中沒有說明的區域。他離開的時候，曾相信他安置在巴比倫的儀器和其他「奇蹟造物」會被仔細照看；但實際上，在馬杜克離開後不久，奈格爾（艾拉）就違背了自己的諾言。也許他是出於好奇，也有可能是心懷惡念，他進入了禁區吉古奴（Gigunu），這是除了馬杜克之外，其他人皆禁止進入的祕密房間。奈格爾在裡面移去了這座房間的「光芒」；於是，正如馬杜克所警告過的，「白晝變為黑暗」，災難降臨到巴比倫及其人民身上。

這個「光芒」是否為一種發光的核能設施？我們不清楚它究竟是什麼，但明確知道它的危害席捲了整個美索不達米亞。其他眾神對奈格爾的做法極為憤怒；甚至他的父親恩基都訓斥了他，並命令他返回非洲領地：庫德城（Kutha）。奈格爾遵從命令；但在離開之前，他擊垮了馬杜克安置好的所有東西，並留下很多戰士，以確保能壓制住巴比倫的馬杜克追隨者。

馬杜克和奈格爾先後離開，讓這個地區毫無防備地擺在恩利爾的面前。首先採取行動的是伊南娜（伊師塔）；她選擇了一名薩貢的孫子，那拉姆－辛（Naram-Sin，意思是辛的最愛），登上蘇美和阿卡德的王座；伊南娜有了那拉姆－辛及其軍隊做為代理人，進行了一連串的征服行動。她的第一批目標中，有位於雪松山的登陸地，也就是在黎巴嫩的巴勒貝克大平臺。接著，她向地中海沿岸地區發動突襲，占領耶路撒冷的地面任務指揮中心，以及從美索不達米亞通往西奈、耶利哥的陸路交會點。現在，這個位於西奈半島的太空站，已經在她的控制之下了。然而，伊南娜還是不滿意，她想要實現自己統治埃及的願望——這是在杜姆茲過世時被摔碎的夢想。她指導並慫恿那拉姆－辛，用她「驚人的武器」武裝他的軍隊，準備入侵埃及。

文獻中提到，奈格爾在發現伊南娜是馬杜克的公開對手後，為這次侵略提供了實際或暗中的幫助。然而，阿努納奇的其他領導人並沒有對這件事視而不見。因為她不僅破壞了恩利爾一族和恩基一族的勢力劃分，還將太空站收歸於自己麾下，而那裡本來是第四區域的中立神聖地帶。

眾神大會在尼普爾舉行，商議著如何處理伊南娜的行為。最後，恩利爾提出要追捕伊南娜。伊南娜聽到這個消息之後，放棄了她在那拉姆－辛的首都阿卡德（亞甲）裡的神廟，並逃到奈格爾那裡躲了起來。她從遙遠的地方派出使者，向那拉姆－辛傳令，發布神諭，鼓勵他繼續征服及屠殺。其他眾神為了對抗這一切，授權尼努爾塔從鄰近的山地帶來忠誠的軍隊。一部名為《阿卡德的詛咒》（*The Curse of Agade*）的文獻，詳細描述了這一連串事件，以及阿努納奇許下了要毀掉阿卡德的誓言。這個誓言最終成真了，這座城市曾經是薩貢王朝和阿卡德王朝的驕傲，卻被從世界上抹掉了，它存在的痕跡再也沒有被找到過。

相對短暫的伊師塔時代就這麼結束了；為了給美索不達米亞及其鄰近地區帶來秩序和安定，尼努爾塔（**蘇美的王權就是在他的手中開始的**）再一次獲得了這個國家的指揮權。在阿卡德（亞甲）被毀滅之前，尼努爾塔將它的「領主的冠冕、王權的頭飾、統治權的寶座，移交給他的神廟」。當時，他的「崇拜中心」是在拉格什，在它的吉爾蘇神聖區域裡。尼努爾塔從那個地方乘坐神聖黑鳥，在空中漫遊於兩河平原及其鄰近的山地之上，重建農業和灌溉系統，恢復秩序和安寧。他樹立個人榜樣，對他的配偶巴烏（Bau，**綽號為古拉**〔*Gula*〕，**意思是偉大者**）有著堅定的愛情（見圖154），他為母親寧呼爾薩格盡心盡力，也頒布了道德法令和公正的律法。他任命了總督，以協助完成這些任務；大約在西元前二一六〇年，古蒂亞成為一名總督。

圖154：尼努爾塔與配偶巴烏

埃及崇拜主角的轉變

在埃及，因為馬杜克被流放、那拉姆－辛的入侵，這個國家陷入了混亂。埃及學家將這個混亂的時代稱為埃及歷史的「第一個中間期」，大約從西元前二一八〇年一直到西元前二〇四〇年。這段期間，中心位於孟斐斯和赫利奧波利斯的舊王國，遭到南方底比斯貴族的進攻。其中牽涉到了政治、宗教以及曆法。而潛藏在人類的衝突之下的，是公牛和公羊在天上的對抗。

從埃及王朝的統治和宗教的一開始，對偉大眾神所說的最具讚美的話，就是將他們比作天國公牛。它在地球上的符號：神聖公牛阿匹斯（Apis，見圖155 a），在赫利奧波利斯和孟斐斯都受到崇拜。一些最早圖形文字的年代非常久遠，因此弗林德斯．皮特里（Flinders Petrie）在《皇室陵墓》（*Royal Tombs*）中說它們說是「零王朝」時代的，而上面顯示的是神聖公牛的符號在一艘天船上，牠的前方是一位手持儀式用品的祭司（見圖155 b）。（弗林德斯．皮特里報導的另一幅描繪中，出現了人面獅身像，這代表它在人們推測的第四王朝卡夫拉〔Khephren〕法老建造它之前，就存在數個世紀了）。就像後來克里特島的彌諾陶洛斯（Minotaur，牛頭人身怪物）迷宮一

圖155a：神聖公牛阿匹斯

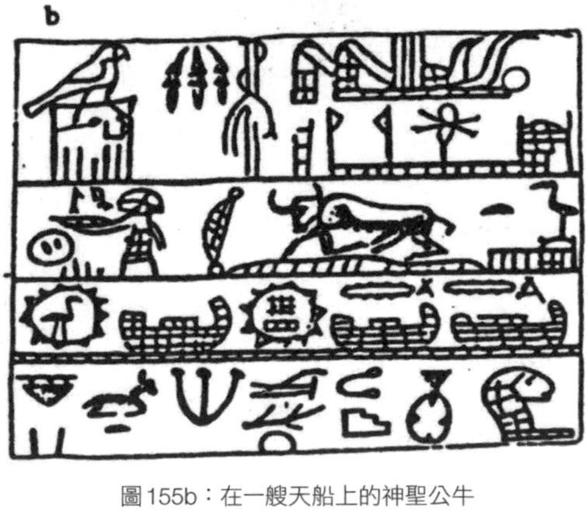

圖155b：在一艘天船上的神聖公牛

樣，在孟斐斯也建造了一座獨特的阿匹斯公牛迷宮。在塞加拉，用真牛角裝飾的泥製牛頭像，被放置在第二王朝的法老陵墓中；而且，眾所周知的第三王朝左塞爾法老，在位於塞加拉的金字塔的寬闊院子裡，舉行了崇拜天國公牛的獨特儀式。所有這些都發生在古王國時期，此時期最後結束於西元前二一八〇年左右。

當拉－阿蒙的底比斯祭司，開始取代孟斐斯－赫利奧波利斯的宗教和曆法時，在天體描繪中仍然顯示出太陽在天國公牛上升（見圖156a），但畫面中的天國公牛被束縛並控制住。後來，當新王國定都於底比斯以重組埃及，阿蒙－拉被推至霸主地位時，相關圖畫就將天國公牛描繪成被刺穿且像氣球那樣漏氣（見圖156b）。公羊開始占據天體，並出現在紀念性藝術中，而拉被給予了「四風之公羊」的稱號，並以此稱號來表明他是地球四角和四個區域的主人（見圖157）。

圖156a：天國公牛被束縛住

圖156b：被刺穿的天國公牛

圖157：四風之公羊

圖特與新伊尼奴

在第一個中間期時，當大公羊及其追隨者在天空和大地趕走公牛及其擁護者時，圖特在什麼地方呢？沒有任何跡象顯示他試圖要在一個分崩離析的埃及重掌政權。那時，他並沒有放棄在新大陸的領地，在那裡做著最精通的事情——建立圓形觀測臺，並在各地教導當地居民「數字的祕密」和曆法的知識。將巨石陣一期進行擴建，成為巨石陣二期和三期，都是在那段時間裡進行的。如果能把傳說視為對歷史事實的傳頌，那麼有關非洲人前來建造巨石陣這個圓形巨石圈的故事，就能被解釋為，是圖特，別名魁札爾科亞特爾（羽蛇神），為了這項擴建工程，帶來他的一些奧爾梅克追隨者，這些人後來也成為中美洲的專業石匠。

這些事蹟的縮影，是尼努爾塔邀請他前往拉格什，幫忙設計、定向和建造新的伊尼奴。

這只是一件他喜愛的工作，還是有著更複雜的原因呢？

比特麗斯．高夫（Beatrice Goff）在《美索不達米亞的史前符號》（*Symbols of Prehistoric Mesopotamia*）中記錄了伊尼奴的建築工程：「時間是在天國和大地的命運被決定的那一刻。」這座神廟要以神聖計畫者所指定的方式建造，要在特定的時間建造和揭幕，她說，這都是「當命運被決定之時，就預先制定好的計畫的一部分；古蒂亞被授權也是巨大計畫的一部分」。她指出，「這種設定不僅是藝術和儀式，還運用到神學，以做為宗教的基本要素。」

大約在西元前兩千兩百年時，的確有一個「天國和大地的命運被決定」的時刻，因為它是一個新時代（公羊／白羊宮時代）取代舊時代（公牛／金牛宮時代）的那一刻。

星宮時代的轉變與曆法

雖然馬杜克（拉）還被流放在某個地方，但已經出現了對人類信仰的爭奪，因為「眾神」越來越依靠人類國王和人類武裝來達到他們的目的。許多資料表明，馬杜克的兒子那布（Nabu）往來於後來被稱為聖經之地（Lands of the Bible）的地方，為他的父親尋找支持者。他的名字「那布」，與《聖經》中所稱的「真正的先知」（Nabi），具有相同的涵義，也來自相同的動詞；真正的先知會接收神聖言詞和符號，並依次序將它們傳達給人民。那布口中的神聖符號就是天國的劇變；新年和其他崇拜日不再出現於它們本該出現的時候。那布的武器，是代表著馬杜克利益的曆法……

可能有人會問，是什麼在觀測或測定這些不清楚或有爭議的地方呢？事實上，就算是現在，沒有誰可以肯定地說什麼時候是一個「時代」的結束，什麼時候又是另一個「時代」的開始。如果運用數學來進行計算，將兩萬五千九百二十年的一個歲差大循環，劃分為十二個星宮，每個宮位或時代就會持續兩千一百六十年。這是六十進位系統的數學基礎，神聖時間與天體時間之間是十比六。但是，沒有哪個人可以活上兩千一百六十年，也就沒有任何人或天文祭司活著見證一個時代的開始和結束。那麼，這個時間長度若不是眾神所說的，就是來自對天空的觀測。

不過，由於每個黃道宮大小不一，而且太陽可能會多停留一會兒，或少停留一會兒。這個問題在白羊宮時代特別嚴重，因為它的天弧小於三十度，而它前後的金牛宮和雙魚宮卻超出了該有的三十度。如果眾神意見不一，其中一些（例如，馬杜克，他的父親恩基賦予了大量的科學知識給他；還有那布）可以說：兩千一百六十年已經過去，時間已經到了。但其他神（如尼努爾塔、圖特）就會說：你看看天上吧，你發現了什麼改變嗎？

相關歷史紀錄，比如詳細的古代文獻和現代考古學的證據，都指出這個策略至少成功了一段時間。馬杜克繼續流亡，而在美索不達米亞，局勢已經緩和下來，來自山地的軍隊也可以撤回了。拉格什在被當作軍事總部持續「九十一年零四十天」（根據古代文獻的記載）之後，又能成為頌揚尼努爾塔的民用中心了。大約在西元前二一六〇年，古蒂亞統治的時代，展開了對新伊尼奴的建造。

尼努爾塔的時代持續了大約一個半世紀。在那之後，尼努爾塔因為對受控的局勢感到滿意，離開去執行一些遙遠的任務。恩利爾指派了他的另一個兒子娜娜（辛）取代尼努爾塔的位置，來看管蘇美和阿卡德，而娜娜（辛）的「崇拜中心」烏爾成為這個新生帝國的首都。

這是一個超越了政治和等級意義的協定，因為娜娜（辛）是「月神」，他被提升至這個最高位置，代表了拉（馬杜克）的純太陽曆已經結束，而尼普爾的陰陽合曆才是唯一真實的——在宗教上和政治上。為了確保新曆法能夠持續貫徹，一位精通天文學和天象預示的大祭司，從尼普爾的神廟被派到烏爾的聯絡處。他的名字叫做他拉，和他一同趕來的還有十歲的兒子，亞伯蘭（即亞伯拉罕）。

在我們的編年史中，這一年是西元前二一一三年。

他拉及其家族的到來，與擁有五位連續統治者的烏爾第三王朝是同一個時期。他們及亞伯蘭在接下來的這個世紀中，見證了蘇美文明的頂峰；它的縮影和標記是一座為娜娜（辛）建造的大廟塔——一個奇蹟般的巨形建築，雖然在廢墟中沉寂了將近四千年，仍舊是地景的主角，而它的巨大、穩定及複雜的結構，至今仍震撼著每位觀者。

在娜娜（辛）及其配偶寧加爾（Ningal）的帶領下，蘇美的藝術和科學、文學和城市組織、農業和工商業都進入了一個更高的階段。蘇美成為聖經之地的糧倉，它的羊毛和服裝工業在世界處於鶴立雞群的地位，它的商人被稱為著名的「烏爾商人」。然而，這只是娜娜時代的一個面向。另一方面，籠罩所有這些偉大和榮耀的，是時間所指定的命運的可怕後果：太陽的位置正一點點地移出古德安納（GUD.ANNA，意思是天國的公牛）之屋的範圍，越來越靠近庫瑪爾（KU.MAL，天國的公羊），從一個新年到下一個新年毫不留情地變化……

烏爾王朝對邪惡諸城的征伐

自從人類被給予了祭司職位和王權之後，就明白自己的位置和所扮演的角色。「眾神」是主人，要被禮拜與敬重。社會上存在一種注定好的階級制度、法定儀式和神聖之日。眾神是嚴格而善良的，他們的法令是苛刻卻公正的。千年以來，眾神督管著人類的興衰，時刻與人類劃出清楚的界線，只在特殊的日子裡與大祭司接觸，與國王在異象中或透過神諭來交流。但所有這些都開始崩壞了，因為眾神之間充滿矛盾，傳布出不同的神諭和一個變化中的曆法，不斷導致國與國之間的「神聖的」戰爭、爭吵和流血事件。而處於迷惑狀態的人類，不斷說著「我的神」和「你的神」，甚至對神的可靠性產生了懷疑。

在這樣的環境下，恩利爾和娜娜小心地為這個新王朝選擇了第一位統治者。他們選擇了烏爾南姆（Ur-Nammu，意思是烏爾的喜悅），他是一位半神，母親是寧松（Ninsun）女神。這無疑是精打細算的舉動，目的是喚起人們對往昔的榮耀和「美好過去」的回憶，因為寧松是著名的蘇美王吉爾伽美什的母親，她是當時的史實故事和藝術描繪中被傳頌的人物。這位以力國王（吉爾伽美什）有榮幸看到黎巴嫩雪松山的登陸點，以及西奈的太空站；而在過了七個世紀之後，選擇寧松的另一個兒子，代表這些極為重要的地方將再一次成為蘇美的繼承物，成為它的應許之地。

烏爾南姆的任務，是要將跟隨了錯誤眾神的人民「帶離邪惡之路」。他的努力可以從重修和重建這片大地上所有的主要神廟——明顯不包含巴比倫的馬杜克神廟——的行為中看出來。下一步是征服那些在那布推動下而改信馬杜克的「邪惡諸城」。最後，恩利爾為烏爾南姆提供了一個「神聖武器」，可以用它「在敵方領地將叛軍堆成一堆」。這麼做的主要目的，是強制執行恩利爾一族的天體時間，有一部文獻引用了恩利爾指導烏爾南姆如何使用這個武器時說的話：

> 像一頭公牛踏碎外邦土地；像一頭雄獅獵捕那些罪人；摧毀邪惡的諸城，清除他們對崇高者的反對。

平分日點的公牛和至日點的雄獅，是被支援的對象；所有崇高者的反對者都必須被獵捕、被踏碎、被摧毀。

然而，烏爾南姆沒有將這場被要求的軍事行動帶向勝利，反而得到了恥辱的結果。因為在激烈的戰鬥中，他的戰車陷在泥土裡，導致他跌了下來，被壓死在自己的車輪下。這場悲劇因為運送他的屍體回蘇美的船沉沒了而更加惡化，這位偉大的國王根本就沒有得到安葬。

當消息傳到烏爾時，人民悲痛萬分，也不願相信。為什麼「主娜娜沒有出手抱住烏爾南姆」，為什麼伊南娜「沒有用高貴的手護住他的頭」，為什麼烏圖沒有幫助他？為什麼阿努「收回了他神聖的話語」？人們堅信，他們被大神們出賣了；這是因為「恩利爾以欺騙手法更改了他的命運令」才發生的。

烏爾南姆的悲慘逝世，以及烏爾人們對恩利爾一族眾神的不信任，導致他拉和家人搬遷到哈蘭（Harran），這是一座位於美索不達米亞西北部的城市，是美索不達米亞與小亞細亞居民——西臺人之間的樞紐地區；顯然，在未來的動盪時期裡，只有在這個擁有與烏爾當地幾乎相同的娜娜（辛）神廟的地方，最適合傳承這一皇家祭司的血脈。

在烏爾，烏爾南姆與一位女祭司（在娜娜的安排下結婚）的兒子舒爾吉（Shulgi），繼承了王位。他曾經尋求著尼努爾塔的寵愛，在尼普爾為他建造了一座聖壇。這個行動有著實際上的意義；因為儘管舒爾吉對西部各省進行了和平訪問，這些地區仍然越發難以管轄，他打算從埃蘭得到一支「外援軍團」，而埃蘭位在蘇美東南部的山地，是尼努爾塔的領地。舒爾吉運用這個軍團來進行對付「罪惡諸城」的軍事行動，但自己卻在奢侈品和美女堆中尋求慰藉，成為伊南娜的「最愛」，還在以力的阿努神廟中舉行盛宴和狂歡。

雖然這次的軍事行動，首度將埃蘭武裝軍團帶到西奈半島及其太空站的入口，但是他們沒能順利地鎮壓由馬杜克和那布而激起的「叛軍」。在舒爾吉統治的第四十七年，也就是西元前二〇四九年，他執行了一個鋌而走險的計畫：沿著蘇美西部邊界修建一道防禦牆。對恩利爾一族的眾神來說，這等於放棄了有登陸地和地面任務指揮中心的重要地區。所以，因為「他沒有貫徹神聖規則」，恩利爾將舒爾吉判處死刑，這名「罪人的死」是在隔年。

從西部撤退，以及舒爾吉的死，觸發了兩件事情。我們從一部傳記體文獻中，讀到馬杜克解釋了他的行為和動機，就在那時，他打算經由西臺而重返美索不達米亞附近。這代表亞伯蘭也該有所行動。在舒爾吉統治的四十八年間，亞伯蘭在哈蘭從一名年輕的青年成長為一位七十五歲的長者，擁有大量知識，並在西臺主人的幫助下進行了軍事培訓。

> 耶和華對亞伯蘭說，你要離開本地、本族、父家，往我所要指示你的地去。亞伯蘭就照著耶和華的吩咐去了。（《創世記》12：1、4）

《創世記》第十二章講得很清楚，這個目的地是迦南的重要地方；他必須盡可能快速前進，並在迦南和西奈邊界的南地（Negev）安置他自己和精銳騎兵。我們在《眾神與人類的戰爭》中詳細說明過，他的任務是保護通往太空站的入口。他繞開迦南的「罪惡諸城」，抵達了那裡；之後不久，他去了埃及，從孟斐斯王朝的最後一任法老那裡，得到更多的騎兵軍隊和駱駝。回到南地時，他已經準備好履行保衛太空站入口的使命了。

這次預料之中的衝突，在舒爾吉的繼承者阿馬爾－辛（Amar-Sin，意思是被辛看著）統治的第七年到達緊要關頭。就算是在現代，這也稱得上是一場國際性大戰了。東方的四位國王聯盟，從美索不達米亞派兵進攻迦南的五位國王聯盟。《創世記》第十四章記錄了這場戰爭，帶領這次進攻的是「暗拉非（mraphel），示拿（Shin'ar）國王」，而且有很長一段時間，人們都相信他是巴比倫國王漢摩拉比（Hammurabi）。事實上，我們的研究顯示，他是蘇美的阿馬爾－辛，這場國際衝突的故事同樣被記錄在美索不達米亞的文獻裡，例如現今存放於大英博物館的斯帕托系列（Spartoli Collection）泥版；最早是由特奧菲拉斯・皮切斯（Theophilus Pinches）在一八九七年提出對於聖經故事的確認。關於這個事件的美索不達米亞泥版系列，與這些補充片段一起，被稱為《基大老瑪文獻》（*Khedorla'omer Texts*）。

在辛的旗幟下，根據伊南娜（伊師塔）授予的神諭，這些盟國的軍隊——也許是有史以來最強大的人類軍隊——進攻一個又一個西部土地。他們為辛奪回了幼發拉底河和約旦河之間的所有土地，他們圍繞在死海周圍，把西奈半島的太空站設為下一個目標。然而，肩負任務的亞伯蘭擋住了他們的去路；於是他們向北回撤，準備進攻迦南人的「邪惡諸城」。

與其坐以待斃，不如先發制人。迦南聯盟主動進軍，與侵略者在西訂谷（Valley of Siddim）展開了戰鬥。《聖經》和美索不達米亞的文獻記錄中，沒有明確寫下這場會戰的結果。「邪惡諸城」並沒有被除去，雖然有兩名國王逃跑（後來死了），他們是所多瑪（Sodom）和蛾摩拉（Gomorrah）的國王，這也導致那裡遭到搜刮，戰利品和囚犯被帶走了。在來自所多瑪的囚犯中，有亞伯蘭的侄子羅得（Lot）；當亞伯蘭收到這個消息時，他的騎兵隊追擊了這群侵略者，在靠近大馬士革（現今敘利亞的首都）的地方追上他們。羅得、其他囚犯和戰利品，都被送回了迦南。

迦南諸國出來迎接他們和亞伯蘭，打算將戰利品贈送給亞伯蘭做為報酬。但是亞伯蘭拒絕了，「就連一條鞋帶」也不能拿。他解釋說，他不是美索不達米亞聯盟的敵人，也不打算接受迦南國王的支持。他說，「我已經向天地的主、至高的神耶和華起誓。」（《創世記》14：22）

這場不成功的軍事行動，讓阿馬爾－辛非常失落和迷惑。按照後來的時間表，在西元前二〇四〇年，他離開烏爾，放棄對娜娜（辛）的崇拜，成為埃利都的一名祭司，那裡是恩基的「崇拜中心」。他在另一年去世了，據推測是被毒蠍刺死。西元前二〇四〇年對埃及來說更值得紀念；門圖荷太普二世（Mentuhotep II），底比斯諸王的首領，擊敗了北方的法老，將拉－阿蒙的統治範圍擴及到整個埃及，上至西奈邊界。這場勝利帶來了學者們所稱的中王國第十一和十二王朝，一直持續到西元前一七九〇年。在這個新的王國裡，當白羊宮時代的所有力量和意義開始在埃及發揮作用時，這場西元前二〇四〇年的底比斯人的勝利，代表著公牛時代在非洲大地上結束了。

天象變化與地上權力的改變

如果從歷史學角度來看，白羊宮時代的到來是不可避免的，同樣不可避免的，還有它將在這個特殊的時代成為主要的事件和對抗。在迦南，亞伯蘭撤退到一個靠近希伯崙（Hebron）的山地要塞。在蘇美，阿馬爾－辛的一個兄弟、新的國王舒辛（Shu-Sin），加強了西部的防禦牆，並與那些和他拉一起移居到哈蘭的尼普爾人，建立了聯盟，還建造了兩艘巨大的船艦——可能是用於防禦，或是隨時撤離之需……在相當於西元前二〇三一年二月的一個夜晚，蘇美發生了一次月全食；它被視為不祥之兆，象徵著月神本身就快要「消失」了。然而，第一個犧牲品是舒辛；因為在之後的一年，他不再是國王了。

隨著這個月亮消失的天象預言散布到整個古代近東，各省總督和執政官的效忠宣告，從西方到東方也全都停止了。在烏爾的下一個（也是最後一個）國王伊比－辛（Ibbi-Sin）統治的一年中，由那布組織且受馬杜克支援的軍隊從西方侵略而來，與守在美索不達米亞門戶的埃蘭雇傭軍隊發生了激戰。在西元前二〇二六年，德萊海姆（Drehem）當地（在泥版上）對風俗的編排突然停止了，那裡曾經是蘇美於烏爾第三時期的主要貿易樞紐，這指出外來的貿易已經停滯了。蘇美成為一個被包圍的國家，它的版圖不斷縮減，人民擠在防禦牆的後方。這個曾經是古代世界糧倉的地方，承受著大麥、油、羊毛等各種必需品的短缺。

在蘇美和美索不達米亞的歷史長河中，預言處於一個很高的地位。從人類行為的相關記錄中，可以看出這是源於對未知的恐懼，以及為了尋求更高能力或智慧的保證或指導。但在那個時候，對於觀測天上的預言有一個明確的原因，那就是白羊宮的時代已經漸漸到來了。

從那個時代留傳下來的文獻證實，即將發生在地球上的事件的過程，與天象是緊密相連的；對抗中的雙方都不斷地觀測天空，尋找天上的跡象。由於許多大阿努納奇在黃道十二宮和太陽系的十二名成員中都有天體對應物，與主要角色相關的天體運動和位置，尤其重要。月亮，是烏爾大神娜娜（辛）的對應物；太陽，是娜娜的兒子烏圖（沙馬氏）的對應物；金星，是辛的女兒伊南娜（伊師塔）的對應物；土星和火星是尼努爾塔和奈格爾的對應物。這些天體在烏爾和尼普爾是重點觀測對象。除了這些對應之外，蘇美帝國的各片土地，也被認為是屬於特定的黃道宮：蘇美、阿卡德（亞甲）和埃蘭的符號及守護星宮是金牛宮；西部是在白羊宮之下。因此，行星與黃道宮位的結合，有時加上月亮、太陽和行星的出現情形（明亮、暗淡、有角等），可能預示著好兆頭或壞兆頭。

一部被學者定名為《預言文本B》（*Prophecy Text B*）的文獻，原本是寫於尼普爾的蘇美記載，詳細解釋了這些天體預兆被解釋為即將到來的厄運的預言。雖然它已經破損了，上面的文字仍然保留對未來命運的預測：

如果火星很紅、很明亮……
恩利爾將對偉大的阿努說。
蘇美之地將遭掠奪，阿卡德之地將被……
……在全國……
一個女兒將向母親關閉房門，
……朋友之間自相殘殺……

如果土星會……
恩利爾將對偉大的阿努說。
混亂會……麻煩會……
一個男人將背叛另一個男人，一個女人將背叛另一個女人……
……一位國王之子將……
……神廟將會倒塌……
……一場嚴重的饑荒將發生……

有一些預言提到的行星位置與公羊的星宮直接相關：

如果木星將進入白羊宮，當金星進入月亮，觀察將結束。
悲哀、困境、迷惑和壞事會在大地上發生。
人們會為錢出賣自己的孩子。
埃蘭國王將被包圍在他的宮殿裡：
……埃蘭及其人民的毀滅。
如果公羊和行星會合起來……
……當金星……和……
……可以被看見的諸行星……
……將會反抗國王，
……將篡奪王位，
整片大地……將在他的指揮下縮減。

在對立的陣營裡，天上的跡象和預兆同樣被觀測著。有一部文獻是學者從各種泥版（大部分在大英博物館）中整理匯集出來的，而它竟然是馬杜克的自傳，記錄了他流亡的歲月，痛苦地等待著正確的天象預兆，並最終奪得了他認為屬於自己的統治權。就像是年老的馬杜克寫下的「回憶錄」，他在裡面向後世透露了「祕密」：

噢，偉大眾神，來看我的祕密。
當我束緊腰帶，我重拾了記憶。
我是聖馬杜克，一位大神。
因我的罪過而遭到流放，到我曾經去過的山地。

我在許多土地上都是一名流浪者；我從日出之地走到日落之地。
從地球的一邊走到另一邊之後，他得到了一個預兆：
因為一個預兆，我去了拉提之地（Ratti-land）。
在拉提之地，我詢問了關於王座和統治權的神諭。
我在它中間詢問：「要到何時？」
我在它中間待了二十四年。

各種天文學著作都為馬爾杜克特別感興趣的預兆——從金牛宮過渡到白羊宮的那幾年——提供了線索。在那些文獻和學者們所稱的「神話文獻」中，都將馬杜克與木星連結在一起。我們知道，馬杜克在實現抱負，將自己立為巴比倫至高無上的神之後，諸如《創世史詩》等文獻都被改寫，將馬杜克對應到尼比魯這顆阿努納奇的母星。然而，在那之前，所有跡象都表明，木星才是「太陽之子」馬杜克的天體對應物；而且在超過一個半世紀以前曾有個提議認為，木星在巴比倫的作用，就跟天狼星在埃及的作用一樣，是曆法循環的「同步器」，這觀點其實是相當中肯的。

在一八二二年（！），一位名叫約翰·蘭西爾（John Landseer）的古物研究員在大英皇家學會發表一系列演講，雖然當時的考古學資料還不齊全，他仍然展示了對古代時間的驚人理解，持有當時不被接受的觀點。他斷言「迦勒底人」（Chaldeans）比希臘人早了數千年就知道歲差現象。他把這些古老的時代稱為「當天文學還是宗教」的時代，斷言曆法與黃道的金牛宮位有關，而且到白羊宮的轉變是關聯到「在複雜的（天體）劇變的大循環開始時，太陽和木星在白羊宮的徵象下神祕會合」。他相信，希臘神話和傳說將宙斯（木星）與大公羊及其金羊毛連結在一起，反映了朝向白羊宮的轉移。他還計算出，在金牛宮和白羊宮交界處的木星和太陽的會合，是在西元前二一四二年。

木星與太陽的會合也許充當了一個播報員的角色，一個白羊宮時代的使者；這個觀點能夠從巴比倫的天文學泥版上推測出來，其上的內容被羅伯特．布朗（Robert Brown）於一八九三年以「幼發拉底河恆星研究」為題的數頁文章，記錄在《倫敦聖經考古學會會議記錄》（*Proceedings of the Society of Biblical Archaeology*）裡。布朗主要針對兩個天文學泥版（現今存放於大英博物館，收錄編號為K.2310和K.2894），指出上面講述的是，在一個等同於西元前二〇〇〇年七月十日那一天的午夜，從巴比倫看到的恆星、星座和行星的位置。這些文獻很明顯地引用了那布的「地球王子的行星的公告」——大概是木星——出現了一個「發生在白羊宮記號的視覺實例」，被布朗翻譯為一幅「星圖」，其中顯示木星與白羊宮最明亮的恆星魯利姆（Lulim，阿拉伯名字為哈瑪爾〔Hamal〕），並且剛好離開春平分日點（黃道帶與行星帶相交會的地方），見圖158。

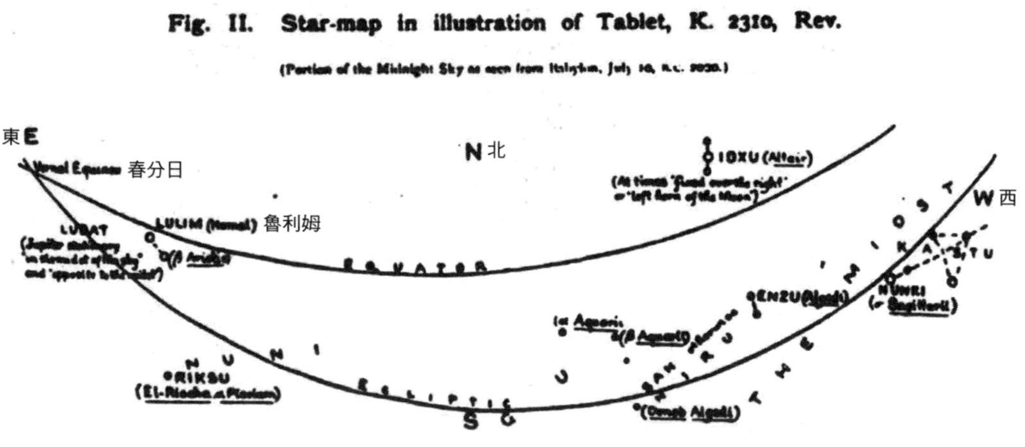

圖158：巴比倫泥版中講述的星圖

關於美索不達米亞文獻上所記錄的從一個時代到另一個時代的變遷，許多亞述學家（當時他們的稱謂），例如著有《神祕巴比倫》（*Im Bannkreis Babels*）的弗蘭茲・卡薩維爾・庫格勒（Franz Xavier Kugler），指出從雙子宮轉移到金牛宮的時間點已經被相對精確地探知了，而從金牛宮到白羊宮的變遷則較難被確定。庫格勒相信，新年的春平分日點直到西元前二三〇〇年仍處於金牛宮，他也注意到，巴比倫人推算過，一個新的黃道時代（Zeitalter）將在西元前二一五一年發揮作用。

在埃及描繪天國的習俗中，這個相同的時期代表著一項重要的創新，這可能不是巧合。根據紐格伯爾（O. Neugebauer）和理查・派克爾以古埃及天文學為研究主題所撰寫的《埃及天文學》（*Egyptian Astronomical Texts*）中的資料，大約在西元前二一五〇年時，包括三十六個黃道十度分度的天體圖像被畫到棺蓋上面，這與混亂的第一個中間期的時間相符。當時，底比斯人開始向北推進，取代孟斐斯和赫利奧波利斯，而馬杜克（拉）也讀到了他想要的預兆。

隨著時間的推移和白羊宮時代的真正到來，棺蓋上清楚地描繪出新的天體時代，如同在靠近底比斯的一座陵墓上的圖案所顯示的（見圖159）。擁有四顆頭的公羊占據著天國（和大地）的四個角落；天國公牛被一支矛或叉刺穿；而黃道十二宮按照蘇美設計的順序和符號排列著，白羊宮被精確地放置於正東方，也就是被放在

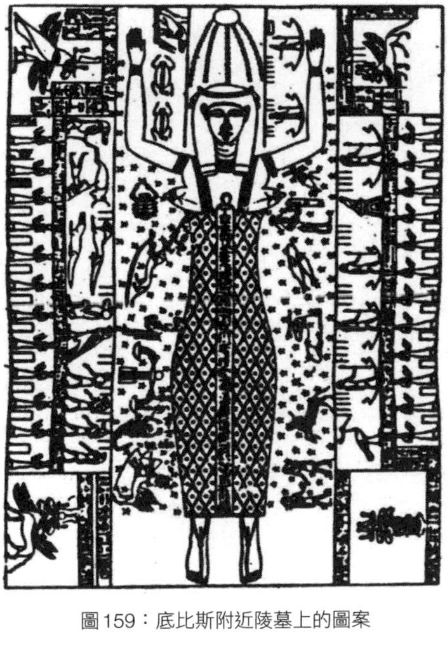

圖159：底比斯附近陵墓上的圖案

太陽於平分日時升起的位置。

如果馬杜克（拉）得到的預兆是木星和太陽將在白羊「宮位」裡會合，而且正如約翰．蘭西爾所料，它發生在西元前二一四二年的話，那麼這就與黃道宮每隔兩千一百六十年轉移一個的理論時間差不多。然而，這代表轉移到白羊宮的時間，比在西元前二〇〇〇年觀察到春平分日點進入白羊宮（如那兩個泥版上宣稱的），早了一個半世紀。這種差異至少部分解釋了為何阿努納奇在「天體預兆或觀測結果是否為真」的這個問題上面出現的分歧。

馬杜克的返回與蘇美的毀滅

正如馬杜克自傳所透露的，告訴他流亡結束並前往西臺之地（小亞細亞的西臺人領地）的預兆，都是在他的下一步行動之前的二十四年發生的。但是，這些天象預兆也被恩利爾一族觀測到了；雖然這頭大公羊還沒有徹底占據伊比－辛（烏爾最後一位國王）時代的春分日新年，但是神喻祭司同樣將這些天象視為災難的前兆。在伊比－辛統治的第四年（西元前二〇二六年），神喻祭司告訴他，根據天象的預言，「那位稱自己是至高無上的，如同胸部塗抹聖油的那位，將第二次從西方到來。」有了這樣的預兆，蘇美城市在伊比－辛統治的第五十五年停止了向烏爾的娜娜神廟以動物獻祭的傳統。同一年，神喻祭司預言說，「當第六年到來，烏爾的居民將被誘捕。」接下來，在第六年，有關毀滅的預言變得越發緊迫了，而美索不達米亞本身，這塊蘇美和阿卡德（亞甲）的心臟地帶，遭到了入侵。銘文記錄道，在第六年，「敵對的西方人進入平原，進入國家內陸，將所有大要塞一個個拿下。」

當馬杜克在西臺人領地上停留到第二十四年的時候，接收到另一個預言：「我流亡的日子結束了，我流亡的年結束了。」他在回憶錄中寫道：「出於對我的城市巴比倫的渴望，我定下了路線，通往我那被重建為山的神廟埃薩吉，重建我永恆的住所。」這塊部分破損的泥版，接著描述了馬杜克從安納托利亞（小亞細亞）返回巴比倫的路線；上面的各城市名字指出了，他首先南下到哈瑪（Hama，《聖經》中的哈瑪特〔Hamat〕），然後在馬里（Mari）穿過幼發拉底河；他的確是從西方回來的，如同預言所說的那樣。

那一年是西元前二〇二四年。

馬杜克在自傳回憶錄裡，描述了他是多麼期待重返巴比倫成為成功者，為它的人民開啟一個富足安康的新時代。他設想要建立一個新的皇家王朝，並認為新國王的第一項工作將是使用針對白羊宮新時代而設計的新「天地藍圖」，來重建埃薩吉（巴比倫的神廟塔）：

> 我抬起腳跟朝向巴比倫，經過各地前往我的城市；一位巴比倫的國王將創造榮耀，在它的中間是我高聳朝天的如山神廟。他將翻新如山般的埃薩吉，他將為這山般的埃薩吉畫下天國和大地的藍圖，他將更改它的高度，他將抬升它的平臺，他將改善它的頂部。
>
> 在我的城市巴比倫，他將定居於這富足之地；他抓住我的手，朝向我的城市和我的神廟埃薩吉，因我將步入永恆。

毫無疑問地，馬杜克記住了尼努爾塔在拉格什重建並裝飾的廟塔神廟，開始展望起自己的新神廟：埃薩吉（意思是頭部最高之屋），並打算用明亮的珍貴金屬來裝飾：「它將覆蓋著澆鑄的金屬，它的階梯將覆蓋著繪圖的金屬，它的邊牆將填滿明亮的金屬。」馬杜克沉思著，當所有這些工程將要完工時，天文祭司會走上廟塔的階梯並觀測天空，證實他理應得到的至高無上：

知預兆者開始工作，將要登上它的中部；左和右，在相對的兩邊，他們將分開站立。
接著國王將走向前；他將觀測到埃薩吉的天命之星光耀大地。

當要開始建造埃薩吉時，所按照的是一個非常詳細和精確的藍圖；它的朝向、高度和各個階梯都是如此，它的頂部直指伊庫星（見76頁圖33），白羊宮最主要的恆星。

然而，馬杜克的美麗願景並沒有立即實現。在同一年，他站在由那布組織的西部支持者隊伍的最前面，開始向巴比倫前進，一場最恐怖的災難降臨在古代近東——這是一場人類和地球本身都不曾經歷過的災禍。

他期待的是，一旦這個預兆變得清晰時，眾神和人類都將承認他的至高無上，都不會抵抗他。「我號召眾神，所有的，都來注意我。」馬杜克在回憶錄中寫道。「我號召隊伍裡的人民，『將你的貢品帶到巴比倫』。」然而，他遇見的卻是一次「焦土政策」：管理牲畜和穀物的眾神離開了，「他們上到天國去」，管理啤酒的神「讓核心地帶出現疾病」。之後的前進過程變得暴力和血腥。「兄弟自相殘殺，朋友刀劍相向，人的屍體堵住大門。」整個大地一片淒涼，野獸捕獵人類，野狗將人咬死。

當馬杜克的追隨者繼續前行的時候，其他眾神的神廟和聖壇開始被破壞。尼普爾的恩利爾神廟是被褻瀆得最厲害的；那裡是受到所有地區和人民尊敬的宗教中心。當恩利爾得知就連至聖所都未能倖免，「至聖所的遮幕都被撕毀」的時候，他火速回到美索不達米亞。當他從天上下來的時候，「發動一道閃電般的光芒；在他前面的是散發光輝的眾神」。看到眼前的景象，「恩利爾對巴比倫的痛恨導致了這個計畫」。他命令要抓住那布，將他帶到眾神會議中，這個任務被交給尼努爾塔和奈格爾。但他們發現，那布已經從他在博爾西帕（Borsippa，位於幼發拉底地區邊界）的神廟逃走了，躲藏於他在迦南和地中海島嶼的追隨者之中。

眾神會議裡，阿努納奇的領導者商討著應對策略，「晝夜不息」。恩基將這一切歸結於他的兒子，說：「現在馬杜克王子崛起，人民第二次舉起他的旗幟」，為什麼反抗仍在繼續呢？恩基訓斥奈格爾加害過他的兄弟；但奈格爾「晝夜不息地站在他（恩基）的面前」，反駁說天象預兆被誤讀了。「讓沙馬氏（太陽神）解讀這些徵象並告訴人民。」他說：「讓娜娜（月神）觀測他的徵象並傳授給這片大地。」針對一個現在尚無明確鑑別的星宮裡的恆星，奈格爾說：「在天國諸星之中有狐星向他閃爍光輝。」他還看了其他預兆——「持劍的耀眼星空」——劃過天際的彗星。他想要知道這些新預兆是什麼意思。

當恩基和奈格爾之間的交談越發尖銳時，奈格爾「怒氣沖沖地走掉了」，並宣稱有必要「啟動被覆蓋的放射光熱之物」，用這種方法「毀滅邪惡的人」。只有一種方法可以阻止馬杜克和那布，那就是動用「非凡七武器」，它們被隱藏在非洲，具體位置只有奈格爾知道。這種武器能夠在大地上捲起「巨形煙塵」，導致「山崩地裂」，在海洋「捲起狂瀾，滅絕眾生」，還能「使人們消失，靈魂蒸發」。對這類武器的描述，只能得出一種結論，那就是核武器。

伊南娜指出，就快沒有時間了。「等時間到了，一切就來不及了！」她告訴正在爭吵的眾神；「所有人都聽著！」她說，建議他們私下再繼續討論，免得攻擊計畫被洩露給馬杜克（大概是怕恩基這麼做）。「閉嘴吧！」她告訴恩利爾和其他眾神：「要說私下再說！」在伊美什拉姆（Emeslam）神廟的密室裡，尼努爾塔說：「時間正在流逝，快要來不及了。」他說：「開啟通道讓我帶路！」

死亡已經注定了。

在各種現存的講述這場宿命般毀滅的資料中，最重要且最完整的是《艾拉史詩》。它詳細地描述了這場討論、眾神的爭執，以及眾神對馬杜克及其追隨者在未來可能控制太空站和輔助設施的恐懼。在《基大老瑪文獻》和各種泥版上的銘文（例如，《牛津版楔形文獻》〔*Oxford*

Editions of Cuneiform Texts 」）也記錄了一些細節內容。它們都描述了這場不詳的毀滅性事件，我們還能在《創世記》第十八章和十九章中看到：所多瑪和蛾摩拉及其平原上的邪惡諸城的「劇變」，「這些城市的所有居民，以及所有在那裡生長的」都被毀滅了。

將這些邪惡諸城從地球上抹去，只是整件事的一個插曲而已。毀滅的主要目標是位於西奈半島的太空站。美索不達米亞文獻記錄道，「它上升朝向阿努發射，」尼努爾塔和奈格爾「讓它枯萎；他們褪去了它的表面，他們讓那地方變得荒蕪」。那一年是西元前二〇二四年；證據是西奈中部的巨大坑洞和斷裂線、周圍那片覆蓋著變黑的石頭的廣闊平原、死海南方的放射物殘留、死海的新形狀和尺寸，在四千年之後都還在那裡。

這件事留下的後遺症是深刻而持久的。遙遠的美索不達米亞既沒有被看見，也沒有感覺到核爆及隨之而來的光芒和地震影響。然而，這本來是試圖挽救蘇美及其眾神和文化的行動，事實上卻給了蘇美及其文明一個悲劇性的結束。

蘇美及其壯麗的城市文明的悲劇結尾，在大量的哀歌文獻（Lamentation Texts）中都有所記錄，有許多長詩哀歎著烏爾、尼普爾、烏魯克、埃利都，和其他著名或不太著名的城市的悲劇。《烏爾被毀的哀歌》（*Lamentation Over the Destruction of Ur*）列出了曾經令人驕傲和繁榮的土地所遭受的典型災難，它一共有四百四十行詩文，我們引用一小段：

城市化為廢墟，
人民受盡苦難……
是它的人民，而非碎陶器，填滿大峽谷……
在它的高聳大門中，不是嬉戲的人，而是沉寂的屍體……
人們一堆一堆地躺在曾經舉辦慶典的地方……

孩子躺倒在母親的大腿上，像魚離不開水……

這片大地的顧問已然不在。

這片大地上到處可見的倉庫，都著火了……

無人照料牛棚裡的牛，牧人已經走了……

無人看管羊圈裡的羊，牧羊人沒有回來……

沙塵堵住城裡的河，它們成為狐穴……

城裡的田地裡沒有作物，農夫早已走掉……

原本滿是蜂蜜和酒的棕櫚樹叢和葡萄園，現在一片荊棘……

珍貴的金屬和石頭、天青石，被到處亂扔……

烏爾的神廟已隨風而逝……

歌唱變為哭泣……

烏爾在眼淚中沉沒。

有很長一段時間，學者們都認為，這些哀歌文獻描述的是蘇美城市因為遭到來自西方、東方和北方的外族侵略，進而連續且獨立地被毀滅。但是，我們在《眾神與人類的戰爭》中指出，事實並非如此；這些詩文所講述的是一個全國性的大災難，是一場非同尋常的浩劫，一次突如其來的、沒有任何防禦和準備的毀滅。這個觀點如今正被越來越多的學者們接受；同時還需要接受的是，這場災難的表現有「邪惡諸城」及西方太空站的「大劇變」。這是由一次大氣真空所帶來的出乎意料的發展：它製造出一個巨大的旋風和風暴，將含有放射性物質的雲朵帶向東方的蘇美。

不僅是這些哀歌文獻，還有各種其他文獻都明確地提到這場災難是一場無法停止的風暴，一陣邪惡之風，並清楚地將它指認為是靠近地中海沿岸的一次核爆的結果：

那一天，天空被撞碎而大地被重擊，大地的面貌被漩渦抹掉——
天空黑暗且被陰影覆蓋——

在那一天，那裡出現了：

一場來自天空的巨大風暴……
一場毀滅大地的風暴……
一陣邪惡之風，如狂奔的洪流……
一股伴隨著炙熱的發狂暴風……
它奪走了白晝的閃耀太陽，夜晚的星辰也不再閃耀……

恐懼的人民就要窒息；
邪惡之風掐住了他們，不讓他們看見第二天……
嘴裡沾滿了鮮血，頭沉浸在鮮血中……
嘴浸在血裡，頭在血水中沉浮……
邪惡之風讓臉變得蒼白。

這場死亡風暴繼續前進，「在風暴離開這座城市之後，這座城市變得荒蕪」：

它讓城市變得荒蕪。
它讓房屋變得荒蕪，
它讓畜欄變得荒蕪，
羊圈空無一物……
它讓蘇美的河水變得苦澀；
它的耕田長出雜草，
牧草地上長出怪草。

這是一種連眾神都畏懼的死亡風暴。這些哀歌文獻講述道，所有城市的眾神都不得不遺棄他們的住所、神廟和聖壇——絕大多數再也沒有回去。其中一些神急忙逃離了這場接近中的風暴，「像一隻鳥那樣飛走」。伊南娜急急忙忙地航行到一個安全港。後來還抱怨說，她不得不留下珠寶和其他物品。

然而，這個故事並不是在每個地方都一樣。在烏爾，娜娜和寧加爾拒絕放棄他們的追隨者，並懇求恩利爾做任何能夠阻止這場災難的事，但恩利爾卻說，烏爾的毀滅已無從改變。這對神聖配偶在烏爾度過了惡夢般的一個夜晚：「他們沒有逃離那個夜晚的風暴」，「像白蟻那樣」躲在地下。但到了早晨，寧加爾發現娜娜（辛）備受折磨，「急忙穿上衣服」，與痛苦的伴侶離開了心愛的烏爾。在拉格什，沒有尼努爾塔陪伴的巴烏獨自待在吉爾蘇，這位女神無法說服自己離開。「她為她的神聖神廟，為她的城市哭泣」。這種耽擱差點要了她的命：「那一天，風暴趕上了她，這位女主人。」（的確，一些學者相信，後續的哀歌所描述的，的確是在說巴烏失去了她的生命：「巴烏，似乎是一位凡人，讓風暴抓住了她。」）

邪惡之風的路徑橫掃了過去的蘇美和阿卡德，觸及了恩基的南部城市埃利都。我們發現，恩基躲到這個風暴路線之外，但不是太遠的地方，在黑雲離開之後還能返回城裡。他看見的是一座「在沉默中窒息，居民屍體堆積如山」的城市。但在各處還有倖存者，恩基帶領他們向南前往沙漠。那裡是「不友好之地」，無法居住；但是恩基具有科學才能，他就像五百年後耶和華在西奈沙漠上所做的一樣，奇蹟般地「為那些離開埃利都的人」提供水和食物。

彷彿命中注定似的，巴比倫位於這股邪惡之風所及之處的北面邊緣。它是所有美索不達米亞城市中受影響最小的城市。馬杜克在接到父親的警告和建議之後，要求城市裡的人民離開並快速向北前進；就像《聖經》中羅得和家人接到天使的建議而離開所多瑪那樣，馬杜克也告訴那些逃難者「不要轉身，也不要回頭」。如果無法逃離，他們被告知要「進入地下室，進入地下的黑暗房間」。一旦邪惡之風經過，他們不能觸碰這座城市裡的任何食物和飲料，因為它們已經被「鬼魂碰觸過了」。

馬杜克終究獲勝

當空氣最終變得清新的時候，整個美索不達米亞南部都瓦解了。「風暴撕裂了大地，毀掉萬物……沒有人踏上公路，沒有人尋找道路……在底格里斯河和幼發拉底河的河岸，只有怪草生長……果園和花園沒有新生長，很快就一片荒蕪……草原上，大大小小的牛變得稀少……羊圈被風捲走。」

僅僅七年後，生命開始復甦。效忠尼努爾塔的埃蘭人和庫提人（Gutian）回來了，在以前的地方中心伊辛（Isin）和拉爾薩（Larsa）的統治者領導下，一個看起來很有組織的社會重返蘇美。在七十年之後（**與耶路撒冷聖殿重建的間隔時間一致**），位於尼普爾的神廟才被重建。但是

「決定命運的眾神」，阿努和恩利爾，卻看不出有任何想要復甦到過去那樣的意願。如同恩利爾告訴娜娜（辛）的：

烏爾被授予了王權——
卻沒有被授予永恆的統治。

最終獲勝的是馬杜克。在幾十年內，他實現了當巴比倫國王的夢想、重建這座城市、使廟塔埃薩吉變高。在一個不太順利的開始之後，巴比倫第一王朝得到了想要的權利和保障。漢摩拉比曾記錄說：

崇高的阿努，眾神之主，從天國來到大地，
恩利爾，天地之主，決定大地的命運。
主掌全人類的恩利爾，為馬杜克，恩基的長子決定吧；
讓他成為觀看的眾神之間的偉大者，讓巴比倫之名變得崇高，讓它成為世界之最；
並在它的中間，為馬杜克建立一個永不停息的王權。

在埃及，當地沒有受到核雲的影響，白羊宮時代在底比斯獲得勝利、中王國王朝登基之後就開始了。就在與尼羅河的上漲同一時間舉行的新年慶典，被調整到一個新時代的時候，獻給拉—阿蒙的讚美詩開始了：

噢，明亮者，

他在高漲的水面閃耀。
他昂起頭顱，抬起他的前額：
他是公羊，天國之物中最偉大的。

在新王國的帶領下，神廟的通道兩側都安放著公羊雕像；而且，在卡納克的拉－阿蒙的大神廟中，那個只在冬至日才開放，讓太陽光束順著通道射進至聖所的祕密觀測塔裡，有著為天文祭司寫下的指導銘文：

一人走向名為天之地平線的大堂。
一人爬上阿哈（Aha），「威嚴靈魂的孤獨之地」，
這個用於觀察公羊航行越過天空的高房間。

在美索不達米亞，白羊宮時代緩慢卻很肯定地開始占據支配地位，這從曆法和星辰表的改變就可以看出來。這些列表曾經開始於金牛宮，現在則開始於白羊宮；而且尼散月，這個春分和新年月，被寫入了白羊宮而不是金牛宮。我們之前討論過的，與劃分為三十六個部分的起源有關的巴比倫星盤就是一個例子（見194頁，圖102）。它很清楚地記錄著伊庫星是指定第一個月尼散月的天體。伊庫星就是「阿爾法」（alpha）或白羊宮裡的代表恆星；它至今仍以阿拉伯名字「哈瑪爾」為人所知，其意思是「公羊」。

在天上和地上，新時代到來了。

白羊宮時代控制著之後的兩千年，而天文學被當作「占星術」傳到希臘。在西元前四世紀末時，亞歷山大開始相信自己有權利獲得永生（就如兩千五百年前的吉爾伽美什），因為他的生父

是埃及神阿蒙，他前往這位神於埃及西部沙漠的神喻所去尋求確認。在得到答案之後，他敲響了那枚上面有公羊角圖案的銀幣（見圖160）。

幾個世紀之後，公羊讓位給雙魚。而這一切已成為歷史。

圖160：公羊角圖案的銀幣

尾聲

為了建立在地球上的霸權，馬杜克開始在天國建立霸權。為了這個目的，主要手段是在每年最重要的新年慶祝活動時，公開閱讀《創世史詩》。培養這種傳統的目的，不只是要告訴民眾基本的宇宙起源論、進化故事和阿努納奇的故事，還要建立並恢復人與神之間最基本的宗教信條。

馬杜克成為眾神之神

《創世史詩》是一個有用且威力無窮的重複灌輸的工具；在馬杜克最早的一些舉動中，他編訂了有史以來最強大的偽經：在巴比倫版本的《創世史詩》中，用「馬杜克」這個名字取代原版中的「尼比魯」。因此，馬杜克變成一個來自外太空的天神，大戰提亞瑪特，用它的碎片創造出「被錘打而成的手鐲」（小行星帶）和地球，重新排列太陽系，並成為一位軌道「像一個環」那樣包圍其他所有天神（行星）的大神，使它們服從馬杜克的威嚴。

因此，隨之而來的所有天體、軌道、週期和天文現象都是馬杜克的傑作：是他用自己的軌道確定出神聖時間，透過黃道十二宮制定天體時間，再透過賦予地球軌道位置和傾斜度來確定地球時間。是他奪取了原本是提亞瑪特主衛星金古的獨立軌道，將之變為地球的衛星月球，在各月份顯示出陰晴圓缺。

在對天國的重新排列中，馬杜克並沒有忘記加入一些個人元素。過去的尼比魯，是阿努納奇的母星，是阿努的住所並與阿努對應。馬杜克在將尼比魯變成自己之後，將阿努降級到一個較低階層的行星：天王星。馬杜克的父親恩基，最初與月球有關聯，現在馬杜克讓他擁有成為「第二」行星的榮譽——最外層的海王星。為了隱藏偽造的痕跡，讓所有人都相信這本來就是如此，《創世史詩》的巴比倫版本（後來因開頭文字而被稱為《伊奴瑪．伊立什》）使用了這些行星名字的蘇美術語，將這顆行星稱為「努迪穆德」（NUDIMMUD），意思是「技藝高超的創造者」——這完全是恩基的埃及稱呼：「庫努牡」（Khnum）所代表的意思。

馬杜克的兒子那布也需要一個天體對應物。於是，原本是對應恩利爾小兒子伊希庫爾（阿達德）的水星，被對應到那布身上。馬杜克的配偶莎佩妮特，這位將馬杜克從大金字塔中釋放出來，並將活埋其中的刑罰換成流放刑罰的女神，也沒有被遺忘。馬杜克為了順便向伊南娜（伊師塔）報仇，奪去了原本屬於她的行星：金星，並將這顆行星轉交給莎佩妮特。（之後，從阿達德到那布的轉換部分，部分保留在巴比倫天文學裡，但用莎佩妮特來取代伊師塔一事，幾乎沒有保留下來）。

由於恩利爾太過強大，無法被推翻，馬杜克沒有挑戰他的天體位置（第七個天體地球之神），而是盜用了原本是恩利爾的五十級，僅次於阿努的六十級（恩基的階級是四十）。這記錄在《伊奴瑪．伊立什》的第七個也是最後一個泥版上，其中提到了馬杜克的五十個名字。由他自己的名字「馬杜克」開始，結束於他的新天體名稱：「尼比魯」。每個名字旁邊都附有這個稱號的讚美涵義。在新年慶典上誦讀這五十個名字之後，就沒有任何功績、創造、仁慈和至高無上是被遺漏的……史詩的最後兩行記錄道：「偉大的眾神宣稱他有這五十個名字；他們用五十的稱號讓他成為至高無上的。」由祭司書寫的一段後記，讓這五十個名字在巴比倫需要被牢記且誦讀：

將它們牢記心中，讓長者解釋它們；讓智者聚在一起討論它們；讓為父者誦讀它們，並將它們傳授給兒子。

馬杜克對天國霸權的奪取，伴隨著宗教在地球上的改變。其他神，阿努納奇的領導者，就算是他的直接對手，也都沒有被處罰或被除掉。相反的，他們被宣布為處於馬杜克以下的地位，馬杜克透過各種手段，將他們手中的權力和屬性轉化給自己。如果尼努爾塔是農業之神，透過整理山地、挖灌溉溝渠為人類帶來了農業，那麼這種能力現在屬於馬杜克了。如果阿達德是雨和風暴之神，那麼馬杜克現在就是「雨的阿達德」。現在，這個清單只有部分存在於巴比倫泥版上，開頭文字是：

尼努爾塔＝鋤頭的馬杜克
奈格爾＝進攻的馬杜克
札巴巴（Zababa）＝近身格鬥的馬杜克
恩利爾＝統治權和顧問的馬杜克
納比母（Nabium）＝數字和計算的馬杜克
辛＝夜之照明者的馬杜克
沙馬氏＝審判的馬杜克
阿達德＝雨的馬杜克

一些學者推測，馬杜克將所有大權集於一身，採用了單一大神的觀點——這一舉一動朝《聖經》的一神論靠近了一步。但這種看法混淆了全能神信仰和一神信仰的不同，因為馬杜克只是比其他眾神的地位更高而已，這是一位神統治其他神的多神論。用《伊奴瑪．伊立什》的話來說，馬杜克成為「眾神的恩利爾」，他們的「主」。

馬杜克（拉）不再住在埃及，成為了阿蒙，「不再看見的那位」。儘管如此，埃及對他的讚美詩仍宣告了他的至高無上地位，也暗示在新神學中，他現在是「眾神之神」、「比其他眾神強得多」。其中有一組讚美詩創作於底比斯，寫在《萊登莎草紙》（*Leiden Papyrus*）上面，這些章節的開頭都在描述「地中海中部島嶼」之後，認識到他的名字是「崇高、強大且威力無窮」，「山地國家」的人民，「在驚奇中下山來到你的面前；每一個抗命的國家都充滿了對你的恐懼」。在列出將信仰轉變為阿蒙－拉的諸國之後，第六章繼續講述這位神抵達了眾神之地——也就是美索不達米亞——並開始在那裡建造阿蒙的新神廟（也就是埃薩吉）。這部文獻讀起來就像是古蒂亞對於自己從遠近各地運來稀有建材的陳述：「山地為你生產出石塊，用作你的神廟的大門；船艦還在海上，在碼頭上，正引領和運載到你的面前。」每一片土地，每一個人，都送來了討好馬杜克的貢品。

然而，不只是人類向阿蒙表示崇敬；其他眾神也是一樣。這裡有一些來自接下來的章節中的內文，表明阿蒙－拉是眾神之王：

從天國來的眾神集合在你的面前，說到：「光榮大帝，主之主……他是統領！」
這位全球之神的敵人被打倒了；在天地之中已不再有他的敵人。你勝利了，阿蒙－拉！
你是比眾神都強的大神，你是唯一的。全球之神：你的底比斯城比所有城市都要強大。

他很明智地選擇了控制並超越其他大阿努納奇，而非除掉他們。最後，埃薩吉神聖區域被建造得極為壯觀，馬杜克邀請其他神來到巴比倫，住在分別為他們建造的、在這個神聖區域裡的獨特聖殿中。巴比倫版本的史詩在第六塊泥版上陳述道，當馬杜克自己的神廟住所完工後，為其他阿努納奇而建的聖殿也完工之後，馬杜克邀請了所有神前來赴宴。「這就是巴比倫，是你們的家！」他說道：「在它的神聖區域裡盡享歡樂，占據它廣闊的位置。」其他眾神應他的邀請，前往巴比倫。這使人想到巴比倫這個名字的涵義：「眾神的門戶」。

按照這個巴比倫版本，馬杜克坐在一個高臺上，眾神則坐在這個高臺的前面。其中有「命運七神」。在盛宴和所有儀式之後，在確認「行為準則已按照所有的預兆規範」之後：

恩利爾舉起了弓，他的武器，將它放在眾神面前。

在認識到這是恩利爾一族的領導人發表的「和平共處」宣言之後，恩基說：

願我們的兒子，復仇者，變得崇高；讓他的統治卓越超群，無人能比。
願他帶領人類走到時間的盡頭；人人銘記於心，為他的道路歡呼。

恩基列舉了人們在榮耀馬杜克和其他聚集在巴比倫的眾神時應履行的所有禮拜職責後，對其他阿努納奇說：

至於我們，如他的各個名字所宣稱，他是我們的神！
現在，我們來宣讀他的五十個名號！

宣讀他的五十個名號——給予馬杜克本屬於恩利爾和尼努爾塔的五十階級——馬杜克成為眾神之神。不是一神論中的單一神，而是其他各神必須服從的神。

如果這個巴比倫的新宗教開啟了通往一神論的道路，學者們（尤其是在十九世紀和二十世紀之交）好奇並激烈地討論著，在巴比倫是否出現了三位一體的神（如《聖經》中的聖父、聖子和聖靈合而為一）。我們可以知道的是，巴比倫的這個新宗教強調了「恩基－馬杜克－那布」這個血統，而且兒子的神性是從一位神聖父親那裡得來的。我們可以看到，恩基稱他為「我們的兒子」，他的名字，馬杜克（MAR.DUK），意思是「純潔之地之子」（語出P. Jensen）、「宇宙山之子」（語出B. Meissner），「光明日之子」（語出F.J. Delitzsch），「光之子」（語出A. Deimel），或簡單的「真正的兒子」（語出維陶德・保路斯〔Witold Paulus〕）。所有這些位居高位的亞述學家都是德國人，這是由於德意志東方協會（Deutsche Orient-Gesellschaft，一個同時從事政治和情報收集的德國考古學協會）曾經在巴比倫帶領了一系列持續的挖掘行動，從一八九九年一直到第一次世界大戰快要結束，伊拉克敗給不列顛的時候，也就是一九一七年。

古巴比倫（雖然絕大多數遺蹟都來自西元前七世紀的）的出土，助長了當時正在增強的，認為《聖經》的創世神話起源於美索不達米亞的觀點，也讓狂熱的學者開始了對巴別（Babel）和拜別（Bibel）——即巴比倫和《聖經》——之間的討論，接著就是神學上的討論。在人們發現馬杜克先淪陷而後重新出現成為具主導地位的神的故事之後，維陶德・保路斯和其他研究都以「馬杜克是基督的原型嗎？」這個疑問句為題。

這個問題從來就沒有被解決，而且還因為一次世界大戰之後的歐洲，特別是德國，承受著更大的問題，而逐漸離開了人們的視線。能夠確定的是，馬杜克和巴比倫大約在西元前兩千年時開創的新時代，**將自身放入一個新宗教中**，這是一個多神教，一位大神統領著所有其他神。

縱觀美索不達米亞四千年的宗教史，陶克爾德．雅克布森（Thorkild Jacobsen，著有《黑暗的寶藏》〔*The Treasures of Darkness*〕）將民族或國家之神的出現，取代了之前兩千年的世界性眾神，視為西元前第二個千年開端之時的主要改變。對之前多元的神聖權力，雅克布森寫道，「需要有辨別、評估和選擇的能力」，這不僅是在眾神之間，還要在善與惡之間進行。在推算過所有其他神的權力之後，馬杜克廢除了這種選擇。「馬杜克的民族性」，雅克森寫道（詳見《朝向杜姆茲的形象》〔*Toward the Image of Tammuz*〕），創造出一個「宗教和政治變得更緊密相連」的條件，而在這種條件下的眾神，「透過徵象和預兆，積極地帶領著他們國家的政治」。

占星術的誕生

透過「徵象和預兆」來帶領政治和宗教，的確是新時代的一項重要舉措。不過，在認知到天體徵象和預兆在確定黃道宮的改變上發揮了作用，並決定誰能成為地球上至高者的主要角色後，我們並不會因這種發展而感到驚奇了。幾千年來，都說有七位決定命運者，阿努、恩利爾和其他阿努納奇領導人，他們的決策影響著阿努納奇；早在人類出現之前，恩利爾就是指揮之主了。現在，由天上的徵象和預兆來引導這些決策。

在「預言文卷」（prophecy texts）中，主要的神都是處於天象預兆的框架中。在新時代，這些天象預兆（行星會合、日月食、月暈等）本身就已經足夠了，不再需要任何神的解讀或參與：讓天國獨自決定命運。

西元前第二個千年和第一個千年的巴比倫及其鄰國的文獻中，記錄了很多這樣的預兆和解釋。一門科學（如果有人願意這麼稱呼它的話），隨著時間的推移發展起來，祭司們用特殊的貝魯（beru，最好的翻譯是「天機透漏者」）來解釋觀察到的天文現象。最初的預言，延續了烏爾第三王朝時期開始的趨勢，涉及了國王及其王朝的命運，以及大地的命運等國家事務。

當一個光暈包圍月球和木星時，阿哈魯（Aharru）的侵略軍會站在裡面。

當太陽到達天頂且黑暗時，這片土地上的不義將落空。

當金星靠近天蠍時，邪惡之風將會降臨大地。

在息汪月（Siwan），金星將出現於巨蟹，國王將無人匹敵。

當一個光暈包圍太陽，且開口向南，將吹起南風。如果南風在沒有月亮的一天吹起，天空將會降雨。

當木星出現在一年的開端，這一年將是穀物的豐年。

行星進入黃道宮位的「入口」被認為是非常重要的，如同對各行星的影響（好的或壞的）的強化。各行星在黃道宮位中的位置用Manzallu（意思是站點）這個詞來表達，希伯來複數詞Mazzaloth（見《列王紀》23：5）就是從這個詞演化而來，而Mazal（意思是「命運，運氣」）也是由此而來，能夠帶來好運或不幸。

由於不只有星宮和行星與眾神相連結，月份也與眾神相對應（其中一些神在巴比倫時代與馬杜克是敵對的），所以天文現象出現的時間變得非常重要的。例如，一個預兆說：「如果月球在以珥月（Ayaru）的第三次觀測時發生月食」，其他行星也在指定的位置時，「埃蘭國王將死於自己的劍下……他的兒子不會繼承王位；埃蘭的王座將呈現空窗狀態。」

有一段巴比倫文獻是在一個被劃分為十二節的大泥版（VAT-10564）上，其中的內容包括了在各個月份應該和不應該做的各項事務：「只有在細罷特月（Shebat）和亞達月（Adar），一位國王才能建造神廟或重修聖地……在尼散月，一個人應該回到自己的家裡。」朗盾（S. Langdon）在《巴比倫日曆和閃族曆法》（*Babylonian Menologies and the Semitic Calendars*）中稱這部文獻為「偉大的巴比倫教會曆法」，其中列出了與各項行為（比如娶新娘進屋等）相關吉月和凶月，有些還具體到吉日、凶日，甚至半日。

當這些預兆、預言和行為建議越來越接近人的本質時，它們也越來越接近占星術了。一個特定的人，不一定要是國王，會從一種疾病中康復嗎？一位懷孕的母親會生出一個健康的小孩嗎？如果有時或有些預兆是不好的，一個人要怎樣才能躲避厄運呢？後來就有了專門應對這些事情的咒語；例如，有一部文獻提供了避免男人的鬍鬚變得稀疏的方法，就是以指定的發音向「送來光芒的星星」祈禱。這些內容都是緊接在講述護身符的段落後面。再後來，護身符（大多都是當作項鍊掛在脖子上）的材料也有不同的效果。如果是用赤鐵礦製作的，一段文獻上說，那麼「男人將失去他所得到的」，相反的，用天青石製作的護身符，可以讓「他獲得權力」。

在著名的亞述王亞述巴尼帕的圖書館中，考古學家們發現了超過兩千塊提到預兆的泥版。其中大部分都是與天文現象有關，但有些不是。其中一些與夢兆有關，其他的則解釋了「油與水」的符號（將油倒入水時，水面所呈現的圖案），甚至還有在獻祭之後動物內臟所呈現的狀態所給出的預兆。過去的天文學變成占星術，而占星術則用於預言、占卜和巫術。加布勒．湯普森（Camblell Thompson）將一個預言文獻集命名為《尼尼微及巴比倫的魔法師與占星師紀錄》（*The Reports of the Magicians and Astrologers of Nineveh and Babylon*），他也許是對的。

為什麼這個新時代帶來了這些東西？比特麗斯．高夫在《美索不達米亞的史前符號》一書中認為，這是因為在過去千年中使社會團結在一起的「神－祭司－國王體系」瓦解而導致的。「沒有貴族，沒有祭司，沒有知識階層」，來阻止「把一切生活瑣事都緊緊地綁在『魔法』上」這一現實。天文學變成占星術，因為隨著舊神離開了他們的「崇拜中心」，人們只能自己摸索，在困難時期尋找天上的徵象和預兆了。

的確，即便是天文學本身也不再是蘇美兩千年成就中原本的樣子。儘管在西元前一千年下半葉時，希臘人因擁有「迦勒底」天文學而享有聲譽和極高的敬意，但這卻是一個殘缺的天文學，與蘇美的程度相去甚遠的。蘇美天文學是現代天文學許多原理、方法和概念的源頭，在科學史上，從來沒有在「對某一時期的公認描述」與「從原始資料的詳細研究中慢慢出現的結果」之間，存在如此巨大差距的情況。紐格伯爾在《遠古科學》（*The Exact Sciences in Antiquity*）中寫道：「數學理論在巴比倫天文學中占有重要角色，其重要性比觀測本身重要，這是被證實的。」這種「數學理論」可以在巴比倫的天文學泥版上看到，那是一排排的數字行列，它們印──我們故意使用這個動詞──在泥版上，好像是用電腦列印出來的一樣！圖161就是這些泥版的

圖161：巴比倫泥版上的數字行列

其中一個；圖162是轉化為現代數表後的泥版內容。

這種情況就類似於馬雅人的天文手抄本，一頁又一頁地記錄著有關金星的情況，卻沒有什麼天體跡象是基於馬雅觀測臺的，而是沿用之前的一些資料。巴比倫對太陽、月亮和可見行星的極端詳細與精確的位置預測表也是如此。然而，在巴比倫，這些天體位置列表（被稱為「伊非美利德」〔Ephemerides〕）在附帶的泥版上有步驟文本，其中講到了計算星曆表的每一步；例如，透過這些關於太陽和月球的軌道速度，以及其他所需要素的數字序表，可以提前五十多年計算出月食。但是，紐格伯爾在研究後指出：「很不幸，在這些步驟文本所提到的方法中，並不包含能夠被我們稱作是『理論』的東西。」

然而，紐格伯爾指出：「這樣的理論肯定是存在的，如果沒有一個非常詳細複雜的藍圖，就無法設計出一個高端複雜的計算方法。」他說，這些巴比倫泥版上整齊的筆記和仔細安排的數字列表，很明顯是從之前就已經存在的，有著同樣安排、同樣整齊的資料，一絲不苟地複製而來。

上面的數字序列是基於蘇美的六十進位系統，所使用的術語則純粹是蘇美語，如黃道十二宮、月

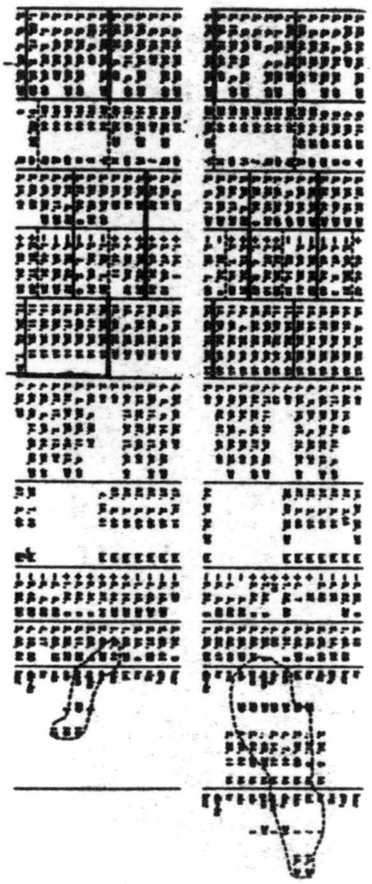

圖162：轉化為現代數表後的泥版內容

份名字，以及超過五十個天文學術語。毫無疑問，巴比倫資料的來源是蘇美；巴比倫人所知道的對這些數表的所有使用方法，都是從翻譯成巴比倫語的蘇美「步驟文本」中得來的。

直到西元前八世紀或七世紀的時候，被稱為「新巴比倫時期」的天文學才重新假設了觀測面向。這些內容被記錄在學者們稱為「天文學家的日記」的文獻裡，例如薩克斯（A.J. Sachs）和亨格爾（H. Hunger）所著的《巴比倫的天文學日記和相關文獻》（*Astronomical Diaries and Related Texts from Babylonia*）。他們相信希臘、波斯和印度的天文學及占星術，是從這些記錄分支出去的。

黑暗的巴比倫時代

天文學的衰落和惡化，是整個科學、藝術、法律和社會構架衰退的徵兆。

人們很難發現有什麼是巴比倫「首創」的，或是巴比倫在文化和文明上有任何超越，或是相等於蘇美的地方。六十進位系統和數學理論被繼承了，卻沒有得到任何改進。醫藥學倒退到只比巫術好一點的地步。難怪很多研究這一階段的學者都認為，蘇美天國公牛的舊時代讓位給巴比倫大公羊的新時代，是一個「黑暗時代」。

巴比倫人，如同亞述人和其他後來的人那樣，保留了蘇美時代設計出的楔形文字，直到希臘時代（就如我在《重返創世記》〔*Genesis Revisited*〕一書中所說的，那是基於先進的幾何和數學理論）。但是，他們沒有進行改善，古巴比倫泥版上的字跡更潦草淩亂。許多蘇美時代存在的學校、老師、作業等教育措施，在之後的數個世紀裡蕩然無存。同時消失的還有蘇美人的文學創作傳統，包括「智慧」文獻、詩歌、格言諺語、寓言故事，特別是所有提供了太陽系、天國和地球、阿努納奇、造人等相關資料的「神話」故事。而這樣的文學體裁直到千年之後的希伯來聖經中才再次出現。一個半世紀以來，對巴比倫原創文獻和統治者銘文的挖掘發現，其中所鼓吹的是各式各樣的勝利和征服，抓了多少犯人或砍了多少頭，而蘇美國王（例如古蒂亞）在文獻中所鼓吹的，卻是建造神廟、挖掘運河，以及製造出美麗的工藝品。

野蠻和粗暴取代了之前的仁慈和高貴。巴比倫國王漢摩拉比，巴比倫第一王朝的第六任統治者，名聲顯赫，是因為他的著名法典《漢摩拉比法典》（*Code of Hammurabi*）。然而，這只是一個罪行和懲罰的列表，但一千年以前的蘇美國王所頒布的法典中包含了社會的公正，要保護寡婦、孤兒、弱者，並宣布「你無權拿走一位寡婦的驢」或「你不能拖延一位臨時工的薪水」。蘇美人的法律觀念，是糾正人類的行為而非專門懲治他們的錯誤，而這也是在六個世紀之後的聖經十誡中才再次出現。蘇美統治者珍愛著「恩西」（EN.SI）這個稱號，意思是「正直的統治者（牧人）」。薩貢一世這位被伊南娜選擇來統治亞甲（阿卡德）的統治者，擁有「舍魯－金」這個稱號，意思是「正直之王」。巴比倫國王（以及後來的亞述王）稱自己為「四區域之王」，並自吹要成為「萬王之王」，而不是一名人民的「牧人」（猶大最偉大的國王大衛王是一名牧羊人，因此具有象徵意義）。

新時代中出現了愛的匱乏。這在一長串的惡化中聽起來似乎是最無足輕重的一項；但是我們相信，這是思維方式的展現，從馬杜克自己開始，上樑不正下樑歪。

蘇美的詩歌包括了大量有關愛情和做愛的詩歌。其中有講述關於伊南娜（伊師塔）和新郎杜姆茲的關係的詩歌。其他則是國王獻給神聖配偶的讚歌。還有描寫普通的情侶、老公和妻子、父母之愛和憐憫之愛的（同樣的，這些內容只在幾個世紀後的希伯來聖經中才再次出現，這可以在《雅歌》中看出）。在我們看來，在巴比倫時代，這些詩歌的缺失並不是巧合，而是女性及其地位比蘇美時代降低所帶來的後果之一。

女性地位下降

蘇美和阿卡德婦女在生活各方面所展現的引人注目的角色，在巴比倫崛起之後急劇下降，這是前不久才被重新審視並歸入特殊研究及一些國際研討會的，例如，「德州大學奧斯汀分校近東學特約演講」於一九七六年由丹妮絲・施曼特・貝塞拉特（Denise Schmandt-Besserat）編輯而出版的《蘇美的遺產》（*The Legacy of Sumer*），以及後來於一九八六年召開的第三十三屆亞述國際漫談會，它的主題是「古代近東的女性」。他們收集到的證據顯示，在蘇美和阿卡德，婦女不僅是一名從事紡織、編織、擠奶、照顧家庭的主婦，還是「技能嫻熟」的醫生、助產士、護士、管理員、教師、美容師和髮型師。從近來已發現的泥版碎片中搜集到的文本證據，描繪了女性們從有史記載開始就從事各類工作，例如歌手、樂師、舞者和宴會主持。

女性在商業和金融領域同樣有卓越的表現。有記錄顯示，女性負責管理家族的土地並看管耕作，也監督著隨之而來的農產品貿易。這特別表現在王室的「統治家族」裡。王室的妻子們管理著神廟和巨大的莊園，王室的女兒們不僅是女祭司（分三個等級）甚至還是大祭司。我們已經提過恩何杜安娜（Enheduanna，參見100頁），她是薩貢一世的女兒，曾經為蘇美的大廟塔收集了一系列令人難忘的讚美詩。她在烏爾的娜娜神廟中履行大祭司的職責（倫納德・伍萊〔Leotard Woolley〕爵士在烏爾發現了一個圓形牌匾，上面描繪了恩何杜安娜在進行酒祭）。我們還知道，古蒂亞的母親加圖姆渡（Gatumdu）是拉格什的吉爾蘇大祭司。在整個蘇美歷史中，還有其他女性在神廟和神聖區域中擔任大祭司的職位。但在巴比倫卻沒有類似的記錄。

王室女性的角色和地位也是一樣的情況。在希臘的資料中，人們可以找到一個統治巴比倫的皇后（不同於僅是國王配偶的皇后）的記載——賽米拉米斯（Semiramis）傳奇。根據希羅多德（Herodotus）的資料，她在早期「掌管著巴比倫的王座」。學者們的確發現她是一名歷史上的人物：薩穆－拉瑪特（Shammu-ramat）。她的確統治過巴比倫，但這完全是因為她的丈夫亞述王沙姆什·阿達德（Shamshi-Adad），在西元前八一一年時征服了這座城市。她在丈夫死後攝政五年，直到他們的兒子阿達德－尼拉里三世（Adad-Nirari III）能夠承擔王座之職為止。撒格斯（H.W.F. Saggs）在《偉大巴比倫》（*The Greatness That Was Babylon*）中寫道：「這位女士很明顯是非常重要的人物」，因為「對一名女性來說這太反常了，她竟然和這位國王一起被寫進獻詞裡」。

皇后攝政在蘇美是常有的事情。然而，蘇美也是能自稱擁有第一個真正女皇的地方，她有一個稱號叫做盧伽爾（LU.GAL，意思是偉大的人），意味著「國王」。她的名字是庫巴巴（Ku-Baba）；她在蘇美國王列表中被記載為「鞏固基什基礎的人」，並領導著基什的第三王朝。在整個蘇美時代也許還存在著其他的女皇，但學者還不確定她們的地位究竟有多高（例如，她們是真正的女皇，還是攝政的皇后）。

值得注意的是，就算是在最古老的蘇美描繪中，男人都是裸體的，女人則穿著衣服（見圖163a）；只有對於性交的描繪例外，他們都是裸體的。隨著時間的推移，女人的服飾變得更複雜及精緻，如同她們的頭飾一樣（見圖163b、圖163c），這反映出她們的地位、教育程度，以及高雅的行為舉止。研究古代近東文明這些方面的學者注意到，在蘇美的兩千年中，女人透過圖畫和造型藝術（有上百個呈現單一女性肖像的雕像和雕塑被發現）來描繪自己，而在巴比倫帝國的後蘇美時期，這類藝術作品可以說完全消失了。

蘭伯特將他在亞述學漫談會上的文章命名為「眾神體系中的女神：社會中女性地位的體現？」，我們相信事實也許剛好相反：女性的社會地位反映出女神在眾神體系中的地位。在蘇美神系裡，女性阿努納奇從一開始就與男性阿努納奇一起擔任領導角色。如果恩利爾是「指揮之主」，他的妻子寧利爾則是「指揮之女士」；如果恩基是「大地之主」，那他的妻子寧基（NIN.KI）則是「大地之女士」。當恩基透過基因工程創造出原始人工人的時候，寧呼爾薩格擔任助手的角色。在古蒂亞的銘文中，也列出了很多在新神廟建設過程中發揮重要作用的女神。然而，在馬杜克的首批行動中，就將尼撒巴的寫作之神這個角色，轉移給男性那布。事實上，蘇美神系的所有女神都有自己獨特的知識和能力，但在巴比倫神系中都被降低甚至抹去了。當女神被提到時，只是被當作男性神的伴侶。這同樣表現在神之下的人類身上：當女人被提到時，都只是被視為男人的妻子或女兒，而在大多時候，她們都是在安排好的婚姻中被「給予」的。

我們推測，這種情況反映了馬杜克的偏見，寧呼爾薩格，「眾神和人類之母」，是他在爭奪地球霸權中最大的敵人尼努爾塔的母親。伊南娜（伊師塔）是導致他差點被困死在大金字塔中的女神。掌管藝術和科學的許多女神，協助建造了拉格什的伊尼奴，代表了對馬杜克宣稱其時代來臨的蔑視。他有什麼理由要保持這些女神的高地位以及對她們的尊敬？我們相信，她們在宗教和

a

圖163a：裸體的男人和穿著衣服的女人

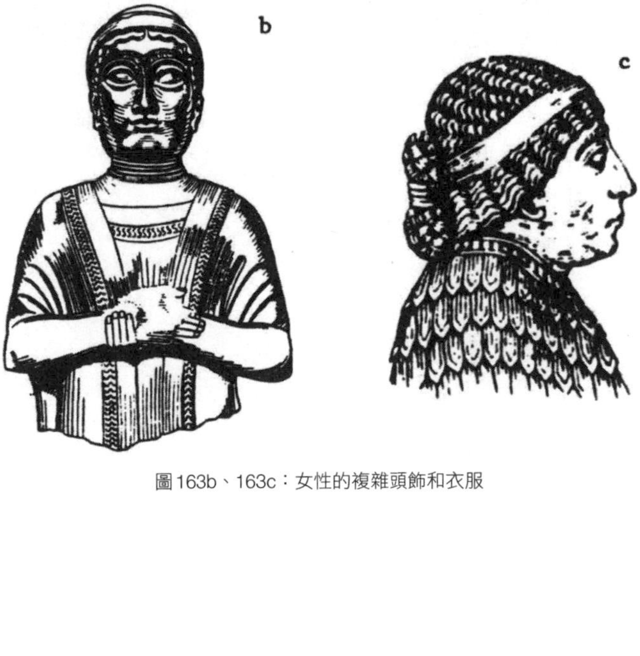

b c

圖163b、163c：女性的複雜頭飾和衣服

崇拜中的降級，導致了後蘇美社會中女性地位的普遍下降。

在繼承權規則上的一個明顯改變，也是很有意思的一點。恩基和恩利爾之間衝突的源頭，在於恩基是阿努的長子，恩利爾卻是法定繼承人，因為他的母親是阿努的同父異母姊妹。而在地球上，恩基不斷試圖讓寧呼爾薩格為他生一個兒子，但她卻只為他生下了女兒。尼努爾塔是地球上的法定繼承人，因為他是寧呼爾薩格和恩利爾的兒子。在這樣的繼承權規定下，亞伯拉罕和他的同父異母姊妹撒拉（Sarah）的兒子以撒（Isaac）成為繼承人，而非長子以實瑪俐（Ishmael，女僕夏甲〔Hagar〕的兒子）。以力國王吉爾伽美什有三分之二是「神聖」的（並非只有一半），因為他的母親是一位女神；而其他蘇美國王試圖宣稱是女神為他們提供母乳，以提高他們的地位。而當馬杜克取得霸權時，所有這些母系血統全部失去了意義（直到第二聖殿時期，母系血統在猶太人中再次變得重要）。

四處逃散的蘇美人

在西元前二十世紀的新時代初期，這個承受了國際戰亂、核武器攻擊、高度統一的政治文化系統瓦解、以民族神取代了無國界宗教的古代世界，到底經歷了什麼？身處西元二十世紀末的我們，也許能發現這是可以想像的，因為我們目睹了兩次世界大戰、核武進攻、一個巨大政治和意識形態的體系瓦解，以及激進民族主義的崛起。

一方面是成千上萬的戰爭所導致的流亡人口，另一方面還導致了世界人口的重新分布，這是西元二十世紀的代表性特徵，與西元前二十世紀有著異曲同工之處。

美索不達米亞地區第一次出現了「蒙納巴圖圖」（Munnabtutu）這個詞，字面上的意思是「來自毀滅的流亡者」。用二十世紀人們的經歷來說，它可以被解釋為「遷移走的人」——用多位學者的話來說，他們是「被分離者」，他們不僅失去了家園、財產和生活圈，還失去了他們的祖國，從此成為「無國籍流亡者」，在其他國家尋求宗教庇護和人身安全的避難所。

隨著蘇美的消亡，其人民的殘存部分，用漢斯・鮑曼（Hans Baumann）在《烏爾之地》（*The Land of Ur*）的說法，「四處逃散。蘇美醫生和天文學家、建築師和雕刻家、圖章工人和抄寫員，成為其他大地上的老師。」

在那麼多蘇美的「第一次」中，甚至還包括了這個文明的苦澀結局：第一次大逃散……

可以肯定的是，這些遷移將他們帶到了早期移民所去的地方，例如美索不達米亞與小亞細亞（**安納托利亞**）接壤的哈蘭，這個他拉及其家族曾經到達的地方，當時就以「烏爾之外的烏爾」而聞名。他們無疑在那裡停留了數個世紀，並且人丁興旺，因為亞伯拉罕在以前的親戚中，為兒子以撒尋找新娘，以撒的兒子雅各也是一樣。他們的分布也跟隨著知名的烏爾商人的腳步，這些商隊到達了海上和陸地上的許多遠近之地。的確，人們可以透過觀看一個接一個興起的異地文明，得知蘇美的流亡者去過哪些地方——那些文明使用楔形文字，語言中包含蘇美「外來詞」（**特別是科學術語**），眾神是蘇美神系，即使神的名字是使用當地名字，他們的「神話」也是蘇美「神話」，而英雄故事所講述的也是蘇美英雄（**例如吉爾伽美什**）。

這些蘇美流民走了多遠呢？

我們知道，在蘇美文明瓦解後的二至三個世紀中，他們的確去了那些新文明興起之地。當阿姆魯（Amurru，**意思是西方人**），這些馬杜克和那布的追隨者，湧進美索不達米亞，並提供組成馬杜克巴比倫第一王朝的統治者時，其他民族和部落展開了永遠改變近東、亞洲和歐洲的大型人口遷移行動。他們帶來了巴比倫北部的亞述王國、西北的西臺王國、西部的胡里特米坦尼（Hurrian Mitanni）的出現，從巴比倫東北和東部的高加索地區擴散出來的印度－雅利安（Indo-Aryan）諸國、南部的「沙漠人民」和東南部的「海地人民」。就如我們從後來的亞述、西臺、埃蘭、巴比倫的紀錄，以及他們與其他地區的協定中所得知的那樣，蘇美的偉大眾神放棄了馬杜克要他們來巴比倫，並定居在當地神聖區域的「邀請」；相反的，他們大多成為新民族或重組民族的當地眾神。

蘇美流民在美索不達米亞周圍的土地上找到了安身之處，同時慢慢地將他們所在之地轉化為現代化且繁榮的國家。然而，肯定還有一些人前往更遙遠的地方，可能是自己遷移過去的，但更有可能的是，隨著離開的神一同遷移。

他們的足跡向東方延伸到亞洲的無限遠之處。雅利安人（或印度－雅利安人）的移民潮曾受到很多討論。他們朝著裏海西南部的某個位置，遷移到曾經屬於伊師塔的第三區域，印度河流域，並在那裡繁衍復興。關於眾神和英雄的吠陀語故事，是蘇美「神話」的重述版本；關於時間及其測量和週期的概念，也是源於蘇美的。我們相信，在雅利安移民中一定混入了蘇美流民，因為那裡是蘇美人到達遠東的必經之地。

普遍認為，在兩個世紀以內，從西元前兩千年開始，中國發生了一次「神祕突變」（引自威廉・華生〔William Watson〕的《中國》〔*China*〕）；在沒有任何漸變的情況下，這片大地從原始的村落轉變為「有著高牆的城市，其統治者擁有青銅武器和戰車，還擁有寫作的知識」。所有人都同意，這一切的原因是西方移民的到來——蘇美的「文明影響」，也就是在蘇美瓦解後從近東輻射過來的文化移民。

大多數學者認為，這個「神祕突變」後的新文明大約在西元前一千八百年時出現在中國。雖然因為當地國土巨大以及最早時代的證據稀少，讓學者很難下結論，然而普遍觀點認為，書寫是與王權一起在商朝時被引進；其目的本身是具有意義的：在動物骨頭上記錄預兆。這些預兆通常都與向神祕的祖先尋求指引有關聯。

文字是單音節的，字體為象形文字（我們熟悉的漢字是從中演變成的「楔形文字」，見圖

164），這些都帶有蘇美文字的烙印。對中文字體和蘇美字體之間相似點的觀察，是著有《中文與蘇美文》（*Chinese and Sumerian*）的博爾（C.J.Ball）的主要研究工作，並在牛津大學的贊助下完成。它提供了無可辯駁的證據，顯示蘇美象形文字（後來演化為楔形文字）和中國古文字之間的相似點。

博爾還解決了另一個難題，那就是兩個毫不相干的文明，是否會對同一事物產生相同的印象，並用相同的手法將其描繪為相似的圖形文字，例如將一個人描繪為人形，將一條魚描繪為魚形。他的發現所顯示的是，這些圖形文字不僅是看上去相似，甚至連發音都是一樣的（有大量的例子可以證明）；其中包括了很多重要詞彙，例如，An這個音代表「天」和「神」，En這個音代表「主人」或「首領」，Ki這個音代表「土地」或「大地」，Itu代表「月份」，Mul代表「明亮／閃耀（行星或恆星）」。甚至，當一個蘇美符號不只有一個意思時，相對應的中國象形文字也設有相同的各種意思；圖165中複製了博爾的上百個實例插圖的其中一些。

最近的語言學研究由前蘇聯的學者帶頭，將蘇

蘇美象形文字　　古中文

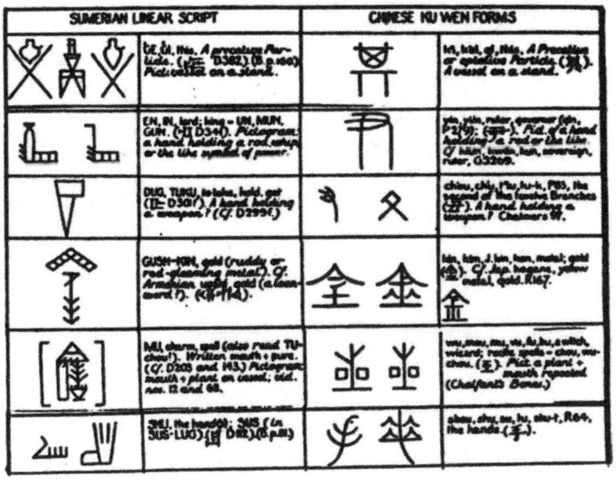

圖165：博爾製作的蘇美與中國文字比較圖

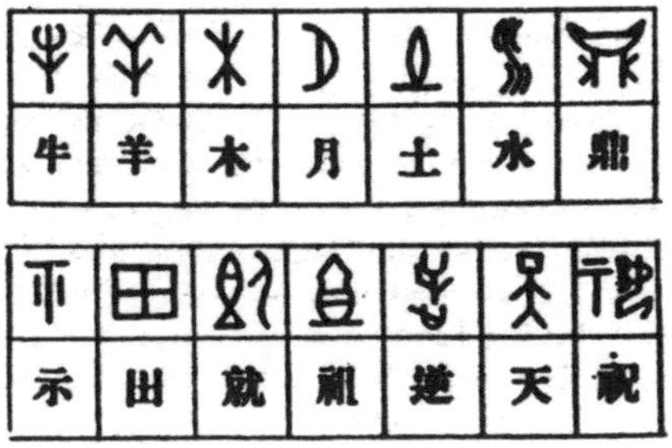

圖164：漢字的演變

美語的關聯延伸到整個中亞和遠東，或中國西藏語言中。這些關聯只構成了回憶蘇美的各種科學和「神學」的一個面向。科學上的關聯極為緊密，例如一年十二個月的曆法，將一天分為十二個時辰（雙小時）來計算時間，對黃道帶的純主觀劃分，以及天文觀測的傳統，這些都是起源於蘇美的。

「神學」上的關聯則散布得更廣闊。整個中亞草原，以及從印度到中國再到日本，宗教裡都提到了天地眾神，提到了一個名叫「須彌」（Sumeru，而蘇美是Sumer）的地方，那裡是地球之臍，有著天地之間的紐帶，天地就像兩個頂端相對的金字塔，如同沙漏一樣連接起來。日本的神道教相信他們的皇帝是太陽之子下凡，如果這裡的太陽不是指地球圍繞的那顆恆星，而是烏圖（沙馬氏），就很符合邏輯；因為在他曾經管理的西奈太空站被毀滅，黎巴嫩的登陸地又落入馬杜克手中後，他只能帶著追隨者前往遙遠的亞洲。

黑海巨石陣

正如語言學和其他證據所指出的，蘇美的蒙納巴圖圖同樣經由兩條路線向西進入歐洲：一條穿過高加索山脈且圍繞黑海的路線，另一條途經小亞細亞。理論上，走第一條路線的蘇美流民經過了現在的喬治亞（Georgia，曾經是蘇聯的成員），因為當地居民的奇怪語言非常類似蘇美語；然後順著窩瓦河（Volga River）前行，建立了薩馬拉（Samara，又稱為古比雪夫〔Kuybichev〕）古城，而且，根據某些研究者的說法，他們最終到達了波羅的海。這就能解釋為什麼芬蘭語除了與蘇美語相似之外，沒有與其他任何一種語言有較顯著的相似性（有一些人認為它是源於愛沙尼亞語）。

在其他路線中，相關考古學發現都支持著語言學資料，發現蘇美流民沿著多瑙河前行，由此也證明了匈牙利人的深刻且堅定的信仰：他們相信其獨特的語言只有可能是源於蘇美的。

那麼蘇美人是否的確走過這條路呢？這個答案可以在一個困擾學者的古代遺物中找到。我們能在曾經是凱爾特羅馬（Celtic-Roman）時期的達契亞（Dacia，現在是羅馬尼亞的一部分），這個多瑙河進入黑海的地方，找到這些遺物。在一個名為薩爾米澤傑圖薩（Sarmizegetusa）的遺址裡，有一系列被學者們稱為「曆法神廟」的建築，其中包括了能夠被稱為「黑海巨石陣」的結構。

那裡有各式各樣的建築被建在數個人造階地上，設計為構成整體的各個部分，用以組成一部完美的石木製時間電腦（圖166）。考古學家已經確定了五種結構，它們實際上是成排的圓形石頭「瓣片」，被當作短圓柱，整齊地排列在矩形內，而矩形是由切割成精確設計的小石頭組成。兩個較大的矩形分別包括了六十個裂片；其中一個矩形（古大神聖區域）裡的瓣片分成四排，每排十五個；另一個矩形（新大神聖區域）裡的瓣片分成六排，每排十個。

這座古代「曆法城」有三個圓形附屬品。最小的那個是由十個部分組成的石盤（見圖167），每個部

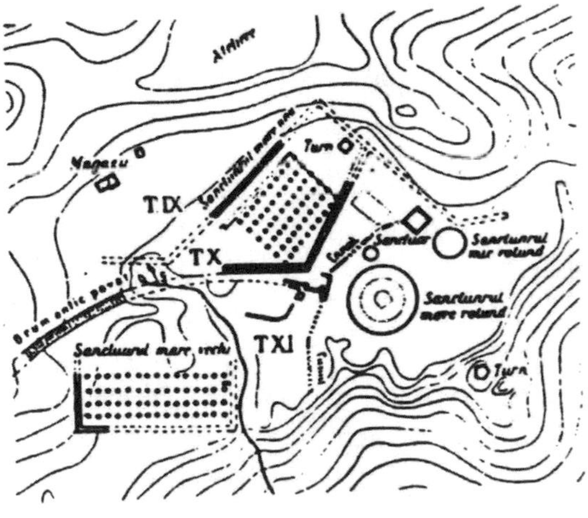

圖166：石木製時間電腦

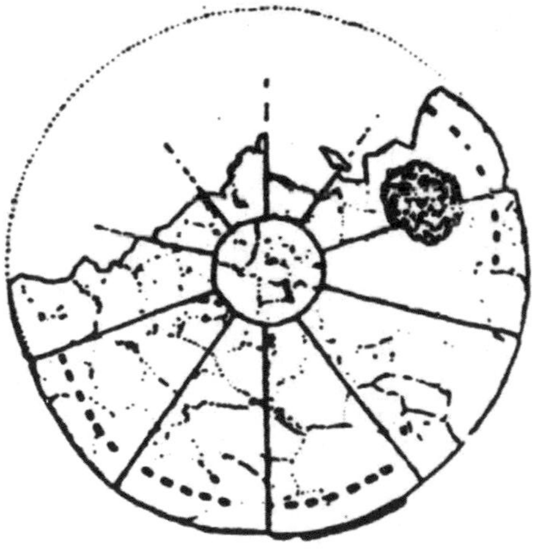
圖167：由十個部分組成的石盤

分都鑲入小石頭以描繪部分圓周——每部分有六顆小石頭，總共六十顆。第二個圓形建築有時被稱為「小圓神聖區域」，包括了一個用石塊組成的正圓，每個石塊都經過了完全一致的精確造形，分為每組八個，共十一組，以及一組七個和一組六個；更寬且形狀不同的石塊，總共十三個，放置在這裡以區分其他組別的石塊。

這個圓圈內應該曾有過其他杆子或柱子，用於觀測和測算；但無法確定。有一些研究，例如哈德蘭·戴科維奇（Hadrian Daicoviciu）所著的《薩爾米澤傑圖薩的曆法神廟》（*Il Templo-Calendario Dacico di Sarmizegetusa*），顯示這個建築是被用來做陰陽合曆表，能夠進行各種計算和預報，包括在陽曆年和陰曆年之間適時地插入一個第十三個月。這與經常出現的數字「六十」（蘇美六十進位的基數），帶領研究者們找到了緊緊連接到古代美索不達米亞的紐帶。對於這些相似之處，戴科維奇寫道：「不可能是巧合，也不可能是偶然。」對此地區歷史的考古學和人種學研究普遍指出，在西元前第二個千年伊始，一個青銅時代的「有著優秀社會組織的遊牧牧人」文明（官方旅行指南上稱其為羅馬尼亞），抵達了這個區域，才有「一群簡單的手耕農夫」在此定居。這個時間和描述都很符合蘇美流民的特點。

這個曆法城最引人注目也最奇怪的部分，是第二個圓形「廟」。它由兩個同心圓包圍著一個「馬蹄鐵圈」所組成（見圖168），這與不列顛的巨石陣有著極為突出的相似處。外層圓圈的直徑有九十六英尺，由一百零四個裝飾過的安山岩石塊組成外環，圍繞著由一百八十個精確造形的長方形安山岩塊內環，它們的頂端都有一個正方形的「掛鉤」，好像要用來承

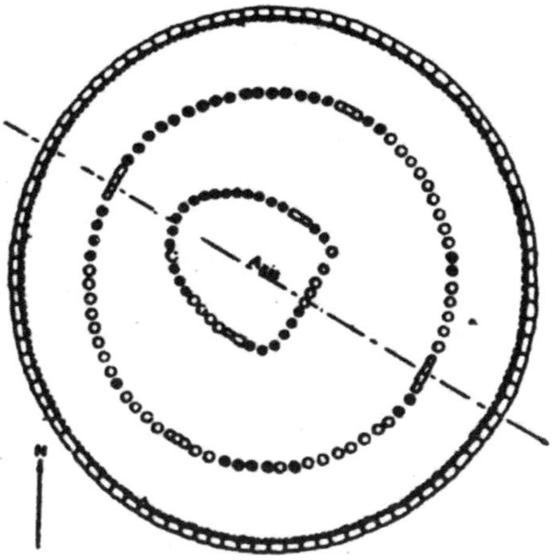

圖168：兩個同心圓包圍著一個「馬蹄鐵圈」

受一個可移動的標誌物。這些直立長方形石塊被安排為六個一組；每一組由精確造形的橫放石頭隔開，一共有三十個橫放石頭。全部加起來，外環有著一百零四個安山岩，包圍著有著兩百一十（180＋30）個石塊的內環。

介於外圈和馬蹄鐵圈之間的第二個圓圈，有六十八個柱洞（與巨石陣的奧布里洞類似）被分為四組，並被橫放的石塊隔開：東北部和東南部各放三個，西北部和西南部各放四個，為這個巨石陣提供了一條西北－東南主軸線，以及與之垂直的東北－西南軸線。人們能夠注意到，這四個成組的標誌物對應著巨石陣的四個基石。

最後一個與巨石陣明顯相似的地方，是最內層的「馬蹄鐵圈」；它是由二十一個柱坑所排列的橢圓組成，從面向東南的第十三個孔的鎖定線，兩側各有兩個橫放的石頭將這些柱洞分隔開來。它們所呈的形狀，顯示這裡主要的觀測對象是冬至日點的太陽。戴科維奇去掉了一些木柱，以求得一個更簡潔的形象，描繪出這個「神廟」的假想圖（見圖169）。請注意，這些柱子都覆蓋著一層赤土「外套」，在羅馬尼亞國家學院的《薩爾米澤傑圖薩的曆法》（*CaLendrul de La Sarmizegetusa Regia*）中，瑟爾班·博班庫（Serban Bobancu）和其他研究者發現，這些柱子「以巨大的石灰岩石塊為基礎，這種現象無疑地顯露出這個聖殿的數字構造，並證明其建造者希望它能夠持續佇立數百年和數千年，正如其他建築物所做的那樣」。

最近的研究者指出，「古廟」原本只由五十二（4×13，而非4×15）個瓣片組成，而且事實上，在薩爾米澤傑圖薩

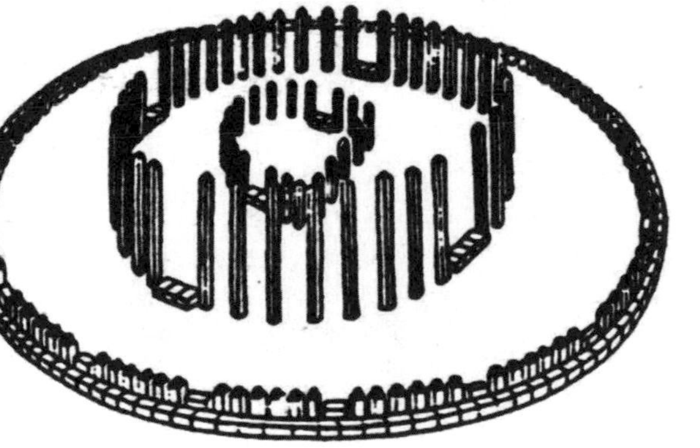

圖169：戴科維奇描繪的「神廟」假想圖

有兩個相互連結的曆法系統：一個是有著美索不達米亞根源的陰陽合曆，另一個是被調整為適合五十二的「儀式曆法」，這與中美洲有些相似，並且比起陰陽合曆，它有著更強的星體特徵。他們指出，「星紀元」由四個五百二十年（這是中美洲神聖曆法的「兩百六十」的兩倍）組成，而其最終目的是測量一個長達兩千零八十（4×520）年的「紀元」，這是白羊宮時代的大致長度。

誰才是設計這一切的數學－天文學天才，他這麼做又是為了什麼？

我們相信，這個答案同樣能夠解決羽蛇神及其所建造的圓形觀測臺的奧祕。在中美洲傳統中，這位神最後離開了，越過海洋回到東方（並許諾還會回來）。會不會不僅是恩利爾一族的眾神帶領著流亡的蘇美人，同時還有圖特（寧吉什西達，別名羽蛇神），這位已經從家鄉流離失所的五十二遊戲之神？

在蘇美、南美洲、中美洲和不列顛群島，以及黑海沿岸上的所有「巨石陣」，其目的是否不只是將陰曆年調整為陽曆年，不只是為了計算地球時間，而是為了計算天體時間，計算黃道的時代呢？

當希臘人將圖特奉為他們的神「赫耳墨斯」，贈與他「赫耳墨斯．崔斯莫吉斯堤斯」（Hermes Trismegistos，意思是三重偉大的赫耳墨斯）的稱號時，可能是認識到了在觀測一個新時代之開始（轉移到金牛宮時代、白羊宮時代和雙魚宮時代）方面，他曾經三次指引了人類。

因為對那些世代的人而言，那是時間的開始。

參考文獻

In addition to sources cited in context, the following periodicals, scholarly studies, and individual works were among the sources consulted:

I. Studies, articles and reports in various issues of the following periodicals and scholarly series:

Abhandlungen fur die Kunde des Morgenlandes (Berlin)
Acta Orientalia (Copenhagen and Oslo)
Der Alte Orient (Leipzig)
Alter Orient und Altes Testament (Neukirchen-Vluyn)
American Antiquity (Salt Lake City)
American Journal of Semitic Languages and Literature (Chicago)
American Oriental Series (New Haven)
Analecta Orientalia (Rome)
Anatolian Studies (London)
Annual of the American Schools of Oriental Research (New Haven)
Antiguedades de Mexico (Mexico City)
Archaeology (New York)
Architectura (Munich)
Archiv fur Keilschriftforschung (Berlin)
Archiv fur Orientforschung (Berlin)
Archiv Orientalni (Prague)
Archives des Sciences physique et naturelles (Paris)
The Assyrian Dictionary (Chicago)
Assyriological Studies (Chicago)
Assyriologische Bibliothek (Leipzig)
Astronomy (Milwaukee)
Babyloniaca (Paris)
Beitriige zur Assyriologie und semitischen Sprachwissenschaft (Leipzig)
Biblica et Orientalia (Rome)
Bibliotheca Mesopotamica (Malibu)
Bibliotheca Orientalis (Leiden)
Biblische Studien (Freiburg)
Bulletin of the American Schools of Oriental Research (Jerusalem and Baghdad)
Centaurus (Copenhagen)
Cuneiform Texts from Babylonian Tablets (London)
Deutsche Akademie der Wissenschaften: Mitteilungen der Institut fur Orientforschung (Berlin)
Deutsches Morgenliindische Gesellschaft, Abhandlungen (Leipzig)
Ex Oriente Lux (Leipzig)
Grundriss der Theologischen Wissenschaft (Freiburg and Leipzig)
Harvard Semitic Series (Cambridge, Mass.)
Hebrew Union College Annual (Cincinnati)
Icarus (San Diego)
Inca (Lima)
Institut Français d' Archeologie Orientale, Bulletin (Paris)
Iranica Antiqua (Leiden)
Iraq (London)
Isis (London)

Occasional Papers on the Near East (Malibu)
Oriens Antiquus (Rome)
Oriental Studies (Baltimore)
Orientalia (Rome)
Orientalische Literaturzeitung (Berlin)
Oxford Editions of Cuneiform Inscriptions (Oxford)
Proceedings of the Society of Biblical Archaeology (London)
Publications ofthe Babylonian Section, University Museum (Philadelphia)
Quellen und Studien zur Geschichte der Mathematik, Astronomie und Physik (Berlin)
Reallexikon der Assyriologie (Berlin)
Recherches d' archeologie, de philosophie et d' histoire (Cairo)
Records of the Past (London)
Revista del Museo Nacional (Lima)
Revista do lnstituto Historico e Geografico Brasiliero (Rio de Janeiro)
Revue Archeologique (Paris)
Revue biblique (Paris)
Revue d'Assyriologie et d'archeologie orientale (Paris)
Revue des Etudes Semitique (Paris)
Scientific American (New York)
Service des Antiquites: Annales de l'Egypte (Cairo)
Society of Biblical Archaeology: Transactions (London)
Studi Semitici (Rome)
Studia Orientalia (Helsinki)
Studien zu Bauforschung (Berlin)
Studies in Ancient Oriental Civilizations (Chicago)
Studies in Pre-Columbian Art and Archaeology (Dumbarton Oaks)
Sumer (Baghdad)
Syria (Paris)
Texts from Cuneiform Sources (Locust Valley, N. Y.)
University Museum Bulletin, University of Pennsylvania (Philadelphia)
Journal of the American Oriental Society (New Haven)
Journal Asiatique (Paris)
Journal of Biblical Literature and Exegesis (Middletown)
Journal of the British Astronomical Association (London)
Journal of Cuneiform Studies (New Haven)
Journal of Egyptian Archaeology (London)
Journal of Jewish Studies (Chichester, Sussex)
Journal of Near Eastern Studies (Chicago)
Journal of the Manchester Egyptian and Oriental Society (Manchester)
Journal of the Royal Asiatic Society (London)
Journal of Semitic Studies (Manchester)
Journal of the Society of Oriental Research (Chicago)
Keilinschriftliche Bibliothek (Berlin)
Klio (Leipzig)
Konigliche Gesellschaft der Wissenchaften zu Gottingen: Abhandlungen (Gottingen)
Leipziger semitische Studien (Leipzig)
Mesopotamia: Copenhagen Studies in Assyriology (Copenhagen)
El Mexico Antiguo (Mexico City)
Mitteilungen der altorientalischen Gesellschaft (Leipzig)
Mitteilungen der Deutschen Orient-Gesellschaft (Berlin)
Mitteilungen der vorderasiatisch-aegyptischen Gesellschaft (Berlin)
Mitteilungen des Instituts fur Orientforschung (Berlin)
Munchen aegyptologische Studien (Berlin)
Musee du Louvre: Textes CUnl?iformes (Paris)
Musee Guimet: Annales (Paris)
The Museum Journal (Philadelphia)
New World Archaeological Foundation: Papers (Provo)

Bittel, K. (ed.) *Anatolian Studies Presented to Hans Gustav Guterbock.* 1974.
Bobula, I. *Sumerian Affiliations.* 1951.
——*The Origin of the Hungarian Nation.* 1966.
Boissier, A. *Choix de Textes.* 1905-6.
Boll, F. and Bezold, C. *Sternglaube und Sternbedeutung.* 1926.
Boll, F., Bezold, C. and Gundel, W. *Sternglaube, Sternreligion und Sternorakel.* 1927.
Bolton, L. *Time Measurement.* 1924.
Borcchardt, L. *Beitriige zur Agyptische Bauforschung und Altertumskunde.* 1937-1950.
Bottero, J. and Kramer, S.N. *Lorsque les dieux faisaient l'Homme.* 1989.
Brown, P.L. *Megaliths, Myths and Men.* 1976.
Brugsch, H.K. *Nouvelle Recherches sur la Division de l'Annee des Anciens Egyptiens.* 1856.
——*Thesaurus Inscriptionum Aegyptiacarum.* 1883.
——*Religion und Mythologie der alten Aegypter.* 1891.
Budge, E.A.W. *The Gods of the Egyptians.* 1904.
Burl, A. *The Stone Circles of the British Isles.* 1976.
——,*Prehistoric* Avebury. 1979.
Canby, C.A. A *Guide to the Archaeological Sites of the British Isles.* 1988.
Caso, A. *Calendario y Escritura de las Antiguas Culturas de Monte Alban.* 1947.
——,*Los Calendarios Prehispanicos.* 1967.
Charles, R.H. *The Apocrypha and Pseudoepigrapha of the Old Testament.* 1976 edition.
Chassinat, E.G. *Le Temple de Dendera.* 1934.
Chiera, E. *Sumerian Religious Texts.* 1924.
Childe, V.G. *The Dawn of European Civilization.* 1957.
Chippindale, C. *Stonehenge Complete.* 1983.
Vorderasiatische Bibliothek (Leipzig)
Die Welt des Orients (Gottingen)
Wiener Zeitschriftfiir die Kunde des Morgenlandes (Vienna)
Yale Oriental Series (New Haven)
Zeitschrift der deutschen morgenliindischen Gesellschaft (Leipzig)
Zeitschriftfur Assyriologie und verwandte Gebiete (Leipzig)
Zeitschrift fur die alttestamentliche Wissenschaft (Berlin, Gissen)
Zeitschrift fur Keilschriftforschung (Leipzig)
Zenit (Utrecht)

II. Individual Works and Studies:

Abetti, G. *The History of Astronomy.* 1954.
Antoniadi, E.-M. *L'astronomie egyptienne.* 1934.
Armour, R.A. *Gods and Myths of Ancient Egypt.* 1986.
Asher-Greve, J .M. *Frauen in altsumerischer Zeit.* 1985.
Aubier, C. *Astrologie Chinoise.* 1985.
Aveni, A.F. *Skywatchers of Ancient Mexico.* 1980.
——*Empires of Time: Calendars, Clocks and Cultures.* 1989.
Aveni, A.F. (ed.) *Archaeoastronomy in Pre-Columbian America.* 1975.
——*Native American Astronomy.* 1977.
——*Archaeoastronomy in the New World.* 1982.
——*World Archaeoastronomy.* 1989.
Babylonian Talmud
Balfour, M.D. *Stonehenge and its Mysteries.* 1980.
Barklay, E. *Stonehenge and its Earthworks.* 1895.
Barrois, A.-G. *Manuel d'Archeologie Biblique.* 1939.
Barton, G.A. *The Royal Inscriptions of Sumer and Akkad.* 1929.
Benzinger, I. *Hebriiische Archiiologie.* 1927.

—— *The Art and Architecture of the Ancient Orient.* 1969.
Gaster, T.H. *Myth, Legend and Custom in the Old Testament.* 1969.
Gauquelin, M. *The Scientific Basis of Astrology.* 1969.
Gibson, Me. and Biggs, R.D. (eds.) *Seals and Sealing in the Ancient Near East.* 1977.
Gimbutas, M. *The Prehistory of Eastern Europe.* 1956.
Girshman, R. *L'Iran et la migration des Indo-aryens et des iraniens.* 1977.
Grayson, A.K. *Assyrian and Babylonian Chronicles.* 1975.
—— *Babylonian Historical Literary Texts.* 1975.
Gressmann, H. (ed.) *Altorientalische Texte zum alten Testament.* 1926.
Grimm, J. *Teutonic Mythology.* 1900.
Haddingham, E. *Early Man and the Cosmos.* 1984.
Hallo, W.W. and Simpson, W.K. *The Ancient Near East: A History.* 1971.
Hartmann, J. (ed.) *Astronomie.* 1921.
Heggie, D.C. *Megalithic Science.* 1981.
Heggie, D.C. (ed.) *Archaeoastronomy in the Old World.* 1982.
Higgins, R. *Minoan and Mycenaean Art.* 1967.
Hilprecht, H.Y. *Old Babylonian Inscriptions.* 1896.
Hi/precht Anniversary Volume. 1909.
Hodson, F.R. (ed.) *The Place of Astronomy in the Ancient World.* 1974.
Holman, J.B. *The Zodiac: The Constellations and the Heavens.* 1924.
Hommel, F. *Die Astronomie der alten Chaldaer.* 1891.
—— *Aufsatze und Abhandlungen.* 1892-1901.
Hooke, S.H. *Myth and Ritual.* 1933.
—— *The Origins of Early Semitic Ritual.* 1935.
—— *Babylonian and Assyrian Religion.* 1962.
Clay, A.T. *Babylonian Records in the Library of J. Pierpont Morgan.* 1912-1923.
Cornell, J. *The First Stargazers.* 1981.
Cottrell, A. (ed.) *The Encyclopedia ofAncient Civilizations.* 1980.
Craig, J.A. *Astrological-Astronomical Texts in the British Museum.* 1899.
Dalley, S. *Myths from Mesopotamia.* 1989.
Dames, M. *The Silbury Treasure.* 1976.
——*The Avebury Cycle.* 1977.
Daniel, G. *The Megalithic Builders of Western Europe.*1962.
Dhonne, P. *La Religion Assyro-babylonienne.* 1910.
Dubelaar, C.N. *The Petroglyphs in the Guianas and Ancient Areas of Brazil and Venezuela.* 1986.
Dumas, F. *Dendera et le temple d' Hathor.* 1969.
Dunand, M. *Fouilles de Byblos.* 1939-1954.
Durand, J.-M. (ed.) *La femme dans le Proche-Orient antique.*1986.
Eichhorn, W. *Chinese Civilization.* 1980.
Eichler, B.L. (ed.) *Kramer Anniversary Volume.* 1976.
Eisler, R. *Weltenmantel und Himmelszeit.* 1910.
—— *The Royal Art of Astronomy.* 1946.
Emery, W.B. *Archaic Egypt.* 1961.
Endrey, A. *Sons of Nimrod.* 1975.
Epping, J. *Astronomisches aus Babylon.* 1889.
Falkenstein, A. *Archaische Texte aus Uruk.* 1936.
—— *Sumerische Gotterlieder.* 1959.
Falkenstein, A. and von Soden, W. *Sumerische und Akkadische Hymnen und Gebete.* 1953.
Fischer, H.G. *Dendera in the Third Millenium B.C.* 1968.
Flornoy, B. *Amazone-Terres et Homme.* 1969.
Fowles, J. and Brukoff, B. *The Enigma of Stonehenge.* 1980.
Frankfort, H. *The Problem of Similarity in Ancient Near Eastern Religions.* 1951.

Kugler, F. X. *Die babylonische Mondrechnung.* 1900.
——*Sternkunde und Sterndienst in Babylon.* 1907-1913.
——*Im Bannkreis Babels.* 1910.
——*Alter und Bedeutung der babylonischen Astronomie und Astrallehre.* 1914.
Lambert, B.W.L. *Babylonian Wisdom Literature.* 1960.
Langdon, S. *Sumerian and Babylonian Psalms.* 1909.
—— *Tabletsfrom the Archives of Drehem.* 1911.
—— *Die neubabylonischen Koenigs inschriften.* 1912.
—— *Babylonian Wisdom.* 1923.
—— *Babylonian Penitential Psalms.* 1927.
Langdon, S. (ed.) *Oxford Editions of Cuneiform Texts.* 1923.
Lange, K. and Hirmer, M. *Egypt: Architecture, Sculpture. Painting.* 1968.
Lathrap, D.W. *The Upper Amazon.* 1970.
Lehmann, W. *Einige probleme centralamerikanische kalenders.* 1912.
Leichty, E., Ellis, M. de 1. and Gerardi, P. (eds.) A *Scientific Humanist: Studies in Memory of Abraham Sachs.* 1988.
Lenzen, H.J. *Die entwicklung der Zikkurat.* 1942.
Lesko, B.S. (ed.) *Women's Earliest Records from Ancient Egypt and Western Asia.* 1989.
Lidzbarski, M. *Ephemerisftir Semitische Epigraphik.* 1902.
Luckenbill, D.O. *Ancient Records of Assyria and Babylonia.* 1926-7.
Ludendorff, H. *Uber die Entstehung der Tzolkin-Periode im Kalender der Maya.* 1930.
—— *Das Mondalter in der Inschriften des Maya.* 1931.
Lutz, H.F. *Sumerian Temple Records of the Late Ur Dynasty.* 1912.
Hoppe. E. *Mathematik und Astronomie im Klassichen Altertums.* 1911.
Ibarra Grasso, D.E. *Ciencia Astronomica y Sociologia.* 1984.
Jastrow, M. *Die Religion Babyloniens und Assyriens.* 1905-1912.
Jean, C.-F. *La religion sumerienne.* 1931.
Jensen, P. *Die Kosmologie der Babylonier.* 1890.
—— *Texte zur assyrisch-babylonischen Religion.* 1915.
Jeremias, A. *Das alter der babylonischen Astronomie.* 1908.
Joussaume, R. *Dolmens for the Dead.* 1988.
Kees, H. *Der Gotterglaube im Alten Aegypten.* 1941.
Keightly, D. *Sources of Shang History.* 1978.
Keightly, D. (ed.) *The Origins of Chinese Civilization.* 1983.
Kelly-Buccellati, M. (ed.) *Studies in Honor of Edith Porada.* 1986.
King, L.W. *Babylonian Magic and Sorcery.* 1896.
—— *Babylonian Religion and Mythology.* 1899.
—— *Cuneiform Textsfrom Babylonian Tablets.* 1912.
Koldewey, R. *The Excavations at Babylon.* 1914.
Komoroczy, G. *Sumer es Magyar?* 1976.
Kramer, S.N. *Sumerian Mythology.* 1961
—— *The Sacred Marriage Rite.* 1980.
——*In the World of Sumer.* 1986.
Kramer, S.N. and Maier, J. (eds.) *Myths ofEnki, the Crafty God.* 1989.
Krickberg, W. *Felsplastik und Felsbilder bei den Kulturvolkern Altameriker.* 1969.
Krupp, E.C. *Echoes of Ancient Skies: The Astronomies of Lost Civilizations.* 1983.
Krupp, E.C. (ed.) *In Search ofAncient Astronomies.* 1978.
——*Archaeoastronomy and the Roots of Science.* 1983.

Proceedings of the 18th Rencontre Assyriologique Internationale. 1972.
Radau, H. *Early Babylonian History.* 1900.
Rawlinson, H.C. *The Cuneiform Inscriptions of Western Asia.* 1861-84.
Rawson, 1. *Ancient China.* 1980.
Rice, C. *La Civilizacion Preincaica y el Problema Sumerologico.* 1926.
Rivet, P. *Los origines del hombre americano.* 1943.
Rochberg-Halton, F. (ed.) *Language. Literature and History.* 1987.
Roeder, G. *Altaegyptische Erziihlungen und Miirchen.* 1927.
Rolleston, F. *Mazzaroth, or the Constellations.* 1875.
Ruggles, C.L.N. *Megalithic Astronomy.* 1984.
Ruggles, C.L.N. (ed.) *Records in Stone.* 1988.
Ruggles, C.L.N. and Whittle, A.W.R. (eds.) *Astronomy and Society in Britain During the Period 4000-1500 B.C.* 1981.
Sasson, J.M. (ed.) *Studies in Literature from the Ancient Near East Dedicated to Samuel Noah Kramer.* 1984.
Saussure, L. de *Les Origines de l' Astronomie Chinoise.* 1930.
Sayee, A.H. *Astronomy and Astrology of the Babylonians.*1874.
—— *The Religion of the Babylonians.* 1888.
Schiaparelli, G. *L'Astronomia nell'Antico Testamento.*1903.
Schwabe, J. *Archetyp und Tierkreis.* 1951.
Sertima, I. V. *They Came Before Columbus.* 1976.
Shamasashtry, R. *The Vedic Calendar.* 1979.
Sivapriyananda, S. *Astrology and Religion in Indian Art.*1990.
Sjoberg, A.W. and Bergmann, E. *The Collection of Sumerian Temple Hymns.* 1969.
Siosman, A. *Le zodiaql!e de Denderah.* 1980.
Mahler, E. *Biblische Chronologie.* 1887.
—— *Handbuch der jiidischen Chronologie.* 1916.
Maspero, H. *L'Astronomie dans la Chine ancienne.* 1950.
Menon, C.P.S. *Early Astronomy and Cosmology.* 1932.
Mosley, M. *The Maritime Foundations of Andean Civilization.* 1975.
Needham, J. *Science and Civilization in China.* 1959.
Neugebauer, O. *Astronomical Cuneiform Texts.* 1955.
—— A *History of Ancient Mathematical Astronomy.* 1975.
Neugebauer, P.Y. *Astronomische Chronologie.* 1929.
Newham, C.A. *The Astronomical Significance of Stonehenge.* 1972.
Niel, F. *Stonehenge-Le Temple mysterieux de la prehistoire.* 1974.
Nissen, H.J. *Grundziige einer Geschichte der Friihzeit des Vorderen Orients.* 1983.
Oates, 1. *Babylon.* 1979.
O'Neil, W.M. *Time and the Calendars.* 1975.
Oppenheim, A.L. *Ancient Mesopotamia* (1964; revised 1977).
Pardo, L.A. *Historia y Arqueologia del Cuzco.* 1957.
Parrot, A. *Tello.* 1948.
—— *Ziggurats et Tour de Babel.* 1949.
Petrie, W.M.F. *Stonehenge: Plans. Description and Theories.* 1880.
Piggot, S. *Ancient Europe.* 1966.
Ponce-Sanguines, C. *Tiwanaku: Espacio. Tiempo y Cultura.* 1977.
Porada, E. *Mesopotamian Art in Cylinder Seals.* 1947.
Pritchard, 1.B. (ed.) *Ancient Near Eastern Texts Relating to the Old Testament.* 1969.

Weidner, E.F. *Alter und Bedeutung der babylonischen Astronomie und Astrallehre.* 1914.
—— *Handbuch der babylonischen Astronomie.* 1915.
Wiener, L. *Africa and the Discovery of America.* 1920.
—— *Mayan and Mexican Origins.* 1926.
Wilford, J.N. *The Mapmakers.* 1982.
Williamson, R.A. (ed.) *Archaeoastronomy in the Americas.* 1978.
Winckler, H. *Himmels-und Weltenbilder der Babylonier.* 1901.
Wolkstein, D. and Kramer, S.N. *Inanna, Queen of Heaven and Earth.* 1983.
Wuthenau, A. von *Unexpected Faces in Ancient America.*1980.
Ziolkowsky, M.S. and Sadowski, R.M. (eds.) *Time and Calendars in the Inca Empire.* 1989.
Smith, G.E. *Ships as Evidence of the Migrations of Early Cultures.* 1917.
Spinden, H.J. *Origin of Civilizations in Central America and Mexico.* 1933.
Sprockhoff, E. *Die nordische Megalitkultur.* 1938.
Starr, I. *The Rituals of the Diviner.* 1983.
Steward, J.H. (ed.) *Handbook of South American Indians.* 1946.
Stobart, C. *The Glory That Was Greece.* 1964.
Stoepel, K.T. *Siidamerikanische Priihistorische Tempel und Gottheiten.* 1912.
Stucken, E. *Beitriige zur orientalischen Mythologie.* 1902.
The Sumerian Dictionary of the University Museum, University of Pennsylvania. 1984.
Tadmor, H. and Weinfeld, M. (eds.) *History, Historiography and Interpretation.* 1983.
Talmon, Sh. *King, Cult and Calendar in Ancient Israel.* 1986.
Taylor, L.W. *The Mycenaeans.* 1966.
Tello, J .C. *Origen y Desarrollo de las Civilizaciones Prehistoricas Andinas.* 1942.
Temple, J.E. *Maya Astronomy.* 1930.
Thorn, A. *Megalithic Sites in Britain.* 1967.
Thomas, D. W. (ed.) *Documentsfrom Old Testament Times.* 1961.
Thompson, J.E.S. *Maya History and Religion.* 1970.
Trimbom, H. *Die Indianischen Hochkulturen des Alten Amerika.* 1963.
Van Buren, E.D. *Clay Figurines of Babylonia and Assyria.* 1930.
—— *Religious Rites and a Ritual in the Time of Uruk IV-III.* 1938.
Vandier, J. *Manuel d'Archeologie Egyptienne.* 1952-58.
Virolleaud, Ch. *L'Astronomie Chaldeenne.* 1903-8.
Ward, W.A. *Essays on the Feminine Titles of the Middle Kingdom.* 1986.

The Other 19

當時間開始

地球編年史第五部（全新校譯版）

When Time Began: The Earth Chronicles V

作者／撒迦利亞．西琴（Zecharia Sitchin）
譯者／宋易
校譯／洪禎璐
責任編輯／于芝峰
協力編輯／洪禎璐
內頁排版／宸遠彩藝
封面設計／陳文德

新星球出版 New Planet Books

總編輯／蘇拾平
發行人／蘇拾平
業務發行／王綬晨、邱紹溢
行銷企劃／陳詩婷
出版／新星球出版
105台北市松山區復興北路333號11樓之4
電話／（02）2718-2001
傳真／（02）2718-1258
發行／大雁文化事業股份有限公司
105 台北市松山區復興北路333號11樓之4
Email:newplanet@andbooks.com.tw
劃撥帳號／19983379
戶名／大雁文化事業股份有限公司

CIP國家圖書館出版品預行編目（CIP）資料

當時間開始：地球編年史第五部／撒迦利亞．西琴（Zecharia Sitchin）作；宋易譯 -- 初版--臺北市：新星球出版：大雁文化發行2020.04
352面；17*22公分. --（The other；19）
譯自：When Time Began: The Earth Chronicles V

ISBN 978-986-96857-5-7（平裝）

1.地球 2.古代史 3.文明史

712.1 109002007

初版一刷／2020年04月 定價：480元
初版五刷／2023年04月

ISBN：978-986-96857-5-7